陳榮捷著

近思錄詳註集評

臺灣學生書局印行

引言

近思錄爲我國第一本哲學選輯之書，亦爲北宋理學之大綱，更是朱子哲學之輪廓。以後宋代之朱子語類，明代之性理大全，與清代之朱子全書與性理精義，均依此書之次序爲次序，支配我國士人之精神思想凡五六百年。影響所及，亦操縱韓國與日本思想數百載，且成爲官學。在我國亦惟儒獨尊，尤以朱子之哲學爲主腦。錢穆比近思錄於經書，不爲過也❶。

近思錄爲朱子（一一三〇—一二〇〇）❷與呂東萊（一一三七—一一八一）❸所合輯，採取北宋周濂溪（一〇一七—一〇七三）❹，程明道（一〇三二—一〇八五）❺，程伊川（一〇三三—一一〇七）❻，張橫渠（一〇二〇—一〇七七）❼四子之語，共六百二十二條❽，分十四卷，以論語「切問而近思」❾爲題。朱呂同敍於朱子之寒泉精舍❿，參酌審愼而詳。別後仍屢屢通訊，或加或減⓫。書成之後，即有朱子講友劉清之（一一三九—一一八九）之續近思錄，及其門人蔡模（一一八八—一二四六）之近思續錄。歷宋而明而清，所知有續錄二十種⓬，另有朱子文語纂編及二程語錄兩本⓭，輯朱子及其他宋明諸儒之語。韓國所知亦有四種⓮。近思錄之內容形式竟支配兩國哲學選錄之風氣達七八百年。

近思錄除儒道經書之外，註釋比任何一書爲多。計朱子門人一人，再傳弟子四人，宋代七人，元代一人，明代二人，清代十一人，共二十一種⓯。韓國十種⓰。日本之註釋二十四種，校註與現代語譯九種，筆記講說無數[17]。德譯一本三册，英譯一册[18]。可謂盛矣。

註家惟江永（一六八一—一七六二）並舉朱呂之名，其他均單提朱子。四庫全書總目提要云：「講學家力爭門戶，務黜衆說而定一尊，遂沒祖謙之名，但云朱子近思錄，非其實也[19]。」此言誠是。然主動全屬朱子。其排編與內容，均以朱子本人之哲學與其道統觀念爲根據。是則註家未爲全誤，蓋有賓主之分也。葉采（壯年一二四八）之註，在日本甚爲通行。日本註家幾皆全依葉註。並有卷內強爲次序，甚至謂每卷末句與次卷首句相連屬者[20]，揣量牽合，附會太過矣。

朱子云：「四子（四書）六經之階梯，近思錄四子之階梯[21]」，故嘗以此書贈門人，學者亦多以此書爲餽。本書所引之語，達一千三百餘條，而引朱子者特多，在八百以上。此蓋效法江永之以朱解朱。除朱子外，餘爲宋元明清與韓日諸儒之語。其中不少借助于江永。茅星來（一六七八—一七四八），陳沆（一七八五—一八二六）等註家，而彼等所未引者亦過半數。上述一千三百餘條，除十七條待查外，皆詳其出處。註家通例，並不指明語之來源，或于一段之中，抽出數字半句，或改易文字，甚至合語類數句與文集數句爲一條。以致喪失本來面目。如是海底撈針，極爲辛苦，不特費時而已也。註中有詞必釋，有名必究，引句必溯其源。不特解釋，且錄經典原文，以達全意。語之於近思錄本文有所發明或增新殊意義者，不論毀譽，皆所採用。其無病呻吟者，則敬鬼神而遠之。二程比較，敢謂搜羅詳盡[22]。惟對於各條，則予未敢下評語也。

一九六七年哥倫比亞大學有「東方名著」編譯之舉，來商於予。予以近思錄集理學之大成，遂譯之爲英文，由哥倫比亞大學出版部刊印，取名Reflections on Things at Hand，蓋取「切問而近思」之意。註釋在一千三百以上，今利用之。韓國與日本註家評論，多多採用，然亦新增多條。朱子之語，則英譯只得二百八十餘條，以今之八百以上較之，相去遠矣。

通行近思錄卷目，乃葉采所訂，非朱子自定。今以朱子所說者爲卷目，而置葉采之題目于括弧之內。各朝代之年期與先秦人物之生卒年均免。生卒年以陽曆計算，其生卒年在陰曆十二月之末而適爲陽曆一月之初者，則以陽曆之年爲準。註者之生卒年，俱見於參考書表。四書章數不依十三經而依四書章句集註。索引不分人名書名名詞，而以符號別之。此外近思錄之不採邵雍（一〇一一—一〇七七）㉓，找索材料時之有所發現，與若干詞語之詮釋問題，均詳朱子新探索第六十四條近思錄概述補遺，茲不贅。朱子語類簡稱語類，朱子文集簡稱文集。語類頁數，先舉臺北本頁數，隨舉北京本頁數。

❶ 錢穆，讀書與做人，載人生，第二九八期，民國五十二年（一九六三），頁四。

❷ 朱子，名熹，字元晦，自稱仲晦，號晦翁，別號甚多。建炎四年（一一三〇）九月十五正午生於福建尤溪縣。父松由婺源（今屬江西）入閩爲縣尉。父沒，遵遺囑遷居崇安縣五夫里，從學於胡憲（一〇八六—一一六二），劉勉之（一〇九一—一一四九），劉子翬（一一〇一—一一四七）三先生。勉之以女妻之。年十九中進士，授同安縣主簿。二十餘年後，知南康軍，轉兩浙東路常平茶鹽公事，累任知漳州、潭州，

待制侍講。政績特佳。歷仕四朝，實計七年餘耳。在朝說書，只得四十六日。屢上封事與面奏。然授徒著書，乃其素願。甚貧乏，只靠十一次之祠官薄薪，收入甚微。數十年如一日，安貧樂道，怡怡如也。五夫里三師之外，又師李侗（一〇九三－一一六三），得二程經楊時（一〇五三－一一三五），羅從彥（一〇七二－一一三五），李侗四傳之道。建寒泉，武夷，竹林三精舍，修復白鹿洞與嶽麓兩書院。授徒四五百人。講學題扁於書院與門人主講或建立書院者數十所，使教育不至淪於佛教之手。又立五夫里社倉，爲地方運動之先聲。教學以四書爲主，側重窮理實踐。極排陸象山（陸九淵，一一三九－一一九三）之心學與陳亮（一一四三－一一九四）等功利之學。編近思錄，影響我國與韓國日本士人精神思想數百年。自著有四書章句集註，太極圖說解，周易本義等數十種，朝廷恐其聲勢太大，攻道學爲僞學，遂落職罷祠。致仕後，仍授徒著作。劉氏夫人早二十四年卒。子三人，女五人，男孫七人，女孫九人。慶元六年（一二〇〇）三月初九午之初刻卒。數年後謚曰文公，隨改徽國公，從祀孔廟。

❸ 東萊名祖謙，字伯恭（一一三七－一一八一）。中進士，又中博學弘詞科。官至秘書郎，國史院編修，實錄院檢討官等。與朱熹、張栻（一一三三－一一八〇）友善，稱「東南三賢」。與朱子合輯近思錄，記朱子之復修白鹿洞書院，並有志在浙效五夫里之社倉。朱子三大事功，呂氏與有力焉。兩人通訊甚頻。學術討論甚多，在在不相爲謀。私事亦不少，則情投意合。所謂和而不同也。重史學，爲浙江史學開山之祖。經世致用，不無功利色彩。根據呂家傳統，主張學派調和。學者稱東萊先生，以其先爲東萊侯也。著有東萊春秋左氏傳，東萊博議等書。沒後謚曰成公。

❹ 周子名敦頤，字茂叔（一〇一七－一〇七三）。歷知州縣轉運判官。知南康軍時，家居廬山蓮花峯下，取故居之濂溪名之。胸懷灑落，如光風霽月。著太極圖說及通書。二程皆其弟子。闡發心性義理之學，爲宋理學之開祖。世稱濂溪先生。卒謚元公。

❺ 明道姓程，名顥，字伯淳（一〇三二－一〇八五）。河南人。歷官鄠與上元等縣主簿。視民如傷。置鄉民爲會社，爲立科條。召父老而與之語。兒童所讀書，親爲正句讀。於爲太子允中監察御史裏行。其時

王安石（一〇二一—一〇八六）執政，議更新法。與安石不合，出爲判官。遷太常丞，知扶溝縣。士子來學。十五六歲時與弟頤從學於周茂叔，遂厭科舉之習。出入於釋老者近十年，然後反求六經。和粹之氣，盎於面背。文彥博（一〇〇六—一〇九七）表其墓曰「明道先生」。死後諡曰純公，改封河南伯。從祀孔廟。

❻ 伊川名頤，字正叔（一〇三三—一一〇七），顥之弟。年十八，游太學。胡瑗（九九三—一〇五九）試諸生以顏子所好何學？得頤論，大驚。延見，授以學職。同學呂希哲（約一〇三六—約一一一四）即以師禮事之。大臣屢薦，皆不起。尋召赴闕，擢崇政殿說書，在任一年八個月。每進講必宿齋豫戒。勸戒主上甚嚴。士人歸其門者極衆。與蘇軾（一〇三七—一一〇一）不和，遂分洛蜀兩黨。出管句西京國子監。後以黨論落職，竄四川涪州。四方學者猶相從不舍。復宣議郎致仕。年七十五卒於家。頤不重著述，唯求義理。著易傳四卷，以義理釋易。學者稱伊川先生，其學稱洛學，以其來自河南伊川與久居洛陽也。

❼ 橫渠姓張，名載，字子厚（一〇二〇—一〇七七），陝西橫渠鎮人。少喜談兵，年十八，上書范仲淹（九八九—一〇五二）。范氏授以中庸，告以儒者自有名教，何事於兵？已而求諸佛老，乃反求之六經。嘗坐虎皮講易於京師。二程至與論易。次日撤坐輟講，盡棄異學，淳如也。舉進士爲雲巖令。以呂公著（一〇一八—一〇八九）薦，遷軍事判官，充崇文院校書。王安石不喜載，以按獄浙東出之。獄成。託疾歸橫渠。學者從之，告以知禮成性，變化氣質之道。其學以易爲宗，以中庸爲體，以孔孟爲法，謂太虛無形，氣之本體。呂大防（一〇二七—一〇九七）薦知太常禮院。與有司議不合，復以疾歸。中途而逝。貧無以斂。門人共買棺葬於涪州。所著曰正蒙，西銘，橫渠易說。世稱橫渠先生。傳其學者稱爲關學。

❽ 各種近思錄統計載拙著朱學論集，頁一三二至一三六。

❾ 論語，子張第十九，第六章。

❿ 拙著朱子新探索，頁四七九。

⓫ 朱學論集，頁一二四至一二六。
⓬ 同上，頁一七七至一七九，詳舉各書之名稱與內容。
⓭ 朱子新探索，頁四〇一詳述。
⓮ 詳見朱學論集，頁一七九至一八〇。
⓯ 詳見同上，頁一六三至一六七。
⓰ 詳見同上，頁一六七至一六八，與朱子新探索，頁四〇一。
⓱ 詳見朱學論集，頁一六八至一七六。
⓲ 詳見同上，頁一七六。
⓳ 四庫全書總目提要，頁一九〇一。
⓴ 參看朱子新探索，頁三九七至三九九之近思錄卷次與題目。
㉑ 參看同上，頁三八九至三九六朱子之論近思錄。
㉒ 卷十四，第二十二條。
㉓ 同上，卷五，第十五條，註❶。

引用書目表（以著者或書名之筆劃爲序）

三劃

三宅尙齋（一六六二—一七四一），近思錄筆記，享保十四年（一七二九）寫本，東京無窮會藏。
三宅帶刀（壯年一六九五），近思錄集解拙鈔，寫本，無窮會藏。
三國志演義，羅貫中（十四世紀）撰。
上蔡語錄，謝良佐（一〇五〇—約一一二〇）著，近世漢籍叢刊本。
千葉重齋，近思錄口義，弘化二年（一八四五）寫本，無窮會藏。
大漢和辭典，諸橋轍次（一八八三—一九八二）編，昭和三十年（一九五五）刊本。
大學，曾子撰。
大學或問，朱熹（一一三〇—一二〇〇）撰，近世漢籍叢刊本。
大澤鼎齋（一八一二—一八七三），近思錄筆記，寫本，無窮會藏。
小學，朱熹（一一三〇—一二〇〇）輯，四部備要小學集註本，陳選（一四三〇—一四八七）

集註。
山崎道夫，近思錄，昭和四十二年（一九六七），東京中國古典新書本。
山崎道夫，近思錄講本釋義，昭和三十四年（一九五九），東京東洋文化研究所。
山崎闇齋（一六一八—一六八二），續山崎闇齋全集，昭和十二年（一九二三）。

四劃

中井竹山（一七三〇—一八〇四），近思錄標記，無窮會藏。
中村習齋（一七一九—一七九九），近思錄講說，山崎道夫藏。
中村惕齋（一六二九—一七〇二），近思錄示蒙句解，明治四十三年（一九一〇），先哲遺書漢籍國字解全書本。
中庸，子思作。
中庸或問，朱熹（一一三〇—一二〇〇）撰。
中庸章句，朱熹撰。
中庸解，呂大臨（一〇四六—一〇九二），經說，二程全書本。
中庸輯略，唐順之（一五〇七—一五六〇）輯。
中說，王通（五八〇—六一七）著，四部叢刊本。
五井蘭洲（一六九七—一七六二），近思錄紀聞，寫本，大坂圖書館藏。

井上哲次郎（一八五六—一九四四），近思錄，大正五年（一九一六），漢文大系本。
太玄經，揚雄（前五三—紀元一八）著，四部叢刊本。
太田錦城（一七六五—一八二五），疑問錄，天保二年（一八三一）刊本。
太極圖說，周敦頤（一〇一七—一〇七三）撰。
孔子家語，王肅（一九五—二五六）註，四部叢刊本。
孔穎達（五七四—六四八），周易正義。
王陽明（王守仁，一四七二—一五二九），傳習錄。
王　弼（二二六—二四九），周易注。

五　劃

加藤常賢，現代語譯近思錄，昭和五年（一九三〇）刊本。
史記，司馬遷（前一四五—前八六）撰，四部叢刊本。
外書，程顥（一〇三二—一〇八五）程頤（一〇三三—一一〇七）合著，四部備要二程全書本。
左傳，傳說左丘明（前六世紀）撰。
市川安司，程伊川哲學の研究，昭和三十九年（一九六四），東京大學出版會。
正蒙，張載（一〇二〇—一〇七七）撰，張子全書本。

白虎通，班固（三二—九二）撰，四部叢刊本。

石冢崔高（一七六六—一八一七）等，近思錄集說，文化十二年（一八一五）寫本，無窮會藏。

六　劃

伊川文集，程頤（一〇三三—一一〇七）著，二程全書本。

伊洛淵源錄，朱熹（一一三〇—一二〇〇）撰。寶誥堂朱子遺書本。

宇都宮遯庵（一六三四—一七一〇），鼇頭近思錄，延寶六年（一六七八）刊本。

安部井帽山（一七七八—一八四五），近思錄訓蒙輯疏，弘化四年（一八四七）刊本。

朱子文集，朱熹（一一三〇—一二〇〇）著，四部備要本。

朱子門人，陳榮捷著，民國七十一年（一九八二）臺北學生書局。

朱子新探索，陳榮捷著，民國七十七年（一九八八），臺北學生書局。

朱子語類，黎靖德（壯年一二六三）編，民國五十九年（一九七〇），臺北正中書局。又一九八六年，北京，中華書局。

朱學論集，陳榮捷著，民國六十六年（一九七七），臺北學生書局增訂再版。

朴履坤（壯年一八五〇？），近思錄釋義，一九三三年刊本。

江　永（一六八一—一七六二），近思錄集註，四部備要本。

老子，傳說老子撰。
西銘，張載（一〇二〇—一〇七七）著，張子全書本。

七　劃

佐藤一齋（一七七二—一八五九），近思錄欄外書，天保十一年（一八四〇）寫本，無窮會藏。
呂坤（一五三六—一六一八），呻吟語，昭和三十年（一九五二），東京明德出版社。
困知記，羅欽順（一四六五—一五四七）著，嘉靖七年（一五二八）刊本。
困學紀聞，王應麟（一二二三—一二九六）著，四部叢刊本。
宋元學案，黃宗羲（一六一〇—一六九五）撰，四部備要本。
宋元學案補遺，王梓材（一七九二—一八五一）與馮雲濠（道光十四年，一八三四，舉人，世界書局刊本。
宋史，托克托（一三三八卒）撰，一九七七年，北京中華書局。
宋名臣言行錄，朱熹（一一三〇—一二〇〇）撰，四部叢刊本。
岑嘉州詩，岑參（七一五—七七〇）著，四部叢刊本。
汪紱（一六九二—一七五九），讀近思錄，光緒二十三年（一八九七）汪雙池叢書本。
貝原益軒（一六三〇—一七一四），大疑錄，明和四年（一七六七）刊本。

貝原益軒，近思錄備考，近世漢籍叢刊本。

八劃

周子全書，周敦頤（一〇一七—一〇七三）撰，萬有文庫本。
周官（周禮），傳說周公撰。
周易口義，胡瑗（九九三—一〇五九），清康熙（一六六二—一七二二）刊本。
周易本義，朱熹（一一三〇—一二〇〇）著。
孟子，孟軻撰。
孟子集註，朱熹（一一三〇—一二〇〇）撰。
易傳，程頤（一〇三三—一一〇七）著，二程全書本。
易經，伏羲、文王、孔子撰。
易緯通卦驗，四部集要本。
東正純（一八三二—一八九一），近思錄參考，採入大正八年（一九一九）澤瀉先生全集。
東萊呂太史文集，呂祖謙（一一三七—一一八一）著，續金華叢書本。
林泰輔（一八三九—一九一六），近思錄，大正八年（一九一九），東京友朋堂。
法言，揚雄（前五三—紀元一八）著，四部備要本。
近思錄，朱熹（一一三〇—一二〇〇）呂祖謙（一一三七—一一八一）合輯。

近藤飯萬嶋，近思錄講義，明治五年（一八七二）寫本，無窮會藏。
金子霜山（一七八九—一八六五），近思錄提要，弘化三年（一八四六）寫本，無窮會藏。
金長生（一五四八—一六三一），近思錄釋疑，沙溪先生全書本。

九劃

姚名達，程伊川年譜，民國二十六年（一九三七），上海商務印書館。
後漢書，范曄（三九八—四四八）撰，四部叢刊本。
施璜（壯年一七〇五），五子近思錄發明，康熙四十四年（一七〇五）刊本。
春秋繁露，董仲舒（前一七六—約前一〇四）著，四部叢刊本。
秋月胤繼，近思錄，昭和十五年（一九四〇），東京岩波文庫本。
胡居仁（一四三四—一四八四），居業錄，正誼堂全書本。
茅星來（一六七八—一七四八），近思錄集註，善本叢書本。

十劃

唐伯元（一五四〇—一五九八），二程先生類語，萬曆十三年（一五八五）刻本。
唐書，劉昫（八八七—九四七）撰，四部叢刊本。

晉書，房玄齡（五七八—六四八）撰，四部叢刊本。

書經。

眞德秀（一一七八—一二三五），讀書記，眞西山集本。

素問，二十二子本。

荀子，荀况撰，四部叢刊本。

高子遺書，高攀龍（一五六二—一六二六）著，光緒二年（一八七六）重印。

十一劃

國語，四部備要本。

張伯行（一六五一—一七二五），近思錄集解，正誼堂全書本。

張南軒（張栻，一一三三—一一八〇），癸巳論語解。

張　載（一〇二〇—一〇七七），張子全書，四部備要本。

張　載，張子語錄，四部叢刊本。

張　載，張載集，一九七八年，北京中華書局。

淮南子，劉安（前一七九—一二二）撰，四部備要本。

淺見絅齋（一六五二—一七一一），近思錄師說，天明八年（一七八八）寫本，無窮會藏。

莊子，莊周撰，四部叢刊本名南華眞經。

許　衡（一二〇九—一二八一），語錄，乾隆五十五年（一七九〇）許文正公遺書本。
通書，周敦頤（一〇一七—一〇七三）撰。
陳　沆（一七八五—一八二六），近思錄補註，東京大學藏。
陳　埴（壯年一二〇八），近思錄雜問，寬文六年（一六六六）刊本。
陳　淳（一一五九—一二二三），北溪字義。
陳　淳，北溪大全集，四庫全書珍本。
陶　潛（三六五—四二七），羣輔錄，光緒七年（一八六八）藝苑捃華本。
陸世儀（一六一一—一六七二），思辨錄輯要，正誼堂全書本。
陸隴其（一六三〇—一六九三），問學錄，正誼堂全書本。
陸隴其，讀朱隨筆，正誼堂全書本。

十二劃

景德傳燈錄，道原（壯年一〇〇四）撰，四部叢刊本。
程　顥（一〇三二—一〇八五）與程頤（一〇三三—一一〇七），二程全書，四部備要本。
黃宗羲（一六一〇—一六九五），黃梨洲文集，一九五九年，北京中華書局。
黃　榦（一一五二—一二二一），勉齋集，四庫全書珍本。

十三劃

新唐書，歐陽修（一〇〇七—一〇七二）撰，四部叢刊本。
楊龜山先生集，楊時（一〇五三—一一三五）著，康熙四十六年（一七〇七）刊本。
楚辭，屈原等撰。
溪百年（一八三一卒），近思錄餘師，天保十四年（一八四三）刊本。
經說，程頤（一〇〇三—一一〇七）著，二程全書本。
落合東堤，近思錄講義，弘化二年（一八四五）寫本，無窮會藏。
葉　采（壯年一二四八），近思錄集解，漢文大系本。
蜀志，陳壽（二三三—二九七）撰，四部叢刊本。
詩經。
飯島忠夫，現代語譯近思錄，昭和十年（一九三五）刊本。

十四劃

漢書，班固（三二—九二）撰，四部叢刊本。
熊剛大（壯年一二一六），近思錄集解，新刊音點性理羣書句解，東京內閣文庫藏本。

粹言，程顥（一〇三二—一〇八五）與程頤（一〇三三—一一〇七）撰，四部備要二程全書本。

說苑，劉向（前七七—六）撰，四部叢刊本。

十五劃

儀禮，四部備要本。

劉宗周（一五七八—一六四五），劉子全書，一九八一年，京都中文出版社。

劉宗周，劉子全書遺編，光緒十八年（一八九二）刊本。

墨子，墨翟撰，四部叢刊本。

論語。

論語或問，朱熹（一一三〇—一二〇〇）撰，近世漢籍叢刊本。

論語集註，朱熹撰。

鄭　曄（一五六三—一六二五），近思錄釋疑，仁祖七年（一六二九）刊本。

十六劃

橫渠孟子說，張載（一〇二〇—一〇七七）撰，張子全書本。

橫渠易說，張載撰，張子全書本。
橫渠論說，張載撰，張子全書本。
澤田武岡（壯年一七二〇），近思錄說略，享保五年（一七二〇）刊本。
簗田勝信（一六七二—一七四四），近思錄集解便蒙詳說，大正三年（一九一四）校訂漢文叢書本。
遺書，程顥（一〇三二—一〇八五）與程頤（一〇三三—一一〇七）撰，四部備要二程全書本。

十七劃

韓非子，韓非撰，四部叢刊本。
韓　愈（七六八—八二四），韓昌黎全集，四部備要本。

十八劃

禮記。

二十一劃

櫻田虎門（一七七四—一八三九），近思錄摘說，文化十年（一八一三）寫本。
鶡冠子，四部叢刊本。

二十二劃

讀書錄，薛瑄（一三八九—一四六四）撰，正誼堂全書本。
Graf, Olaf, Djin si lu, Tokyo, Sophia University, 1953.

近思錄詳註集評　目錄

❶ 朱子自定卷目，見語類，卷一〇五，第二十四條，頁四一七九。

❷ 葉采所定卷目。

近思錄目錄　終

近思錄

周子太極通書
明道先生文集
伊川先生文集
周易程氏傳
程氏經說
程氏遺書
程氏外書
橫渠先生正蒙
橫渠先生文集
橫渠先生易說
橫渠先生禮樂說
橫渠先生論語說
橫渠先生孟子說
橫渠先生語錄

近思錄 卷之一

道體（道體）

凡五十一條

[1] 濂溪先生①曰：無②極而太極。太極動而生陽，動極而靜。靜而生陰，靜極復動。一動一靜，互爲其根。分陰分陽，兩儀③立焉。陽變陰合，而生水火木金土④。五氣⑤順布，四時行焉。五行，一陰陽也。陰陽，一太極也。太極本無極也。五行之生也，各一其性。無極之眞，二五⑥之精，妙合而凝。乾道成男，坤道成女。二氣交感，化生萬物。萬物生生而變化無窮焉。惟人也，得其秀而最靈。形既生矣，神發知矣。五性⑦感動，而善惡分，萬事出矣。聖人定之以中正仁義。聖人之道，仁義中正而已矣。而主靜無欲故靜⑧，立人極焉。故聖人與天地合其德，日月合其明。四時合其序，鬼神合其吉凶。君子脩之吉，小人悖之凶。故曰：「立天之道，曰陰與陽。立地之道，曰柔

與剛。立人之道，曰仁與義⑨。」又曰：「原始反終，故知死生⑩之說⑪。」大哉易也，斯其至矣。太極圖說（今載周子全書，卷一。）

朱子曰：「上天之載，無聲無臭，」⑫（是解「無極」二字）⑬，而實造化之樞紐，品彙之根柢也（是解「太極」二字）。故曰「無極而太極」，非太極之外，復有無極也（有無合一之謂道）⑭。

又曰：五行異質（始生），四時異氣（運行），而皆不能外乎陰陽。陰陽異位（定位），動靜異時（流行），而皆不能離乎太極。至於所以為太極者，又初無聲臭之可言（無極），是性之本體然也。天下豈有性外之物哉？（性卽太極。自其爲天地萬物公共之理而言，謂之太極。自其在人物禀受而言，則謂之性。天地生物，凡有物必有則，故曰天下無性外之物）。然五行之生，隨其氣質，而所禀不同，所謂「各一其性」也（此性字，帶氣質上說）⑮。

又曰：聖人全動靜之德，而常本之於靜也。……然靜者，誠之復而性之真也。苟非此心寂然無欲而靜，則又何以酬酢事物之變，而一天下之動哉？（「主靜」二字，以理而言。聖人無欲則心自靜。不是聖人專意要去主靜。所以圖解中說而靜者常爲主焉）。故聖人中正仁義，動靜周流（循環均一），而其動也必主乎靜（先後有序）。此其所以位乎中，而天地日月四時鬼神，有所不能違也⑯。

①周敦頤稱爲濂溪先生。參看引言，註④。
②宋本作「无」，下同。
③陰陽。
④五行。
⑤五行之氣。
⑥二氣五行。
⑦仁義禮智信。
⑧中村習齋與中村惕齋均謂此語來自孔安國（壯年紀年前一三〇）註論語雍也第二十一章，然周子必非有意出之。
⑨易經，說卦，第二章。
⑩一本作「生死」。
⑪易經，繫辭上傳，第四章。
⑫詩經，大雅，文王之什。
⑬本註，下同。
⑭太極圖說解，載周子全書，卷一，頁五。
⑮同上，頁十三。
⑯同上，頁二十三。

2 誠無爲，幾善惡。德愛曰仁，宜曰義，理曰禮，通曰智，守曰信。性焉安焉之謂聖，復焉執①焉之謂賢。發微不可見，充周不可窮之謂神。通書（第三章）

朱子曰：「誠無為」，誠，實理也。無為，猶寂然不動也。實理該貫動靜，而其本體則無為也。「幾善惡」，幾者，動之微。動則有為而善惡形矣。誠無為，則善而已。動而有為，則有善有惡。（語類，卷九十四，第一三九條，頁三八〇〇／二三九三）。

又曰：仁義禮智信者，德之體。曰愛，曰宜，曰理，曰通，曰守者，德之用。（同上，第一四一條，頁三八〇一／二三九四）。

又曰：「發微不可見，充周不可窮之謂神」，神卽聖人之德妙而不可測者。非聖人之上，復有所謂神也。發，動也，微，幽也。言其「不疾而速②」，一念方萌而至理已具，所以微而不可見也。充，廣也。周，偏也。言其「不行而至③」，蓋隨其所寓而理無不到，所以周而不可窮也。（同上，第一五四條，頁三八〇六—二三九七）。

① 執，守也。
② 易經，繫辭上傳，第十章。
③ 同上。

3 伊川先生①曰：「喜怒哀樂之未發，謂之中②。」中也者，言「寂然不動③」者也。故曰：「天下之大本④。」發而皆中節，謂之和⑤」和也者，言「感而遂通⑥」者也。故曰：「天下之達道⑦。」**文集下同**（遺書，卷二十五，頁三下）。

朱子曰：喜怒哀樂未發，無所偏倚，此之謂中。中，性也，「寂然不動」，言其體則然也。大本，則以其無不該徧，而萬事萬物之理，莫不由是出焉。……喜怒哀樂之發，無所乖戾，此之謂和。和，情也。「感而遂通」，言其事則然也。達道，則以其自然流行，而理之由是而出者，無不通焉。（語類，卷六十二，第一二七條，頁二三九九／一五一一）。

① 程頤之號。參看引言，註⑥。
② 中庸，第一章。
③ 易經，繫辭上傳，第十章。
④ 同上註②。
⑤ 同上註②。
⑥ 同上註③。
⑦ 同上註②。

4 心一也，有指體而言者「寂然不動」是也。有指用而言者「感而遂通天下之故」是也　惟觀其所見何如耳。（伊川文集，卷五，頁十二上）。

朱子曰：伊川此語與橫渠（張載）「心統性情①」相似。（語類，卷九十五，第三條，頁三八三四／二四一六）。

又曰：性以理言，情乃發用處。心卽管攝性情者也。故程子曰：「有指體而言者，『寂然不動』是也。」此言性也。「有指用而言者，『感而遂通』是也」。此言情也。（同上，卷五，第七十三條，頁一五二／九四）。

又曰：此語甚圓，無病。大抵聖賢之言，多是略發箇萌芽，更在人推究，演而伸，觸而長，然亦須得聖賢本意。不得其意，則從那處推得出來？問：「心本是個動物，不審未發之前，全是寂然而靜，還是靜中有動意？」曰：不是靜中有動意。周子謂「靜無而動有②」。靜不是無，以其未形而謂之無，非因動而後有，「心統性情」之說甚善。性是靜，情是動。心則兼動靜而言，或指體，或指用，隨人所看。方其靜時，動之理只在。……及動時，又只是這靜底。（語類，卷六十二，第一三三條，頁二四〇二／一五一二至一五一三）。

① 張子語錄，後錄下，頁一下。

② 通書，第二章，誠下。

[5] 乾，天也。天者，乾之形體，乾者，天之性情。乾健也。健而無息之謂乾。夫天專言之，則道也。「天且弗違①」是也。分而言之，則以形體謂之天，以主宰謂之帝，以功用謂之鬼神，以妙用謂之神，以性情謂之乾。易傳，下同（卷一，頁一上，釋乾卦第一之彖辭）。

問：程子曰：「天專言之，則道也。『天且弗違』是也。」又曰：「天地者，道也②。」此語何謂？朱子曰：程子此語，某亦未敢以為然。「天且弗違」，此只是上天。曰：「知性則知天③」，此天便是「專言之，則道」否？曰：是。（語類，卷六十九，第九十九條，頁二七五八／一七三一至一七三二）。

或問：「以主宰謂之帝」，孰為主宰？曰：自有主宰。蓋天是箇至剛至陽之物，自然如此運轉不息。所以如此，必有為之主宰者。這樣處要人自見得，非言語所能盡④也。因舉莊子「孰綱維是，孰主張是⑤？」十數句，曰：他也見得這道理。（語類，卷六十八，第十一條，頁二六七九／一六八四至一六八五）

莊仲⑥問：「以功用謂之鬼神，以妙用謂之神。」曰：鬼神是有一箇漸次形迹。神則忽然如此，忽然不如此，無一箇蹤由。要之亦不離於鬼神，只是無迹可見。（同上，第十三條，頁二六八〇／一六八五）。

叔器⑦問：「功用謂之鬼神，妙用謂之神。」曰：功用兼精粗而言，是說造化。妙用以其精者言，其妙不可測。（同上，第十七條，頁二六八一／一六八五）。

① 易經，乾卦第一，文言。
② 易傳，卷一，頁七下。
③ 同上，卷十四，頁一下。
④ 僩錄作「到」。
⑤ 莊子，天運篇第十四，卷五，頁三十五下。
⑥ 莊仲，姓沈，名僩，朱子門人。精於地理。錄語類七八百則。參看拙著朱子門人，頁一三三。
⑦ 叔器，姓胡，名安之，朱子門人。曾主講長沙南軒書院，參看同上，頁一六八。

[6] 四德①之元，猶五常②之仁。偏言則一事，專言則包四者。（同上，頁二下，釋乾卦第一之彖傳）。

朱子曰：元是初發生出來，生後方會通，通後方始向成。利者物之遂方是七八分，到貞處方是十分成，此偏言也。然發生中已具後許多道理，此專言也。惻隱是仁之端③，羞惡是義之端，辭遜是禮之端，是非是智之端。若無惻隱，便都沒下許多。到羞惡，也是仁發在羞惡上；到辭遜，也是仁發在辭遜上；到是非，也是仁發在是非上。（語類，卷六十八，第三十八條，頁二六八九／一六九〇至一六九一）。

問仁所以能包四者？曰：人只是這一箇心，就裏面分為四者。且以惻隱論之；本只是這惻隱，遇當辭遜則為辭遜，不安處便為羞惡，分別處便為是非。若無一箇動底醒底在裏面，便也不知羞惡，不知辭遜，不知是非。譬如天地只是一箇春氣④。發生之初為春氣，發生得過⑤便為夏，收斂便為秋，消縮便為冬。明年又從春起，渾然只是一箇發生之氣。（同上，卷九十五，第九條，頁三八三五／二四一六）。

又曰：此四者同在一處之中，而仁乃生物之主，故雖居四者之一，而四者不能外焉。此易傳所以有「偏言則一事，專言則包四者」之說。（文集，卷五十六，答方賓王第三書，頁十三下）。

又曰：仁實貫通乎四者之中，蓋「偏言則一事，專言則包四者。」故仁者仁之本體，禮者仁之節文，義者仁之斷制，智者仁之分別。猶春夏秋冬雖不同，而同出乎春，春則春之生也，夏則春之長也，秋則春之成也，冬則春之藏也。（文集，卷五十八，答陳器之第二書，頁二十二下）。

① 元亨利貞。
② 仁義禮智信。
③ 四端見孟子，公孫丑第二上，第六章。
④ 振錄作「春生之氣」。
⑤ 李錄云：「長得過」。

7 天所賦爲命，物所受爲性。（同上）。

朱子曰：這箇理在天地間時只是善，無有不善者。生物得來，方始名曰性。只是這理在天則曰命，在人則曰性。（語類，卷五，第十五條，頁一三四／八三）。

又曰：蓋天之所以賦與萬物而不能自已者，命也。吾之得乎是命以生而莫非全體者，性也。故以命言之，則曰元亨利貞①，而四時五行②，庶類萬化莫不由是而出。以性言之，則曰仁義禮智③，而四端④五典⑤萬物萬事之理，無不統於其間。蓋在天在人，雖有性命之分，而其理則未嘗不同。（中庸章句，頁三上，總頁五）。

① 易經，乾卦第一之四德。

② 金，木，水，火，土。

③ 孟子曰：「仁，義，禮，智，非由外鑠我也，我固有之也。」（孟子，告子第六上，第六章）。

④ 惻隱爲仁之端，羞惡爲義之端，辭讓爲禮之端，是非爲智之端。（孟子同上）。

⑤ 五典，即五常，仁義禮智信。

8 鬼神者，造化之迹也。（易傳，卷一，頁七下，釋乾卦第一之文言傳。）

蕭增光①問：「鬼神造化之迹。」朱子曰：如日月星辰風雷，皆造化之迹。天地之間，只是此一氣耳。來者為神，往者為鬼。譬如一身，生者為神，死者為鬼，皆一氣耳。（語類，卷六十三，第一一八條，頁二四五八／一五四七）。

或問：「鬼神造化之迹。」曰：風雨霜露，四時代謝。又問：「此是迹可得而見之。」又曰：「『視之不可得見，聽之不可得聞②』，何也？」曰：說道無又有，說道有又無。物之生成，非鬼神而何？然又去那裏見得鬼神？至於「洋洋乎，如在其上③，」是又有也。（同上，第二一七條，頁二四五七／一五四七）。

施璜曰：此言天地之功用。蓋造化指天地之作為處言。氣一噓而萬物盈，所謂造也。氣一吸而萬物虛，所謂化也。造者自無而有，化者自有而無。謂之迹者乃一動一靜，一往一來，一聚一散，一升一降之痕迹耳。非鬼神則造化無迹矣。非鬼神屈伸往來，何以造化？故鬼神為造化之迹，程子恐人求鬼神於窮冥之鄉，故以迹言之。（發明，卷一，頁十一下）。

① 蕭增光，朱子門人，名里不詳。參看拙著朱子門人，頁三五三。
② 中庸，第十六章。
③ 同上。

9 剝①之為卦，諸陽消剝已盡，獨有上九一爻尚存。如碩大之果，不見食②，將有復生之理。上九亦變，則純陰矣。然陽無可盡之理。變於上則生於下，無間可容息也。聖人③發明此理，以見陽與君子之道，不可亡也。或曰：

「剝盡則爲純坤④，豈復有陽乎？」曰：以卦配月，則坤當十月⑤。以氣消息言，則陽剝爲坤，陽來爲復⑥，陽未嘗盡也。剝盡於上，則復生於下矣。故十月謂之陽月⑦，恐疑其無陽也。陰亦然⑧。聖人不言耳。（易傳，卷二，頁三十一上下，釋剝卦第二十三之上九爻辭）。

張伯行曰：陰陽消息，循環不已，本無盡理。纔變而盡於上，則陽已生於下，不容有一間之息也。陽之道，卽君子之道。陽之道不可亡，卽君子之道不可亡也。（集解，卷一，頁六下）。

茅星來曰：董仲舒（紀元前一七六—一〇四）謂「十月純陰，疑於無陽，故謂之陽月。四月純陽，疑於無陰，故謂之陰月⑨。」觀此則四月亦有陰月之說。程子以為聖人不言者，蓋特據爾雅及易文言傳而言耳。（集注，卷一，頁十六下至十七上）。

① 易經，第二十三卦，坤下艮上，五陰一陽。陰始自下生，漸長至於盛極，群陰消剝於陽。
② 同上，上九傳。
③ 指孔子。
④ 易經，第二卦。
⑤ 據易經，四月爲乾，乾卦六爻皆陽。六爻由下而上，每月一爻變爲陰爻，故至十月六爻皆陰，卽坤卦。
⑥ 易經，第二十四卦。
⑦ 爾雅，第八節。

⑧ 指四月。

⑨ 古文苑，卷十一，頁四上。

[10] 一陽復於下①，乃天地生物之心也。先儒皆以靜爲見天地之心，蓋不知動之端，乃天地之心也。非知道者孰能識之②？（易傳，卷二，頁三十三上，釋復卦第二十四之彖傳）

王弼（二二六—二四九）曰：復者，反本之謂也。天地以本為心者也。凡動息則靜，靜非對動者也。語息則默，默非對語者也。然則天地雖大，富有萬物，雷動風行，運化萬變，寂然至无是其本矣，故動息地中，乃天地生物之心見也。（周易注，注復卦。）

朱子曰：天地之心未嘗無，但靜則人不得而見爾。（語類，卷七十一，第四十九條，頁二八五二／一七九一）

又曰：伊川言「一陽復於下，乃天地生物之心」一段，蓋謂天地以生生為德。自元亨利貞③，乃生物之心也。但其靜而復，乃未發之體。動而通焉，則已發之用。一陽來復，其始生甚微，固若靜矣。然其實動之機，其勢日長，而萬物莫不資始焉。此天命流行之初，造化生育之始，天地生生不已之心，於是而可見也。（同上，第五十條，頁二八五二／一七九一至一七九二）。

張伯行曰：天地之心原無間於動靜。且動未始不根乎靜。然當其靜時，陽氣伏藏。天地之心，既無端緒可見。及陽氣長盛，萬物繁茂，則又散漫而無由見。惟於將絕復續，靜極而動之時，所謂端也。天地之心，正於此見耳。（集解，卷一，頁七上下）。

① 易經第二十四卦，此卦唯最低之一爻爲陽，故云「一陽復於下」。
② 三宅尚齋謂此條應入第四卷「存養」。（筆記，卷一）。
③ 易經，乾卦第一之四德。

11 仁者，天下之公，善之本也。（易傳，卷二，頁三十四上，釋復卦第二十四之六二象傳）。

葉采曰：「仁者以天地萬物為一體①，」故曰「天下之公。」四端②萬善，皆統乎仁，故曰「善之本。」（集解，卷一，頁十四）。

① 程顥之語，見遺書，卷二上，頁二上。
② 孟子，公孫丑第二上，第六章。

[12] 有感必有應。凡有動皆爲感，感則必有應。所應復爲感，所①感復有應。所以不已也。感通之理，知道者默而觀之可也。（易傳，卷三，頁四上，釋咸卦第三十一之九四彖辭）

問易傳言「有感必有應」是如何？朱子曰：凡在天地間，無非感應之理。造化與人事皆是。且如雨暘：雨不成只管雨，便感得箇暘出來。暘不成只管暘，暘已是應處，又感得雨來。是感則必有應，所應復為感。寒暑晝夜，無非此理。（語類，卷七十二，第十三條，頁二八八六／一八一三）。

問程子說感應，在學者日用言之，則如何？曰：只因這一件事，又生出一件事，便是感與應。因第二件事，又生出第三件事。第二件事又是感，第三件事又是應。（同上，第十七條，頁二八八九／一八一五）。

① 易傳無此「所」字。

[13] 天下之理，終而復始，所以恒而不窮。恒，非一定之謂也。一定則不能恒矣。惟隨時變易，乃常道也。天地常久之道，天下常久之理。非知道者孰能

識之？（易傳，卷三，頁六上，釋恒卦第三十二之彖傳）。

張伯行曰：日月所以久照，四時所以久成，聖人所以久於其道而天下化成，天道人事皆是如此。非知其道之自然者，則亦孰能識其亙萬古而尚然也哉？（集解，卷一，頁八上）。

茅星來曰：天地常久之道，以造化言，如晝夜寒暑之類是也。天下常久之理，以人事言，如出處語默之類是也。（集註，卷一，頁十八下）。

朱子曰：「恒非一定之謂」，故晝則必夜，夜而復晝。寒則必暑，暑而後寒。若一定則不能常也。其在人，冬日則飲湯，夏日則飲冰。「可以仕則仕，可以止則止①。」今日道合便從，明日不合則去。又如孟子辭齊王之金而受薛、宋之餽②，皆隨時變易，故可以為常也。（語類，卷七十二，第二十三條，頁二九〇〇／一八二一）。

又曰：能常而後能變。能常而不已，所以能變。及其變也，常亦只在其中。伊川却說變而後能常，非是。（同上，第二十四條，頁二九〇〇／一八二二）

居甫③問：「伊川云：『隨時變易，乃能常久』，不知既變易，何以反能久？」曰：一出一入，乃能常。如春夏秋冬，乃天地之常久。使寒而不暑，暑而不寒，安能常久？」（同上，卷九十七，第六十七條，頁三九五九至三九六〇／二四九三）。

① 孟子，公孫丑第二上，第二章。
② 同上，公孫丑第二下，第三章。

③ 居甫，姓徐，名寓，朱子門人。朱子一九〇年知漳州，延郡士八人入學，徐寓其一也，參看拙著朱子門人，頁一八〇。

14 人性本善，有不可革者何也？曰：語其性則皆善也，語其才則有下愚之不移①。所謂下愚有二焉。自暴也，自棄也②。人苟以善自治，則無不可移者。雖昏愚之至，皆可漸磨而進。惟自暴者拒之以不信，自棄者絕之以不爲。雖聖人與居，不能化而入也。仲尼③之所謂下愚也。然天下自棄自暴者，非必皆昏愚也。往往強戾而才力有過人者，商辛④是也。聖人以其自絕於善，謂之下愚。然考其歸，則誠愚也。既曰下愚，其能革面何也？曰：心雖絕於善道，其畏威而寡罪，則與人同也。惟其有與人同，所以知其非性之罪也。（易傳，卷四，頁十一下，至十二上釋革卦第四十九之上六爻辭）

問自暴自棄之別。朱子曰：孟子說得已分明。看來自暴者便是剛惡所為，自棄者便是柔惡之所為也。（語類，卷五十六，第十九條，頁二一〇九／一三二八）。

又曰：孟子曰：「自暴者不可與有言也。自棄者不可與有為也。言非禮義，謂之自暴也。」非禮義，是專道禮義是不好。世上有這般人，惡人做好事，只道人做許多模樣是如何。

這是他自恁地粗暴了，這箇更不通與他說。到得自棄底，也自道義理是好，也聽人說，也受人說，只是我做不得。任你如何，只是我做不得，這箇是自棄，終不可與有為。故伊川說：「自暴者，拒之以不信。自棄者，絕之以不為。」拒之以不信，只是說道沒這道理。絕之以不為，是知有道理，自割斷了不肯做。自暴者，有强悍意。自棄者，有懦弱意。（語類，卷十三，第一四四條，頁三八九／二四四）。

又曰：「習與性成⑤」而至相遠⑥，則固有不移之理。然人性本善，雖至惡之人，一日而能從善，則為一日之善人。夫豈有終不可移之理？當從伊川之說，所謂雖强戾如商辛之人，亦有可移之理是也。（同上，卷四十七，第八條，頁一八七一／一一七八）。

又曰：孔子說相近至不移，便定是不移了。人之氣質是有如此者。如何必說道變得？所謂之下愚。而其所以至此下愚者，是怎生？這便是氣質之性。孔子說得都渾成，伊川那一段却只說到七分，不說到底。（同上，第九條，頁一八七一／一一七八至一一七九）。

又曰：且看孔子說底。如今却自有不移底人，如堯舜之不可為桀紂，桀紂之不可使為堯舜。夫子說底只如此，伊川却又推其說。須知其異，而不害其為同。（同上，第十條，頁一八七一至一八七二／一一七九）。

又曰：以聖人之言觀之，則曰不移而已，不曰不可移也。以程子之言考之，則曰以其不肯移而後不可移耳。蓋聖人之言，本皆以氣質之稟而言其品第，未及乎正有不可之辨也。程子之言，則以人責其不可移也，而徐究其本焉，則以其稟賦甚異而不肯移，非以稟賦之異而不可移也。（論語或問，卷十七，陽貨，第三章，頁三上下，總頁五九一至五九二）。

① 論語，陽貨第十七，第三章，「子曰：「唯上知與下愚不移。」

② 孟子，離婁第四上，第十章，孟子曰：「自暴者，不可與有言也。自棄者，不可與有爲也。言非禮義，謂之自暴也。吾身不能居仁由義，謂之自棄也。」

③ 孔子。

④ 商朝紂王之名。史家均謂其惡行乃商朝滅亡之主因。

⑤ 書經，太甲上，第九節。

⑥ 同上註①，第二章，子曰：「性相近，習相遠」。

15 在物爲理，處物爲義。（易傳，卷四，頁二十下，釋艮卦第五十二之彖傳）。

朱子曰：伊川言「在物為理。」凡物皆有理，蓋理不外乎事物之間。「處物為義。」義，宜也。是非可否，處之得宜，所謂義也。（語類，卷九十五，第十九條，頁三八四一—二四二一〇）。

問「在物為理，處物為義。」曰：且如這棹子是物，於理可以安頓物事。我把他如此用，便是義。（同上，第二十一條，頁三八四一／二四二〇）。

高攀龍（一五六二—一六二六）曰：「在物為理，處物為義」，因物付物之謂也。（高子遺書，卷一，語，頁十三上）。

又曰：此二語關涉不小了。此卽聖人艮止心法。……當其寂也，心為在物之理義之藏於無眹也。當其感也，心為處物之義理之呈於各當也。心為在物之理，故萬象森羅，心皆與物為體。心為處物之義，故一靈變化，物皆與心為用。體用一源，不可得而二也。（同上，卷三，理義說，頁三十三下至三十四上）。

16 **動靜無端，陰陽無始。非知道者，孰能識之？** **經說，下同**（卷一，頁二上）。

朱子曰：「動靜無端，陰陽無始。」今以太極觀之，雖曰「動而生陽①」，畢竟之前須靜，靜之前又須是動。推而上之，何自而見其端與始？（語類，卷九十四，第五十三條，頁三七七四／二三七六）。

又曰：「動靜無端，陰陽無始。」說道有，有無底在前。說道無，有底在前。是循環事物。（同上，第五十四條，頁三七七四／二三七七）。

葉采曰：動靜相推，陰陽密移，無有間斷。有間斷則有端始，無間斷，故曰「無端」「無始」也，其所以然者，道也。道固一而無間斷也。（集解，卷一，頁十六）。

陳埴②問曰：「動靜無端，陰陽無始」，端與始如何分別？曰：端，頭也。物之圓環者無端。中則有端矣。始者終之對。二氣③循環不已，故無端；運行不歇，故無始。不斷故無端，無終故無始。（雜問，卷一，頁二十一上）。

① 周敦頤，太極圖說。

② 字器之，稱潛室先生，朱子門人。主講明道書院，四方學者從游數百人。參看拙著朱子門人，頁二一九。

③ 陰陽二氣。

17 仁者天下之正理。失正理則無序而不和。（同上，卷六，頁二下）。

江永曰：此釋「人而不仁，如禮何？人而不仁，如樂何①？」也。（集注，卷一，頁七下）。

茅星來曰：失正理以心言，無序不和以事言也。（集注，卷一，頁二十下）。

問：「仁者天下之正理。」朱子曰：說得自好，只是太寬。須是說仁是本心之全德，便有箇天理在，若天理不在，人欲橫肆，如何得序而和？（語類，卷二十五，第二十一條，頁九七六／六〇六）。

又問：仁義禮智，皆正理也。而程子獨以仁為天下之正理，如何？曰：便是程子之說有太寬處。此只是且恁寬說。曰：「是以其專言者言之否？」曰：也是如此。（同上，第二十五條，頁九七九／六〇七）。

① 論語，八佾第三，第三章。

[18] 明道先生①曰：天地生物，各無不足之理。常思天下君臣父子兄弟夫婦有多少不盡分處。遺書，下同（卷一，頁二上）。

施璜曰：此言天理本無虧欠，而人自虧欠之也。……不盡分處則是不知其性分之所固有，故不能盡其職分之所當為也。分者，天理當然之則也。不盡分則於天理有虧欠矣。（發明，卷一，頁十六上）。

① 文彥博（一〇〇六—一〇九七）題程顥之墓曰「明道先生」。參看引言，註⑤。

[19]「忠信所以進德①」，「終日乾乾②。」君子當終日「對越在天③」也。蓋「上天之載，無聲無臭④。」其體則謂之易，其理則謂之道，其用則謂之神，其命于人則謂之性，率性則謂之道，脩道則謂之教⑤。孟子去其中又發揮出浩然之氣⑥，可謂盡矣。故說神「如在其上，如在其左右⑦」。大小大事而只曰「誠之不可揜如此⑧。」夫徹上徹下，不過如此。「形而上爲道，形而下爲器⑨。」須著如此說，器亦道，道亦器。但得道在，不繫今與後，己

與人⑩。（遺書，卷一，頁三上下）。

問：詳此一段意，只是體當這箇實理。雖說出有許多般，其實一理也。朱子曰：此只是解「終日乾乾」，故說此一段。從「上天之載，無聲無臭」說起。雖是無聲無臭，其闔闢變化之體，則謂之易。然所以能闔闢變化之理，則謂之道。其功用著見處，則謂之神。此皆就天上說，及說到「命於人則謂之性。率性則謂之道，修道則謂之教」，是就人身上說。上下說得如此子細，都說了，可謂盡矣。「故說神『如在其上，如在其左右』」，又皆是此理顯著之跡。看甚大事小事，都離了這箇事不得。上而天地鬼神離這箇不得，下而萬事萬物都不出此，故曰「徹上徹下，不過如此。」形而上者，無形無影是此理。形而下者，有情有狀是此器。然謂此器則有此理，有此理則有此器，未嘗相離。却不是於形器之外別有所謂理。亘古亘今，萬事萬物皆只是這箇。所以說「但得道在，不係今與後，己與人⑪。」（語類，卷九十五，第二十四條，頁三八九二至三八九三／二四二一）。

葉采曰：「浩然」，盛大流行之貌。蓋天地正大之氣，人得之以生，本浩然也。……此言天人之氣一，所以終日「對越在天」者也。……「大小」，猶多少也。中庸論鬼神如此其盛，而卒曰「誠之不可揜。」誠者實理，卽所謂忠信之體。天人之間通此實理。故君子忠信進德，所以為「對越在天」也。（集解，卷一，頁十七至十八）。

陳淳（一一五九－一二二三）曰：其實道不離乎器。道只是器之理。人事有形狀處都謂之器，人事中之理便是道。道無形狀可見，所以明道曰：「道亦器也，器亦道也。」（北溪字義，卷下，道字門，第二條，總第一二六條）。

①易經，乾卦第一，文言。
②同上。
③詩經，周頌，淸廟。
④中庸，第三十三章。
⑤同上，第一章。
⑥孟子，公孫丑第二上，第二章。
⑦中庸，第十六章。
⑧同上。
⑨易經，繫辭上傳，第十二章。
⑩語類，卷九十五，第一〇九條，頁三〇七七，以此條爲伊川語。兄弟二人思想大多相同，故朱子引其語，每每只稱「程子」。參看第二卷，第三十條註。作伊川語，亦應如是看。
⑪文集，卷五十一，頁二十六上下，答黃子耕第八書別紙，亦論此題。

[20]醫書言手足痿痹爲不仁①。」此言最善名狀。仁者以天地萬物爲一體，莫非己也。認得爲己，何所不至？若不有諸己，自不與己相干。如手足不仁，氣已不貫，皆不屬己。故博施濟衆②，乃聖之功用。仁至難言，故止曰「己

欲立而立人，己欲達而達人。能近取譬，可謂仁之方也已③。」欲令如是觀仁，可以得仁之體。（遺書，卷二上，頁二上下）。

朱子曰：明道「醫書手足不仁」止「可以得仁之體」一段，以意推之，蓋謂仁者，天地生物之心，而人物得以為心。則是天地人物莫不同有是心，而心得未嘗不貫通也。雖其為天地，為人物，各有不同，然其實則有一條脈絡相貫。故體認得此心，而有以存養之，則心理無所不到，而自然無不愛矣。……「仁至難言」，亦以全體精微，未易言也。止曰「立人，達人」，則有以指夫仁者之心而便於此觀，則仁之體，庶幾不外是心而得之爾。（語類，卷九十五，第三十三條，頁三八四八至三八四九／二四二四至二四二五）。

① 素問，第四十二節，卷十二，頁二上。
② 總括論語，雍也第六，第二十八章。
③ 同上。

[21] 生之謂性。性即氣，氣即性，生之謂也。人生氣稟，理有善惡。然不是性中元有此兩物相對而生也。有自幼而善，有自幼而惡。后稷之「克岐克嶷①」，

子越椒始生，人知其必滅若敖氏②之類 是氣稟有然也。善固性也，然惡亦不可不謂之性也。蓋生之謂性。人生而靜③，以上不容說。才說性時便已不是性也。凡人說性，只是說「繼之者善也④。」孟子言性善⑤是也。夫所謂「繼之者善也」者，猶水流而就下也。皆水也，有流而至海終無所汙。此何煩人力之爲也？有流而未遠固已漸濁。有出而甚遠方有所濁。有濁之多者，有濁之少者。清濁雖不同，然不可以濁者不爲水也。如此則人不可以不加澄治之功。故用力敏勇則疾清，用力緩怠則遲清。及其清也，則却只是元初水也。不是將清來換却濁，亦不是取出濁來置在一隅也。水之清，則性善之謂也。故不是善與惡在性中爲兩物相對，各自出來。此理，天命也。順而循之，則道也。循此而脩之，各得其分則教也⑥。自天命以至於教，我無加損焉。此舜有天下而不與焉⑦者也⑧。（遺書，卷一，頁七下至八上）。

或問「生之謂性」一段。朱子曰：此段引譬喻亦叢雜，如說水流而就下了，又說從清濁處去，與就下不相續。這處只要認得大意可也。又曰：「然惡亦不可不謂之性」一句，又似有惡性相似，須是子細看。（語類，卷九十五，第四十一條，頁三八五六／二四二九）。

問「人生而靜以上不容說」一段。曰：「人生而靜以上」，卽是人物未生時。人物未生時，只可謂之理，說性未得，此所謂「在天曰命⑨」也。「纔說性時，便已不是性」者，言纔謂之性，便是人生以後，此理已墮在形氣之中，不全是性之本體矣。故曰「便已不是性也」，此所謂「在人曰性⑩」也。大抵人有此形氣，則是此理始具於形氣之中，而謂之性。纔說是性，便已涉乎有生而兼乎氣質，不得為性之本體也。然性之本體，亦未嘗雜。要人就此上面見得其本體元未嘗離，亦未嘗雜耳。「凡人說性，只是說『繼之者善也』」者，言性不可形容，而善言性者，不過即其發見之端而言之，而性之理固可默識矣，如孟子言性善與四端⑪是也。（同上，第四十五條，頁三八五七至三八五八／二四三〇。參看文集，卷六十七，明道論性說，頁十六下至十八上）。

① 后稷乃帝舜時掌農業之官。詩經，大雅，生民之什謂其自幼「克岐克嶷」。岐嶷峻茂之狀，自幼而善也。

② 左傳，宣公四年，謂子越椒生而有熊虎之狀，豺狼之聲。弗殺必滅若敖氏。

③ 禮記，樂記，第十一節。

④ 易經，繫辭上傳，第五章。

⑤ 孟子，告子第六上，第二章。

⑥ 中庸，第一章。

⑦ 論語，泰伯第八，第十八章。

⑧ 文集，卷三十三，頁二十八上，答呂伯恭第四十一書以明道論性等段，向時嫌其太高，今看得似不可無。

⑨ 程頤之語，見遺書，卷二十四，頁三下。

⑩ 同上。

⑪ 孟子，公孫丑第二上，第六章。

[22] 觀天地生物氣象。周茂叔①看（遺書，卷六，頁三上）。

問：程子觀天地生物氣象。朱子曰：他也只是見如此，便說出來示人。而今不成只管去守看生物氣象②？（語類，卷九十六，第八十四條，頁三九三五／二四七八）

① 周敦頤之號。

② 參看卷十四，第十八、十九兩條朱子評語。

[23] 萬物之生意最可觀，此元者善之長也①。斯所謂仁也。（遺書，卷十一，頁三下）。

問：「伊川②云：『萬物之生意最可觀。』」朱子曰：物之初生，其本未遠，固好看。及幹成葉茂，便不好看。（語類，卷九十五，第六十二條，頁三八六四／二四三四）

問：「萬物之生意最可觀，此元者善之長也。斯所謂仁也。」此只是先生向所謂初之意否？曰：萬物之生，天命流行。自始至終，無非此理。但初生之際，淳粹未散，尤易見爾。只如元亨利貞③，皆是善，而元則為善之長。亨利貞皆是那裏來。仁義禮智④亦皆善也，而仁則為萬善之首。義禮智皆從這裏出爾。（同上，第六十三條，頁三八六四／二四三四）。

① 易經，乾卦第一，文言。
② 此條近思錄爲明道語，而此處云伊川。參看上面第十九條，註⑩。
③ 乾之四德。參看上面第六條。
④ 孟子、告子第六上，第六章。

24 滿腔子是惻隱之心。（遺書，卷三，頁三上）。

朱子曰：腔子猶言軀殼耳。只是俗語，非禪語也。（文集，卷五十八，答鄧衞老第一書，頁三十三下）。

問：「滿腔子是惻隱之心」，或以為京師市語：「食飽時心動」呂子約①云。曰：不然，此是為「動」字所拘。腔子，身裏也，言滿身裏皆惻隱之心。心在腔子裏，亦如云心只是在身裏。問：心所發處不一，便說惻隱，如何？曰：惻隱之心，渾身皆是，無處不發。如見赤子有惻隱之心②，見一蟻子亦豈無此心？（語類，卷五十三，卷五十三，第二十八條，頁二〇三七／一二八三）。

問：「滿腔子是惻隱之心」，只是此心常存，纔有一分私意，便闕了他一分。曰：只是滿這箇軀殼，都是惻隱之心。纔築著，便是這箇物事出來，大感則大應，小感則小應。恰似大段痛傷固是痛，只如針子略挑些血出，也便痛。（同上，第二十七條，頁二〇三七／一二八三）。

又曰：「滿腔子是惻隱之心。」不特是惻隱之心。滿腔子是羞惡之心，滿腔子是辭遜之心，滿腔子是是非之心③。彌滿充實，都無空闕處。（同上，第三十一條，頁二〇三九／一二八五）。

又曰：「滿腔子是惻隱之心」，此是就人身上指出此理充塞處，最為親切。（文集，卷三十二，頁十上，答張敬夫問臣第四十書，又見卷四十三，答林擇之第十二書，頁二十二上）。

薛瑄（一三八九—一四六四）曰：「滿腔子惻隱之心」，卽藹然天地生物之心。（讀書錄，卷二，孟子上，頁十五上）。

胡居仁（一四三四—一四八四）曰：「滿腔子是惻隱之心」，則滿身都是心也。如刺著便痛，非心而何？然知痛是人心，惻隱是道心。（居業錄，卷一，心性，頁五上）。

呂坤（一五三六—一六一八）曰：「滿腔子是惻隱之心」。滿六合④是運惻隱之心處。君子見六合飛潛動植，纖細毫末之物，見其得所，則油然而喜，與自家得所一般。見其失所，則閔然而戚，與自家失所一般。（呻吟語，卷一，談道，頁一三一）。

高攀龍（一五六二—一六二六）曰：朱子曰：「『滿腔子是惻隱之心』，是就人身上指出此理充塞處，最為親切。」朱子發明程子之言，亦最親切矣。蓋天地之心，充塞於人身者，為惻隱之心。人心充塞天地者，卽天地之心。人心一小腔子，天地卽大腔子也。（高子遺書，卷一，語，頁八下）。

劉宗周（一五七八—一六四五）曰：「滿腔子皆惻隱之心。」以人身八萬四千毫竅，在在靈通，知痛癢也。只知痛癢心便是惻隱之心。凡乍見孺子感動之心，皆從知痛癢心一體分出來。朱子云：「知痛是人心，惻隱是道心⑤。」太分析。惻隱是知痛表德。（劉子全書，卷十一，語錄，頁十四下）。

張伯行曰：惻者傷之切，隱者痛之心。惻隱之心卽天地萬物一體之心，充塞於人之身者。故程子就人身上，指出見人身是小腔子，天地是大腔子，人身渾是惻隱之心，所以可塞天地。天地亦渾是惻隱之心，所以「品物流形，各正性命⑥。」（集解，卷一，頁十四下至十五上）。

① 呂祖儉（一一九六卒）之字。
② 孟子，公孫丑第二上，第六章。
③ 四端，同上。
④ 東西南北上下。
⑤ 語類，卷六十二，第四十條，頁三六一一。
⑥ 易經，乾卦第一，彖傳。

[25] 天地萬物之理無獨必有對。皆自然而然，非有安排也。每中夜以思，不知

手之舞之，足之蹈之也。（遺書，卷十一，頁三下）。

問：「天地萬物之理，無獨必有對。」對是物也，理安得有對？朱子曰：如高下小大清濁之類，皆是。曰：高下小大清濁，又是物也，如何？曰：有高必有下，有大必有小，皆是理必當如此。如天之生物，不能獨陰，必有陽，不能獨陽，必有陰；皆是對。這對處，不是理對。其所以有對者，是理合當恁地。（語類，卷九十五，第六十四條，頁三八六四至三八六五／二四三四）。

問：「天下之理，無獨必有對。」有動必有靜，有陰必有陽，以至屈伸消長盛衰之類，莫不皆然。還是他合下便如此邪？曰：自是他合下來如此。一便對二，形而上便對形而下。然就一言之，一中又自有對。且如眼前一物，便有背有面，有上有下，有內有外。二又各自為對。雖說「無獨必有對」，然獨中又自有對。且如棊盤路兩兩相對，末梢中間只空一路，若似無對。然此一路對了三百六十路，此所謂「一對萬，道對器」也。（同上，第六十六條，頁三八六六／二四三五）。

又曰：天下之物未嘗無對。有陰便有陽，有仁便有義，有善便有惡，有語便有默，有動便有靜。然又刼只是一箇道理。如人行出去是這脚，歸亦是這脚。譬如口中之氣，噓則為溫，吸則為寒耳。（同上，第六十七條，頁三八六六／二四三五）。

26 中者，天下之大本。天地之間，亭亭當當，直上直下之正理。出則不是。惟敬而無失①最盡。（遺書，卷十一，頁十一上）。

問：亭亭當當之說。朱子曰：此俗語也，蓋不偏不倚，直上直下之意也。問敬非中，惟敬而無失，乃所以為中否？曰：只是常敬便是喜怒哀樂未發之中②也。（語類，卷九十五，第七十條，頁三八六七）。

問：「敬而無失。」曰：把捉不定便是失。（同上，卷四十二，第四十七條，頁一七二七／一〇八三）。

問：「天地之間，亭亭當當，直上直下，出便不是」，如何？曰：「喜怒哀樂未發謂之中。」「亭亭當當，直上直下」等語，皆是形容中之在我，其體段如此。「出則不是」者，出便是已發。發而中節，只可謂之和③，不可謂之中矣。故曰「出便不是。」（同上，卷九十五，第六十九條，頁三八六七／二四三五）。

高攀龍曰：明道曰：「中也者天下之大本。天地間亭亭當當，直上直下之正理。出則不是。」又曰：「若能物各付物，便是不出來也④。」靜則直內，動則因物。此心常復於未發，而寂然不動矣。此謂復性。（高子遺書，卷一，語類，頁十六下至十七上）

① 論語，顏淵第十二，第五章。
② 中庸，第一章。
③ 同上。
④ 遺書，卷十八，頁十五下。

27 伊川先生曰：公則一，私則萬殊。「人心不同如面①」只是私心。（遺書，卷十五，頁一下）。

江永曰：義理之正，人心所同，故公則一。（集注，卷一，頁十二下）。

葉采曰：公則萬物一體，私則人己萬殊。（集解，卷一，頁二十三）。

① 左傳，襄公三十一年。

28 凡物有本末，不可分本末爲兩段事。「洒掃應對①」是其然，必有所以然。（遺書，卷十五，頁四下）。

朱子曰：須是就事上理會道理，非事何以識理？「洒掃應對，」末也。「精義入神②」，本也。不可說這箇是末，不足理會，只理會那本，這便不得。又不可說這末便是本，但學其末，則本便在此也。（語類，卷四十九，第四十五條，頁一九一七／一二〇九）。

問：「洒掃應對是其然，必有所以然。」所以然者是如何？曰：若無誠意，如何洒掃應對？（同上，第四十九條，頁一九一九／一二一〇）。

又曰：「是其然，必有所以然。」治心修身是本，「洒掃應對」是末，皆其然之事也。至

於所以然，則理也。理無精粗本末，皆是一貫。（同上，第五十條，頁一九一九／一二二〇）

鄧衞老③問曰：竊謂是其然者，人事也。所以然者，天理也。「下學而上達④」也。曰：大槩是如此，更詳玩之。（文集，卷五十八，答鄧衞老第一書，頁三十三下）。

又曰：「洒掃應對」之事，其然也，形而下者也。「洒掃應對」之理，所以然也，形而上者也。自形而下者而言，則「洒掃應對」之與「精義入神」，本末精粗，不可同日而語矣。自夫形而上者言之，則初未嘗以其事之不同，而有餘此，不足於彼也。曰：其曰「物有本末而本末不可分」者何也？曰：有本末者，其然之事也。不可分者，以其悉具所以然之理也。（論語或問，頁六五八至六五九，論語，子張，第十二章）。

① 論語，子張第十九，第十二章。
② 易經，繫辭下傳，第五章。
③ 名絅，朱子弟子。問近思錄十餘條，朱子以書答之。參看拙著朱子門人，頁三四五。
④ 論語，憲問第十四，第二十七章。

[29] 楊子①拔一毛不爲，墨子②又摩頂放踵爲之③。此皆是不得中。至如子莫④執中，欲執此二者之中。不知怎麼執得？識得則事事物物上皆天然有箇中

在那上，不待人安排也。安排著則不中矣。（遺書，卷十七，頁六上）。

問：楊墨固是皆不得中。至子莫，又要安排討箇中執之。朱子曰：子莫見楊墨皆偏在一處，要就二者之中而執之，正是安排尋討也。原其意思固好，只是見得不分明，依舊不是。（語類，卷六十，第一三二條，頁二二九八／一四四七）。

① 楊朱，字子居，戰國時人。專主爲我。其言盈天下。
② 墨子，名翟，先於楊朱。仕宋爲大夫。主兼愛尚同之說。其言亦盈天下。
③ 孟子，盡心第七上，第二十六章。
④ 子莫，魯之賢人。

30 問時中如何？曰：中字最難識，須是默識心通。且試言一廳，則中央爲中。一家則廳中非中而堂爲中。言一國則堂非中而國之中爲中。推此類可見矣。如「三過其門不入①」在禹稷之世爲中，若「居陋巷②」則非中也。居陋卷在顏子③之時爲中，若「三過其門不入」，則非中也。（遺書，卷十八，頁二十四上）。

澤田武岡曰：此章就有方所處還形容出無方所者，以實喻虛，欲人之易曉耳。時中，隨時以處中也。（說略，卷一，頁六十八下，總頁一五〇）。

朱子曰：「三過其門而不入，在禹稷之時則可，在顏子則不可。「居陋巷」在顏子之時則是中，在禹稷之時則非中矣。「居陋巷」則似楊氏，「三過其門而不入」則似墨氏。要之禹稷似兼愛而非兼愛，顏子似為我而非為我。（語類，卷六十，第一三一條，頁二二七八／一四四七至一四四八）。

問：「禹稷當平世，三過其門而不入。」似天下之事重乎私家也。若家有父母，豈可不入？曰：固是，然事亦須量緩急。問：何謂緩急？曰：若洪水之患不甚為害，只是那九河泛泛底水，未便會傾國覆都，過家見父母亦不妨，若洪水之患，其急有傾國溺都，君父危亡之災，也只得且奔君父之急。雖不過見父母，亦不妨也。（同上，卷五十七，第七十一條，頁二一五〇／一三五五至一三五六）。

① 據孟子，滕文公第三上，第四章，當堯之時，洪水橫流，五穀不登。堯獨憂之，舉舜而敷治。舜使禹治水。禹疏九河。在外八年，三過其門而不入。后稷教民稼穡，五穀熟而人民育。

② 孟子云：顏子當亂世，居陋巷，一簞食，一瓢飲。人不堪其憂，顏子不改其樂。孔子賢之。（孟子，離婁第四下，第二十九章）。

③ 顏子，名回，字子淵，又稱顏淵，孔子門人中最賢。其心三月不違仁（論語，雍也，第五章）。年三十二早卒。

[31] 無妄之謂誠，不欺其次矣。李邦直①云：不欺之謂誠，便以不欺為誠。徐仲車②云：不息之謂誠。中庸言「至誠無息③」，非以無息解誠也④。或以問先生，先生曰云云。（遺書，卷六，頁八下）。

問：「無妄之謂誠。」不欺則所以求誠否？朱子曰：無妄者，聖人也。謂聖人為無妄則可，謂聖人為不欺則不可。又問：此正所謂「誠者天之道，思誠者人之道⑤」否？曰：然。無妄是自然之誠，不欺是着力去做底。（語類，卷九十五，第七十二條，頁三八六七／二四三六）。味道⑥問：「無妄之謂誠，不欺其次也。」曰：非無妄的能誠，無妄便是誠。無妄是四方八面都去得，不欺猶是兩箇物事相對。（同上，第七十四條，頁三八六八／二四三六）或問：「無妄之誠，不欺其次矣。」曰：無妄是兼天地萬物所同得底渾淪道理，不欺是就一邊說。泳⑦問：不欺是就人身說否？曰：然。（同上，第七十五條，頁三八六八／二四三六）。又曰：無妄自是我無妄，故誠。不欺者，對物而言之，故次之。（同上，第七十六條，頁三八六八／二四三六）。

① 李邦直名清臣。紹聖初（一〇九五）爲中書侍郎。詳宋史，卷三二八，李邦直傳。杉履坤，近思錄釋義，卷一，頁十七下，謂李或是伊川之壻，然未提出實據。

② 徐仲車名積，以聾疾不仕。長天文。一〇八八年間任教授。宋名臣言行錄，卷十四，有其傳。

③ 中庸，第二十六章。

④ 中村習齋，近思錄講說，卷一，頁九上，謂本註自此以上，乃或人之語。

⑤ 中庸，第二十章。又孟子，離婁第四上，第十二章。

⑥ 葉味道，初諱賀孫，以字行，稱西山先生，朱子門人。錄語類三四百條，問答亦在百條以上。參看拙著朱子門人，頁三七九至三八〇。

⑦ 此指湯泳，字永叔，朱子門人。錄語類百餘條。語類凡湯泳錄者只用「泳」，胡泳錄者則用「胡泳」。參看朱子門人，頁二三九。

[32] 沖漠無朕①，萬象森然已具。未應不是先，已應不是後。如百尺之木，自根本至枝葉，皆是一貫。不可道上面一段事，無形無兆却待人旋安排，引入來教入塗轍。既是塗轍，却只是一箇塗轍。（遺書，卷十五，頁八上）

問：「沖漠無朕至教入塗轍。所謂塗轍者，莫只是以人所當行者言之？凡所當行之事，皆是先有此理。却不是臨行事時，旋去討尋道理。朱子曰：此言未有這事，先有這理。如未有君臣，已先有君臣之理。未有父子，已先有父子之理。不成元無此理，直待有君臣父子，却旋將道理入在裏面。又問：「既是塗轍，却只是一箇塗轍」是如何？曰：是這一箇事，便只是這一箇道理。精粗一貫，元無兩樣。今人只見前面一段事無形無兆，將謂是空蕩蕩，却不知道「冲漠無朕，萬象森然已具。」如釋氏便只是說空，老氏便只是說無，却不知道莫實於理。曰：「未應不是先，已應不是後」，「應」字是應務之「應」否？曰：未應，是未應此事。已應，是已應此事。未應固是先，却只是後來事。已應固是後，却只是未應時理。（語類，卷九十五，第七十七條，頁三八六八至三八六九／二四三六至二四三七）

或問：「未應不是先」一條。曰：未應如未有此物，而此理已具。到有此物，亦只是這箇道理。塗轍是車行處。且如未有塗轍，而車行必有塗轍之理。（同上，第八十條，頁三八六九／二四三七）。

問：「冲漠無朕」一段。曰：此只是說「無極而太極②。」又問：下文「既是塗轍，却只是一箇塗轍」是如何？曰：恐是記者欠了字，亦曉不得。又曰：某前日說，只從陰陽處看，則所謂太極者，便只在陰陽裏。所謂陰陽者，便只是在太極裏。而今人說陰陽上面別有一箇無形無影底物是太極，非也。（同上，第八十一條，頁三八七〇／二四三七）。

① 多數日本註家謂此是佛語，然皆未能指出其來源。山崎闇齋列擧理學家採用此語（續山崎闇齋全集，第二輯，頁七十八至八十六），但未嘗言此是佛語。大漢和辭典以此爲伊川之語。

② 周敦頤，太極圖說。

33 近取諸身，百理皆具。屈伸往來之義，只於鼻息之間見之。屈伸往來，只是理不必將既屈之氣，復為方伸之氣。生生之理，自然不息。如復卦言「七日來復①」，其間元不斷續，陽已復生。「物極必返②。」其理須如此。有生便有死，有始便有終。（遺書，卷十五，頁十八下）。

問：「近取諸身，百理皆具。」且是言人之一身與天地相為流通，無一之不相似。至下言「屈伸往來之義，只於鼻息之間見之」，却只是說上意一脚否？曰：然。又問：屈伸往來，只是理自如此。亦猶一闔一闢，闔固為闢之基，而闢亦為闔之基否？曰：氣雖有屈伸，要之方伸之氣，自非既屈之氣。氣雖屈，而物亦自一面生出。此所謂生生之理，自然不息也。（語類，卷九十五，第八十二條，頁三八七〇／二四三七）

問：屈伸往來，氣也。程子云：「只是理」，何也？曰：其所以屈伸往來者，是理必如此。「一陰一陽之謂道③。」陰陽氣也，其所以一陰一陽循環而不已者，乃道也。（同上，第八十三條，頁三八七〇／二四三七至二四三八）。

葉采曰：鼻息呼吸，可見屈伸往來之義。以理而言，則屈伸往來，自然不息。以氣而言，則不是以既屈之氣為方伸之氣，如釋氏所謂輪廻者也。（集解，卷一，頁二十五）。

佐藤一齋曰：此條理氣須合一說，〔葉采〕注分說非。程君本旨，屈伸以呼吸言之。呼為伸，吸為屈。吸取一團氣畜在腹，是屈也。吐出一團氣發在外，是伸也。注往而屈者，來而伸者，則就易言之。自下而上為往，為屈。自上而下為來，為伸。此與呼吸往來不同，然理則一也。程君來復之說，固與竺家輪迴異。然天地之理，「物極必反」，一氣周流，循環不已。則謂之如輪轉，亦無不可。但意義所存本不同耳。（欄外書，卷一，「正取」條）。

① 易經，復卦之第二十四彖傳。
② 鶡冠子，第五節。
③ 易經，繫辭上傳，第五章。

34 明道先生曰：天地之間，只有一箇感與應而已。更有甚事？（遺書，卷十五，頁七下。卷十五皆伊川語）。

朱子曰：明道言：「天地之間，只有一箇感應而已。」蓋陰陽之變化，萬物之生成，情偽之相通，事為之終始，一為感，則一為應。循環相代，所以不已也。（語類，卷九十五，第八十四條，頁三八七一／二四三八）。

問：「天下只有箇感應。」曰：事事物物，皆有感應。寤寐，語默，動靜亦然。譬如氣聚則風起，風止則氣復聚。（同上，第八十五條，頁三八七一／二四三八）。

又曰：「感應」二字有二義：以感對應而言，則彼感而此應。專於感而言，則感又兼應意，如感恩感德之類。（同上，第八十六條，頁三八七一／二四三八）。

[35]問仁。伊川先生曰：此在諸公自思之。將聖賢①所言仁處，類聚觀之，體認出來。孟子曰：「惻隱之心，仁也②」後人遂以愛爲仁。愛自是情，仁自是性，豈可專以愛爲仁？孟子言：「惻隱之心，仁之端也③」既曰仁之端，則不可便謂之仁。退之④言「博愛之謂仁⑤」，非也。仁者固博愛，然便以博愛爲仁則不可。（遺書，卷十八，頁一上）。

朱子曰：此心何心也？在天地則塊然生物之心，在人則溫然愛人利物之心。包四德⑥而貫四端⑦者也。或曰：「若子之言，則程子所謂「愛情仁性，不可以愛為仁」者非歟？」曰：不然。程子之所訶，以愛之發而名仁者也。吾之所論，以愛之理而名仁者也。蓋所謂情性者，雖其分域之不同，然其脈絡之通，各有攸屬者，曷嘗離絕而不相管哉？吾方病乎學者論程子之言而不求其意，遂至判然離愛而言仁，故特論此以發明其遺意。（文集，卷六十七，仁說，頁二十下至二十一上）。

又曰：程子曰：「仁，性也。愛，情也。豈可便以愛為仁？」此正謂不可認情為性耳。非謂仁之性不發於愛之情，而愛之情不本於仁之性也。（文集，卷二十二，答張敬夫第一書論仁說，頁十八上）。

葉采曰：仁者愛之性，愛者仁之情，以愛為仁，是指情為性。端之云者，言仁在中而端緒見於外也。或謂樊遲⑧問仁，子曰：「愛人⑨」，是夫子亦嘗以愛言仁也。曰：孔門問答，皆是敎人於已發處用功。孟子所謂「惻隱之心。仁也」，亦是於已發之端體認。但後之論仁者，無復知性情之別。故程子發此義以示人，欲使沿流而遡其源也。學者其深體之。（集解，卷一，頁二十六）。

① 指孔子孟子。
② 孟子，告子第六上，第六章。
③ 同上，公孫丑第二上，第六章。
④ 韓愈（七六八—八二四）之字。參看卷十四，第十四條。
⑤ 韓昌黎全集，卷十一，頁一上，原道。
⑥ 仁義禮智。
⑦ 同上註。
⑧ 孔子弟子，名須。
⑨ 論語，顏淵第十二，第二十二章。

[36] 問仁與心何異？曰：心譬如穀種。生之性，便是仁。陽氣發處，乃情也。（遺書，卷十八，頁二上）。

張伯行曰：學者得孟子「仁，人心也①」一語，便認心即是仁。不知仁之與心，正自有異。故程子因問而辨之。蓋孟子恐人懸空去詁仁，故言仁之切於人。其實心是形之載理者，不過血氣做成，猶穀種是穀實結成的。但其中具有生理耳。穀之所以纔播種而便萌蘖者，以其有生之性，而即以穀種為生之性則不可。人心之所以自然惻怛慈愛者，亦以其有生之性，而即以人心為生之性亦不可。蓋生之性便是仁也。惟仁具於心，觸著便動，猶穀種遇陽氣之發，自生萌芽，此乃所謂情也。（集解，卷一，頁十九下至二十上）。

余景思②問仁之與心。朱子曰：仁字是虛，心字是實。如水之必有冷。冷字是虛，水字是實。心之於仁，亦猶水之冷，火之熱。學者須當於此心未發時，加涵養之功，則所謂惻隱羞惡辭遜是非，發而必中。方其未發，此心之體，寂然不動，無可分別。且只恁混沌養將去。若必察其所謂四者之端，則既思便是已發。（語類，卷六，第一一八條，頁一九二／一一九）。

問：心性情之辨。曰：程子云，心譬如穀種。其中具生之理，是性，陽氣發生處是情。推而論之，物物皆然。（同上，卷五，第七十八條，頁一五三／九五）。

又曰：程子說生意處，非是說以生意為仁，只是說生物皆能發動，死物則都不能。譬如穀種，蒸殺則不能生也。又曰：以穀種譬之。一粒穀春則發生，夏則成苗，秋則結實，冬則收藏。生意依舊包在裏面。每箇穀子裏有一箇生意藏在裏面而後生也。仁義禮智亦然。（同上，卷二十，第九十一條，頁七四〇／四六四至四六五）。

① 孟子，告子第六上，第十一章。

② 余元一之字，朱子門人，娶朱子女壻黃幹之妹。參看拙著朱子門人，頁八十六。

37 義訓宜，禮訓別，智訓知，仁當何訓？說者謂訓覺①訓人②，皆非也。當合孔孟言仁處，大槩研窮之，二三歲得之未晚也。（遺書，卷二十四，頁三上）。

或問：仁當何訓。朱子曰：不必須用一字訓，但要曉得大意通透。（語類，卷六，第一一〇條，頁一八九／一一八）。

又曰：仁固有知覺。喚知覺做仁却不得。（同上，第一一三條，頁一九〇／一一八）。

又曰：以名義言之，仁自是愛之體，覺自是智之用。本不相同，但仁包四德③。苟仁矣，安有不覺者乎？（同上，第一一四條，頁一九〇／一一八）。

張伯行曰：仁義禮智皆吾心之天理，而仁包乎三者。其道至大，故三者易訓而仁難訓。訓猶解也。以此字之義通乎彼字之義而得其解也。義者天理之裁制，所以決斷事物而得其當然之宜，故訓宜。禮者天理之節文，所以別親疏貴賤之分，故訓別。智者天理之明睿，所以知可否是非之辨，故訓知。仁則非可以一字訓也。有以覺訓仁者，謂仁無物欲之蔽，疾痛疴癢，觸之卽覺。夫覺自是智之用。仁可兼智，故仁者無所不覺耳。究不足以盡仁之蘊也。且仁之知覺純是理，若專以知覺言仁，恐流入於佛氏作用是性之說。其說非也。又有以人訓仁者，謂天地生生之理，以人體之，則惻怛慈愛之意，自無間斷。夫仁固以人為體，然人是氣，仁是理。理從氣上識取，認氣為理，其說亦非也。當合孔孟之言仁處，類聚而觀之。（集解，卷一，頁二十上下）。

① 謝良佐（一〇五〇—約一一二〇）以識痛癢爲仁（上蔡語錄，中，頁一上，總頁四十三）。參看卷二，第二七條，註③。
② 中庸，第二十章。
③ 仁義禮智。

[38] 性即理也①。天下之理，原其所自，未有不善。喜怒哀樂未發，何嘗不善？發而中節，則無往而不善②。凡言善惡，皆先善而後惡。言吉凶，皆先吉而後凶。言是非，皆先是而後非。遺書，卷二十二上，頁十一上）。易傳曰：「成而後有敗，敗非先成者也。得而後有失，非得何以有失也③？」

朱子曰：伊川「性卽理也」，自孔孟後無人見得到此，亦是從古無人敢如此道。（語類，卷五十九，第四十五條，頁二二〇一／一三八七）。

又曰：伊川「性卽理也」四字，顛撲不破，實自己上見得出來。其後諸公只聽得，便說將去，實不曾就己上見得，故多有差處。（同上，第四十六條，頁二二〇一／一三八七）。

又曰：「性卽理也」，在心喚做性，在事喚做理。（同上，卷五，第六條，頁一三四／八二）。

因看嵤④等說性，曰：論性，要須先識得性是箇甚麼物事。必大錄此下云，「性畢竟無形影，只是心中所有底道理是也」。程子「性卽理也」，此說最好。今且以理言之，畢竟却無形影，只是這一箇道理。在人，仁義禮智，性也。然四者有何形狀？亦只是有如此道理。有如此道理，便做得許多事出來，所以能惻隱，羞惡，辭遜，是非也。譬如論藥性，性寒，性熱之類，藥上亦無討這形狀處。只是服了後，却做得冷做得熱底，便是性，便只是仁義禮知。（同上，卷四，第三十九條，頁一〇一至一〇二／六三至六四）。

① 此下原文有「所謂理性是也」。近思錄刪此語。市川安司疑朱子刪此語，以其有佛教意味云（程伊川哲學の研究，頁二七七）。然市川亦指出中國典籍，常用「理性」之詞。吾人亦可指出，下面亦刪去一語（見註②），以其贅耳。

② 別本遺書，孟子集注（注滕文公第三上，第一章），與若干中國註家（如張伯行集解）此下有「發不中節，然後爲不善」九字。近思錄刪去此語。

③ 此爲本註，乃朱子所增。原文出易傳，卷一，頁五十一上。

④ 黃嵤（一一四七—一二一一）之名。歷官監丞知州。朱子門人，錄語類三四百條。參看拙著朱子門人，

頁二六二至二六三。

[39] 問心有善惡否？曰：在天爲命，在物①爲理，在人爲性，主於身爲心，其實一也。心本善，發於思慮則有善有不善。若既發則可謂之情，不可謂之心。譬如水，只可謂之水。至如流而爲派，或行於東或行於西，却謂之流也。（遺書，卷十八，頁十七上）。

或問：心有善惡否？朱子曰：心是動底物事，自然有善惡。且如惻隱是善也。見孺子入井而無惻隱之心②，便是惡矣。離着善，便是惡。然心之本體未嘗不善，又却不可說惡全不是心。若不是心，是甚麼做出來？（語類，卷五，第三十四條，頁一三九／八六）。

履之③問：「心本善。發於思慮，則有善不善」，如何？曰：疑此段微有未穩處。蓋凡事莫非心之所為，雖放僻邪侈，亦是心之為也。善惡但如反覆手耳，翻一轉便是惡，止安頓不著，也便是不善。如當惻隱而羞惡，當羞惡而惻隱，便不是。又問：心之用雖有不善，亦不可謂之非心否？曰然。（同上，卷九十五，第八十九條，頁三八七二／二四三八至二四三九）

問：發於思慮則有善不善。看來不善之發有二：有自思慮上不知不覺自發出來者，有因外誘然後引動此思慮者。……曰：謂發處有兩端，固是。然畢竟從思慮上發者，也只在外來底。天理渾是一箇。只不善，便是不從天理出來。不從天理出來，便是出外底了。視聽言動，該貫內外，亦不可謂專是外面功夫。若以為在內自有一件功夫，在外又有一件功夫，則內外支離，無此道理。須是「誠之於思，守之於為④」，內外交致其功，可也。（同上，第九十條，頁三八七二至三八七三／二四三九）。

問：「心既發，則可謂之情，不可謂之心」，如何？曰：心是貫徹上下，不可只於一處看。（同上，第九十二條，頁三八七三／二四三九）。

又曰：「既發則可謂之情，不可謂之心」，此句亦未穩。（同上，第九十三條，頁三八七三／二四三九）。

① 河南程氏遺書朱子於此條註云：「在義爲理」疑是「在物爲理」。（卷十八，頁二二六）。

② 孟子，公孫丑第二上，第六章。

③ 朱子有兩門人，字履之，一爲方大壯，一爲劉砥。語類，卷五，第六十二條，頁一四六／九十，與卷七十一，第三十二條，頁二八四四／一七八七，同爲道夫所錄。道夫於前者只稱「履之」，於後者則稱「劉履之」。故知履之爲方而非劉。

④ 伊川文集，卷四，動箴，頁四下。

[40] 性出於天，才出於氣。氣清則才清，氣濁則才濁。才則有善有不善，性則無不善。（遺書，卷十九，頁四下）。

朱子曰：氣是敢做底，才是能做底。（語類，卷五，第九十七條，頁一五八／九八）。

問：性之所以無不善，以其出於天也。才之所以有善有不善，以其出於氣也。要之，性出於天，氣亦出於天。何故便至於此？曰：性是形而上者，氣是形而下者。形而上者全是天理，形而下者只是那查滓。至於形，又是查滓至濁者也。（語類，卷五，第九十四條，頁一五七／九七）。

又曰：孟子言才，〔孟子曰：「若夫為不善，非才之罪也」.（孟子，告子第六上，第六章）〕不以為不善，蓋其意謂善性也。只發出來者是才。若夫就氣質上言，才如何無善惡？（同上，卷五十九，第三十二條，頁二一九一／一三八一）。

又曰：程子曰，「性卽理也。理則堯舜至於塗人，一也。才稟於氣。氣有清濁，稟其清者為賢，稟其濁者為愚①。」……張子曰：「形而後有氣質之性。善反之則天地之性存焉。故氣質之性，君子有弗性者焉②。」愚案程子此說才字與孟子本文小異。蓋孟子專指其發於性者言之，故以才無不善。程子兼指其稟於氣者言之，則人之才固有昏明强弱之不同矣。張子所謂「氣質之性」是也。二說雖殊，各有所當。然以事理考之，程子為密。蓋氣質所稟雖有不善，而不害性之本善。性雖本善，而不可以無省察矯揉之功，學者所當深玩也。（孟子集注，論孟子，告子第六上，第六章）。

葉采曰：性本乎理，理無不善。才本乎氣，氣則不齊。故或以之為善，或以之為惡。（集解，卷一，頁二十八）。

① 遺書，卷十八，頁十七下。

② 正蒙，誠明第六，張子全書，卷二，頁四十二。

[41] 性者自然完具。信只是有此者也。故四端①不言信。（遺書，卷九，頁一上）。

葉采曰：仁義禮智，分而言之，則四者各立，自然完具。實有是四者，則謂之信。故信無定位。非於四者之外別有信也。孟子論四端而不及信，蓋信在其中矣。（集解，卷一，頁二十八）。

朱子曰：信是義理之全體，本質不可得而分析者。故明道之言如此。（文集，卷五十二，頁二十二上，答吳伯豐第十九書）。

或問：仁義禮智性之四德，又添信字，謂之五性，如何？曰：信是誠實此四者，實有是仁，實有是義，禮智皆然。如五行②之有土，非土不足以載四者。（語類，卷六，第四十六條，頁一六七／一〇四）。

薛瑄曰：程子曰，「四端不言信者，既有誠心為四端，則信在其中矣③。」愚謂若無誠心，則四端亦無矣。故學道以誠心為本。（讀書錄，卷二，孟子上，頁十五上）。

① 孟子，公孫丑第二上，第六章，以惻隱，羞惡，辭讓，是非之心爲仁義禮智之四端。

② 金，木，水，火，土。

③ 孟子集註，公孫丑第二上，第六章引。

[42] 心，生道也。有是心，斯具是形以生。惻隱之心，人之生道也。（遺書，卷二十一下，頁二上）。

朱子曰：「心，生道也。」此句是張思叔①所記，疑有欠闕處。必是當時改作行文，所以失其文意。伯豐②云：「何故入在近思錄中？曰：如何敢不載？但只恐有闕文，此四字說不盡。（語類，卷九十五，第九十四條，頁三八七四／二四三九至二四四〇）。

「心，生道也。人有是心，斯具是形以生。惻隱之心，生道也」，如何？曰：天地生物之心是仁。人之稟賦，接得此天地之心，方能有生。故惻隱之心在人，亦為生道也。（同上，第九十五條，頁三八七四／二四四〇）。

問：「心，生道也」一段。上面「心生道」，莫是指天地生物之心？下面「惻隱之心，人之生道」，莫是指人所得天地之心以為心？蓋在天只有此理。若無那形質，則此理無安頓處。故曰：「有是心，斯具是形以生。」上面猶言「繼善」，下面猶言「成性③。」曰：上面「心，生道也」，全然做天底，也不得。蓋理只是一箇渾然底。人與天地混合無間。（同上，第九十七條，頁三八七四／二四四〇）。

① 張繹，字思叔，伊川門人。
② 吳必大之字，朱子門人。錄語類二百餘條。嘗任縣丞。參看拙著朱子門人，頁九十至九十一。
③ 易經，繫辭上傳，第五章云：「一陰一陽之謂道，繼之者善也，成之者性也。」

43 橫渠先生①曰：氣坱然太虛，升降飛揚，未嘗止息。此虛實動靜之機，陰陽剛柔之始。浮而上者陽之清，降而下者陰之濁。其感遇聚結爲風雨，爲霜雪。萬品之流形，山川之融結。糟粕煨燼，無非教也。**正蒙，下同。**（太和篇第一；張子全書，卷二，頁二下）。

葉采曰：坱然，盛大氤氳之義，坱然太虛，周流上下，亘古窮今，未嘗止息者，元氣也。虛實動靜，妙用由是而形。故曰「機。」陰陽剛柔，定體由是而立。故曰「始。」判而為上下清濁，合而為風雨霜雪。凝而為人物山川之形質，散而為糟粕煨燼之查滓。消長萬變，生生不窮，皆道體之流行。故曰「無非至敎」。（集解，卷一，頁二十九）。

問：「氣坱然太虛，升降飛揚，未嘗止息。」朱子曰：此張子所謂「虛空卽氣②」也。蓋天在四時，地居其中，減得一尺地，遂有一尺氣，但人不見耳。此是未成形者。問：虛實以陰陽否？曰：以有無言，及至「浮而上，降而下③」，則已成形者，若所謂「山川之融結，糟粕煨燼」，卽是氣之渣滓。要之，皆是示人以理。（語類，卷九十八，第二條，頁三九八一／二五〇六）。

問：「此虛實動靜之機，陰陽剛柔之始」，言機言始，莫是說理否？曰：此本只是氣，理自在其中。一箇動，一箇靜，便是機處，無非教也。教便是說理。又曰：此等言語，都是經鍛鍊底話，須熟念細看。（同上，第四條，頁三八九一至三八九二／二五〇六）。

澤田武岡曰：虛實動靜陰陽剛柔，此分而言之，則虛實以有無言，動靜以作用言，陰陽以氣言，剛柔以質言。合而言之，則只是一元氣而已矣。機者發動所由，物之所由以決者。言其所係也。言這块然一氣以運出虛實動靜成立陰陽剛柔。故曰「機。」又曰「始」也。（說略，卷一，頁二十六上，總頁一六五）。

又曰：此章最好看。此是張子一生學力之所至如是。常人者雖日見之，不就以知其味。唯張子深識之。此其所見儘高。古人日用之際，無處而不察道體之趣味也。（同上，頁二十七上）。

① 參看上面引言，註①。

② 正蒙，太和第一，張子全書，卷二，頁二十二。

③ 同上，頁二十三。

44 游氣紛擾，合而成質者，生人物之萬殊。其陰陽兩端，循環不已者，立天地之大義。（正蒙，太和篇第一；張子全書，卷二，頁四下）。

朱子曰：晝夜運而息者，便是陰陽之兩端。其四邊散出紛擾者，便是游氣，以生人物之萬殊。某常言，正如麵磨相似，其四邊只管層層撒出。正如天地之氣，運轉無已，只管層層生出人物。其中有粗有細，故人物有偏有正，有精有粗。（語類，卷九十八，第五條，頁三九八二／二五〇七）。

問：「游氣紛擾，生人物之萬殊。」曰：游氣是氣之發散生物底氣。游亦流行之意。紛擾者，參錯不齊。既生物，便是游氣。若是生物常運行而不息者，二氣初無增損也。（同上，第十二條，頁三九八五／二五〇八）。

問：「游氣紛擾」一段，是說氣與理否？曰：此一段專是說氣，未及言理。「游氣紛擾，合而成質者，生人物之萬殊」，此言氣。到此已是渣滓粗濁者。去生人物，蓋氣之用也。「其動靜兩端，循環不已者，立天地之大義」，此說氣之本。上章言「氣坱然太虛」一段，亦是發明此意。因說佛老氏却不說著氣，以為此已是渣滓，必外此然後可以為道。遂至於絕滅人倫，外形骸，皆以為不足卹也。（同上，第七條，頁三九八三至三九八四／二五〇七至二五〇八）。

45 天體物不遺，猶仁體事而無不在也。「禮儀三百，威儀三千①。」無一物而非仁也。「昊天曰明，及爾出王。昊天曰旦，及爾游衍②。」無一物之不體也。（正蒙，天道篇第三；張子全書，卷二，頁十一下）。

茅星來曰：「出王」，出入往來也。「游衍」，游行衍溢也。言天道無往不在，以明上文「體物不遺」之意。（集注，卷一，頁三十六下）。

朱子曰：横渠謂「天體物而不遺，猶仁體事而無不在。」此數句，是從赤心片片說出來，荀③揚④豈能到？（語類，卷九十八，第二十條，頁三九八六／二五〇九）。

趙共父⑤問：「天體物而不遺，猶仁體事而無不在。」曰：體物，猶言為物之體也。蓋物物有箇天理。體事，謂事事是仁做出來。如「禮儀三百，威儀三千」，須是仁做始得。凡言體，便是做他那骨子。（同上，第二十一條，頁三九八七／二五〇九）。

問：「天體物而不遺，猶仁體事而無不在」，何也？曰：理者物之體，仁者事之體。事事物物，皆具天理，皆是仁做得出來。仁者，事之體。體物，猶言幹事，事之幹也。「禮儀三百，威儀三千」，非仁則不可行。譬如衣服，必有箇人著方得。且如「坐如尸⑥」，必須是做得。凡言體者，必是做箇基骨也。（同上，第二十三條，頁三九八七／二五一〇）。

又曰：「昊天曰明，及爾出王」，音往。言往來游衍，無非是理。「無一物之不體」，猶言無一物不將這箇做骨。（同上，第二十四條，頁三九八八／二五一〇）。

①中庸，第二十七章。
②詩經，大雅，生民之什，板。
③荀子（紀元前二一三—二三八？）倡性惡論，見荀子，卷十七，性惡第二十三。
④揚雄（前五三—一八）謂人性善惡混（法言，卷三，修身）。
⑤趙共父，亦作恭父，趙師郰之字，朱子門人。參看拙著朱子門人，頁二九三。
⑥禮記，玉藻，第二十九節。

46 鬼神者，二氣之良能也。（正蒙，太和篇第一；張及全書，卷二，頁四上）。

朱子曰：「鬼神者，二氣之良能」，是說往來屈伸乃理之自然，非有安排佈置，故曰「良能」也。（語類，卷六十三，第一二〇條，頁二四五八／一五四七）。

問：橫渠謂「二氣之良能」，何謂「良能？」曰：屈伸往來，是二氣自然能如此。曰：伸是神，屈是鬼否？先生以手圈桌上而直指其中，曰：這道理圓，只就中分別恁地。氣之方來皆屬陽，是神。氣之反皆屬陰，是鬼。日自午以前是神，午以後是鬼。月自初三以後是神，十六以後是鬼。童伯羽①問：日月對言之，日是神，月是鬼否？曰：亦是。草木方發生來是神，凋殘衰落是鬼。人自少至壯是神，衰老是鬼。鼻息呼是神，吸是鬼。（同上，第一三〇條，頁二四六二／一五五〇）。

又曰：伊川謂「鬼神者，造化之迹②」，却不如橫渠所謂「二氣之良能。」直卿③問，如何？曰：程子之說固好，但在渾淪在這裏。張子之說分明，便見有箇陰陽在。曰：如所謂「功用則謂之鬼神④」，也與張子意同。曰：為他渾淪在那裏。（同上，第一二一條，頁二四五八／一五四八）。

① 童伯羽（一一四四——一一九〇後），字蜚卿，朱子弟子。錄語類六七十條，問答亦五六十處。參看拙著朱子門人，頁二四七至二四八。
② 本卷，第八條。
③ 黃榦（一一五二——一二二一）之字。黃爲朱子女壻，易簀前以書謂之曰：「吾道之託在此，吾無憾矣」（文集，卷二十九，頁二十二下，與黃直卿書）。於朱子學派之傳播，甚爲有功，有四代傳授。參看朱子門人，頁二六一至二六二。
④ 上面第五條。

47 物之初生，氣日至而滋息①。物生既盈，氣日反而游散。至之謂神，以其伸也。反之謂鬼，以其歸也。（正蒙，動物篇第五；張子全書，卷二，頁十六上）。

朱子曰：「鬼神造化之迹②。」造化之妙，不可得而見。於其氣之往來屈伸者是以見之。微鬼神則造化無迹矣。橫渠「物之始生」一章，尤說得分曉。（語類，卷六十三，第一一九條，頁二四五八／一五四七）。

又曰：「至之謂神，以其伸也。反之謂鬼，以其歸也。」人死便是歸，祖考來格便是伸。（同上，卷九十八，第二十七條，頁三九八八／二五一〇）。

又曰：橫渠言「至之謂神，反之謂鬼」，固是。然雷風山澤亦有神。今之廟貌亦謂之神，亦以方伸之氣為言爾。此處要錯綜周徧而觀之。伸中有屈，屈中有伸，便看此意。伸中有屈，如人有魄是也。屈中有伸，如鬼而有靈是也。（同上，第二十八條，頁三九八八至三九八九／二五一一）。

① 生息之息。

② 上面第八條。

48 性者萬物之一源，非有我之得私也。惟大人爲能盡其道。是故立必俱立，知必周知，愛必兼愛，成不獨成。彼自蔽塞而不知順吾理者，則亦末如之何矣。（正蒙，誠明篇第六，張子全書，卷二，頁十七下）。

江永曰：「自蔽塞」，惟知有我之私也。（集註，卷一，頁十七下）。

用之①問：「性為萬物之一源」。朱子曰：所謂性者，人物之所同得。非惟己有是而人亦有是，非惟人有是而物亦有是。（語類，卷九十八，第三十條，頁三九八九／二五一一）。

① 劉礪，字用之，朱子門人，錄語類約一百條，問答三四十。參看拙作朱子門人，頁三一八至三一九。

[49] 一故神①。譬之人身，四體皆一物，故觸之而無不覺。不待心使至此而後覺也。此所謂「感而遂通②」，「不行而至，不疾而速③」也。**橫渠易說**（張子全書，卷十一，頁十二下，釋繫辭上傳，第十章）。

葉采曰：一，謂純一也。神，謂神妙而無不通也。（集解，卷一，頁三十）。

施璜曰：此言陰陽之氣本是一物而分陰陽之兩體。一含兩，故神妙不測也。（發明，卷一，頁三十三下）。

朱子曰：橫渠云，「一故神。……不疾而速也。」發於心，達於氣，天地與吾身共只是一團物事。所謂鬼神者，只是自家氣，自家心下思慮纔動，這氣卽敷於外，自然有所感通。（語類，卷九十八，第三十一條，頁三九八九至三九九〇／二五一一）

或問：「一故神。」曰：一是一箇道理，却有兩端，用處不同。譬如陰陽，陰中有陽，陽中有陰。陽極生陰，陰極生陽。所以神化無窮。（同上，第三十二條，頁三九九〇／二五一一）。

問：「一故神。」曰：橫渠說得極好，須當子細看。但近思錄所載與本書不同。當時緣伯恭④不肯全載，故後來不曾與他添得。「一故神」，橫渠親注云：「兩在故不測。」只易這一物，却周行乎事物之間。如所謂陰陽，屈伸，往來，上下，以至於行乎什佰千萬之中，無非這一箇物事，所以謂「兩在故不測。」「兩故化。」注云：「推行乎一。」凡天下之事，一不能化，惟兩而後能化。且如一陰一陽，始能化生萬物。雖是兩箇，要之亦推行乎此一爾。此說得極精，須當與他仔細看。（同上，第三十三條，頁三九九〇／二五一一至二五一二）。

① 正蒙，參兩篇第二。張子全書，卷二，頁五下云：「一故神　兩在故不測，兩故化　推行於一」。

② 易經，繫辭上傳，第十章。

③ 同上。

④ 伯恭即呂祖謙（一一三七—一一八一），與朱子合輯近思錄。此處所謂不同，並非本條文字與原文不同，而乃是原文爲一長段。朱子本欲全載而伯恭不肯爾。

50 **心統性情者也。** 橫渠語錄，下同。（張子全書，卷十四，性理拾遺，頁二上）。

朱子曰：「心統性情。」統，猶兼也。（語類，卷九十八，第三十九條，頁三九九二／二五一三）。

問：「心統性情。」曰：「性者，理也。性是體，情是用。性情皆出於心，故心能統之。統如統兵之統，言有以主之也。且如仁義禮智，是性也。孟子曰：「仁義禮智根於心①。」惻隱羞惡辭遜是非，本是情也。孟子曰：「惻隱之心，羞惡之心，辭遜之心，是非之心②。」以此言之，則見得心可以統性情。一心之中自有動靜。靜者性也。動者情也。

（同上，第四十一條，頁三九九三／二五一三）。

先生取近思錄，指橫渠「心統性情」之語以示學者。力行③問曰：心之未發，則屬乎性。既發，則情也。曰：是此意。因再指伊川之言曰：「心，一也。有指體而言者，有指用而言者④。」（同上，第四十五條，頁三九九五／二五一五）。

① 孟子，盡心第七上，第二十一章。
② 同上，公孫丑第二上，第六章；告子第六上，第六章。
③ 王力行，字近思，朱子門人。錄語類二十餘條，問答只有五六處。參看拙著朱子門人，頁五十九。
④ 上面第四條。

51 凡物莫不有是性。由通蔽開塞，所以有人物之別。由蔽有厚薄，故有知愚之別。塞者牢不可開。厚者可以開而開之也難。薄者開之也易。開則達於天道與聖人。（張子全書，卷十四，性理拾遺，頁二上）。

或問：人物之性一源，何以有異？朱子曰：人之性論明暗，物之性只是偏塞。暗者可使之明，已偏塞不可使之通也。橫渠言：「凡物莫不有是性。由通蔽開塞，所以有人物之別。」而卒謂「塞者牢不可開，厚者可以開而開之也難。薄者開之也易」是也。（語類，卷四，第八條，頁九十／五七）。

又曰：橫渠此段不如呂與叔①分別得分曉。呂曰：「蔽有淺深，故為昏明。蔽有開塞，故為人物②。」（同上，卷九十八，第四十八條，頁三九九五／二五一五）。

或問：通蔽開塞，張橫渠呂芸閣③說，孰為親切？曰：與叔倒分明似橫渠之說。看來塞中也有通處，如猿狙之性即靈，猪則全然蠢了，便是通蔽不同處。「本乎天者親上，本乎地者親下④。」如人頭向上，所以最靈。草木向下，所以最無知。禽獸之頭橫了，所以無知。猿狙稍靈，為他頭有時也似人，故稍向得上。（同上，第四十九條，頁三九九六／二五一五）。

又曰：橫渠言：「凡物莫不有性。由通蔽開塞，所以有人物之別。由蔽有厚薄，故有智愚之別」。似欠了生知之聖。（同上，第四十七條，頁三九九五／二五一五）。

陳沆曰：橫渠先生之意，專為氣質不齊者而言，以見不可無矯揉變化之功。故云：「開則達於天道與聖人一。」若聖人之無待于開而自無所蔽，不待言也。朱子謂通蔽開塞，「似欠了生知之聖」，恐非張子立言之意。（補註，卷一，頁三十四下至三十五上）。

① 呂大臨（一○四六—一○九二），字與叔。初學於橫渠。橫渠卒，乃從學于二程，爲二程門人「四先生」之一。

② 大臨早死，著述極少。此語或已失傳。

③ 因大臨曾任秘書省正字，故尊稱之。「芸閣」，與「秘書省」同，藏書之地也。

近思錄　卷之二

爲學大要（爲學）

凡百十一條

[1]濂溪先生①曰：聖希天，賢希聖，士希賢。伊尹②顏淵③，大賢也。伊尹恥其君不爲堯舜。一夫不得其所，若撻于市④。顏淵「不遷怒不貳過⑤」，「三月不違仁⑥。」志伊尹之所志，學顏子之所學，過則聖，及則賢，不及則亦不失於令名。通書，下同。（第十章）

朱子曰：希，望也。……伊尹欲其君為堯舜而不得，則其心媿恥。撻於市，恥之甚也。且堯舜君民，一民饑，曰「我饑之。」一民寒，曰：「我寒之。」一民失所，曰：「時⑦予之辜。」伊尹以一夫不得其所而媿恥之甚者，以己不能左右「厥辟宅師⑧」，其心亦堯舜之心也。……「志伊尹之所志，學顏子之所學」，此言事希賢也。……「過則聖，及則賢，不及亦不失於令名」，三者隨其所用之淺深，以為所至之近遠。「不失令名」，以其有為善之實也。（通書註。周子全書，卷八，頁一四六至一四七）。

竇⑨問：「志伊尹之志，學顏子之學。」所謂志者，便是志於行道否？曰：「志伊尹之所志」不是志於私。大抵古人之學，本是欲行。」（語類，卷九十四，第一七七條，頁三八一二／二四〇一）。

問：「聖希天。」若論聖人，自與天相似了。得非聖人未嘗自以為聖，雖已至聖處，而猶戒慎恐懼，未嘗頃刻忘所法則否？曰：不消如此說。天自是天，人自是人，終是如何得似天？自是用法天。「明王奉若天道，建邦設都⑩」，無非法天者。大事大法天，小事小法天。（同上，第一七六條，頁三八一一／二四〇一）。

問：「過則聖，及則賢。」若過於顏子，則工夫又更絕細，此固易見。不知過伊尹時如何說？曰：只是更加些從容而已。過之，更似孔子。伊尹終是有擔當底意思多。（同上，第一八〇條，頁三八一四／二四〇二至二四〇三）。

許衡（一二〇九—一二八一）曰：「志伊尹之所志，學顏子之所學。」出則有為，處則有守。丈夫當如此。出無所為，處無所守，所志所學，將何為？（語錄，卷一上，頁二十上）。

佐藤一齋曰：伊尹所志，義邊為多。顏淵所學，仁邊為多。（欄外書，卷二，頁一）。

① 參看引言，註④。
② 伊尹為殷之賢相，協助成湯建立商朝。湯之孫太甲無道，放逐伊尹。三年後，太甲悔悟，召之歸。
③ 顏子，參看卷一，第三十條，註②。

④ 書經，說命下，第十節。

⑤ 論語，雍也第六，第二章。

⑥ 同上，第五章。

⑦ 時，是也。

⑧ 「**厥**其**辟**君**宅**安**師**衆」，輔佐其君安輯衆民（書經，太甲上，第二節）。

⑨ 竇從周，字文卿，朱子門人。錄語類三十餘條，問答約十條。參看拙著朱子門人，頁三六一。

⑩ 書經，說命中，第一節。奉若，奉順也。

[2] 聖人之道，入乎耳，存乎心。蘊之爲德行，行之爲事業。彼以文辭而已者陋矣。（通書，第三十四章）。

朱子曰：欲人真知道德之重，而不溺於文辭之陋也。（通書註，第三十四章，周子全書，卷十，頁一九二）。

東正純曰：從其蘊之而言，謂之德行。從其行之而言，謂之事案。原是一事也。「以文辭而已。」「而已」字是眼目，非勿學文辭也。（參考，頁七〇六）。

[3] 或①問：聖人之門，其徒三千，獨稱顏子②爲好學。夫詩書六藝③，三千子非不習而通也。然則顏子所獨好者，何學也？伊川先生④曰：學以至聖人之道也。聖人可學而至歟？曰：然。學之道如何？曰：天地儲精，得五行⑤之秀者爲人。其本也眞而靜。其未發也五性具焉。曰仁義禮智信。形既生矣，外物觸其形而動其中矣。其中動而七情出焉。曰喜怒哀樂⑥愛惡欲。情既熾而益蕩，其性鑿矣。是故覺者約其情，使合於中。正其心，養其性。愚者則不知制之，縱其情而至於邪僻，梏其性而亡之⑦。然學之道，必先明諸心，知所養⑧。然後力行以求至。所謂「自明而誠⑨」也。誠之之道⑩，在乎信道篤。信道篤則行之果，行之果則守之固。仁義忠信，不離乎心。「造次必於是，顚沛必於是⑪。」出處語默必於是。久而弗失，則居之安。動容周旋中禮⑫，而邪僻之心無自生矣。故顏子所事，則曰：「非禮勿視，非禮勿聽，非禮勿言，非禮勿動⑬。」仲尼稱之，則曰：「得一善則拳拳服膺而弗失之矣⑭。」又曰：「不遷怒，不貳過⑮。」「有不善未嘗不知，知之未嘗復行⑯」也。此其好之篤，學之道也。然聖人則「不思而得，不勉而中⑰。」顏子則必思而後得，必勉而後中。其與聖人相去一息。所未至者，守之也，

非化之也。以其好學之心，假之以年⑱，則不日而化矣。後人不達，以謂聖本生知，非學可至，而爲學之道遂失。不求諸己而求諸外，以博聞強記巧文麗辭爲工⑲，榮華其言，鮮有至於道者。則今之學與顏子所好異矣。文集，下同。（卷四，頁一上至二上）。

朱子曰：伊川文字多有句相倚處，如顏子好學論。（語類，卷三十，第五十九條，頁一二四五／七七七）。

蔡元思⑳問：好學論似多頭項。曰：伊川文字都如此多頭項。不恁纏去。其實只是一意。……「其本也真而靜」，是說未發。真，便是不雜，無人僞。靜，便是未感。「覺者約其情，使命於中。正其心，養其性」，方是大綱說。學之道「必先明諸心，知所往，然後力行以求知」，便是詳此意。一本作「知所養」，恐「往」字為是。「往」與「行」相應。（同上，第四十八條，頁一二四二／七七五）。

問：「天地儲精。」如何是儲精？曰：儲，謂儲蓄，天地儲蓄得二氣㉑之精聚，故能生出萬物。（同上，第四十九條，頁一二四二／七七五）。

又曰：「得五行之秀者為人」，只說五行而不言陰陽者，蓋做這人，須是五行方做得成。然陰陽便在五行中。所以周子云：「五行一陰陽也㉒。」舍五行無別討陰陽處。（同上，第五十二條，頁一二四三／七七五）。

又曰：「其本也真而靜。其未發也五性具焉。」五性便是真，未發時便是靜。只是疊說。（同上，第五十三條，頁一二四三／七七五）。

問：程子云：「情既熾而益蕩，其性鑿矣。」性上如何說鑿？曰：性固不可鑿。但人不循此理，任妄作，去傷了他耳。鑿，與孟子所謂鑿㉓一般，故孟子只說「養其性㉔。」養，謂順之而不害。（同上，第五十四條，頁一二四三／七七五）。

又曰：「明諸心，知所往」，窮理之事也。「力行求至」，踐履之事也。（同上，第五十六條，頁一二四四／七七六）。

問：顏子「不遷怒，不貳過。」曰：看程先生顏子所好何學論說得條理。只依此學，便可以終其身也。立之㉕因問：先生前此云，不遷怒貳過，是克己復禮底效驗，今又以為學卽在此，何也？曰：為學是總說，克己復禮又是所學之目也。（同上，第四十七條，頁一二四一／七七四）。

文振㉖再說顏子好學㉗一章。〔朱子〕因說程先生所作好學論，曰：此是程子二十歲時已做得這文好。這箇說話，便是所以為學之本。（同上，第五十八條，頁一二四五／七七六）。

又曰：伊川好學論十八時作。㉘（同上，卷九十三，第六十二條，頁三七四五／二三五九）。

① 伊川文集，卷四，頁一上，顏子所好何學論題下註云：「先生始冠，遊太學。胡安定（胡瑗，九九三—一〇五九）以是試諸生。得此論大驚異之。卽請相見。遂以先生爲學職。」山崎道夫以或人爲胡安定（近思錄，頁七十二）。然此非口試問答而是論說。設爲問答，乃文章之一體也。朱子答呂伯恭，第四十一

書（文集，卷三十三，頁二十八上下）云：「如以顏子論爲首章，却非專論道體，自合入第二卷」。

② 顏子，參看卷一，第三十條，註②。

③ 六藝可爲禮樂射御書數，亦可爲六經。葉采採前說，若干日本註家沿之。惟宇都宮遯庵則採後說（鼇頭，卷二，頁三上）。安部井帽山且謂「詩書等六藝」（訓蒙輯疏，卷二，頁二下）。我國註家不釋六藝。疑以安部井之說爲正。

④ 參看引言，註⑥。

⑤ 金，木，水，火，土。

⑥ 一本「樂」作「懼」。

⑦ 原文「養其性」下有「故曰性其情」五字，「而亡之」下有「故曰性其情」五字。朱子幷刪之。「性其情」之語，來自王弼（二二六－二四九）周易註乾卦「乾元用九」注。王氏受道家影響，以情爲惡。楠本正繼（一八八九－一九六三）謂伊川後悟好學論用「性其情」之非，故於易傳乾卦注堅謂性情皆善（楠本致山崎道夫書。參看山崎，近思錄講本釋義，頁三十八）。易傳未提王弼之名。然朱子刪此兩語，以其有情惡氣味，可無疑也。原文共七百一十四字。朱子刪二百五十五字，加十三字，共四百七十二字。除此處外，全文與原意無別。

⑧ 一作「往」。朱子謂「往」字爲是。張伯行，茅星來，江永，陳沆均沿之，惟葉采則用「養」。朱子遺書本近思錄用「往」。

⑨ 中庸，第二十一章。

⑩ 同上，第二十五章。

⑪ 論語，里仁第四，第五章。

⑫ 孟子，盡心第七下，第三十三章。

⑬ 論語，顏淵第十二，第一章。

⑭ 中庸，第八章。

⑮ 論語，雍也第六，第二章。

⑯ 易經，繫辭下傳，第五章。

⑰ 中庸，第二十章。

⑱ 同上註⑮。顏子年三十二卒。

⑲ 工，巧也。

⑳ 蔡念誠，字元思，朱子門人。曾爲延平書院堂長。參看拙著朱子門人，頁三三四至三三五。

㉑ 陰陽二氣。

㉒ 周子，太極圖說。周子全書，卷一，頁十三。

㉓ 孟子，離婁第四下，第二十六章。

㉔ 同上，盡心第七上，第一章。

㉕ 潘植，字立之，朱子門人。曾錄語類癸丑（一一九三）所聞。參看朱子門人，頁三二九。

㉖ 鄭南升，字文振，朱子門人。曾錄語類百餘條，問答亦三十餘則。參看朱子門人，頁三四三。

㉗ 同上註①。

㉘ 好學論年十八作，顯與上條年二十作衝突。朱子撰伊川先生年譜（文集，卷九十八，頁十七下）以年十八撰顏子所好何學論。此年譜伊洛淵源錄，卷四，載之。年譜與淵源錄均爲朱子所著，故當以年十八爲正。江永引朱子語，改二十爲十八（集註，卷二，頁二十六），蓋以此故。至姚名達以伊川二十四歲方撰此文（程伊川年譜，頁十六），相去遠矣。

④橫渠先生問於明道先生①曰：定性未能不動，猶累於外物，何如？明道先生曰：所謂定者，動亦定，靜亦定，無將迎，無內外②。苟以外物爲外，牽己而從之，是以己性爲有內外也，且以性爲隨物於外，則當其在外時，何者爲在內？是有意於絕外誘而不知性之無內外也。旣以內外爲二本，則又烏可遽語定哉？夫天地之常，以其心普萬物而無心。聖人之常，以其情順萬事而無情。故君子之學，莫若廓然而大公，物來而順應。易曰：「貞吉，悔亡，憧憧往來，明從爾思③。」苟規規於外誘之除，將見滅於東而生於西也。非惟日之不足，顧其端無窮，不可得而除也。人之情各有所蔽，故不能適道。大率患在於自私而用智。自私則不能以有爲爲應迹，用智則不能以明覺爲自然。今以惡外物之心，而求照無物之地，是反鑑而索照也。易曰：「艮其背，不獲其身。行其庭，不見其人④。」孟氏亦曰：「所惡於智者，爲其鑿也⑤。」與其非外而是內，不若內外之兩忘也。兩忘則澄然無事矣。無事則定，定則明，明則尚何應物之爲累哉？聖人之喜，以物之當喜。聖人之怒，以物之當怒。是聖人之喜怒，不繫於心，而繫於物也。是則聖人豈不應於物哉？烏得以從外者爲非，而更求在內者爲是也？今以自私用智之喜怒，而視聖人喜怒之正

為如何哉？夫人之情易發而難制者，惟怒為甚。第能於怒時遽忘其怒，而觀理之是非，亦可見外誘之不足惡，而於道亦思過半矣⑥。（文集，卷三，頁一上下）。

朱子曰：此書在鄠⑦時作，年甚少。（語類，卷九十五，第一〇一條，頁三八七六／二四四一）。

問：定性書云：「大率患在於自私而用智。自私則不能以有為為應迹，用智則不能以明覺為自然。」曰：此一書，首尾只此兩項。伊川文字段數分明，明道多只恁成片說將去。初看似無統，子細理會，中間自有路脈貫串將去。「君子之學，莫若擴然而大公，物來而順應。」自後許多說話，都只是此二句意。「艮其背，不獲其身。行其庭，不見其人。」此是說「擴然而大公。」「孟子曰：『所惡於智者，為其鑿也。』」此是說「物來而順應。」「第能於怒時遽忘其怒，而觀理之是非。」「遽忘其怒」是應「廓然而大公。」「而觀理之是非」是應「物來而順應。」這須仔細去看，方始得。（同上，第一〇三條，頁三八七七／二四四一至二四四二）。

又曰：明道答橫渠書，誠似太快。然其間理致血脈，精密貫通，儘須玩索。如「大公」「順應」，「自私」「用智」，「忘怒」「觀理」，便與主敬窮理，互相涉入，不可草草看過。如上文既云：「以其情順萬事」，卽其下云「而無情」亦自不妨。（文集，卷五十四，答孫季和第一書，頁二上下）。

又曰：定性者，存養之功至而得性之本然也。……故「擴然而大公」者，仁之所以為體也。

「物來而順應」者，義之所以為用也。（文集，卷六十七，定性說，頁十八上）。

問：聖人「動亦定，靜亦定。」所謂定者，是體否？曰：是。曰：此是惡物來感時定，抑善惡來皆定？曰：惡物來不感，這裏自不接。曰：善物則如何？曰：當應便應。有許多分數來，更有許多分數應。這裏自定。（語類，卷九十五，第一〇五條，頁三八七八／二四四二）。

厚之⑧問：「憧憧往來，朋從爾思。」曰：往來自不妨，天地間自是往來不絕。只不合著憧憧了，便是私意。又問：明道云：「莫若廓然而大公，物來而順應，」如何？曰：「廓然大公。」便不是憧憧。「物來順應」，便不是「朋從爾思。」（同上，卷七十二，第六條，頁二八八五／一八一二）。

趙致道⑨問：自私者，則不能以有為為應迹。用智者，則不能以明覺為自然。所謂「天地之常，以其心普萬物而無心。聖人之常，以其情順萬事而無情。」所謂「普萬物」「順萬事」者，即「廓然而大公」之謂。「無心」「無情」者，即「物來而順應」之謂。自私則不能「廓然而大公」，所以不能「以有為為應迹。」用智則不能「物來而順應」，所以不能「以明覺為自然。」曰：然。（同上，卷九十五，第一〇九條，頁三八七九至三八八〇／二四四三）。

問：「內外兩忘」，是內不自私，外應不鑿否？曰：是。大抵不可以在內者為是，而在外者為非。只得隨理順應。（同上，第一一二條，頁三八八一／二四四四）。

又曰：「艮其背，不獲其身」，只是道理所當止處，不見自家自己。不見利，不見害，不見痛癢，只見道理。如古人「殺身成仁⑩」，「舍生取義⑪」，皆是見道理所當止處。

故「不見其身。行其庭，不見其人。」只見得道理合當恁地處置。皆不見是張三與是李四。（同上，卷七十三，第五十七條，頁二九五一／一八五五）。

問：聖人恐無怒容否？曰：怎生無怒容？合當怒時，必亦形於色。如要去治那人之罪，自為笑容，則不可。（同上，卷九十五，第一一五條，頁三八八二／二四四五）。

又曰：「人情易發而難制。」明道云：「人能於怒時遽忘其怒，亦可見外誘之不足惡，而於道亦思過半矣。」此語可見。然有一說，若只知其理之曲直，不必校，却好。若見其直而又怒，則愈甚。大抵理只是此理，不在外求。若於外復有一理時，却難，為只有此理故。（同上，第一一四條，頁三八八八／二四四四至二四四五。參看文集，卷四十六，答胡伯逢第三書，頁二十六下）。

真德秀（一一七八—一二三五）曰：定性者，理定於中，而事不能惑也。理定于中，靜之時固定也。動之時亦未嘗不定也。不隨物而往，不先物而動。故曰：「無將迎。」理自內出而周於事，事自外來而應以理。理卽事也，事卽理也。故曰：「無內外。」（讀書記，卷二，性情心，頁五十八下至五十九上）

黃榦（一一五二—一二二一）曰：此書大意，不過此一語，「擴然大公」，是不絕乎物。「物來應順」，是不累乎物。（引自陳沆，近思錄補註，卷二，第四條，頁四下。出處待查）。

羅洪先（一五〇四—一五六五）曰：知其為累，而寡之又寡，以至於無，先儒固多言之⑫，明道則不然。直令人「擴然大公」、「物來應順」而已。（同上）。

①明道與橫渠，參看引言，註⑤與註⑦。此問或是口問，或是以書問。書不見張子全書。
②述莊子意。莊子知北遊第二十二，南華眞經，卷七，頁五十五下。
③易經，咸卦，九四爻辭，意謂心意不定，往來不停，但其朋類從之。
④同上，艮卦第五十二，卦辭。
⑤孟子，離婁第四下，第二十六章。
⑥語類，卷九十三，第六十二條，頁三七四五／二五五九，謂此書明道年二十二三時作。
⑦鄠縣在今陝西西安之西南。伊川文集，卷七，頁一上，明道先生行狀只言其中進士後任鄠縣主簿，不指明年期或年歲。
⑧陳厚之，名不詳，朱子門人。語類問答有十餘條。參看拙著朱子門人，頁二一七。
⑨趙致道，名師夏，紹興元年庚戌（一一九〇）進士。宋室後人。朱子弟子。參看朱子門人，頁二九三至二九四。
⑩論語，衞靈公第十五，第八章。
⑪孟子，告子第六上，第十章。
⑫周子全書，卷十七，養心亭記，頁三三四；語類，卷六十一，第七十一條，頁二四二二。

5 伊川先生答朱長文①書曰：聖賢之言不得已也。蓋有是言則是理明，無是言則天下之理有闕焉。如彼耒耜②陶冶之器，一不制則生人之道有不足矣。聖賢之言，雖欲已得乎？然其包涵盡天下之理，亦甚約也。後之人始執卷則以文章爲先。平生所爲動多於聖人。然有之無所補，無之靡所闕，乃無用之贅言也。不止贅而已，既不得其要，則離眞失正，反害於道必矣。來書所謂欲使後人見其不忘乎善，此乃世人之私心也。夫子疾沒世而名不稱焉③者，疾沒身無善可稱云爾，非謂疾無名也。名者可以厲中人。君子所存，非所汲汲④。（文集，卷五，頁七上下）。

朱子曰：易之卦畫，詩之詠歌，書之記言，春秋之述事，與夫禮之威儀，樂之節奏，皆已列為六經而垂萬世。其文之盛，後世固莫能及。（文集，卷七十，頁三上，讀唐志）。

又曰：聖人言語，一重入一重。須深入去看。若只要皮膚，便有差錯。須深沈方有得。（語類，卷十，第十一條，頁二五七／一六二二）。

施璜曰：君子學以為己。苟求人知，則是私心而已。（發明，卷二，卷八下）。

① 伊川參看引言註⑥。朱文長（一〇三九—一〇九八），字伯源。年未冠擧嘉祐四年（一〇五九）進士。元祐（一〇八六—一〇九三）中教授於鄉。召爲太學博士，遷秘書省正字。宋史，卷四四四有傳。

② 耒耜，農具。耜，鍬，所以起土也。耒有柄，末爲岐頭，手推之以犂田。

③ 論語，衛靈公第十五，第十九章。

④ 茅星來，近思錄集註，卷二，頁九上，云：「或云：此書乃明道所作」此書之另一部份又見第三卷，第一條。

⑥內積忠信，所以進德也。擇言篤志，所以居業也。知至至之，致知也。求知所至而後至之。知之在先，故可與幾。所謂「始條理者，智之事也①。」知終，終之力行也。既知所終，則力進而終之。守之在後，故可與存義②。所謂「終條理者，聖之事也③。」此學之始終也。易傳，下同。（卷一，頁四下，釋乾卦第一之文言傳九三）。

朱子曰：「內積忠信。」一言一動，必忠必信，是積也。「知至至之」，全在「知」字。「知終終之」，在著力守之。（語類，卷六十九，第四十二條，頁二七三六／一七一八）。問：「內積忠信」，是誠之於內，「擇言篤志」，是誠之於外否？曰：「內積忠信」是實心，「擇言篤志」是實事。又問：「知至至之」是致知，「知終終之」是力行，固是如此。然細思，恐知至與知終屬致知，至之終之屬力行，二者自相兼帶。曰：程子云「知至至之」主知，「知終終之」主行。然某却疑似亦不必如此說。只將「忠信所以進德，修辭立其誠所以居業④」說，自得。蓋無一念之不誠，所以進其德也。德謂之進則是見得許多，又進許多。無一言之不實，所以居其業也。業謂之居便是知之至此，又有以居之也。（同上，第四十六條，頁二七三六至二七三七／一七一八至一七一九）。

又曰：「內積忠信，所以進德也。擇言篤志，所以居業也。」擇言便是修出言辭，篤志便是立誠。「知至至之」，便是知得進前去。又曰：「知至」便是真實知得「如惡惡臭，如好好色⑤。」「至之」便是真箇求到「如惡惡臭，如好好色」之地。「知終」便是知得進到這處了。如何保守得，便終保守取，便是「終之。」如「修辭立其誠」，便是「知終之。」「可與幾」，是未到那裏，先見得箇事幾，便是見得到那裏。「可與存義」便是守得箇物事在。一箇是進，一箇是居。進，如「日知其所亡」，只管進前去。居，如「月無忘其所能⑥」，只管日日恁地做。（同上，第四十七條，頁二七三七／一七一九）。

① 孟子，萬章第五下，第一章。

② 易經，乾卦第一，九三文言傳曰：「君子終日乾乾。……君子進德修業。忠信所以進德也。修辭立其誠，所以居業也。知至至之，可與也。知終終之，可與存義也」。

③ 同上註①。

④ 見註②。

⑤ 大學，第六章。

⑥ 二句均論語，子張第十九，第五章。

[7] 君子主敬以直其內，守義以方其外①。敬立而內直，義形而外方。義形於外，非在外也。敬義既立，其德盛矣。不期大而大矣。德不孤②也。無所用而不周，無所施而不利。孰為疑乎？（易傳，卷一，頁十二上，釋坤卦第二之文言傳）。

朱子曰：「敬以直內」，是持守工夫。「義以方外」，是講學工夫。（語類，卷六十九，第一四一條，頁二七七〇／一七三九）。

又曰：直，是直上直下，胸中無纖毫委曲。方，是割截齊整之意。（同上，第一四二條，頁二七七〇／一七三九）。

又曰：「敬以直內」，便能「義以方外」。非是別有箇義。敬譬如鏡，義便是能照底。（同上，第一四四條，頁二七七〇／一七三九）。

又曰：敬而無義，則做出事來必錯了。只義而無敬，則無本，何以為義？皆是孤也。（同上，第一五一條，頁二七七三／一七四一）。

① 易經，坤卦第二，文言。
② 論語，里仁第四，第二十五章。

[8] 動以天①爲无妄，動以人欲則妄矣。无妄之義大矣哉！雖無邪心，苟不合正理，則妄也，乃邪心也。既已无妄，不宜有往②。往則妄也。故无妄之彖曰：「其匪正有眚，不利有攸往③。」（易傳，卷二，頁三十五上下，釋无妄卦第二十五之彖辭）。

問：「雖無邪心，苟不合正理，則妄也。」既無邪，何以不合正？朱子曰：有人自是其心全無邪而却不合於正理。如賢智者過之④。他其心豈曾有邪？却不合正理。佛氏亦豈有邪心者？（語類，卷七十一，第八十二條，頁二八六四／一七九八）。

又曰：伊川謂「雖無邪心，苟不合正理，卽妄也。」如楊墨⑤何嘗有邪心？只是不合正理。（同上，卷九十五，第一一七條，頁三八八二至三八八三／二四四五）。

茅星來曰：既已无妄，則但當循其實理之自然，以聽禍福之自來。不可有苟得倖免之心以往而求之也。（集註，卷二，頁十二上）。

① 葉采（集解，卷二，頁十）及其他註家以天爲天理。
② 往，謂私意之營爲也。
③ 易經，第二十五卦无妄之象傳。眚，過也。
④ 中庸，第四章。
⑤ 楊朱爲我，墨翟兼愛。孟子闢之，見孟子，藤文公篇第三下，第九章。

9 人之蘊蓄，由學而大。在多聞前古聖賢之言與行。考跡以觀其用，察言以求其心。識而得之，以蓄成其德。（易傳，卷二，頁三十九下，釋大畜卦第二十六之象傳）。

葉采曰：考聖賢之行，可以觀其用。察聖賢之言，可以求其心。有見於此，則蓄德日大。蓋非徒多聞之為貴也。（集解，卷二，頁十）。

⑩咸之象曰：「君子以虛受人①。」傳曰：「中無私主，則無感不通。以量而容之，擇合而受之，非聖人有感必通之道也②。」其九四曰：「貞吉悔亡，憧憧往來，朋從爾思③。」傳曰：「感者人之動也。」故咸皆就人身取象④。四當心位而不言咸其心，感乃心也。感之道無所不通。有所私係，則害於感通，所謂⑤悔也。聖人感天下之心，如寒暑雨暘無不通無不應者，亦貞而已矣。貞者，虛中無我之謂也。若往來憧憧然，用其私心以感物，則思⑥之所及者，有能感而動，所不及者不能感也。以有係之私心，既主於一隅一事，豈能廓然無所不通乎？（易傳，卷三，頁二上，頁三上下，釋咸卦第三十一之象傳與九四爻傳）。

林一之⑦問：何謂「心無私主，則有感皆通？」朱子曰：「心無私主」，不是溟涬⑧沒理會，也只是公。善則好之，惡則惡之。善則賞之，惡則刑之。此是聖人至神之化。心無私主，如天地一般。寒則徧天下皆寒，熱則徧天下皆熱，便是「有感皆通。」（語類，卷七十二，第十四條，頁二八八八／一八一四）。

又曰：往來是感應合當底，憧憧是私。感應自是當有，只是不當私感應耳。（同上，第七條，頁二八八五／一八一二）。

又曰：「憧憧往來，朋從爾思。」聖人未嘗不教人思，只是不可憧憧，這便是私了。感應自有箇自然底道理，何必思他？若是義理，却不可不思。（同上，第八條，頁二八八五／一八一三）。

器之⑨問程子說感通之理。曰：如晝而夜，夜而復晝，循環不窮。所謂「一動一靜，互為其根⑩」，皆是感通之理。（同上，第十五條，頁二八八八／一八一四）。

趙致道⑪問感通之理。曰：感，是事來感我。通，是自家受他感處之意。（同上，第十六條，頁二八八九／一八一五）。

① 易經，咸卦第三十一，象傳。
② 易傳，卷三，頁二上。
③ 同上第四條，註③。
④ 同上註②，頁三上。咸卦取象人身：初爲拇，二爲腓，三爲股，五爲脢，上爲輔頰舌，四當心位。
⑤ 「所謂」，易傳原文作「乃有」。
⑥ 據茅星來，近思錄集註，卷二，頁十二下，宋本作「心」。
⑦ 林易簡，字一之，朱子門人。錄語類十二條。參看拙著朱子門人，頁一五〇。
⑧ 溟涬，挾貴也，自以爲貴。
⑨ 陳埴，同卷一，第十六條，註②。
⑩ 參看卷一，第一條。
⑪ 同上面第四條，註⑨。

⑪ 君子之遇艱阻，必自省於身，有失而致之乎？有所未善則改之。無歉於心則加勉。乃自脩其德也。（易傳，卷三，頁三十上，釋蹇卦第三十九之象傳）。

葉采曰：此教人以處險難之道。自省其身而有不善，則當速改，不可以怠而廢。苟無愧焉，則益當自勉，不可以沮而廢。君子反躬之學，雖遇艱阻，亦莫非進德之地。（集解，卷二，頁十二）。

⑫ 非明則動無所之，非動則明無所用。（易傳，卷四，頁三十一下，釋豐卦第五十五之初九爻辭）。

仲思①問：「動非明則無所之，明非動則無所用。」朱子曰：徒明不行，則明無所用，空明而已。徒行不明，則行無所向，冥行而已。（語類，卷七十三，第七十八條，頁二九六〇／一八六〇）。

葉采曰：知行相需，不可偏廢。（集解，卷二，頁十二）。

① 楊道夫，字仲思，朱子門人。錄語類一百五六十條，問答亦百餘則。參看拙著朱子門人，頁二七二至二七三）。

[13]習①，重習也。時②復思繹，浹洽於中，則說也。以善及人而信從者衆，故可樂也。雖樂於及人，不見是而無悶③，乃所謂君子。經說，下同。（卷六，頁一上）。

朱子曰：「學而時習之。」若伊川之說，則專在思索而無力行之功。（語類，卷二十，第二十條，頁七二三／四四九）。

又曰：「浹洽」二字宜仔細看。凡於聖賢言語，思量透徹，乃有所得。（同上，第十九條，頁七二二／四四八）。

問：「以善及人而信從者衆。」是樂其善之可以及人乎，是樂其信從者衆乎？曰：樂其信從者衆也。大抵私小底人，或有所見，則不肯告人，持以自多。君子存心廣大，己有所得，足以及人。若己能之，以敎諸人，而人不能，是多少可悶。今旣信從者衆，自遠而至。其衆如是，安得不樂？（同上，第三十二條，頁七二六／四五一）。

問：「以善及人而信從者衆。」曰：須是自家有這善，方可及人。無這善，如何及得人？（同上，第三十三條，頁七二七／四五一）。

① 此條論論語，學而第一，第一章，「學而時習之，不亦說乎？有朋自遠方來，不亦樂乎？人不知而不慍，不亦君子乎？」

② 安部井帽山（近思錄訓蒙輯疏，卷二，頁二十下）謂此「時」字應解「有時」。

③ 易經，乾卦第一，文言。

14 古①之學者爲己，欲得之於己也。「今之學者爲人②」，欲見知於人也。(今不見經說)。

朱子曰：程子曰，「為己，欲得之於己也。為人，欲見知於人也。」又曰：「古之學者為己，其終至於成物。今之學者為人，其終至於喪己③。」愚案：聖賢論學者用心得失之際，其說多矣。然未有如此言之切而要者。於此明辨而日省之，則庶乎其不昧於所從矣。(孟子集註，憲問第十四，第二十五章)。

問：兩說不同，何也？曰：此兩段意思自別。前段是低底為人，後段是好底為人。前為人，只是見知於人而已。後為人，却是真箇要為人。然不曾先去自家身己上做得工夫，非唯是為那人不得，末後和己也喪了。(語類，卷四十四，第七十條，頁一八〇〇／一一三三)。

劉宗周(一五七八—一六四五)曰：為己為人，只聞達④之辨，說得大概已盡。後儒又就聞中指出許多病痛。往往不離功名富貴四字，而蔽之以義利兩言。……學者合下未開眼孔，只為己不足，故求助於人。豈知愈求助於人，愈不足於己乎？(劉子全書，卷四，聖學喫緊三關，人己關，頁一上)。

① Olaf Graf 神父謂「古」字指由帝舜至周公時代（Djin-si lu第三冊，頁二〇三），然泛言古代耳。
② 二句均論語，憲問第十四，第二十五章。
③ 遺書，卷二十五，頁七下。
④ 論語，顏淵第十二，第二十章。

15 伊川先生謂方道輔①曰：「聖人之道，坦如大路。學者病不得其門耳。得其門，無遠之不到也。求入其門，不由於經乎？今之治經者亦衆矣。然而買櫝還珠②之蔽③，人人皆是。經所以載道也。誦其言辭，解其訓詁，而不及道，乃無用之糟粕耳。覬足下由經以求道，勉之又勉。異日見卓爾有立於前，然後不知手之舞，足之蹈，不加勉而不能自止矣。手帖。（今見伊川文集附錄，頁三上）。

先生（朱子）以伊川答方道輔書示學者，曰：他只恁平鋪，無緊要說出來。只是要移易他一兩字，也不得。要改動他一句，也不得。（語類，卷九十五，第一一八條，頁三八八三／二四四五）。

又曰：伊川也辨他不盡。如講習，不止只治經。若平日所以講習，父慈子孝兄友弟恭與應事接物，有合講者，或更切於治經，亦不為無益。此更是一箇大病痛。（同上，第一一九條，頁三八八四／二四四六）。

① 方道輔，名元寀。仕終宣義郎威武軍節度推官。張伯行（近思錄集解，卷二，頁十五下）謂爲程子門人，然宋元學案，卷十五，伊川學案無其名。

② 韓非子，卷十一，外儲說左上第三十二，頁二下，「楚人有賣其珠於鄭者。……鄭人買其櫝而還其珠」。

③ 據金長生，近思錄釋疑，沙溪先生全書，卷二十，頁二十上，「蔽」，別本作「弊」。

16 明道先生曰：脩辭立其誠①，不可不子細理會。言能脩省言辭，便是要立誠。若只是脩飾言辭爲心，只是爲僞也。若脩其言辭，正爲立己之誠意，乃是體當自家「敬以直內，義以方外②」之實事。道之浩浩，何處下手？惟立誠纔有可居之處。有可居之處，則可以脩業也。「終日乾乾③」大小大事，却只是忠信所以進德，爲實下手處。脩辭立其誠，爲實脩業處。遺書，下同。（卷一，頁一下）。

張伯行曰：此程子因易中「修辭立誠」一語，恐人誤認為修飾言辭之意，故切指而言之也。（集解，卷二，頁十六上）。

朱子曰：明道論「脩辭立其誠，所以居業」，說得來洞洞流轉，若伊川以篤志解立其誠④，則緩了。（語類，卷六十九，第四十四條，頁二七三六／一七一八）。

又曰：伊川解「脩辭立誠」作「擇言篤志」，說得來寬。不如明道說云：「脩其言辭，正為立己之誠意」，乃是體當自家『敬以直內，義以方外』之實事。（同上，第四十三條，頁二七三六／一七一八）。

又曰：擇言是脩辭，篤志是立誠。大率進德脩業，只是一事。進德是就心上說，脩業是就事上說。（同上，第四十五條，頁二七三六／一七一八）。

① 易經，乾卦第一，文言。

② 同上，坤卦第二，文言。

③ 同上註①。

④ 上面第六條。

17 伊川先生曰：志道懇切，固是誠意。若迫切不中理，則反爲不誠。蓋實理中自有緩急，不容如是之迫。觀天地之化乃可知。（遺書，卷二上，頁一上）。

朱子曰：但學者正欲胸中廓然大公，明白四達，方於致知窮理有得力處。今乃追咎往昔，念念不忘。竊恐徒自煎熬，無復理義悅心之味也。程子所謂「迫切不中理，則反為不誠」，亦正慮此耳。升高自下，涉遐自邇。能不遺寸略而不計近功，則終必有至矣。（文集，卷三十五，答劉子澄第三書，頁十三下）。

18 孟子才高，學之無可依據。學者當學顏子①。入聖人爲近，有用力處。又曰：「學者要學得不錯，須是學顏子②」有準的③。（遺書，卷二上，頁五下，卷三，頁二下。遺書以此爲明道語）。

朱子曰：「孟子才高，學之無可依據」，為他元來見識自高。顏子才雖未嘗不高，然其學却細膩切實，所以學者有用力處。孟子終是粗。（語類，卷九十五，第一二〇條，頁三八八四／二四四六）

又曰：伊川曰，「學者須是學顏子。」孟子說得粗，不甚仔細。只是他才高，自至那地位。若學者學他，或會錯認了他意思。若顏子說話，便可下手做。孟子底，更須解說方得。（同上，第一二一條，頁三八八四／二四四六）。

又曰：近略整頓孟子說，見得此老直是把得定。但常放教到極險處，方與一斡轉。斡轉後便見天理人欲直是判然。非有命世之才，見道極分明，不能如此。然亦只此便是英氣害事處，便是才高無可依據處。學者亦不可不知也。（文集，卷四十三，答林擇之第九書，頁二十一上）。

① 同卷一，第三十條，註②。

② 遺書明以爲明道語。張伯行（近思錄集解，卷二，頁十七上）誤作伊川語。

③ 中村惕齋（近思錄示蒙句解，卷二，頁七十）謂準的指顏子博文之類，似嫌太狹。約禮（論語，雍也第六，第二十五章）克己復禮（同上，顏淵第十二，第一章）。

19 明道先生曰：且省外事，但明乎善，惟進誠心。其文章雖不中，不遠矣。所守不約，泛濫無功。（遺書，卷二上，頁六上）。

茅星來曰：外事如禮文制度之事皆是。文章卽上所云外事也。（集註，卷二，頁十六上）。

問：「且省外事，但明乎善，惟進誠心」，只是教人鞭辟近裏。竊謂明善是致知，誠心是誠意否？朱子曰：然。外事可省者卽省之，所不可省者亦强省不得。善，只是那每事之至理。文章，是威儀制度。「所守不約，汎濫無功」，說得極切。這般處，只管將來玩味，則道理自然都見。（語類，卷九十五，第一二三條，頁三八八四至三八八五／二四四六）。

又曰：「且省外事，但明乎善，惟進誠心」，是且理會自家切己處。明善了，又更須看自家進誠心與未。（同上，第一二四條，頁三八八五／二四四七）。

20 學者識得仁體，實有諸己，只要義理栽培。如求經義，皆栽培之意。(遺書，卷二上，頁二下)。

朱子曰：「學者識得仁體，實有諸己，只要義理栽培。」識得與實有，須做兩句看。識得，是知之也。實有，是得之也。若只識得，只是知有此物。却須實有諸己，方是己物也。(語類，卷九十五，第一二五條，頁三八八五至三八八六／二四四七)。

21 昔受學於周茂叔①，每令尋顏子②仲尼樂處，所樂③何事。(遺書，卷二上，頁二下)。

朱子曰：程子之言，引而不發。蓋欲學者深思而自得之。今亦不敢妄為之說。學者但當從事於博文約禮之誨④，以至於「欲罷不能而竭其才⑤」，則庶乎有以得之矣。(論語集註，雍也第六，第九章)。

問：周子令程子尋顏子所樂何事，而周子程子終不言。不審先生以為所樂何事？曰：人之所以不樂者，有私意耳。克己之私，則樂矣。(語類，卷三十一，第七十一條，頁一二八〇／七九八)

問：程子云：「周茂叔令尋顏子仲尼樂處，所樂何事。」竊意孔顏之學，固非若世俗之著於物者。但以為孔顏之樂在於樂道，則是孔顏與道終為二物。要之孔顏之樂，只是私意淨盡，天理昭融，自然無一毫繫累耳。曰：但今人說樂道，說得來淺了。要之說樂道，亦無害。（同上，第七十二條，頁一二八〇至一二八一／七九八）。

陸隴其（一六三〇—一六九三）曰：鄧衛老問「孔顏之所樂，循理而已矣。」朱子答云：「此等處未易一言斷。且宜虛心玩味，兼考聖賢為學用力處，實下工夫，方見得如此。硬說無益於事也⑥。」愚按，言循理亦不甚差。但朱子畢怕人硬說，不切身體貼。（讀朱隨筆，卷四，頁二上）。

① 茂叔乃周敦頤之字。參看引言，註④。

② 同卷一，第三十條，註②。

③ 註家皆謂孔子（仲尼）之樂，在「飯疏食飲水，曲肱而枕之，樂亦在其中矣」（論語，述而第七，第十五章），顏子之樂，在「一簞食，一瓢飲，在陋巷，人不堪其憂，回也不改其樂（同上，雍也第六，第九章），惟周子程子均未明言。

④ 論語，顏淵第十二，第十五章。

⑤ 同上，子罕第九，第十章。

⑥ 文集，卷五十八，頁三十四上，答鄧衛老第一書。

22 所見所期，不可不遠且大。然行之亦須量力有漸。志大心勞，力小任重，恐終敗事。（遺書，卷二上，頁六上下）。

佐藤一齋曰：所見是著眼處，所期是規摹處。（欄外書，卷二「所見」條）。

[23] 朋友講習，更莫如「相觀而善①」工夫多。（遺書，卷二上，頁八上）。

葉采曰：朋友相處，非獨講辨之功。薰陶漸染，得於觀感，自然進益。（集解，卷二上，頁十六）。

① 禮記，學記，第四節。

[24] 須是大其心，使開闊。譬如爲九層之臺①，須大做脚始②得。（遺書，卷二上，頁十五上）。

朱子曰：心只是放寬平便大。不要先有一私意隔礙，便大。心大則自然不急迫。如有禍患之來，亦未須驚恐。或有所獲，亦未有便歡喜在。少間亦未必，禍更轉為福，福更轉為禍。（語類，卷九十五，第一二七條，頁三八八七／二四四七）。

① 老子，第六十四章云：「九層之臺，起於累土」。

② 中文各本用「始」，日文各本用「方」。遺書原文用「須」，則必誤。

25 明道先生曰：自舜發於畎畝之中，至百里奚舉於市①，若要熟，也須從這裏過。（遺書，卷二一，頁一下）。

貝原益軒曰：熟者言義理浹洽，心術純熟。（備考，卷二，頁十七上，總頁一五七）。

問：「若要熟，也須從這裏過。」人須從貧困艱苦中做來方堅牢。朱子曰：若不從這裏過，也不識所以堅牢者。似一條路，須每日從上面往來行得熟了，方認得許多險阻去處。若素不會行，忽然一旦撞行將去，少間，定墮坑落塹去也。（茅星來江永均引此語。出處待查）。

① 遺書原文用「至孫叔敖舉於海。」孟子，告子第六下，第十五章云：「舜發於畎畝之中，……孫叔敖舉於海，百里奚舉於市。故天將降大任於是人也，必先苦其心志，勞其筋骨，餓其體膚，空乏其身，行拂亂其所爲。所以動心忍性，曾益其所不能。」孫叔敖爲楚莊王相，百里奚家甚貧，爲鄙人所執。秦繆公聞其賢，以五羊皮贖之，立之爲相。

26 參①也，竟以魯得之。（遺書，卷三，頁二下）。

朱子曰：「參也，竟以魯得之。」曾子魯鈍難曉。只是他不肯放過，直是捱得到透徹了方住。不似別人，只略綽見得些小了便休。（語類，卷三十九，第四十三條，頁一六二二／一〇一八）

胡居仁（一四三四—一四八四）曰：見義理不怕見得鈍，只怕見得淺。……故曰：「參也，竟以魯得之。」（居業錄，卷八，經傳，頁十八下）

① 曾子，名參，孔子弟子。以孝名。論語，先進第十一，第十七章，謂「參也魯」。魯，鈍也。據朱子，曾子述大學傳十章。

27 明道先生以記誦博識爲「玩物喪志①。」時以②經語錄，作一冊。鄭轂③云，「嘗見顯道先生④云，『某從洛中學時，錄古人善行，別作一冊。明道先生見之，曰，「是玩物喪志」。』蓋言心中不宜容絲髮事。」胡安國⑤云，「謝先生初以記問為學，自負該博。對明道舉史書成篇，不遺一字。明道曰，『賢却記得許多，可謂玩物喪志』。謝聞此語汗流浹背，面發赤。及看明道讀史，又却逐行看過，不蹉一字。謝甚不服。後來省悟。却將此書做話頭，接引博學之士」。（遺書，卷三，頁一下）。

朱子曰：明道以上蔡記誦為玩物喪志。蓋其意不是理會道理，只是誇多鬬靡為能。若明道看史不差一字，則意思自別。此正是為己為人之分。（語類，卷九十五，第一二八條，頁三八八七／二四四八）。

陳埴⑥問：明道以記誦博識為玩物喪志。謝顯道聞之，不服。是邪，非邪？曰：明道是明睿內照，故書無不記。却不是記問上做工夫。此語正欲點化顯道。惜其為記問所障，領會不去。（雜問，頁二十四下）。

① 書經，旅契，第六節。

② 「時以」以下爲遺書本註，惟無「胡安國」以下一段。佐藤一齋（近思錄欄外書，卷二，「明道」條）謂葉采加入此段，而中村習齋（近思錄講說，卷二，頁十上）則謂朱子編近思錄時所加入。恐以後說爲是。

③ 鄭轂，字致遠。第進士，以秘書郎守臨江，遂丐祠歸。

④ 謝良佐（一〇五〇—約一一二〇），字顯道。上蔡人，稱上蔡先生。程子門人，中進士。歷仕州縣。有論語說、文集、語錄行世。

⑤ 胡安國（一〇七四—一一三八），字康侯，仕至寶文閣直學士，謚文定。

⑥ 同卷一，第十六條，註②。

28 禮樂只在進反之間，便得性情之正。以上並明道語①。（遺書，卷三，頁六下）。

問：「禮樂只在進反之間，便得性情之正」，何謂也？朱子曰：記得「禮減而進，以進為文。樂盈而反，以反為文②。」禮，如凡事儉約，如收斂恭敬，便是減。須當著力向前去做，便是進。故以進為文。樂，如歌詠和樂，便是盈。須當有箇節制。和而不流，便是反。故以反為文。禮減而却前進去，樂盈而却反退來，便是得情性之正。（語類，卷九十五，第一三〇條，頁三八八八／二四四八）。

又曰：禮樂進反。「禮主於減」，謂主於斂束。然斂束太甚，則將久意消了，做不去。故以進為文，則欲勉行之。「樂主於盈」，謂和樂洋溢。然太過則流。故以反為文，則欲回來減些子。故進反之間，便得情性之正。不然，則流矣。（同上，第一三二條，頁三八八九／二四四九）。

金長生曰：「禮有報，樂有反③。」報者，相濟之意也。反者，知止之意也。（釋疑，卷二，沙溪先生全書，卷十八，頁七下）。

①此註爲遺書本註。根據此注，則以下第二十九至四十二條，爲伊川之言而非明道之言。故第四十三條有「明道先生曰」。張伯行誤以第二十九至四十二條爲明道語。

②禮記，樂記，第二十六節曰：「故禮主其減，樂主其盈。禮減而進，以進爲文。樂盈而反，以反爲文。禮減而不進則銷，樂盈而不反則放」。

③同上。

29 父子君臣，天下之定理，無所逃於天地之間①。安得天分不有私心，則行一不義，殺一不辜，有所不為②。有分毫私，便不是王者事。（遺書，卷五，頁一下）。

朱子曰：「天分，即天理也。父安其父之分，子安其子之分，君安其君之分，臣安其臣之分，則安得私？故雖「行一不義，殺一不辜，而得天下，有所不為。」（語類，卷九十五，第一三四條，頁三八八九／二四四九）

① 此語亦見莊子，人間世第四，南華眞經，卷二，頁十六下。

② 孟子，公孫丑第二上，第二章。

30 論性不論氣，不備；論氣不論性，不明。二之則不是①。（遺書，卷六，頁二上）。

朱子曰：「論性不論氣，則無以見生質之異。論氣不論性，則無以見理義之同。（文集，卷四十一，答連嵩卿，第三書，頁六上）。

又曰：「「論性不論氣，不備；論氣不論性，不明。」蓋本然之性，只是至善，然不以氣質而論之，則莫知其有昏明開塞，剛柔强弱，故有所不備。徒論氣質之性，而不自本原言之，則雖知有昏明開塞，剛柔强弱之不同，而不知至善之源未嘗有異，故其論有所不明。須是合性與氣觀之，然後盡。蓋性卽氣，氣卽性也。若孟子專於性善②，則有些是「論性不論氣。」韓愈三品之說③，則是「論氣不論性」。（語類，卷五十九，第四十七條，頁二二○二／一三八七至一三八八）。

又曰：「論氣不論性」，荀子言性惡④，揚子言善惡混⑤是也。「論性不論氣」，孟子言性善是也。性只是善，氣有善不善。韓愈說生而便知其惡者，皆是合下稟得這惡氣。有氣便有性，有性便有氣。（同上，第五十條，頁二二○三／一三八八）。

或問：「二之則不是。」曰：若只論性而不論氣，則收拾不盡，孟子是也。若只論氣而不論性，則不知得那原頭，荀揚以下是也。韓愈也說得好，只是少箇氣字。若只說一箇氣而不說性，只說性而不說氣，則不是。（同上，第五十三條，頁二二○四／一三八九）。

薛瑄（一三八九—一四六四）曰：「論氣不論性不明」，是指告子以知覺運動生之義為性，而不知性卽理也。故不明。「論性不論性不備」，言孟子論性善，固得性之本原，然不論氣，則不知有淸濁昏明之異。故未備。（讀書錄，卷五，頁三上）。

① 遺書本文無「二之則不是」五字，惟有注云：「一本此下云：『二之則不是』」。論性論氣兩句，朱子或以屬伊川（語類，卷四，第四十八條，頁一○八／六七；卷五十九，第四十二條，頁二一九五／一三八四；孟子集註，告子第六上，第六章，引伊川而又曰「程子」）。或以屬明道（卷四，第六十四條，頁一一三／七十；卷六十二，第六十二條，頁二三七○／一四九三；文集，卷四十四，答方伯謨第三書，頁十九上），或只言「程子」（語類，卷四，第四十四條，頁一○七／六六；卷五十九，第四十四條，頁二二○○／一三八六；第四十八條，頁二二○二／一三八八；第五十五條，頁二二○五／一三八九；文集，

卷三十九，答徐元聘第二書，頁二十四下）。兩兄弟思想相同，故屬甲屬乙，實無分別。其曰「程子」，往往指二程。拙著朱子新探索「程子曰」條（頁三一四至三一九）說明此點。黃宗羲以此語爲伊川語（宋元學案，卷十五，伊川學案，頁十五上），可謂多此一舉。葉采（近思錄集解，卷二，頁十七）謂此條應在卷一，汪紱（讀近思錄，頁十四上）則以爲學在變化氣質，故此條應入此卷。

② 孟子，告子第六上，第二章，第六章。

③ 韓愈（七六八—八二四）謂「性之品有上中下三。上焉者，善焉而已矣。中焉者，可導而上下也。下焉者，惡焉而已矣」（韓昌黎全集，卷十一，原性，頁六上）。

④ 荀子謂「人之性惡，其善者僞也」（荀子，卷十七，性惡篇第二十三，頁一上）。

⑤ 揚雄（紀元前五三—紀元一八）以「人之性也，善惡混。修其善則爲善人，修其惡則爲惡人。氣也者，所以適善惡之馬也歟」（法言，修身第三，頁一上下）。

[31] 論學便要①明理，論治便須識體。（遺書，卷五，頁一上）。

朱子曰：「論學便要明理，論治便須識體。」這「體」字，只事理合當做處。凡事皆有箇體，皆有箇當然處。問：是體段之「體」否？曰：也是如此。又問：如為朝廷有朝廷之體，為一國有一國之體，為州縣有州縣之體否？曰：然。是箇大體有格局當做處。如作州縣，便合治告訐，除盜賊，勸農桑，抑末作②。如朝廷，便須開言路，通下情，消朋黨。如為大吏，便須求賢才，去贓吏，除暴歛，均力役。這箇都是定底格局，合當如此做（語類，卷九十五，第一三五條，頁三八八九至三八九〇／二四四九）。

① 一本作「須」。

② 工商業。國以農爲本。

32 曾點①漆雕開②已見大意，故聖人與③之。（遺書，卷六，頁五下）。

葉采曰：曾點言志，以為「暮春者春服既成，冠者④五六人，童子六七人，浴乎沂，風乎舞雩，詠而歸⑤。」蓋有見於是道之大流行充滿，而於日用之間，從容自得，有與物各適其所之意。子使漆雕開仕，對曰：「吾斯之未能信⑥。」開於是理必有見焉。顧於應酬之際，未能自信其悉中乎是理。此其所見之大，而不安於小成。所守之篤，而必期於自信。二者雖其行之未成，要皆有見於聖人之大意。（集解，卷二，頁十八）。

朱子曰：所論曾點大意則然，但謂漆雕開有經綸天下之志，則未必然。正是己分上極親切處，自覺有未盡耳。雖其見處不及曾點之開闊，得處未至如曾點之從容，然其功夫精密，則恐點有所不逮也。（文集，卷六十，答曾擇之第四書，頁十九下至二十上）。

又曰：漆雕開語意深密難尋，而曾點之言可以玩索而見其意。若見得曾點意，則漆雕之意亦可得矣。且看程子説大意兩字是何意？二子見得是向甚處，如何見得？（同上，頁十七下至十八上，答曾擇之第一書）。

① 曾點，曾子之父，孔子弟子。

② 漆雕開姓漆雕，名開，亦孔子弟子。

③ 贊許。

④ 古者男子年二十而行冠禮。

⑤ 論語，先進第十一，第二十五章，門人四人侍坐。孔子謂各言志。曾點欲浴手與衣裳於魯城東南之沂水而乘風舞於求雨之壇之上。

⑥ 同上，公冶長第五，第五章。

[33] 根本須是先培壅，然後可立趨向也。趨向既正，所造淺深，則由勉與不勉也。（遺書，卷六，頁六上。遺書以此爲伊川語）。

朱子曰：涵養持敬，便是栽培。（語類，卷九十五，第一三六條，頁三八九一／二四五〇）。

問：「根本須是先培壅，然後可立趨向。」曰：此段只如……「行有餘力，則以學文①」之意耳。先只是從實上培壅一箇根脚，却學文做工夫去。（同上，第一三七條，頁三八九一／二四五〇）。

① 論語，學而第一，第六章。

34 敬義①夾持，直上達天德自此。（遺書，卷五，頁二下）。

絅②問：「敬義夾持，直上天德自此。」絅謂夾持者，豈內外並進之謂乎？直上者，豈進進不已之謂乎？朱子曰：直上者，不為物慾所累，而倒東來西之謂也。（文集，卷五十八，答鄧衛老第一書，頁三十四上）。

仲思③問：「敬義夾持，直上達天德自此。」曰：最是他下得「夾持」兩字好。敬主乎中，義防於外，二者相夾持。要放下霎時也不得。只得直上去，故便達天德。（語類，卷九十五，第一三八條，頁三八九一／二四五〇）。

金長生曰：「此」字指敬義。（釋疑，卷二，頁五上）。

① 易經，坤卦第二，文言云：「君子敬以直內，義以方外」。
② 鄧絅，同卷一，第二十八條，註③。
③ 楊道夫，同卷二，第十二條，註①。

35 懈意一生，便是自棄自暴。（遺書，卷五，頁二下）。

貝原益軒曰：愚謂懈意一生，因於不嗜義理，故與言非禮義者一般，所以為自暴也。

（備考，卷二，頁十九下，總頁一六二）。

36 不學便老而衰。（遺書，卷七，頁三上）。

葉采曰：學問則義理為主，故閱理久而益以精明。不學則血氣為主，故閱時久而益衰謝。

（集解，卷二，頁十八）。

37 人之學不進，只是不勇。（遺書，卷十四，頁一下。卷十四皆明道語）。

朱子曰：為學不進，只是不勇。（語類，卷八，第四十一條，頁二一七／一三五）。

張伯行曰：學期日進。然既學矣，自當有進境，而亦有學而不進者，或諉諸氣質，或託之時勢，皆非也。原其故，非儒無志，則餒而因循，直不勇耳。若勇往直前，則食可忘，憂可忘，何論時勢？愚必明，柔必強，何論氣質？有不進者，斷無是理也。（集解，卷二，頁二十二下）。

38 學者爲氣所勝，習所奪，只可責志。（遺書，卷十五，頁十上。卷十五皆伊川語）。

澤田武岡曰：愚謂氣者稟於有生之初，習者染於已生之後。如昏明強弱，是氣也。如浮躁苟賤驕侈吝嗇之屬，此皆習之所移。己只責其志之不正，則自不為此等所累。（說略，卷二，頁二十一下，總頁二三八）。

或以科舉作館廢學自咎者。朱子曰：不然，只是志不立，不曾做工夫爾。孔子曰：「不怨天，不尤人①。」自是不當怨尤，要你做甚耶！伊川曰：「學者為氣所勝，習所奪，只可責志」，正為此也。若志立，則無處無工夫，而何貧賤患難與夫夷狄之間哉？（語類，卷十三，第一五五條，頁三九二／二四六）。

① 論語，憲問第十四，第三十七章。

[39] 內重則可以勝外之輕，得深則可以見誘之小。（遺書，卷六，頁十一上）

葉采曰：道義重則外物輕，造理深則嗜欲微。（集解，卷二，頁十九）。

[40] 董仲舒①謂「正其義，不謀其利。明其道，不計其功②。」孫思邈③曰：「膽欲大而心欲小，智欲圓而行欲方④。」可以爲法矣。（遺書，卷九，頁三上。董語亦見外書，卷八，頁一上）。

問：「正其義，不謀其利，明其道，不計其功。」道義如何分別？朱子曰：道義是箇體用。道是大綱說，義是就一事上說。義是道中之細分別，功是就道中做得功效出來。（語類，卷九十五，第一四二條，頁三八九二／二四五一）。

問：「正其義」者，凡處此一事，但當處置使合宜，而不可有謀利占便宜之心。「明其道」，則處此事便合義，是乃所以為明其道，而不可有計後日功效之心。「正義不謀利」，在處事之先。「明道不計功」，在處事之後，如此看，可否？曰：恁地說，也得。他本是合掌說。看來也須有先後之序。或問：正義在先，明道在後。曰：未有先後。此只是合掌底意思。（同上，第一四三條，頁三八九二／二四五一）。

蜚卿⑤云：「智欲圓而行欲方，膽欲大而心欲小。」妄意四者缺一不可。曰：圓而不方則譎詐，方而不圓則執而不通。志不大則卑陋，心不小則狂妄。江西⑥諸人便是志大而心不小者也。（同上，第一四七條，頁三八九三至三八九四／二四五一至二四五二）。

① 董仲舒（紀元前一七六至紀元前約一〇四）少治春秋。為博士，下帷講學，三年不窺園。武帝（紀元前一四〇—紀元前八七）即位，舒以賢良對策。對既畢，相江都王。尋相膠西王。此語乃對膠西王之問也（參看春秋繁露，卷九對膠西王越大夫不得為仁第三十二）。漢書卷五十六有傳，惟作對江都王語。

② 此為漢書，卷五六，董仲舒傳，頁二十一下所載之語。此語又見卷十四，第七條。春秋繁露卷九，對膠西王越大夫不得為仁第三十二，頁二一下。所載則為「正其道，不謀其利，修其理，不急其功。」

③ 孫思邈（六〇一—六八二）長於陰陽與醫藥，隱居不仕。徵為國子博士，亦稱疾不起。唐書，卷一九一，頁五上至六下，及新唐書，卷一九六，頁二下至三下均為之傳。

④ 唐書，卷一九一，頁六上。此語不見新唐書本傳。茅星來（近思錄集註，卷二，頁二十二下，根據新唐書謂程子只撮其大意，則誤也。誠如佐藤一齋（近思錄欄外書，卷二，「董仲」條）指出，此語出自淮南子。淮南子，卷九，主術訓，頁二十上下云，「心欲小而志欲大，智欲員而行欲方」。

⑤ 蜚卿，童伯羽之字。參看卷一，第四十六條，註①。

⑥ 指陸象山（一一三九—一一九三）及其學派。

[41] 大抵學不言①而自得②者，乃自得也。有安排布置者，皆非自得也。（遺書，卷十一，頁四上。卷十一皆明道語）。

問：「學不言而自得者，乃自得也。」朱子曰：「道理本自廣大，只是潛心積慮緩緩養將去，自然透熟。若急迫求之，則是起意去趕趁他，只是私意而已，安足以入道？」（語類，卷九十五，第一四九條，頁三八九四／二四五二）。

又曰：「學者須敬守此心，不可急迫。當栽培深厚。栽，只如種得一物在此。但涵養持守之功繼繼不已，是謂栽培深厚。如此而優游涵泳於其間，則浹洽而有以自得矣。苟急迫求之，則此心已自躁迫紛亂，只是私己而已，終不能優游涵泳以達於道。（同上，卷十二，第五十三條，頁三二一六／二〇五）。

① 茅星來（近思錄集註，卷二，頁二十二下）謂「不言」與孟子「四體不言而喻」（孟子，盡心第七上，第二十一章）同，即不待人言之謂。

② 「自得」有二說，一爲自然得之。朱子採此說。一爲自得之於己，張栻（一一三三—一一八〇）採此說。詳拙著朱子新探索，頁三三三至三三五，朱子解自得條。

42 視聽思慮動作，皆天也。人但於其中要識得眞與妄爾。（遺書，卷十一，頁十下。卷十一皆明道語）。

問：「視聽思慮動作，皆天也。人但於中要識得真與妄耳。」真妄是於那發處別識得天理人欲之分，如何？朱子曰：「皆天也。言視聽思慮動作皆是天理。其順發出來，無非當然之則，即所謂真。其妄者，却是反乎天理者也。雖是妄。亦無非天理，只是發得不當地頭。譬如一草木合在山上。此是本分。今却移在水中。其為草木固無以異，只是那地頭不是。恰如「善固性也，惡亦不可不謂之性」之意。（語類，卷九十五，第一五〇條，頁三八九四／二四五二）。

問：視聽思慮動作，皆天之所為。及發而不中節，則是妄。故學者須要識別之。曰：妄是私意，不是不中節。（同上，第一五一條，頁三八九五／二四五二）。

葉采曰：視聽思慮言動，皆天理自然，而不容已者。然順理則為真，從欲則為妄。（集解，卷二，頁十九。

羅欽順（一四六五—一五四七）曰：動以天謂之真，動以人謂之妄。天人本無二，人只緣有此形體，與天便隔一層，除却形體，渾是天也。然形體如何除得？但克去有我之私，便是除也。（困知記，卷二，頁十二下）。

[43] 明道先生曰：學只要鞭辟近裏，著己而已。故「切問而近思，則仁在其中矣①。」「言忠信，行篤敬，雖蠻貊之邦行矣。言不忠信，行不篤敬，雖州里行乎哉？立則見其參於前也，在輿則見其倚於衡也，夫然後行②。」只此是學質美者明得盡，查滓便渾化。却與天地同體。其次惟莊敬持養。及其至

則一也。（遺書，卷十一，頁十一下）。

問：「行篤敬。」朱子曰：篤者，有重厚深沉之意。敬而不篤，則恐有拘迫之患。（語類，卷四十五，第十條，頁一八二六／一一五〇）。

至之③問：「學要鞭辟近裏」，「鞭辟」如何？曰：此是洛中語，一處說作「鞭約。」大抵是要鞭督面裏去④。今人皆不是鞭督向裏，心都向外。明道此段下云「切問近思」，「言忠信，行篤敬」云云，何嘗有一句說做外面去？學要博，志須要篤。志篤，問便切，思便近，只就身上理會。（同上，第十二條，頁一八二七／一一五〇至一一五一）。

楊⑤問：「學要鞭辟近裏」，何謂「鞭辟？」曰：辟，如驅辟一般。又問：「質美者明得盡，渣滓便渾化，與天地同體」，是如何？曰：明得透徹，渣滓自然渾化。又問：渣滓是甚麼？曰：渣滓是私意人欲。天地同體處。如義理之精英。渣滓是私意人欲之未消者。人與天地本一體。只緣渣滓未去，所以有間隔。若無渣滓，便與天地同體。（同上，第十三條，頁一八二七／一一五一）。

又曰：「學要鞭辟近裏」一段。明得盡者，一見便都明了，更無渣滓。其次惟是莊敬持養，以消去其渣滓而已。所謂持養，亦非是作意去穿鑿以求其明。但只此心常敬，則久久自明矣。（同上，第十五條，頁一八二九／一一五二）。

① 論語，子張第十九，第六章。
② 同上，衞靈公第十五，第五章。
③ 至之，楊至之字，朱子門人。錄語類約四十條，問答約五十則。參看拙著朱子門人，頁二六九至二七〇。
④ 以鞭督人入宅裏去。
⑤ 朱子門人姓楊者十餘人。此楊可能是前條之楊至。然楊至已問「鞭辟」，不應再問。其他可能爲楊仕訓（一一六二—一二一九）。此條爲徐寓所錄。朱子守漳州（一一九〇），選郡士八人入學。徐寓與楊仕訓與焉。仕訓字尹叔。八人中最爲年少。參看朱子門人，頁二六九。

44 「忠信所以進德，脩辭立其誠所以居業①」者，乾道也。「敬以直內，義以方外②」者，坤道也。（遺書，卷十一，頁十二下）。

朱子曰：「『忠信所以進德，修辭立其誠所以居業』，如何是乾德？只是健底意思，恁地做去。『敬以直內，義以方外』，如何是坤德？只是順底意思，恁地收斂。（語類，卷六十九，第三十二條，頁二七三一／一七一五）。

用之③問：忠信進德，有剛健不已底意思，所以屬乾道。敬義是持守底意思，所以屬之坤道。曰：乾道更多得上面半截，坤只是後面半截。忠信進德，前面更有一段工夫也。（同上，第四十條，頁二七三五／一七一八）。

黃榦（一一五二—一二二一）曰：乾言德業，坤言敬義。雖若不同，而實相為經緯也。欲進乾之德，必本之於坤之敬。欲修乾之業，必制以坤之義。非敬則內不直，德何由而進？非義則外不方，業何由而修？（勉齋集，卷一，南康白鹿書院，頁二十三上下）。

① 易經，乾卦第一，文言。
② 同上，坤卦第二，文言。
③ 劉礪，字用之，朱子門人。錄語類約一百條，問答三四十條。參看拙著朱子門人，頁三一八至三一九。

45 凡人才學，便須知著力處。既學便須知得力處。（遺書，卷十二，頁二上）。

朱子曰：自其著力曰學，自其得力曰達，只是這箇物事。（陳沆補註引此語。出處待查）。

張伯行曰：此示學者以有事勿忘①之功也。著力者，身心切要工夫。得力者，所以進德之由也。（集解，卷二，頁二十五上）。

茅星來曰：着力處是當然工夫，如顏子博文約禮②之類是也。得力處是自然效驗，如上蔡③去箇矜字④之類是也。（集註，卷二，頁二十四下）。

佐藤一齋曰：知著力處，如射之樹的。知得力處，如射之中的。（欄外書，卷二，「凡人」條）。

① 孟子，公孫丑第二上，第二章云：「必有事焉而勿正，心莫忘，莫助長也。」
② 論語，顏淵第十二，第十五章。
③ 謝良佐，同第二十七條，註③。
④ 上蔡語錄，上，頁十四上，總頁二十七。

[46] 有人治園圃，役知力甚勞。先生曰：蠱之象，「君子以振民育德①。」君子之事，惟有此二者，餘無他焉。二者爲己爲人之道也。（遺書，卷十四，頁一上）。

朱子曰：役智力於農圃，內不足以成己，外不足以治人，是濟甚事！（語類，卷九十五，第一五二條，頁三八九五／二四五二）。

① 易經，蠱卦第十八，象傳。

[47] 「博學而篤志，切問而近思①，」何以言「仁在其中矣②？」學者要思得之。了此便是徹上徹下之道③。（遺書，卷十四，頁一上）。

朱子曰：四者皆學問思辨之事耳，未及乎力行而為仁也。然從事於此，則心不外馳，而所存自熟，故曰「仁在其中矣。」（論語集註，子張第十九，第六章）。

問：明道謂「學者須當思而得之。了此便是徹上徹下底道理。」莫便是先生所謂「從事於此，則心不外馳，而所存自熟」之意？曰：然。於是四者中見得箇仁底道理，便是徹上徹下道理也。（語類，卷四十九，第二十三條，頁一九〇六／一二〇二）。

高攀龍（一五六二—一六二六）曰：所謂博學者，隨時隨處，只學此一事。志專在此，故云篤志。問專在此，故云切問。思專在此，故云近思。只是求仁，故曰仁在其中。（高子遺書，卷一，語，頁二十二上）。

張伯行曰：學所以求仁，然求仁者非一箇仁在彼而切切求之也。仁卽在吾心，亦卽在日用事物之間，……何以不言求仁而言「仁在其中？」若能了悟乎此，便知是徹上徹下之道。蓋形上卽具形下之中，下學卽是上達之事，功與心純熟無釁，便謂之仁。無內外精麤，一以貫之也。（集解，卷二，頁二十五下至二十六上）。

① 論語，子張第十九，第六章。

② 同上。

③ 張伯行誤以此語爲伊川語。遺書，卷十四，皆明道語也。

48 弘而不毅，則難立。毅而不弘，則無以居之①。西銘②言弘之道。(遺書，卷十四，頁一上)。

敬之③問：弘，是愛得衆理。毅，是勝得箇重任。朱子曰：弘乃能勝得重任，毅便是能擔得遠去。弘而不毅，雖勝得任，却恐去前面倒了。(語類，卷三十五，第八十八條，頁一四八三／九二七)。

又曰：弘了却要毅。弘則都包得在裏面了，不成只恁地寬廣。裏面又要分別是非，有規矩，始得。若只恁地弘，使沒倒斷了。(同上，第九十一條，頁一四八四／九二七)。

茅星來曰：不毅則志氣頹惰而不足以自守，故難立。不弘則識量淺狹，而不能以有容，故無以居之。(集解，卷二，頁二十五上)。

張伯行曰：此程子因西銘而教人以求仁之學也。仁者天地萬物為一體。西銘所言，可謂極其廣大而周通，故曰「言弘之道。」(遺書，卷十五，頁十六上)。

江永曰：弘而不毅者，縱弛。毅而不弘者，狹陋。西銘之道，能實體之，渾然與物同體，弘之至也。(集注，卷二，頁十二下)

① 論語，泰伯第八，第七章曰：「士不可以不弘毅」。
② 西銘詳下面第八十九條。
③ 朱子有三門人，字敬之。一爲許敬之(名不詳)，一爲黃顯子，一爲張顯父。朱子子在亦字敬之。語類

無在之問答。黃顯子語類指明其姓。許敬之好強辯。此條不見強辯而爲潘時舉癸丑（一一九三）以後所聞。文集卷五十八答張敬之書系一一九四，時間相合。故此敬之爲張顯父。參看拙著朱子門人，頁一九三至一九四。

[49] 伊川先生曰：「古之學者，優柔厭飫，有先後次序。今之學者，却只做一場話說，務高而已。常愛杜元凱①語，『若江海之浸，膏澤之潤。渙然冰釋，怡然理順。然後爲得也。』今之學者，往往以游夏②爲小，不足學。然游夏一言一事，却摠是實。後之學者好高。如人游心於千里之外，然自身却只在此。」（遺書，卷十五，頁二上）

茅星來曰：元凱著左傳集解，此則其序中語也。引此以明古之學者，優柔厭飫有序之意。（集註，卷二，頁二十五下）。

朱子曰：讀書要自家道理浹洽透徹。杜元凱云：「優而柔之，使自求之，厭而飫之，使自趨之。若江海之浸，膏澤之潤。渙然冰釋，怡然理順，然後為得也。」（語類，卷十，第五條，頁二五六／一六二）。

①杜預（二二二—二八四），字元凱。官鎮南將軍。以平吳功進爵當陽侯，晉書卷三十四有傳。

②子游與子夏，均爲孔子弟子。論語，先進第十一，第二章，孔子贊其爲門人中文學之表表者。

50 脩養之所以引年，國祚之所以祈天永命①，常人之至於聖賢，皆工夫到這裏則有此應。（遺書，卷十五，頁六下）

茅星來曰：此言凡事不可預期其效，以致工夫不專一也。（集註，卷二，頁二十六上）。

①書經，召詔，第二十節曰：「王其德之用，祈天永命」。

51 忠恕所以公平，造德則自忠恕，其致則公平。（遺書，卷十五，頁八下）。

朱子曰：進德則自忠恕，是從這裏做出來。「其致則公平」，言其極則公平也。（語類，卷九十五，第一五三條，頁三八九五／二四五二）。

52 仁之道，要之只消道一「公」字。公只是仁之理，不可將公便喚做仁。公而以人體之故爲仁。只爲公則物我兼照。故仁所以能恕，所以能愛。恕則仁之施，愛則仁之用也①。（遺書，卷十五，頁八下）。

問：「仁之道，只消道一『公』字。公是仁之理。公而以人體之，故曰仁。」竊謂仁是本有之理，公是克己功夫到處。公所以能仁。所謂「公而以人體之」者，若曰己私既盡，只就人身上看，便是仁。體，猶骨也。如「體物不可遺②」之「體」，「貞者事之幹③」之類，非「體認」之「體」也。朱子曰：公是仁之方法，人是仁之材料。有此人，方有此仁。蓋有形氣，便具此生理。若無私意間隔，則人身上全體是仁。如無此形質，則生意都不湊泊他。所謂「體」者，便作「體認」之「體」，亦不妨。體認者，是將此身去裏面體察，如中庸「體群臣④」之「體」也。（語類，卷九十五，第一五五條，頁三八九七／二四五三至二四五四）。

問：「公而以人體之」，如何？曰：仁者心之德，在我本有此理。公却是克己之極功。惟公然後能仁。所謂「公而以人體之」者，蓋曰克盡己私之後，就自家身上看，便見得仁也。（同上，第一五七條，頁三八九八／二四五四）。

又曰：「公而以人體之為仁。」仁是人心所固有之理。公則仁，私則不仁。未可便以公為仁。須是體之以人方是仁。公恕愛，皆所以言仁者也。公在仁之前，恕與愛在仁之後。公則能仁，仁則能愛能恕故也。（同上，第一六〇條，頁三八九九／二四五五）。

問：「恕則仁之施，愛則仁之用。」施與用如何分？曰：恕是分俵那愛底。如一桶水，愛是水，恕是分俵此水何處一杓，故謂之施。愛是仁之用，恕所以施愛者。（同上，第一六六條，頁三九〇〇／二四五六）。

① 此條歸入卷二而不入卷一，因此乃爲仁之方而非言仁體也。

② 中庸，第十六章。

③ 易經，乾卦第一，文言。

④ 中庸，第二十章。

53 今之爲學者，如登山麓。方其迤邐，莫不闊步。及到峻處便止。須是要剛決果敢以進。（遺書，卷十七，頁三上。亦見張子全書，卷七，學大原下，頁一下，其詞稍異）。

茅星來曰：遺書「便止」作「便逡巡」，無「須是」以下九字。疑悞入也。今按張子語錄①中有之，但「迤邐」下有「之時」二字，「闊步」有「大走」二字，「峻處」作「峭峻之處。」蓋當是朱子刪正耳。（集註，卷二，頁二十七上）。

① 指張子全書中之語錄，非張子語錄。

54 人謂要力行，亦只是淺近語。人既能知，見一切事皆所當爲，不必待著意。纔著意便是有箇私心。這一點意氣，能得幾時了①！（遺書，卷十七，頁六上）。

或問：「力行」如何為淺近語？朱子曰：不明道理，只是硬行。又問：何以為淺近？曰：他只是見聖賢所為，心下愛，硬依他行。這是私意，不是當行。若見得道理時，皆是當恁地行。又問：「這一點氣能幾時了」是如何？曰：久時，將次只是恁地休了。（語類，卷九十五，第一六八條，頁三九〇一／二四五六）。

施璜曰：此言人能真知，則必力行也。真知事之當為，則自不容已。何待著意？故君子莫急於致知。知至則知之真矣。這一時靠他不得。（發明，卷二，頁二十三下）。

① 茅星來（集註，卷二，頁二十七下）從葉采本（集解，卷二，頁二十三）用「子」。葉註在日本甚爲通行。以故日本註家多用「子」字。「子」爲尾語，亦通。然原文作「了」。豈葉采所見之本作「子」耶？

55 知之必好之，好之必求之，求之必得之。古人此箇學，是終身事。果能顛沛造次必於是①，豈有不得道理？（遺書，卷十七，頁六上）。

澤田武岡曰：知之者，知有此道也。好之者，嗜好其道也。求之者，求得之於己也。節深一節，直歸之得而後已。然知字尤重。人但真知得，則好之求之得之，皆相因而生，猶大學知止而後定靜安慮得，相連而來也。（說略，卷二，頁四十上，總頁二五五）。

張伯行曰：此與孔子知不如好②節同意。但孔子歷言進境以示勸，程子則歷決其必然以示勉也。（集解，卷二，頁二十九上）。

① 論語，里仁第四，第五章。

② 同上，雍也第六，第十八章，子曰：「知之者，不如好之者。好之者，不如樂之者」。

56 古之學者一，今之學者三，異端①不與焉。一曰文章之學，二曰訓詁之學，三曰儒者之學，欲趨道舍儒者之學不可。（遺書，卷十八，頁四下）。

朱子曰：道者文之根本，文者道之枝葉。惟其根本乎道，所以發之於文皆道也。（語類，卷一三九，第一〇六條，頁五三三二／三三一九）。

張伯行曰：此程子歎學術之日分也。言古之時，學重為己，務求實得，止存儒者一途。舍儒而外，有異端而已。今之學者，多務為人。弊遂日滋。學術已分為三，而異端尚不與焉。（集解，卷二，頁二十九下）。

① 指佛教與道教。

57 問①作文害道否？曰：害也。凡爲文不專意則不工，若專意則志局於此，又安能與天地同其大也？書曰：「玩物喪志②。」爲文亦玩物也。呂與叔③有詩云：「學如元凱④方成癖，文似相如⑤殆類俳。獨立孔門無一事，只輸⑥顏氏得心齋⑦。」此詩⑧甚好⑨。古之學者，惟務養情性。其他則不學。今爲文者，專務章句悅人耳目。既務悅人，非俳優而何？曰：古者學爲文否？曰：人見六經⑩便以謂聖人亦作文，不知聖人亦⑪攄發胸中所蘊，自成文耳⑫。所謂「有德者必有言⑬」也。曰：游夏⑭稱文學，何也？曰：游夏亦何嘗秉筆學爲詞章也？且如「觀乎天文以察時變。觀乎人文以化成天下⑮，」此豈詞章之文也。（遺書，卷十八，頁四十二下）。

朱子曰：才要作文章，便是枝葉，害著學問，反兩失也。（語類，卷一三九，第一〇七條，頁五三三一／三三一九）。

① 據茅星來（近思錄集註，卷二，頁二十八上），問者爲劉安節（一〇六八—一一一六）。

② 同第二十七條，註①。

③ 呂大臨，同卷一，第五十一條，註①。

④ 杜預，同第四十九條，註①。元凱註左傳，踰十萬言。

⑤ 司馬相如（紀元前一七九—紀元前一一七）以賦著名。

⑥ 遺書本註云：「一作『惟傳』」。

⑦ 莊子，人間世第四（南華眞經，卷二，頁十三上），謂顏回（孔子弟子）不聽之以耳或心而聽之以氣。氣者虛也，是謂「心齋」。

⑧ 此詩載上蔡語錄，上，頁七下，總頁十四，詞稍異。

⑨ 一本無此四字。

⑩ 書，詩，易，禮，樂，春秋。樂經早佚，宋儒以周禮代之。

⑪ 遺書本註云：「一作『只』」。

⑫ 遺書本註云：「一作『章』」。

⑬ 論語，憲問第十四，第五章。

⑭ 同第四十九條，註②。

⑮ 易經，賁卦第二十二，彖傳。

58 涵養須用敬，進學則在致知①。（遺書，卷十八，頁五下）。

問：「涵養須用敬，進學則在致知。」朱子曰：二者偏廢不得。致知須用涵養，涵養必用致知。（語類，卷十八，第五十七條，頁六四八／四〇三）。

又曰：「涵養須用敬，進學則在致知。」無事時，且存養在這裏，提撕警覺，不要放肆。到講習應接時，便當思量義理。（同上，卷九十五，第一六九條，頁三九〇一／二四五六）。

又曰：涵養此心須用敬。譬之養赤子，方血氣未壯實之時，且須時其起居飲食，養之於屋室之中而謹顧守之，則有向成之期。（同上，第一七一條，頁三九〇二／二四五六至二四五七）。

任道②弟問：或問③涵養又在致知之先。曰：涵養是合下在先。古人從小以敬涵養，父兄漸漸教之讀書，識義理。今若說待涵養了方去理會致知也無限期。須是兩下用工，也著涵養，也著致知。（同上，卷十八，第五十八條，頁六四八／四〇四）。

又曰：此二言者，實學者立身進步之要，而二者之功未嘗不交相發也。然夫子教人持敬，不過以整衣冠齊容貌為先，而所謂致知者，又不過讀書史應事物之間，求其理之所在而已。（文集，卷五十六，答陳師德第一書，頁二十二上下）。

又曰：此二言者，體用本末，無不該備。（文集，別集，卷五，答丁仲澄，頁九下）。

① 張伯行（近思錄集解，卷二，頁三十一上）誤以此爲明道語。

② 葉任道與其兄葉味道（嘉定十三年，一二二〇，進士）同事朱子。語類有問答三四條。參看拙著朱子門人，頁二七八。

③ 大學或問，頁十八下至十九上，總頁三十六至三十七。

59 莫說道將第一等讓與別人，且做第二等。才如此說便是自棄。雖與不能居仁由義①者差等不同，其自小一也。言學便以道爲志，言人便以聖爲志。（遺書，卷十八，頁六上）。

朱子曰：自棄者謂其意氣卑弱，志趣凡陋，甘心自絕，以為不能。我雖言其仁義之美，而彼以為我必不能居仁由義，是不足有為也。（語類，卷五十六，第二十二條，頁二一〇九／一三二九）。

又曰：為學須思所以超凡入聖。如何為昨日為鄉人，今日便為聖人！須是竦拔，方始有進。（同上，卷八，第三十八條，頁二一六／一三五）。

佐藤一齋曰：此條是立志第一緊要處，卽「當仁不讓於師②」之意。（欄外書，卷二，「莫說」條。）

① 孟子，離婁第四上，第十章，「吾身不能居仁由義，謂之自棄也」。
② 論語，衛靈公第十五，第三十五章。

60 問：「必有事焉①」，當用敬否？曰：敬②是涵養一事。「必有事焉，」須用集義。只知用敬，不知集義，却是都無事也。又問：義莫是中理否？曰：

中理在事，義在心③。（遺書，卷十八，頁十九上）。

朱子曰：敬有死敬，有活敬。若只守着主一之敬，遇事不濟之以義，辨其是非則不活。若熟後，敬便有義，義便有敬。靜則察其敬與不敬，動則察其義與不義。（語類，卷十二，第一三〇條，頁三四四／二一六）。

又曰：涵養須用敬，處事須是集義。（同上，第一三一條，頁三四四／二一六）。

① 孟子，公丑孫第二上，第二章。
② 遺書「敬」下有「只」字。
③ 張伯行（近思錄集解，卷二，頁三十二上，誤以此爲明道語。

61 問：敬義何別？曰：敬只是持己之道，義便知有是有非。順理而行，是爲義也。若只守一箇敬，不知集義，却是都無事也。且如欲爲孝，不成只守著一箇孝字。須是知所以爲孝之道，所以侍奉當如何，溫凊當如何①，然後能盡孝道也②。（遺書，卷十八，頁十九上）。

朱子曰：敬義只是一事。如兩脚立定是敬，才行是義。合目是敬，開眼見物便是義。（語類，卷十二，第一三二條，頁三四四／二一六）。

又曰：敬者，守於此而不易之謂。義者，施於彼而合宜之謂。（同上，第一三四條，頁三四五／二一六）。

又曰：敬要回頭看，義要向前看。（同上，第一三五條，頁三四五）。

① 禮記，曲禮上，第十節。

② 遺書此條與上條合爲一段。茅星來（近思錄集註，卷二，頁三十上／二一六）沿之。

62 學者須是務實，不要近名方是。有意近名，則是僞也。大本已失，更學何事？爲名與爲利，清濁雖不同，然其利心則一也。（遺書，卷十八，頁二十八上）。

朱子曰：自以為是而無忌憚，此不務實而專務求名者，故虛譽雖隆而實德則病矣。（論語集註，顏淵第十二，第二十章）。

63 回也其心三月不違仁①，只是無纖毫私意。有少私意便是不仁②。（遺書，卷二十二上，頁六上）。

朱子曰：三月，言其久。仁者心之德。心不違仁者，無私而有其德也。（論語集註，雍也第六，第五章）。

問：「三月不違仁。」曰：仁與心本是一物。被私欲一隔，心使違仁去，却為二物。若私欲既無，則心與仁便不相違，合成一物。心猶鏡，仁猶鏡之明。鏡本來明，被塵垢一蔽，遂不明。若塵垢一去，則鏡明矣。（語類，卷三十一，第八條，頁一二五二／七八一）。

① 論語，雍也第六，第五章。顏淵名回，詳卷一，第三十條，註②。

② 張伯行（近思錄集解，卷二，頁三十三下）誤以此為明道語。

64 「仁者先難而後獲①。」有爲而作，皆先獲也。古人惟知爲仁而已，今人皆先獲也②。（遺書，卷二十二上，頁十二下）。

問：「仁者先難而後獲。」朱子曰：獲，有期望之意。學者之於仁，工夫最難。但先為人所難為，不必有期望之心，可也。（語類，卷三十二，第五十八條，頁一三一〇至一三一一／八一八）

① 論語，雍也第六，第二十章。

② 同上條註②。

[65] 有求爲聖人之志，然後可與共學。學而善思，然後可與適道。思而有所得，則可與立。立而化之，則可與權①。（遺書，卷二十五，頁五下）。

程子（伊川）曰：「可與共學」，所以求之也。「可與適道」，知其所往也。「可與立」者，篤志固執而不變也。「權」與「權衡」之「權」同，稱物而知其輕重者也。（外書，卷六，頁五下）。

朱子曰：「可與共學」，有志於此。「可與適道」，已看見路脈。「可與立」，能有所立。「可與權」，遭事變而知其宜。此只是大綱如此說。（語類，卷三十七，第二十七條，頁一五七三／九八六）。

① 論語，子罕第九，第二十九章云：「可與共學，未可與適道。可與適道，未可與立。可與立，未可與權」。

66 古之學者爲己，其終至於成物。今之學者爲物，其終至於喪己①。（遺書，卷二十五，頁七下）。

佐藤一齋曰：不曰「人」而曰「物」，物是凡外物，包人亦在內。（欄外書，卷二，「古之」條。）

東正純曰：着一「終」字，體用隔斷。疑記者失之。或曰「竟」字意，然耶？（參考，卷二，總頁七二二）。

問：伊川云：「為己，欲得之於己也。為人，欲見知於人也②。」後又云：「古之學者為己，其終至於成物。今之學者為人，其終至於喪己。」兩說不同，何也？朱子曰：此兩段意思自別。前段是低底為人，後段是好底為人。前為人，只是欲見知於人而已。後為人，卻是真箇要為人。然不曾先去自家身己上做得工夫，非唯是為那人不得，末後和己也喪了。（語類，卷四十四，第七十條，頁一八〇〇／一一三三）。

茅星來曰：前就當下說，此則要其終而言。前就為工夫處說，此就效驗之極處而言。（集註，卷二，頁三十二上）。

① 論語，憲問第十四，第二十五章曰：「古之學者爲己，今之學者爲人」。

② 見第十四條。

[67] 君子之學必日新①。日新者，日進也。不日新者，必日退。未有不進而不退者。惟聖人之道，無所進退。以其所造者極也。（遺書，卷二十五，頁七下）。

茅星來曰：此勉人進德之語，見不可不日新也。「惟聖人之道」以下，正以見君子之學必日新之意，非上言君子之學，下論聖人之道也。（集註，卷二，頁三十二下）。

① 大學，第二章曰：「苟日新，日日新，又日新」。

[68] 明道先生曰：性靜者可以爲學。外書，下同。（卷一，頁一上）。

貝原益軒曰：此「性」之字，氣質之性也。（備考，卷二，頁二十七下，總頁一七八）。

朱子曰：未有心不定而能進學者。人心萬事之主。走東走西，如何了得？（語類，卷十二，第十條，頁三一七／一九九）。

又曰：心不定，故見理不得。今且要讀書，須先定其心，使之如止水，如明鏡。暗鏡如何照物！（同上，卷十一，第十二條，頁二八一／一七七）

江永曰：智以靜而明，行以靜而篤。（集註，卷二，頁十六上）。

[69] 弘而不毅則無規矩，毅而不弘則隘陋①。（外書，卷二，頁一下）。

澤田武岡曰：規所以為圓者，矩所以為方者。無規矩無法則也。（說略，卷二，頁四十五下，總頁二六六）。

茅星來曰：程子前言「難立」與「無以居之②」，是推言其究竟如此。此則就當下病痛言也。蓋惟無規矩所以難立，惟隘陋所以無以居之也。（集註，卷二，頁三十二下）。

朱子曰：不弘便急迫狹隘，不容物，只安於卑陋。不毅便傾東倒西。（語類，卷三十五，第九十二條，頁一四八四／九二八）。

問：程子所謂「弘而無毅，則無規矩而難立③，」其說固不可易。第恐「毅」字訓義，非可以「有規矩」言之，如何？曰：毅有忍耐意思。程子所云「無規矩」，是說目今，「難立」是說後來。（同上，第九十九條，頁一四八八／九三〇）。

① 參看第四十八條。張伯行（近思錄集解，卷二，頁三十五上）誤以此爲張橫渠語。
② 見上第四十八條。
③ 同上。

70 知性善①以忠信爲本②，此先立其大者③。（外書，卷二，頁二下）。

澤田武岡曰：「知」字重，是真箇見得性之善也。不然，孟子以來，人誰不知性善，豈皆謂之知之大耶？（說略，卷二，頁四十五下，總頁二六六）。

朱子曰：「知性善以忠信為本」，須是的然識得這箇物事，然後從忠信做將去。若不識得這箇，不知做甚麼？故曰：「先立乎其大者。」（語類，卷一四〇，第一一五條，頁五三六七／三三四二）。

① 孟子，告子第六上，第一至第六章。
② 論語，學而第一，第八章云：「主忠信」。
③ 孟子，告子第六上，第十五章：「先立乎其大者」。

71 伊川先生曰：人安重則學堅固①。（外書，卷六，頁二上）。

朱子曰：輕最害事。飛揚浮躁，所學安能堅固？故學則不固，與不重，不威，只一套事。（語類，卷二十一，第一〇四條，頁八一二／五〇三）。

① 論語，學而第一，第八章述意。

[72] 博學之，審問之，慎思之，明辨之，篤行之①，五者廢其一，非學也。（外書，卷六，頁二下）。

曰：學問思辨亦有序乎？朱子曰：學之博，然後有以備事物之理，故能參伍之以得所疑而有問。問之審，然後有以盡師友之情，故能反復之以發其端而可思。思之謹，則精而不雜，故能有所自得而可以施其辨。辨之明，則斷而不差，故能無所疑惑而可以見於行。行之篤，則凡所學問思辨而得之者，又皆必踐其實而不為空言矣。此五者之序也。（中庸或問，頁四十一上下，總頁八十一至八十二）。

① 中庸，第二十章。

[73] 張思叔①請問，其論或太高。伊川不答。良久，曰：累②高必自下。（外書，卷十一，頁二下）。

朱子曰：今之學者多好說得高，不喜平。殊不知這箇只是合當做底事。（語類，卷八，第一〇二條，頁二二七／一四二）。

又曰：譬如登山，人多要至高處。不知自低處不理會，終無至高處之理。（同上，第一〇三條，頁二二八／一四二）。

江永曰：思叔與尹彥明③同事伊川先生。思叔以高識，彥明以篤行，俱為程子所稱④。然又謂「尹惇魯，張繹俊。俊者他日過之，魯者終有守也⑤。」故思叔請問常有過高之病。累高必自下，所以抑而救之也。（集註，卷二，頁十六上下）。

① 張思叔（一〇七一—一一〇八），名繹。年三十方從學伊川。初以文聞於鄉曲，後來作文字甚少。未及仕後伊川一年卒。詳伊洛淵源錄，卷十二，與宋元學案，卷三十。宋史，卷四二八有傳。

② 累，積累也。

③ 尹彥明，名焞。詳第七十五條。

④ 外書，卷十二，頁十八上。

⑤ 同上，卷十一，頁二上。

74 明道先生曰：人之爲學，忌先立標準。若循循不已，自有所至矣。（外書，卷十二，頁三下）。

用之①問：「學者忌先立標準」，如何？朱子曰：如「必有事焉而勿正②」之謂。而今雖道是要學聖人，亦且從下頭做將去。若日日恁地比較，也不得。雖則是曰：「舜何人也？予何人也③？」若只管將來比較，不去做工夫，又何益？（語類，卷九十五，第一七三條，頁三九〇二／二四五七）。

問：學者做工夫須以聖人為標準。如何却說不得立標準？曰：學者固當以聖人為師，然亦何須先立標準？才立標準，心裏便計較思量幾時得到聖人？處聖人地位又如何？便有箇先獲底心。顏淵曰：「舜何人也？予何人也？有為者亦若是。」也只如此平說，教人須以聖賢自期。又何須先立標準？只恁下著頭做，少間自有所至。（同上，第一七四條，頁三九〇二至三九〇三／二四五七）。

① 同第四十四條，註③。
② 孟子，公孫丑第二上，第二章。
③ 同上，滕文公第三上，第一章。

75 尹彥明①見伊川後，半年方得大學②西銘③看。（外書，卷十二，頁十三下）。

朱子曰：尹和靖從伊川半年後，方見得西銘大學。不知那半年是在做甚麼？想見只是且教他聽說話。曾光祖④云：「也是初入其門，未知次第，驟將與他看未得。」先生曰：豈不是如此！又曰：西銘本不曾說理一分殊。因人疑後，方說此一句。（語類，卷九十五，第一七五條，頁三九〇三／二四五七）。

問：「尹彥明見程子後，半年方得大學西銘看」，此意如何？曰：也是教他自就切己處思量，自看平時箇是不是。未欲便把那書與之讀。曰：如此，則末後以此二書併授之，還是以尹子已得此意？還是以二書互相發故？曰：他好把西銘與學者看。他也是要教他知，天地間有箇道理恁地開濶。（同上，第一七六條，頁三九〇三／二四五七）。

葉采曰：始學之士，未知嚮方。教之以大學，使其知入門之道。進學之序也。然學莫大於求仁。繼之以西銘，所以使其知仁之體，而無私己之蔽也。然有待於半年之後者，蓋欲其厚積誠意，蠲除氣習，以為學問根本也。（集解，卷二，頁二十八）。

① 尹焞（一〇七一——一一四二），字彥明，賜號和靖處士。師侍伊川二十年。當侍講，權禮部侍郎。所著有孟子解，和靖集。

② 大學本爲禮記之第四十二章。北宋仁宗天聖八年（一〇三〇）賜進士王拱宸（一〇一二——一〇八五）大學軸。此當是首次之單行本。其後明道，伊川，朱子均更改經文。以後改本無數。朱子且參經一章與傳十章而補第五章格致之傳。又以經一章爲孔子之言而曾子述之。其傳十章，則曾子之意而門人記之。是爲大學章句。稱後又著大學或問。更於一一九〇年刊大學，論語，孟子和中庸爲「四子」，亦即四書。一三一三年明令考試以四書五經程朱註爲主。四書之學乃布天下。至民國初年仍是基本教材。

③ 西銘詳第八十九條。

④ 曾興宗（一一四六—一二一二），字光祖，朱子門人。爲主簿，改推官，致仕。參看拙著朱子門人，頁二三九。

[76] 有人說無心。伊川曰：無心便不是，只當云無私心。（外書，卷十二，頁十六上）。

江永曰：無心之說，入於空寂。聖賢之心，公而已矣。（集註，卷二，頁十七上）。

[77] 謝顯道①見伊川②。伊川曰：近日事如何？對曰：「天下何思何慮③。」伊川曰：是則是有此理。賢却發得太早。在伊川直是會鍛鍊得人。說了又道「恰好著工夫也」。（外書，卷十二，頁五下）。

江永曰：事物各有當然之理。何思何慮？順理而行，因物付物者也。謝氏之學未至此，故謂其發之太早。（集註。卷二，頁十七上）。

問：謝氏說「何思何慮」處，程子道「恰好著工夫。」此是著何工夫？朱子曰：人所患者，不能見得大體。謝氏合下便見得大體處。只是下學之功夫却欠。程子道「恰好著工夫」，便是教他著下學底工夫。（語類，卷九十五，第一七八條，頁三九〇五／二四五九）。

① 謝良佐，同第二十七條，註④。
② 一本作「伯淳」，明道之字。
③ 易經，繫辭下傳，第五章。

[78] 謝顯道①云：昔伯淳②教誨，只管著③他言語。伯淳曰：與賢說話，却似扶醉漢。救得一邊，倒了一邊。只怕人執著一邊。（外書，卷十二，頁五下）。

茅星來曰：「只管著他言語」，謂但於程子之言，執守不失，而不能有以得其意也。末句乃上蔡所以推明程子之意如此④。（集註，卷二，頁三十五上）。

朱子曰：蓋其（謝顯道）所論：「浴沂⑤」，「御風⑥」，「何思何慮⑦」之屬。每每如此，豈非有所發於「玩物喪志⑧」之一言，而不知其反，以至於斯乎？陸子壽（陸九齡，一一三二—一一八〇）嘗論此，以為如謝氏者，未免為程門之醉人⑨，蓋得之矣。（論語或問，卷五，頁二十上，總頁二四七）。

① 同第二十七條，註③。

② 明道之字。

③ 「著」字上蔡語錄，中，頁五上，總頁五十一）作「看」。

④ 日本註家如中村惕齋（近思錄示蒙句解，卷二，頁九十七），加藤常賢（現代語譯近思錄，頁八十），秋月胤繼（近思錄，頁八十二）均以末句爲伯淳之語。

⑤ 上蔡語錄，上，頁十二下，總頁二十四。「春風吟詠」，同第三十二條，註⑤。

⑥ 同上，中，頁十二下，總頁六十六。

⑦ 同第七十七條，註③。

⑧ 參看卷二，第二十七條。

⑨ 未詳。不知是否耳聞。

[79] 橫渠先生曰：「精義入神①，」事豫吾內，求利吾外也。「利用安身②，」素利吾外，致養吾內也。「窮神知化③，」乃養盛自至，非思勉之能強。故崇德而外，君子未或致知也。**正蒙，下同。**（神化篇第四，張子全書，卷二，頁十四下）。

朱子曰：「事豫吾內。」事未至而先其理之謂豫。（語類，卷九十八，第五十三條，頁三九九七／二五一六）。

敬子④問：「『精義入神』，事豫吾內，求利吾外也。」「求」字似有病，便有箇先獲底心。「精義入神」，自然是能利吾外。何待於求？曰：然。當云「所以利吾外也。」

（同上，第五十條，頁三九九六／二五一五）。

葉采曰：研精義理，妙以入神，知之功也。然事理素定於內，則施於外者，無不順於致用，**以安其身，**行之功也。然所用旣順於外，則養於內者，益以厚。此明內外之交養，**而知行之相資也。**（集解，卷二，頁二十九）。

① 易經，繫辭下傳，第五章。

② 同上。

③ 同上。

④ 朱子有兩門人，字敬子，一爲傅定，一爲李燔（紹熙元年，一一九〇，進士），同爲朱子晚年弟子。此條爲沈僩所錄。傅定師事朱子在建安（今建甌縣），李燔則與沈僩同在建陽之竹林精舍。故此敬子指李燔。燔任白鹿洞書院堂長，與朱子高第黃榦並稱「黃李」。參看拙著朱子門人，頁一二九。

80 形而後有氣質之性。善反之，則天地之性存焉。故氣質之性，君子有弗性者焉。（正蒙，誠明篇第六，張子全書，卷二，頁十八下至十九上）。

亞夫①問：氣質之說，始於何人？朱子曰：此起於張程。某以為極有功於聖門，有補於後學。讀之使人深有感於張程。前此未曾有人說到此。如韓退之原性中說三品，說得也是，但不曾分明說是氣質之性耳。性那裏有三品來！孟子說性善，但說得本原處，下面却不曾說得氣質之性，所以亦費分疏。諸子說性惡與善惡混②。使張程之說早出，則這許多說話自不用紛爭。故張程之說立，則諸子之說泯矣。因擧橫渠「形而後有氣質之性。善反之，則天地之性存焉。故氣質之性，君子有弗性焉。」又擧明道云：「論性不論氣，不備。論氣不論性，不明。二之則不是③。」（語類，卷四，第六十四條，頁一一三／七〇）。

又曰：性只是理，然無那天氣地質，則此理沒安頓處。但得氣之清明則不蔽固，此理順發出來。……故「氣質之性，君子有弗性者焉。學以反之，則天地之性存矣。」故說性須兼氣質說方備。（同上，第四十三條，頁一〇六至一〇七／六六）。

張伯行曰：此張子欲人變化其氣質也。形，形體也。得天地之氣生而成質，故謂之氣質。……彼氣質雖吾所有，而其性不可恃，君子終不敢以為此亦吾性而徇之，以滅天地之正也。（集解，卷二，頁三十八下至三十九上）。

① 一本作「道夫」，不是，因語類用字，而道夫乃楊道夫之名也。亞夫為晏淵之字。師事朱子一年而已。參看拙著朱子門人，頁二六六。
② 性之諸說詳第三十條，註②至註⑤。
③ 見第三十條。

81 德不勝氣，性命於氣。德勝其氣，性命於德。窮理盡性，則性天德，命天理。氣之不可一變者獨死生脩夭而已。（正蒙，誠明篇第六；張子全書，卷二，頁十九下）。

朱子曰：德性若不勝那氣稟，則性命只由那氣。德性能勝其氣，則性命都是那德。兩者相為勝負，蓋其稟受之初，便如此矣。然亦非元地頭不渾全，只是氣稟之偏隔著。故窮理盡性，則善反之功也。「性天德，命天理」，則無不是元來至善之物矣。（語類，卷九十八，第五十五條，頁三九九七至三九九八／二五一六）。

問：「窮理盡性，則性天德，命天理。」這處性命如何分別？曰：性是以其定者而言，命是以其流行者而言。命便是水恁地流底，性便是將椀盛得來。大椀盛得多，小椀盛得少。淨潔椀盛得清，汙漫椀盛得濁。（同上，第五十七條，頁三九九八／二五一七）。

又曰：橫渠云：「所不可變者，惟壽夭耳。」要之，此亦可變。但大概如此。（同上，第五十九條，頁三九九九／二五一七）。

82 莫非天也。陽明勝則德性用，陰濁勝則物欲行。「領惡而全好①」者，其必由學乎！（正蒙，誠明篇第六；張子全書，卷二，頁二十下）。

問：「莫非天也」，是兼統善惡而言否？朱子曰：然。正所謂「善固性也，然惡亦不可不謂之性②。」二者皆出於天也。陽是善，陰是惡。陽是強，陰是弱。陽便清明，陰便昏濁。大抵陰陽有主對待而言之者，如陽是仁，陰是義之類。這又別是一樣，是專就善上説，未有邪惡時底說話。頃之，復曰：程先生云：「視聽思慮動作，皆天也。人但於其中要識得真與妄爾③。」（同上，第六十條，頁三九九／二五一七）。

① 禮記，仲尼燕居，第三節。
② 卷一，第二十一條。
③ 本卷，第四十二條。

83 大其心，則能體天下之物。物有未體，則心為有外。世人之心，止於見聞之狹。聖人盡性，不以見聞梏其心。其視天下無一物非我。孟子謂「盡心則知性知天①」以此。天大無外，故有外之心，不足以合天心。（正蒙，大心篇，第七；張子全書，卷二，頁二十一上）。

問：「物有未體，則心為有外。」「體」之義如何？朱子曰：此是置心在物中，究見其理，如格物致知之義。與體用之「體」不同。（語類，卷九十八，第六十五條，頁四〇〇一／二五一八）。

又曰：心理流行，脈絡貫通，無有不到。苟一物有未體，則便有不到處。包括不盡，是心為有外。蓋私意間隔，而物我對立，則雖至親，且未必能無外矣。「故有外之心，不足以合天心。」（同上，第六十三條，頁四〇〇一／二五一八）。

① 孟子，盡心第七上，第一章。

[84] 仲尼絕四①，自始學至成德，竭兩端之教也。意，有思也。必，有待也。固，不化也。我，有方也。四者有一焉，則與天地爲不相似矣。（正蒙，中正篇第八；張子全書，卷二，頁二十四上）。

朱子曰：意，私意也。必，期必也。固，執滯也。我，私己也。四者相為始終。起於意，遂於必，留於固，而成於我也。蓋意必常在事前，固我常在後。至於我又生意，則物欲牽引，循環不窮矣。（論語集註，子罕第九，第四章）。

又曰：橫渠之意，以「絕」為禁止之辭。是言聖人將這四者使學者禁絕而勿為。（語類，卷三十六，第四十二條，頁一五二八／九五六）。

又曰：「我，有方也。」方，所也。猶言有限隔也。（同上，第三十九條，頁一五二七／九五五）。

又曰：必，在事先。固，在事後。有意、必、固三者，乃成一箇我。如道是我恁地做。蓋固滯而不化，便成一箇我。橫渠曰：「四者有一焉，則與天地不相似。」（同上，第三十條，頁一五二三／九五三）。

① 論語，子罕第九，第四章。孔子毋意、毋必、毋固、毋我。

85 上達反天理，下達徇人欲者歟。（正蒙，誠明篇第六；張子全書，卷二，頁十八上）。

張伯行曰：此張子明論語「君子上達①」節意也。達只是向前直去之意。上達是向上去，乃復反乎天理者也。天理清明上升之象。循理則日徹一日，進而不已，卽上極乎高明矣。下達是向下去，乃循乎人欲者也。人欲重濁下墜之象。多欲則日溺一日，流而難返，便究極於汙下矣。此君子小人之分，所以有天淵之異也。（集解，卷二，頁四十下）。

① 論語，憲問第十四，第二十四章。

86 知崇，天也，形而上也。通晝夜而知①，其知崇矣。知及之而不以禮性之，非己有也。故知禮成性而道義出，如天地位而易行。（正蒙，至當篇第九；張子全書，卷三，頁三下）。

茅星來曰：事物形而下者，其理則形而上也。「知崇」以造其理言，故曰形而上。「禮卑」以履其事言，則為形而下矣。「性之」謂復其性也。（集註，卷二，頁三十八上）。

朱子曰：橫渠「知崇，天也」一段，言知識高明如天。「形而上」，指此理。「通乎晝夜而知」，通，猶兼也，兼陰陽晝夜之道而知。知晝而不知夜，知夜而不知晝，則知皆未盡也。合知禮而成性，則道義出矣。知禮，行處也。（語類，卷七十四，第一八〇條，頁三〇五八／一九一〇）

問：橫渠「知禮成性」之說。曰：橫渠說「成性」，謂是渾成底性。「知禮成性」，如「習與性成②」之意同。又問「不以禮性之。」曰：如「堯舜性之③」相似。但他言語艱，意是如此。（同上，第一八一條，頁三〇五八／一九一〇）。

① 易經，繫辭上傳，第四章曰：「通乎晝夜之道而知」。第七章曰：「知崇禮卑。崇效天，卑法地。天地設位。而易行乎其中矣。成性存存，道義之門」。

② 書經，太甲上，第九節。

③ 孟子，盡心第七上，第三十章。

87 困之進人也，爲德辨①，爲感速。孟子謂「人有德慧術智者，常存乎疢疾②」以此。（正蒙，三十篇第十一；張子全書，卷三，頁六上）。

朱子曰：橫渠言「為德辨，為感速。」辨，猶仔細。感速，言我之感發速也。（語類，卷九十八，第七十條，頁四〇〇三／二五一九）。

葉采曰：辨，明也。人處患難之時，則操心危懼，而無驕侈之蔽，故其見理也明。置身窮厄，而有反本之思，故其從善也敏。德慧，謂德之慧。術智，謂術之智。疢疾，災患也。（集解，卷二，頁三十二）。

① 易經，繫辭下傳，第七章云：「困，德之辨也」。
② 孟子，盡心第七上，第十八章。

88 言有教，動有法，晝有爲，宵有得，息有養，瞬有存①。（正蒙，有德篇第十二；張子全書，卷三，頁九上）。

朱子曰：「息有養，瞬有存」，言一息之間亦有養，一瞬之頃亦有存，如「造次顛沛必於是②」之意，但說得太緊。(語類，卷九十八，第七十一條，頁四〇〇三／二五一九)。

問璘③：昨日臥雲菴中何所為？璘曰：歸時日已暮，不曾觀書，靜坐而已。先生舉橫渠之有說，「……」，以為雖靜坐，亦有所存主始得。不然，兀兀而已。(同上，卷一一八，第四十條，頁四五四五／二八四七)。

① 此條與第九十五條爲張子最有名之句，學者人人傳誦。

② 論語，里仁第四，第五章。

③ 滕璘(一一五四—一二三三)，字德粹。師事朱子數次。官至通判與撫司參議官。錄語類百餘條。參看拙著朱子門人，頁三二五。

89 橫渠先生作訂頑曰：乾稱父，坤①稱母。予茲藐焉，乃混然中處。故天地之塞，吾其體。天地之帥，吾其性。民吾同胞，物吾與也。大君②者吾父母③宗子，其大臣，宗子之家相也。尊高年，所以長其長。慈孤弱，所以幼其幼④。聖其合德，賢其秀也。凡天下疲癃殘疾惸獨鰥寡，皆吾兄弟之顛連而無告者也⑤。于時保之，予之翼也。樂且不憂，純乎孝者也。違曰悖德，害仁曰賊。濟惡者不才，其踐形惟肖者也。知化則善述其事，窮神則善繼其志⑥。不愧屋漏⑦爲無忝，存心養性爲匪懈。惡旨酒，崇伯子之顧養⑧。育英材，穎封人之錫類⑨。不弛勞而底豫，舜其功也⑩。無所逃而待烹，申生其恭也⑪。體其受而歸全者，參乎⑫！勇於從而順令者，伯奇也⑬。富貴福澤，將厚吾之生也。貧賤憂戚，庸玉汝於成也。存吾順事，沒吾寧也。明道先生曰⑭：訂頑之言，極醇無雜。秦漢以來，學者所未到⑮。又曰：訂頑一篇，意極完備，乃仁之體也。學者其體此意，令有諸己。其地位已高，到此地位自別有見處。不可窮高極遠，恐於道無補也⑯。又曰：訂頑立心，便達得天德⑰。又曰：游酢⑱得西銘讀之，卽渙然不逆於心，曰：「此中庸⑲之理也，能求於言語之外者也⑳」。楊中立㉑問曰：西銘言體而不及用，恐其流遂至於兼愛㉒，何如？伊川先生曰：橫渠立言，誠有過者，乃在正蒙。西銘之書，推理以存義。擴前聖所未發，與孟子性善㉓養氣㉔之論同功㉕，豈墨氏之比哉？西銘明理一而分殊，墨氏則二本而無分。老幼及人，理一也。愛無差等，本二也㉖。分殊之蔽，私勝而失仁。無分之罪，兼愛而無義。分立而推理一，以止私勝之流，仁之方也。無別而迷兼愛，以至於無父之極，義之賊也。予比而同之，過矣。且彼欲使人推而行之，本為用也。反謂不及，不亦異乎㉗！又作砭愚曰：戲言出於思也，戲動作於謀也。發於聲，見乎四支，謂非己心，不明也。欲人無己疑，不能也。過言非心也，過動非誠也。失於聲，繆迷其四體，謂己當然，自誣也。欲他人己從，誣人也。或者謂出於心者，歸咎為己戲；失於思者，自誣為己誠。不知戒其出汝者，歸咎其不出汝者。長傲且遂非，不智孰甚焉！橫渠學堂雙牖，右書訂頑，左書砭愚。伊川曰：是起爭端㉘，改訂頑曰西銘、砭愚曰東銘㉙。（正蒙，乾稱篇第十七；張子全書，卷一，頁一上至六下；卷三，頁二十三下至二十四上）。

朱子曰：乾陽坤陰，此天地之氣塞乎兩間，而人物之所資以為體者也。故曰「天地之塞吾其體。」乾健坤順，此天地之意為氣之帥，而人物之所以得以為性者也。故曰「天地之帥吾其性。」……畏天自保者，猶其敬親之至也。樂天而不憂者，猶其愛親之純也。……長惡不悛，不可教訓者，世濟其凶，增其惡名也，故謂之不才。若夫盡人之性而有以充人之形，則與天地相似而不違矣。故謂之肖。……事天者，仰不愧，俯不怍，則不忝乎天地矣。……事天者，存其心，養其性，則不懈乎事天矣。……禹之惡旨酒，則所以顧天之養者至矣。……育英才如潁考叔之及莊公，則所以「永錫爾類」者廣矣，舜盡事親之道而瞽瞍底豫，其功大矣。……申生無所逃而待烹，其恭至矣。……若曾子之啓手啓足，則體其所受乎親者而歸其全也。……若伯奇之履霜中野，則勇於從而順令也。……

孝子之身存，則其事親者不違其志而已。沒則安而無所愧於親也。仁人之身存，則其事天者不逆其理而已。歿則安而無愧於天也。……

論曰：蓋以乾為父，以坤為母，有生之類，無物不然。所謂理一也。而人物之生，血脈之屬，各親其親，各子其子，則其分亦安得而不殊哉？一統而萬殊，則雖天下一家，中國一人，而不流於兼愛之弊。萬殊而一貫，則雖親疏異情，貴賤異等，而不梏於為我之私。此西銘之大指也。……（朱子，西銘解義；張子全書，卷一，頁一上至七上）。

又曰：「乾稱父，坤稱母！」（厲聲言「稱」字。）又曰：以主上為我家裏兄子，得乎？（語類，卷九十八，第七十三條，頁四〇〇三／二五一九）。

又曰：「混然中處」，言混合無間，蓋此身便從天地來。（同上，第七十五條，頁四〇〇三／二五二〇）。

又曰：「天地之塞吾其體，天地之帥吾其性。」塞，如孟子說「塞乎天地之間㉚。」塞只是氣。吾之體卽天地之氣。帥是主宰，乃天地之常理也。吾之性卽天地之理。（同上，第七十六條，頁四〇〇三／二五二〇）。

又曰：張子此篇，大抵皆古人說話集來。要知道理只有一箇道理。中間句句段段，只說事親事天。自一家言之，父母是一家之父母。自天下言之，天地是天下之父母，這是一氣，初無間隔。「民吾同胞，物吾與也。」萬物皆天地所生，而人獨得天地之正氣。故人為最靈。故民同胞，物則亦我之儕輩。（同上，第七十九條，頁四〇〇四／二五二〇）。

又曰：西銘一篇，始末皆是理一分殊。以乾為父，坤為母，便是理一而分殊。「予茲藐焉，混然中處」，便是分殊而理一。「天地之塞吾其體，天地之帥吾其性」，分殊而理一。「民吾同胞，物吾與也」，理一而分殊。逐句推之，莫皆然。（同上，第九十條，頁四〇〇九／二五二三）。

問：西銘說「潁封人之錫類」，「申生其恭。」二子皆不能無失處，豈能盡得孝道？曰：西銘本不是說孝，只是說事天，但推事親之心以事天耳。二子就此處論之，誠是如此。蓋事親却未免有正有不正處。若天道純然，則無正不正之處，只是推此心以奉事之耳。（同上，第八十三條，頁四〇〇六／二五二二）。

又曰：西銘首論天地萬物與我同體之意，固極宏大。然其所論事天功夫，則自「于時保之」以下，方極親切。（文集，卷四十九，答廖季碩第一書，頁二十九下）。

① 乾，本是易經之第一卦。其義爲天。坤爲第二卦，其義爲地。
② 大君卽天子。
③ 指天地。
④ 孟子，梁惠王第一上，第七章。
⑤ 同上，梁惠王第一下，第五章述意。
⑥ 中庸，第十九章。
⑦ 詩經，大雅，蕩之什，抑。
⑧ 禹惡旨酒，見孟子，離婁第四下，第二十章。崇，國名，伯爵。

⑨ 據左傳，隱公元年，第四節，潁考叔爲封人，純愛其母，施及莊公。左傳引詩經云：「孝子不匱，永錫爾類」（詩經，大雅，生民之什，既醉）。

⑩ 孟子，離婁第四下，第二十八章，言舜盡事親之道，其父底豫（大悅）。

⑪ 申生事見左傳，僖公五年，第二節，與禮記，檀弓上，第十五節。申生爲晉獻公世子。傳謂世子欲弒其父，晉侯將殺之。申生不逃，寧受賜而死。

⑫ 孝經，第一章孔子云：「身體髮膚，受之父母，不敢毀傷，孝之始也。曾子有疾，召門弟子曰：「啓予足，啓予手」（論語，泰伯第八，第三章），蓋謂不敢毀傷也。據禮記，祭義，第三十五節，夫子曰：「父母全而生之，子全而歸之」。

⑬ 漢書，卷七十九贊曰：「故伯奇放流」。顏師古（五八一—六四五）註云：「說苑云：『王國子前母子伯奇，後母子伯封，兄弟相重。後母欲令其子立爲太子，乃譖伯奇，而王信之，乃放伯奇也』」。放伯奇事又見孔子家語，卷九，七十二弟子解第三十八，頁三上。張子全書，卷一，頁六上，伯奇註更詳。惟顏師古所述說苑語，不見今本說苑。日本註家中村惕齋（近思錄示蒙句解，頁一〇九），宇都宮遯庵（鼇頭近思錄，卷二，頁五十三上），井上哲次郎（近思錄，卷二，頁三十五），山崎道夫（近思錄講本釋義，頁一〇七），石冢崔高（近思錄集說，卷二），中井竹山（近思錄標記），貝原益軒（近思錄備考，卷二，頁三十九上）皆引說苑，然莫詳出處。

⑭ 「明道先生曰」以下「不亦異乎」，爲近思錄本註。

⑮ 遺書，卷二上，頁七下。

⑯ 同上，頁二上。

⑰ 同上，卷五，頁一下。

⑱ 游酢（一〇五三—一一二三），字定夫，二程門人。以文行知名於世，歷任知州。所著有易說，廌山集等。伊洛淵源錄卷九，宋史卷四二八，宋元學案卷二十六均有傳。

⑲ 中庸原爲禮記第三十一篇。素來以爲子思所著。宋戴顒（三七八—四四一）著禮記中庸傳二卷，梁武帝（五〇二—五四九）著中庸講疏一卷。中庸由是單行獨立。宋明註釋甚多。最重要者爲朱子之中庸章句，不改原文但分三十三章。後又著中庸或問。更合刊大學、論語、孟子、與中庸爲四子書。

⑳ 粹言，卷二，頁十上。

㉑ 楊時（一〇五三—一一三五），字中立，稱龜山先生，二程高足。歷任知縣，提點宮觀。年七十罷祠祿，貧甚。二程之學，經楊時三傳而至朱子。伊洛淵源錄卷十，宋史卷四二八，宋元學案卷二十五均有傳。

中立以書致伊川問西銘。書載楊龜山先生集，卷十六，頁六上下。

㉒ 墨子之說，見墨子，卷四，兼愛上中下第十四、十五、十六。

㉓ 孟子，告子第六上，第一至第六章。

㉔ 同上，公孫丑第二上，第二章。

㉕ 「同功」下伊川文集有本註「二者亦前聖所未發」八字。

㉖ 伊川文集本註。

㉗ 伊川文集，卷五，頁十二下，答楊時論西銘書。

㉘ 大概是因伊川不同意「頑」與「愚」之意思，惟鄭曄（近思錄釋疑，卷二，頁四十四下）與安部井帽山（近思錄訓蒙輯疏，卷二，頁六十三上）則以爲兩文意義不夠明顯，而澤田武岡（近思錄說略，卷二，頁六十九下，總頁三一四）則謂恐學者於兩文題目會起爭端。

㉙ 外書，卷十一，頁六下。此段乃朱子所加。

㉚ 孟子，公孫丑第二上，第二章。

[90] 將脩己，必先厚重以自持。厚重知學。德乃進而不固矣。忠信進德，惟尚友而急賢。欲勝己者親，無如改過之不吝。橫渠文集，下同。（正蒙，乾稱篇第十七；張子全書，卷三，頁二十三下）。

葉采曰：君子修己之道，必以厚重為本。苟輕浮則無受道之基。然徒重厚而不知學，則德亦固滯而不進矣。然進德之道，必以忠信為主，而求忠信之輔者，莫急於交勝己之賢。但或吝於改過，則無施其責善之道，賢者亦不我親矣。（集解，卷二，頁三十八）。

澤田武岡曰：論語本文①，「固」，堅固之「固」，張子乃做「固滯」說去，自是一義。故「學」字亦與本文有死活之異。據張子說「學」，學之也，須為活字看。（說略，卷二，頁七十上，總頁三一五）。

問：張子「學則不固」之說如何？朱子曰：此蓋古註舊說，而張子從之。但文勢若有反戾而不安者。蓋曰「不重則不威」，則當曰「不學則固」。若曰「學則不固」，則當曰「重則有威」。且學之為切，又豈止於不固而已哉？（論語或問，學而第一，第八章，頁十九下，總頁四十二）。

① 論語，學而第一，第八章云：「君子不重則不威，學則不固。主忠信。無友不如己者。過則勿憚改」。

[91] 橫渠先生謂范巽之①曰：吾輩不及古人，病源何在？巽之請問。先生曰：此非難悟。設此語者，蓋欲學者存意之不忘，庶游心浸熟，有一日脫然如大寐之得醒耳。（張子全書，卷十四，近思錄拾遺，頁三上）。

茅星來曰：「此語」指「不及古人」二語而言。「設此語者」以下，乃記者所以推原張子之意。「存意不忘」，謂將「不及古人，病源何在」二語，時時存之意念之間，不使有忘。「如大寐得醒」，乃是悟着病源，便可急下修治之功也。（集註，卷二，頁四十七上）。

問：橫渠語范巽之一段如何？朱子曰：惟是今人不能「脫然如大寐之得醒」，只是提道理說。要之，也說得去，只是不透徹。又曰：正要常存意，使不忘。他釋氏只是如此。然他逼拶得又緊。直卿②曰：張子語比釋氏更有窮理工夫在。曰：工夫固自在也須用存意。問直卿：如何說「存意不忘？」曰：只是常存不及古人意。曰：設此語者，只不要放倒此意爾。（語類，卷九十八，第一〇八條，頁四〇一七至四〇一八／二五二八）。

茅星來又曰：張子此條，微近釋氏。但釋氏悟破機關，一齊放下，瞥入虛空去。橫渠須是識破病源，便可從此實用其功，此為不同耳。（集註，同上）。

① 范巽之（壯年一〇八七），名育，張子門人。歷知縣府，後升爲戶部侍郎。傳見宋元學案，卷三十一，頁十二下至十三上。

② 黃榦，同卷一，第四十六條，註③。

92 未知立心，惡思多之致疑。既知所立，惡講治之不精。講治之思，莫非術內。雖勤而何厭！所以急於可欲者，求立吾心於不疑之地。然後若決江河以利吾往。「遜此志，務時敏，厥脩乃來①。」雖仲尼②之才之美，然且敏以求之③。今持不逮之資，而欲徐徐以聽其自適，非所聞也。（張子全書，卷四，近思錄拾遺，頁三上下）。

問：「未知立心，惡思多之致疑。既知所立，惡講治之不精」一章。朱子曰：未知立心，則或善或惡，故胡亂思量，惹得許多疑起。既知所立，則是此心已立於善而無惡，便又惡講治之不精，又却用思。講治之思，莫非在我這道理之內。如此，則「雖勤而何厭！」「所以急於可欲者」，蓋急於可欲之善，則便是無善惡之雜，便是「立吾心於不疑之地」。人之所以有疑而不果於為善者，以有善惡之雜。今既有善而無惡，則「若決江河以利吾往」矣。「遜此志，務時敏」，雖是低下著這心以順他道理，又却抖擻起那精神，敏速以求之，則「厥修乃來」矣。這下面云云，只是說一「敏字」。（語類，卷九十八，第一一〇條，頁四〇一八至四〇一九／二五二八至二五二九）。

又曰：橫渠「未能立心，惡思多之致疑」，此說甚好，便見有次序處。若是思慮紛然，趨向未定，未是箇主宰，如何地講？（同上，第一〇九條，頁四〇一八／二五二八）。

東正純曰：立心是居敬之事，講治是窮理之事。居敬以立體，窮理以達用。內外相依，畢竟無先後可分。（參考，頁七三二）。

① 書經，說命下，第四節，虛心以學，要時刻勉力，則修德自能達到。

② 孔子。

③ 論語，述而第七，第十九章，孔子曰：「好古，敏以求之者也」。

93 明善爲本。固執之乃立，擴充之則大，易視之則小。在人能弘之而已。

（張子全書，卷十四，性理拾遺，頁二下）。

江永曰：「易視之」，謂玩忽視之，安於固陋，不能擴充也。（集註，卷二，頁二十二下）。

茅星來曰：四「之」字皆指善字而言。以大學八條目①言之，則明善，致知格物之事也。固執，誠意正心修身之事也。擴充，齊家治國平天下之事也。以中庸三達德②言之，則明善，智也。固執，仁也。擴充，勇也。弘之者，亦廓而大之，使知之無不至，行之無不盡也。（集註，卷二，頁四十八上）。

① 大學，經文。八條目爲格物、致知、誠意、正心、修身、齊家、治國、平天下。

② 中庸，第二十章。三達德爲智、仁、勇。

94 今且只將尊德性而道問學①爲心，日自求於問學者有所背否？於德性有所懈否？此義亦是博文約禮②，下學上達③，以此警策一年，安得不長？每日須求多少爲益。知所亡④，改得少不善。此德性上之益。讀書求義理。編書須理會有所歸著，勿徒寫過。又多識前言往行⑤。此問學上益也。勿使有俄頃間度。逐日似此，三年，庶幾有進。（張子全書，卷十四，近思錄拾遺，頁三下）。

茅星來曰：「有所背否」二語，皆自求之辭。道學問是博之以文也。尊德性是約之以禮也。蓋皆下學，而上達在其中。張子合而言之，以見聖門工夫，已盡於此，無俟別求之意。（集註，卷二，頁四十八上）。

朱子曰：尊德性，所以存心而極乎道體之大也。道問學，所以致知而盡乎道體之細也。二者修德凝道之大端也。（中庸章句，第二十七章）。

又曰：故君子之學，既能尊德性以全其大，便須道問學以盡其小。……學者於此固當以尊德性為主，然於道問學，亦不可不盡其力。要當使之有以交相滋益，互相發明，則自然該貫通達，而於道體之全，無欠闕處矣。（文集，卷七十四，玉山講義，頁二十一上下）。

① 中庸，第二十七章。

② 論語，顏淵第十二，第十五章；雍也第六，第二十五章。

③ 同上，憲問第十四，第三十七章。

④ 註家或以「知所亡」爲引論語，子張第十九，第五章，指知其所不知。葉采（近思錄集解，卷二，頁四十）以此三字與「爲益」連句，指增益其所不知。惟江永（近思錄集註，卷二，頁二十二下），張伯行（近思錄集解，卷二，頁四十九下），佐藤一齋（近思錄欄外書，卷二，「今且」條），鄭曄（近思錄釋疑，卷二，頁四十六下），金長生（近思錄釋疑，採入沙溪先生全書）卷十八，頁三十一下），等皆以「爲益」斷句，指闕失與不善二事。

⑤ 易經，第二十六卦，大畜，象傳。

95 爲天地立心，爲生民立道①，爲去聖繼絕學，爲萬世開太平②。（張子語錄，中，頁六下；張子全書，卷十四，性理拾遺，頁三下；張載集，頁三二〇，三七六）。

葉采曰：天地以生生為心，聖人參贊化育，使萬物各正其性命，此為天地立心也。建明義理，扶植綱常，此為生民立道也。繼絕學，謂纘述道統。開太平，如「有王者起，必來取法③」，利澤垂於萬世。學者以此立志，則所任至大，而不安於小成。所存至公，而不苟於近用。（集解，卷二，頁四十至四十一）。

① 張子全書，卷十四，頁三下，「道」作「命」。

② 此與第八十八條爲張子名句，與西銘齊名。

③ 孟子、滕文公第三上，第三章。

[96] 載所以使學者先學禮者，只爲學禮則便除去了世俗一副當①。習熟纏繞，譬之延蔓之物，解纏繞即上去。苟能除去了一副當，世習便自然脫洒也。又學禮則可以守得定。」（張子語錄，下，頁七上下；張子全書，卷十二，語錄抄，頁七下）。

程子②曰：子厚③以禮立敎，使學者有所據守也。（粹言，卷一，頁十八上）。

國秀④問：上蔡⑤說「橫渠以禮教人，其門下稍頭低，只溺於刑名度數之間，行得來困，無所見處⑥」，如何？朱子曰：觀上蔡說得又自偏了，這都看不得禮之大體，所以都易得偏。如上蔡說橫渠之非，以為「欲得正容謹節⑦。」這自是好。如何廢得這箇？如專去理會刑名度數，固不得。又全廢了這箇，也不得。（語類，卷一〇一，第五十二條，頁四〇七五至四〇七六／二五六四）。

① 「一副當」爲關中方言，不見各種詞書。茅星來（近思錄集註，卷二，頁四十九上）謂「『一副』，總括之詞」，不知所據。日本註家或作「一種」，或作「一段」，或作「一切」或作「一箇」，或作「一具」，莫衷一是。

② 粹言通常作伊川語。然澤田武岡（近思錄說略，卷二，頁七十二下，總頁三二〇），則以爲明道語。

③ 子厚乃橫渠之字。

④ 余宋傑，字國秀，朱子門人。參看拙著朱子門人，頁八十七。

⑤ 上蔡指謝良佐（同第二十七條，註③）。

⑥ 上蔡語錄，上，頁四上下，總頁七至八。

⑦ 同上。

97 須放心寬快，公平以求之，乃可見道。況德性自廣大。易曰：「窮神知化，德之盛也①。」豈淺心可得？橫渠易說。（張子全書，卷十一，頁二十二上，釋繫辭下傳，第五章）。

茅星來曰：道以事物之所當由者而言，德性則道之得于己而為性者也。（集註，卷二，頁四十九下）。

① 易經，繫辭下傳，第五章。

98 人多以老成則不肯下問，故終身不知。又為人以道義先覺處之，不可復謂有所不知，故亦不肯下問。從不肯問，遂生百端欺妄人我，寧終身不知。橫渠論語說。（張子全書，卷十四，近思錄拾遺，頁三下）。

茅星來曰：此因論語「不恥下問①」之言而論之如此。（集註，卷二，頁四十九下）。

① 論語，公冶長第五，第十四章，「敏而好學，不恥下問，是以謂之文也」。

99 多聞不足以盡天下之故。苟以多聞而待天下之變，則道足以酬其所嘗知。若劫之不測，則遂窮矣。橫渠孟子說，下同。（張子全書，卷十二，近思錄拾遺，頁四上）。

茅星來曰：「故」，事故也。「酬」，應也。「劫」，以力脅取也。心通乎道，則隨事物之來而順其所當然之道以應之，故可以肆應不窮，若徒事乎記問之末，則見聞有限，而事變無窮。卒然臨之以所未嘗知，則窮矣。（集註，卷二，頁四十九下至五十上）。

100 爲學大益，在自求變化氣質。不爾，皆爲人之弊，卒無所發明，不得見聖人之奧。（張子語錄，中，頁六下；張子全書，卷六，義理，頁三上；卷十二，語錄抄，頁三上）。

或問：東萊①謂變化氣質，方可言學②。朱子曰：此意甚善。但如鄙意，則以為學乃能變化氣質耳。若不讀書窮理，主敬存心，而徒切切計較於昨非今是之間，恐亦勞而無補也。（語類，卷一二二，第五條，頁四七一九／二九四九）。

① 即呂祖謙。參看引言，註③。

② 東萊呂太史文集、別集，卷十，與陳君舉，頁一上。

[101] 文要①密察，心要洪放。語錄，下同。（張子全書，卷五，禮樂，頁四上）。

朱子曰：便是看義理難，又要寬着心，又要緊着心。這心不寬，則不足以見規模之大。不緊則不足以察其文理②之細密。若拘滯於文義，少間又不見它大規模處。（語類，卷九，第七十七條，頁二五一／一五八）。

葉采曰：文不密察，則見理麤疎。心不洪放，則所存狹滯。（集解，卷二，頁四十二）。

① 茅星來據宋本作「理」。

② 一本作「義」。

[102] 不知疑者，只是不便實作。既實作則須有疑。必有不行處是疑也。（張子全書，卷五，氣質，頁六上）。

朱子曰：讀書無疑者，須教有疑。有疑者，却要無疑。到這裏方是長進。（語類，卷十一，第七十八條，頁二九六／一八六）。

[103]心大則百物皆通，心小則百物皆病。（張子全書，卷五，氣質，頁六下）。

朱子曰：「心大則百物皆通。」通，只是透得那道理去病，則是窒礙了。（語類，卷九十八，第一一一條，頁四〇一九／二五二九）。

居甫①問：「心小則百物皆病。」如何是小？曰：此言狹隘，則事有窒礙不行。仁則流於姑息，義則入於殘暴。皆見此不見彼。（同上，第一一二條，頁四〇一九／二五二九）。

又曰：此心小是卑陋狹隘，事物來却沒奈何打不去，只管見礙，皆是病。如要敬則礙和，要仁則礙義，要剛則礙柔。這裏只看得一箇，更著兩箇不得。為敬便一向拘拘，為和便一向放肆沒理會，仁便煦煦姑息，義便粗暴決裂。心大便能容天下萬物。（同上，卷九十五，第一四五條，頁三八九三／二四五一）。

潘子善②以書問：橫渠云，「心要洪放③。」又曰：「心大則百物皆通，心小則百物皆病。」孫思邈云：「膽欲大而心欲小④。」竊謂橫渠之說，是言心之體，思邈之說，是言心之用。未知是否？答曰：心自存要大處，有合要小處。若只著題目斷了，則便無可思量矣。（文集，卷六十，答潘子善第三書，頁二十六下至二十七上）。

① 居甫，徐寓之字。參看卷一，第十三條，註③。
② 潘時舉，字子善，朱子門人。錄語類幾四百條，問答亦七八十處。參看拙作朱子門人，頁三一八。
③ 上面第一〇一條。
④ 上面第四十條。

[104] 人雖有功，不及於學，心亦不宜忘。心苟不忘，則雖接人事即是實行，莫非道也。心若忘之，則終身由之，則是俗事。（張子全書，卷六，義理，頁一下）。

江永曰：學不止讀書。接人事無非道，卽無非學。實行與俗事，特以心之所存者不同耳。（集註，卷二，頁二十三下）。

[105] 合內外，平物我，此見道之大端。（張子全書，卷六，義理，頁二上）。

葉采曰：合內外者，表裏一致，就己而為言也。平物我者，物我一體，合人己而為言也。（集解，卷二，頁四十二）。

106 既學而先有以功業爲意者，於學便相害。既有意，必穿鑿創意作起事端也。德未成而先以功業爲事，是代大匠斲①，希不傷手也。（張子全書，卷六，學大原上，頁六下）。

佐藤一齋曰：功業專指事功，非兼指文章，此條似道荆公②一輩人。（欄外書，卷二，「既學」條）。

① 老子，第七十四章。

② 王安石（一〇二一—一〇八六），字介甫。早有盛名，參知政事，行青苗等「新法」。撰詩經、書經、周禮註，號稱「新義」。封荆國公。卒後謚曰文。參看宋史卷三二七本傳。宋元學案卷九十八述其「新學」。

107 竊嘗病孔孟既沒，諸儒①囂然，不知反約窮源，勇於苟作。持不逮之資，而急知後世。明者一覽，如見肺肝然。多見其不知量也。方且創艾其弊，默養吾誠。顧所患日力不足，而未果他爲也②。（張子全書，卷十四，近思錄拾遺，頁四上）

葉采曰：不知反約窮源，故淺浮而無實。默養吾誠，則反約窮源之事也。（集解，卷二，頁四十三）。

① 據茅星來（近思錄集註，卷二，頁五十二上），諸儒指漢唐以下之儒者。
② 又據茅氏，此乃張子與趙大觀書（宋文鑑，卷一一九，頁六下至七上）。趙氏不詳。「創艾」，懲治也。「未果」，未暇之意。

108 學未至而好語變者，必知終有患。蓋變不可輕議。若驟然語變，則知操術已不正。（張子全書，卷六，義理，頁一上）。

茅星來曰：變者正道所不能行，用此以通之也。蓋古人或不得已而出於此。自非義精仁熟，有變化從心之妙者，不能與也。若學未至而輕於語變，未有不流為邪妄者，如王安石①之新法是也。（集註，卷二，頁五十二下）。

① 參看第一〇六條，註②。

109 凡事蔽蓋不見底，只是不求益。有人不肯言其道義，所得所至不得見底。又非於「吾言無所不說①。」（張子全書，卷六，義理，頁一下）。

茅星來曰：行得以知言，所至以行言。顏子②於聖人之言，無所不說。所以默然聽受如愚人。今非于吾言無所不說，而使人不得見底，如此總以見其不求益之意。（集註，卷二，頁五十二下）。

① 論語，先進第十一，第三章。
② 同卷一，第三十條，註②。

110 耳目役於外。攬外事者，其實是自隋①，不肯自治。只言短長，不能反躬者也。（張子全書，卷六，義理，頁二下）。

江永曰：好攬外事，則自治輕。徒言短長，則躬行緩。（集註，卷二，頁二十四上）。

① 一本作「墮」。

111 學者大不宜志小氣輕。志小則易足，易足則無由進。氣輕則以未知爲已知，未學為已學。（張子全書，卷七，學大原下，頁四下）。

江永曰：志小者恒自畫，氣輕者多虛夸。（集註，卷二，二十四上）。

佐藤一齋曰：志小，是規模狹小。氣輕，是氣性輕浮。愚謂，規遠大則終身而不息。氣性敦厚，則望道而未見⑴。（欄外書，卷二，「學者」條）。

⑴ 孟子，離婁第四下，第二十章，言志願於道而猶若未見。

近思錄　卷之三

格物窮理（致知）

凡七十八條

1 伊川先生①答朱長文②書曰：心通乎道，然後能辨是非，如持權衡以較輕重。孟子所謂「知言③」是也。心不通於道，而較古人之是非，猶不持權衡而酌輕重。竭其目力，勞其心智，雖使時中，亦古人所謂「億則屢中④。」君子不貴也。文集，下同。（卷五，頁七下）。

江永曰：此言心未通道，未可輕論古人是非也，欲通乎道，窮理而已。後言窮理者，或論古今人物而辨其是非，又即以此為窮理⑤。意與此異。蓋彼欲究其是非之實，而此則億度較量，理未明而強辨論也。亦因長文之失而告之。（集註，卷三，頁一上）。

① 參看引言，註⑥。

② 同卷二，第五條，註①。據茅星來（近思錄集註，卷三，頁一下至二上），長文來書云：「上能探古先之陳跡，綜羣言之是非，欲其心通默識，固未能也。」故伊川以通與不通之得失告之。伊川文集，卷五，頁六下，答朱長文書下有註云：「或云明道先生之文。」

③ 「知言」趙岐（二〇一卒）注謂「我聞人言，能知其情所趨」。朱子則云：「知言者，盡心知性，於凡天下之言，無不有以究極其理，而識其是非得失之所以然也。」（孟子集註，公孫丑第二上，第二章）。

④ 論語，先進第十一，第十八章。

⑤ 詳第九條。

[2] 伊川先生答門人曰：孔孟之門，豈皆賢哲？固多衆人。以衆人觀聖賢①，弗識者多矣。惟其不敢信己而信其師，是故求而後得。今諸君於頤言纔不合則置不復思。所以終異也。不可便放下。更且思之，致知之方也。（文集，卷五，頁十七上）。

朱子曰：學者未能有得，當謹守聖賢訓戒，以為根基。如程子所謂「不敢信己而信其師者」，始有寄足之地。不然，則飄搖沒溺，終不能有以自立也。」（文集，卷四十九，答滕德粹第二書，頁二十一下）。

① 指孔孟。

[3]伊川先生答橫渠先生①曰：所論大槩，有苦心極力之象，而無寬裕溫厚②之氣。非明睿所照，而考索至此。故意屢偏，而言多窒，小出入時有之。明所照者，如目所覩，纖微盡識之矣。考索至者，如揣料於物，約見髣髴爾，能無差乎③？更願完養思慮，涵泳義理。他日自當條暢。（文集，卷五，頁四上）。

朱子曰：答書之中云，「非明睿所照，而考索至此。」蓋橫渠却只是一向苦思求將向前去，却欠涵泳以待其義理自形見處。如云「由氣化有道之名④」，說得是好，終是生受辛苦。聖賢便不如此說。（語類，卷九十九，第三條，頁四〇二三／二五三二）。

① 同引言，註⑦。
② 一本作「和」。
③ 細字爲伊川文集本註。
④ 正蒙，太和篇第一；張子全書，卷二，頁三下。

[4]欲知得與不得，於心氣上驗之。思慮有得，中心悅豫。沛然有裕者，實得也。思慮有得，心氣勞耗者，實未得也，強揣度耳。嘗有人言，比因學道，思慮

心虛曰：人之血氣，固有虛實。疾病之來，聖賢所不免。然未聞自古聖賢，因學而致心疾者。遺書，下同（卷五，頁四上）。

茅星來曰：此因上言心氣有寬裕勞耗之不同，而類記之也。蓋嘗有人言于程子，而程子語之如此。「比」，近也。心，五臟之一也。與他處解作神明主宰者不同。學道思慮心虛者，言因學道而思慮以至心虛也。血氣平和則無疾。虛是不足之疾，實是有餘之疾。心疾卽心虛也。心過用則虛，虛則成疾，故曰心疾。（集註，卷三，頁三上）。

5 今日雜信鬼怪異說者，只是不先燭理。若於事上一一理會，則有甚盡期。須只於學上理會。（遺書，卷二下，頁三上下）。

朱子曰：神怪之說，學者未能自明，鮮有不惑者。學者惟當以正自守，而窮理之有無，久久當自見得。（語類，卷九十七，第九十四條，頁三九六八／二四九八）。

6 學原於思。（遺書，卷六，頁一上。）

朱子曰：「學原於思。」思所以起發其聰明。（語類，卷九十六，第二條，頁三九〇七／二四六〇）。

7 所謂「日月至焉①，」與久而不息者，所見規模雖略相似，其意味氣象逈別。須潛心默識，玩索久之，庶幾自得。學者不學聖人則已。欲學之，須熟玩味聖人之氣象。不可只於名上理會。如此只是講論文字。（遺書，卷十五，頁十二上）。

問：伊川謂「日月至馬」，與久而不息者，所見規模雖略相似，其意味逈別。」看來日月至與不息者全然別。伊川言「略相似」，何也？朱子曰：若論到至處，却是喚久不息底一般。只是日月至者，至得不長久。不息者，純然無間斷。（語類，卷三十一，第四十三條，頁一二六八／七九〇至七九一）。

① 論語，雍也第六第五章，孔子謂顏淵三月不違仁。其餘則或日一至或月一至，惟不能久。三月則言其久而不息也。

8 問：忠信進德之事，固可勉強。然致知甚難。伊川先生曰：學者固當勉強，然須是知了方行得。若不知只是覷却堯，學他行事。無堯許多聰明睿智，怎生得如他動容周旋中禮？如子所言，是篤信而固守之，非固有之也。未致知，便欲誠意，是躐等也。勉強行者，安能持久？除非燭理明，自然樂循理。性本善。循理而行，是順理事。本亦不難。但爲人不知，旋安排著，便道難也。知有多少般數，煞有深淺。學者須是眞知，纔知得是，便泰然行將去也。某年二十時，解釋經義，與今無異。然思今日覺得意味與少時自別。（遺書，卷十八，頁四下至五上）。

朱子曰：本末精粗，雖有先後，然一齊用做去。且如致知格物而后誠意，不成說自家物未格知未至，且未要誠意。須待格了知了，却去誠意，安有此理？聖人亦只說大綱自然底次序是如此。（語類，卷十五，第九十五條，頁四八〇／三〇〇）。

又曰：至論知之淺深，則從前未有人說到此。（語類，卷十八，第三條，頁六二五／三九〇）。

又曰：程子晚而自言如此。此溫故知新①之大者。學者當以是為的而深求之。（同上）。

茅星來曰：稱某者，以出門人紀錄，不敢名其師也。（集註，卷三，頁五下）。

① 論語，爲政第二，第十一章。

9 凡一物上有一理。須是窮致其理。窮理亦多端，或讀書講明義理，或論古今人物，別其是非，或應接事物而處其當，皆窮理也。或問格物須物物格之，還只格一物而萬理皆知。曰：怎得便會貫通？若只格一物便通衆理，雖顏子①亦不敢如此道。須是今日格一件，明日又格一件。積習既多，然後脫然自有貫通處。**又曰**②：所務於窮理者，非道盡窮了天下萬物之理，又不道是窮得一理便到。只要積累多後自然見去。（遺書，卷十八，頁五下；卷二上，頁二十二下）。

朱子曰：所謂窮理者，事事物物，各自有箇事物底道理。窮之須要周盡。若見得一邊，不見一邊，便不該通。窮之未得，更須款曲推明。（語類，卷十五，第三十五條，頁四六三／二八九）。

又曰：格物。格，猶至也。如「舜格于文祖③」之「格」，是至于文祖處。（同上，第九條，頁四五三／二八三）。

又曰：物理無窮，故他說得來亦自多端。如讀書以講明道義，則是理存於書。如論古今人物以別其是非邪正，則是理存於古今人物。如應接事物而審處其當否，則是理存於應接事物。所存既非一物能專，則所格亦非一端而盡。如曰「一物格而萬理通，雖顏子亦未至此。但當今日格一件，明日又格一件。積習既多，然後脫然有箇貫通處。」此一項尤有意味。向非其人善問，則亦何以得之哉？（同上，卷十八，第七條，頁六二七／三九一）。

叔文④問：格物最是難事，如何盡格得？曰：程子謂「今日格一件，明日又格一件。積習既多，然後脫然有貫通處。」某嘗謂他此語便是眞實做工夫來。他也不說格一件後便會通，也不說盡格天下物理後方始通，只云：「積習既多，然後脫然有箇貫通處。」（同上，第九條，頁六二八／三九二）。

又曰：若其用力之方，則或考之事爲之著，或察之念慮之微，或求之文字之中，或索之講論之際。使於身心性情之德，人倫日用之常，以至天地鬼神之變，鳥獸草木之宜，自其一物之中，莫不有以見其所當然而不容已，與其所以然而不可易者，必其表裏精粗，無所不盡。（大學或問，第五章，頁二十上下，總頁三十九至四十）。

① 同卷一，第三十條，註②。
② 「又曰」以下，近思錄爲本註。
③ 書經，舜典，第十四節。
④ 叔文，江塤之字，眞德秀（一一七八—一二三五）弟子。叔文爲江默之子。參看拙著朱子門人，頁八十一至八十二，江默傳。

10 思曰睿①。思慮久後，睿自然生。若於一事上思未得，且別換一事思之。不可專守著這一事。蓋人之知識，於這裏蔽著。雖強思亦不通也。（遺書，卷十八，頁四上）。

問：伊川論致知處云，「若一事上窮不得，且別窮一事②。」竊謂致之為言，推而致之以至於盡也。於窮不得處正當努力，豈可遷延逃避，別窮一事耶？……朱子曰：這是言隨人之量，非曰遷延逃避也。蓋於此處既理會不得，若專一守在這裏，却轉昏了。須著別窮一事，又或可以因此而明彼也。（語類，卷十八，第二十四條，頁六三七／三九七）。

問：程子「若一事上窮不得，且別窮一事」之說，與中庸「弗得弗措③」相發明否？曰：看來有一樣底。若弗得弗措，一向思量這箇，少間便會擔閣了。若謂窮一事不得，便掉了別窮一事，又輕忽了，也不得。程子為見有恁地底，不得已說此話。（同上，第二十五條，頁六三七至六三八／三九七）。

① 書經，洪範，第六節。
② 遺書，卷十五，頁十一上。
③ 中庸，第二十章，言有所學而不能，問而不知，思而不得，辨而不明，則不肯廢置。

11 問人有志於學，然知識蔽固，力量不至，則如之何？曰：只是致知。若知識明，則力量自進。（遺書，卷十八，頁五下）。

澤田武岡曰：知識猶目之視，力量猶足之行。視之明，則足力自進此。（說略，卷三，頁五下，總頁三三八）。

12 問觀物察己還因見物反求諸身否？曰：不必如此說。物我一理，纔明彼，即曉此。此合內外之道也。又問致知先求之四端①，如何？曰：求之情性，固是切於身。然一草一木皆有理，須是察。**又曰②：自一身之中，以至萬物之理，但理會得多，相次③自然豁然有覺處。**（遺書，卷十八，頁八下，卷十七，頁六上）。

朱子曰：上而無極太極，下而至於一草一本一昆蟲之微，亦各有理。一書不讀，則闕了一書道理。一事不窮，則闕了一事道理。一物不格，則闕了一物道理。須著逐一件與他理會過。（語類，卷十五，第六十五條，頁四七三／二九五）。

叔文④問：格物莫須用合內外否？曰：不須恁地說。物格後，他內外自然合。蓋天下之事，皆謂之物，而物之所在，莫不有理，且如草木禽獸，雖是至微至賤，亦皆有理。（同上，第六十六條，頁四七三／二九五）。

問：格物須合內外始得？曰：他內外未嘗不合。自家知得物之理如此，則因其理之自然而應之，便見合內外之理。（同上，第六十七條，頁四七四／二九六）。

又曰：合內外，平物我。此見道之大端。蓋道只是致一公平之理而已。（同上，卷九十八，第一一三條，頁四〇一九／二五二九）。

① 孟子，公孫丑第二上，第六章。
② 以下是遺書本註。
③ 一本作「胸次」。
④ 同卷三，第九條，註④。

13 「思曰睿，睿作聖①。」致思如掘井，初有渾水，久後稍引動得清者出來。人思慮始皆溷濁，久自明快。（遺書，卷十八，頁三十三上）。

朱子曰：思索譬如穿井，不解便得清水，先亦須是濁。漸漸刮將去，却自會清。（語類，卷九，第八十三條，頁二五二／一五九）。

葉采曰：致思則能通乎理，故明睿生。充其睿則可以入聖域，故睿作聖。然致思之始，疑慮方生，所以溷濁。致思之久，疑慮既銷，自然明快。此由思而生睿也。（集解，卷三，頁六）。

① 同第十條，註①。

14 問如何是近思？曰：以類而推。（遺書，卷二十二上，頁五上）。

蜚卿①問：伊川謂「近思只是以類推去。」朱子曰：程子說得推字極好。問：以類，莫是比這一箇意思推去否？曰：固是。如為子則當止於孝，為臣當止於忠。自此節節推去，然一愛字雖出於孝，畢竟千頭萬緒，皆當推去須得。（語類，卷四十九，第二十五條，頁一九〇七／一二〇二）。

楊②問：程子曰：「近思以類而推。」何謂類推？曰：此語道得好。不要跳越望遠，亦不是縱橫陡頓。只是就這裏近傍那曉得處挨將去。如這一件事理會得透了，又因這件事推去做那一件事，知得亦是恁地。如識得這燈有許多光，便因這燈推將去，識得那燭亦恁地光。（同上，第二十七條，頁一九〇八／一二〇三）。

① 同卷一，第四十六條，註①。

② 同卷二，第四十三條，註⑤。

[15] 學者先要會①疑。（今不見遺書，惟在外書，卷十一，頁二下）。

朱子曰：學者講學，多是不疑其所當疑，而疑其所不當疑。不疑其所當疑，故眼前合理會處多蹉過。疑其所不當疑，故枉費了工夫。（同上，卷一二一，第三十三條，頁四六八二／二九二七至二九二八）。

又曰：書始讀，未知有疑。其次漸有疑。又其次節節有疑。過了此一番後，疑漸漸釋，以至融會貫通，都無可疑，方始是學。（葉采，近思錄集解，卷三，頁六，引此語。註家多沿之，惟皆未詳出處。不知是否佚文）。

① 「會」字普通解作「能」。櫻田虎門（近思錄摘說，卷三，頁九上）則解作「領悟」。

[16] 橫渠先生①答范巽之②曰：所訪物怪神姦，此非難語。顧語未必信耳。孟子所論「知性知天③，」學至於知天，則物所從出，當源源自見。知所從出，則物之當有當無，莫不心諭，亦不待語而後知。諸公④所論⑤，但守之不失，不爲異端所刼，進進不已，則物怪不須辨，異端不必攻，不逾朞年，吾道勝矣。若欲委之無窮，付之以不可知，則學爲疑撓，知爲物昏。交來無間，卒

無以自存，而溺於怪妄必矣。文集，下同。（張子全書，卷十三，頁一上）。

朱子曰：橫渠所謂「物怪神姦不必辨」。且只「守之不失。」如「精氣為物，游魂為變⑥」，此是理之常也。「守之勿失」者，以此為正，且恁地去，他日當自見也。若「委之無窮，付之不可知」，此又溺於茫昧，不能以常理為主者也。（語類，卷九十八，第一一五條，頁四〇一九／二五二九）。

問：橫渠「物怪神姦」書，先生提出「守之不失」一句。曰：且要守那定底。如「精氣為物，游魂為變」，此是鬼神定說。又如孔子說「非其鬼而祭之，諂也⑦」，「敬鬼神而遠之⑧」等語，皆是定底。其他變處，如未曉得，且當守此定底，如前晚說怪，便是變處。（同上，第一一四條，頁四〇一九／二五二九）

① 同引言，註⑦。

② 同卷二，第九十一條，註①。

③ 孟子，盡心第七上，第一章。

④ 註家多以爲是指橫渠門人。築田勝信（近思錄集解便蒙詳說，頁三八四）包括范巽之在內。飯島忠夫（現代語譯近思錄，頁九十八）解爲孔門諸儒。加藤常賢（現代語譯近思錄，頁一〇九）以爲是指古聖賢。櫻田虎門（近思錄摘說，卷三，頁七下）解爲當時之諸公。

⑤ 茅星來（近思錄集註，卷三，頁八下）云：「諸公所論，如孔孟之言是也」。

⑥ 易經，繫辭上傳，第四章。

⑦ 論語，爲政第二，第二十四章。

⑧ 同上，雍也第六，第二十章。

[17] 子貢①謂「夫子之言性與天道，不可得而聞②。」既言夫子之言，則是居常語之矣。聖門學者「以仁爲己任③。」不以苟知爲得，必以了悟爲聞。因有是說。（張子語錄，上，頁一下；張子全書，卷十二，頁一上）。

朱子曰：「**性與天道。**」**性，**是就**人物上說。天道，**是陰陽**五行**④。」（語類，卷二十八，第七十八條，頁一一六三／七二五）。

又曰：子貢性與天道之歎，見得聖門之敎不躐等。又見其言及此，實有不可以耳聞而得之者。（同上，第七十七條，頁一一六三／七二四）。

① 子貢，姓端木，名賜，孔子弟子。嘗相魯衛。善商業，家累千金。孔子死，廬墓六年。

② 論語，公冶長第五，第十二章。

③ 同上，泰伯第八，第七章。

④ 金，木，水，火，土。

[18] 義理之學，亦須深沉①方有造。非淺易輕浮之可得也。（張子全書，卷六，頁二下）。

朱子曰：聖人言語，一重又一重，須入深去看。若只要皮膚，便有差錯。須深沉方有得。（語類，卷十，第十一條，頁二五七／一六二）。

又曰：橫渠謂「義理深沉方有造，非淺易輕浮所可得也。」此語最佳。（同上，卷十一，第一二八條，頁三〇八／一九四）。

① 一作「玩」。

[19] 學不能推究事理，只是心粗。至如顏子①未至於聖人處，猶是心粗。（張子全書，卷六，頁三下）。

朱子曰：近思錄云：顏子心粗。顏子尚有此語。人有一毫不是，便是心粗。（語類，卷九十八，第一一七條，頁四〇二〇／二五三〇）

問：顏子心粗之說，恐太過否？曰：顏子比之衆人純粹，比之孔子便粗。（同上，第一一六條，頁四〇二〇）。

陳埴②問：近思錄「學不能……心粗。」如何？曰：心粗是暗處多，明處少。故只見得明白道理。若精微處，則分析不去，只為有寸而無分也。聖人心如百分稱，謂體統光明，查滓渾化。故分毫處皆照。顏子未到查滓渾化地位，猶未免有暗處。故謂之心粗。（雜問，卷三，頁二十下）。

① 同卷一，第三十條，註②。

② 同卷一，第十六條，註②。

[20] 博學於文者，只要得「習坎心亨①。」蓋人經歷險阻艱難，然後其心亨通。張子全書，卷十四，近思錄拾遺，頁四上）。

問：橫渠謂「博學於文，只要得『習坎心亨』」，何也？朱子曰：難處見得事理透，便處斷無疑，行之又果決，便是「習坎心亨。」凡事皆如此。且以看文字一節論之。見這說好，見那說又好。如此說有礙，如彼說又有礙，便是險阻處。到這裏須討一路去方透，便是「習坎心亨。」（語類，卷三十三，第三十七條，頁一三三九／八三六）。

又曰：「博學於文，只是要『習坎心亨。』」如應事接物之類皆是文。但以事理切磨講究，自是心亨。且如讀書，每思索不通處，則翻來覆去，倒橫直豎，處處窒塞。然其間須有一路可通。只此便是許多艱難險阻，習之可以求通，通處便是亨也。（同上，第三十八條，頁一三三九至一三四〇／八三六）。

① 易經，坎卦第二十九，彖傳云：「習坎，重險也。水流而不盈，行險而不失其信，維心亨」。

[21] 義理有疑，則濯去舊見，以來新意。心中有所開，即便劄記。不思則還塞之矣。更須得朋友之助。一日間朋友論著，則一日間意思差別。須日日如此講論，久則自覺進也①。（張子全書，卷七，頁三下。「新意」以上，又見張子語錄，中，頁七上，與張子全書，卷十二，頁三上）。

朱子曰：橫渠云，「濯去舊見，以來新意。」此說甚當。若不濯去舊見，何處得新意來？今學者有二種病，一是主私意，一是舊有先入之說。雖欲擺脫，亦被他自來相尋。（語類，卷十一，第七十三條，頁一九四／一八六）。

① 葉采（近思錄集解，卷三，頁八）謂泉州本此條與第三十三條，同在本卷之末，並謂此兩條總論致知，不當在卷末。乃從舊本而以此條爲第二十一，其他一條爲第三十三，惟舊本只有「新意」以上十三字。在葉采之意，「心中」以下乃後人添入，惟無「一日間朋友論著則」八字。葉采從舊本，日本註家皆沿之。茅星來（近思錄集註，卷三，頁十上）則從宋本。此條只有「新意」以上十三字，而以「心中」以下諸語，包括「一日間朋友論著則」八字，附在卷末第七十八條。

[22] 凡致思到說不得處，始復審思明辨，乃爲善學也。若告子①則到說不得處遂已，更不復求。橫渠孟子說。（張子全書，卷十四，近思錄拾遺，頁四上）。

茅星來曰：橫渠學問，于苦心極力中得來。故往往于難著力處不肯放過。如所云到峭峻之處，要剛決果敢以進，經歷險阻艱難，然後其心亨通②。此又云「到說不得處，始復審思明辨。」皆是如此。蓋此關一過，乃可深造自得也。（集註，卷三，頁十下）。

① 告子謂「不得於言，勿求於心。不得於心，勿求於氣。」孟子闢爲不知言。參看孟子，公孫丑第二上，第二章。

② 述第二十條意。

[23] 伊川先生曰：凡看文字，先須曉其文義，然後可求其意。未有文義不曉，而見意者也。遺書，下同。（卷二十二上，頁十四上）。

朱子曰：讀得通貫後，義理自出。（語類，卷十，第八十六條，頁二七四／一七三）。

又曰：讀書不可只專就紙上求理義，須反來就自家身上以手自指推究。（同上，卷十一，第三十九條，頁二八七／一八一）。

東正純曰：朱子注諸經，先釋其詞，而後及其義。蓋據程子此語為定本也。（參考，卷三，總頁七四〇）。

[24] 學者要自得。六經①浩渺，乍來難盡曉。且見得路徑後，各自立得一箇門庭，歸而求之可矣。（遺書，卷二十二上，頁十四上）。

問：如何是門庭？朱子曰：是讀書之法。如讀此一書，須知此書當如何讀，伊川教人看易，以王輔嗣，胡翼之，王介甫三人易解看②。此便是讀書之門庭，緣當時諸經都未有成說。學者乍難捉摸，故教人如此。或問：如詩是吟詠性情。讀詩者便當以此求之否？曰：然。（語類，卷九十六，第三條，頁三九〇七／二四六〇）。

① 同卷二，第五十七條，註⑩。

② 遺書，卷十九，頁一下。三人易解指王弼（二二六－二四九）之周易註，胡瑗（九九三－一〇五九）之周易口義，與王安石（一〇二一－一〇八六）之易義。

25 凡解文字，但易①其心自見理。理只是人理甚分明，如一條平坦底道路。詩曰：「周道如砥，其直如矢②，」此之謂也。或曰：聖人之言，恐不可以淺近看他。曰：聖人之言，自有近處，自有深遠處。如近處怎生強要鑿教深遠得？揚子③曰：「聖人之言遠如天，賢人之言近如地④。」頤與⑤改之曰：聖人之言，其遠如天，其近如地。（遺書，卷十八，頁十七下至十八上）。

朱子曰：今之談經者往往有四者之病，本卑也而抗之使高。本淺也而鑿之使深，本近也而推之使遠。本明也而必使至於晦。此今日談經之大患也。（語類，卷十一，第一二二條，頁三〇七／一九三）。

① 音「異」。
② 詩經，小雅，谷風之什，大東。
③ 揚雄（紀元前五三—紀元一八），字子雲。漢書，卷八十七，有其傳。
④ 法言，卷八，頁四下。
⑤ 一本作「要」。

[26]學者不泥文義者，又全背却遠去。理會文義者，又滯泥不通。如子濯孺子爲將①之事，孟子只取其不背師之意。人須就上面理會事君之道如何也。又如萬章②問舜完廩浚井事③。孟子只答他大意。人須要理會浚井如何出得來，完廩又怎生下得來。若此之學，徒費心力。（遺書，卷十八，頁十八上）。

澤田武岡曰：「學者不泥文義者，又全背却遠去。理會文義者，又滯泥不通。」此二事，古今學者之通病。全背却遠去者，是粗略之弊。滯泥不通者，却用意之太深，不能活看。二者雖詳略不同，其害於文義也一矣。（說略，卷三，頁十下，總頁三四八）。

① 孟子，離婁第四下，第二十四章，言子濯孺子爲鄭將。鄭人使之侵衞追者至，不執弓，蓋以子濯孺子爲其師之師也。

② 萬章，孟子弟子。

③ 孟子，萬章第五上，第二章，言父母使舜修理倉庫。其父象移梯而以火燒倉庫，將以殺舜也。又使舜浚井使深。象以爲舜尚在井中，以土塡井。蓋亦欲以殺舜也。萬章問：「舜果不知其父將殺己耶？」孟子曰：「奚而不知也？象憂亦憂，象喜亦喜」。

27 凡觀書不可以相類泥其義。不爾，則字字相梗。當觀其文勢上下之意，如「充實之謂美①」與詩之「美」不同。（遺書，卷十八，頁四十七下，又見張子語錄，中，頁九上，與張子全書，卷十二，頁三下）。

朱子曰：「凡讀書，須看上下文意是如何，不可泥著一字。如揚子②「於仁也柔，於義也剛③」，到易中又將剛來配仁，柔來配義④。如論語「學不厭，智也。敎不倦，仁也⑤。」到中庸又謂「成己，仁也。成物，智也⑥。」此等須是各隨本文意看，便自不相礙。」（語類，卷十一，第一一三條，頁三〇六／一九二至一九三）。

葉采曰：充實之美在己，詩之稱美在人。如此之類，豈可泥為一義？（集解，卷三，頁十）。

① 孟子，盡心第七下，第二十五章。
② 同第二十五條，註③。
③ 法言，君子第十二，頁一上。
④ 易經，說卦傳，第二章，陰陽，柔剛，仁義，與此不同。朱子必是大概而言，乾卦剛，以仁爲元。坤卦柔，重敬義。
⑤ 論語，述而第七，第二章。
⑥ 中庸，第二十五章。

[28]問：瑩中①嘗愛文中子②或問學易。子曰：「終日乾乾③」可也。此語最盡。文王④所以聖，亦只是箇不已。先生曰：凡說經義，如只管節節推上去，可知是盡。夫「終日乾乾」，未盡得易。據此一句，只做得九三使。若謂乾乾是不已，不已又是道，漸漸推去，自然是盡。只是理不如此。（遺書，卷十九，頁三下）。

江永曰：此言道理各有地頭，經義各有指歸。不可抗之使高也。（集註，卷三，頁六上）。

① 陳瓘（一〇六二—一一二六），字瑩中，學者稱了齋先生，二程私淑弟子。任太學博士，著作郎，給事中等職。弟子徧東南。宋史，卷三四五，與宋元學案，卷三十五，均有傳。

② 王通（五八四—六一七）爲三世紀至七世紀間最重要之儒者。不喜仕。效法孔子，著續六經。續經已佚，後儒以擬經爲妄。中說十卷尚存。門人諡曰文中子。

③ 易經，乾卦第一，九三文言。

④ 周朝創立者武王之父。儒家尊爲聖人。

[29]子在川上曰：「逝者如斯夫①！」言道之體如此。這裏須是自見得。張繹②曰：此便是無窮。先生曰：固是道無窮。然怎生一箇無窮，便道了得他？

（遺書，卷十九，頁三下）。

茅星來曰：「道之體」「體」字，猶云體質，與體用「體」字別。能自見得，則無時無處，而非道體之所在也。（集註，卷三，頁十三下）。

朱子曰：天地之化，往者過，來者續，無一息之停，乃道體之本然也。然其可指而易見者，莫如以流。故於此發以示人，欲學者時時省察，而無毫髮之間斷也。（論語集註，子罕第九，第十六章）。

徐③問：張思叔說，「此便是無窮。」伊川曰：「一箇無窮，如何便了得？」何也？曰：固是無窮，然須看因甚恁地無窮。須見得所以無窮處，始得。若說天只是高，地只是厚，便也無說了。須看所以如此者是如何。（語類，卷三十六，第一二二條，頁一五五九／九七六）。

① 論語，子罕第九，第十六章。

② 同卷二，第七十三條，註①。

③ 此徐必是徐容，字仁父，徐寓之弟。錄語類辛亥（一一九一）在漳州所聞三條，問答十餘則。此條為陳淳所錄，徐寓所錄同。陳淳與徐寓於一一九一年在漳州同學。參看拙作朱子門人，頁一七九。

30 今人不會讀書。如「誦詩三百，授之以政，不達。使於四方，不能專對，雖多亦奚以爲①？」須是未讀詩時，不達於政，不能專對。既讀詩後，便達於政，能專對四方，始是讀詩。「人而不爲周南召南，其猶正墻面②。」須是未讀詩時如面墻。到讀了後便不面墻。方是有驗。大抵讀書只此便是法。如讀論語，舊時未讀，是這箇人。及讀了，後來又只是這箇人，便是不曾讀也。（遺書，卷十九，頁十一上）。

亞夫③問：誦詩三百，何以見其必達於政？朱子曰：其中所載可見。如小夫賤隸閭黨之間，至鄙俚之事，君子平日耳目所不曾聞見者，其情狀皆可因此而知之。而聖人所以修德於己，施於事業者，莫不悉備。於其間所載之美惡，讀誦而諷詠之。如是而為善，如是而為惡。吾之所以自修於身者，如是是合做底事，如是是不合做底事。待得施以治人，如是而當賞，如是而當罰，莫不備見。如何於政不達？若讀詩而不達於政，則是不曾讀也。又問：如何使於四方，必能專對？曰：於詩有得，必是於應對言語之間，委曲和平。（語類，卷四十三，第二十五條，頁一七五五／一一○二至一一○三）。

又曰：「為」，猶學也。周南召南，詩首篇名。所言皆修身齊家之事。「正牆面而立」，言卽其至近之地，而一物無所見，一步不可行。（論語集註，陽貨第十七，第十章）。

① 論語，子張第十三，第五章。

② 同上，陽貨第十七，第十章。周南爲詩經國風之首篇，共十一首。召南次之，共十四首。

③ 曼淵，同卷二，第八十條，註①。

[31] 凡看文字，如七年一①世百年之事，皆當思其如何作爲，乃有益。（遺書，卷二十二上，頁十三下）。

葉采曰：論語，子曰：「善人敎民七年，亦可以卽戎矣②。」又曰：「如有王者，必世而後仁③。」又曰：「善人爲邦百年，可以勝殘去殺矣④。」觀聖賢治效，遲速淺深之殊，要必究其規模之略，施爲之方，乃於己有益。此致知之法也。（集解，卷三，頁十二）。

① 江永（近思錄集註，卷三，頁六下）因論語原文爲「必世」，於是改「一」爲「必」。

② 論語，子路第十三，第二十九章。

③ 同上，第十二章。

④ 同上，第十一章。

32 凡解經不同無害，但緊要處不可不同爾。外書。（今不見外書）。

朱子曰：天下之理萬殊，然其歸則一而已矣，不容有二三也。知所謂一，則言行之間，雖有不同，不害其為一。不知其一而强同之，猶不免於二三。況遂以二三者為理之固然而不必同，則其為千里之謬，將不俟舉足而已迷錯於庭戶間矣，故明道先生①有言：「經解有不同處不妨，但緊要處不可不同耳。」此言有味也。（文集，卷六十三，答余正甫第一書，頁二十五下）。

又曰：凡看文字，諸家說有異同處最可觀。謂如甲說如此，且挦扯住甲，窮盡其詞。乙說如此，且挦扯住乙，窮盡其詞。兩家之說既盡，又參考而窮究之，必有一真是者出矣。（語類，卷十一，第一〇八條，頁一二〇五／一九二）。

茅星來曰：緊要處如道體之大，求道之方，學術之邪正得失係焉。故不可不同。（集註，卷三，頁十四下）。

貝原益軒曰：朱子解經，雖與程子不同者多，然其緊要處如合符節。亦此章之意也。（備考，卷三，頁九下，總頁二三〇）。

① 近思錄以此為伊川語，然兄弟二人思想相同，屬甲屬乙，實無重要。參看卷二，第三十條，註①。

33 淳①初到，問為學之方。先生曰：公要知為學須是讀書。書不必多看，要知其約。多看而不知其約，書肆耳。頤緣少時讀書貪多，如今多忘了。須是將聖人言語玩味，入心記著，然後力去行之，自有所得。（今不見外書）。

葉采曰：以上總論讀書之法，以下乃分論讀書之序。（集解，卷三，頁十三）。

朱子曰：讀書不可貪多，且要精熟。如今日看得一板，且看半板，將那精力來更更看前半板。兩邊如此，方看得熟。直須看得古人意思出方好。（語類，卷十，第四十條，頁一六二／一六六）。

江永曰：尹子之學，要約而篤實，蓋終身守此言者。（集解，卷三，頁六下）。

① 尹焞，同卷二，第七十五條，註①。

34 初學入德之門，無如大學。其他莫如語孟。遺書，下同。（卷二十二上，頁一上）。

朱子曰：某要人先讀大學，以定其規模。次讀論語，以立其根本。次讀孟子，以觀其發越。次讀中庸，以求古人之微妙處。大學一篇有等級次第，總作一處。易曉，宜先看。論語却實，但言語散見，初亦難看。孟子有感激興發人心處。中庸亦難讀。看三書後方宜讀之。（語類，卷十四，第三條，頁三九七／二四九）。

又曰：看這一書（大學），又自與看語孟不同。語孟中只一項是一箇道理。如孟子說仁義處，只就仁義上說道理。孔子答顏淵以克己復禮，只就克己復禮上說道理。若大學，却只統說。論其功用之極，至於平天下。然天下之所以平，却先須治國。國之所以治，却先須齊家。家之所以齊，却先須修身。身之所以修，却先須正心。心之所以正，却先須誠意。意之所以誠，却先須致知。知之所以至，却先須格物，……格物兩字，是指箇路頭，須是自去格那物始得。（同上，卷十四，第三十七條，頁四〇六至四〇七／二五五）。

[35] 學者先須讀論孟。窮得論孟，自有要約處。以此觀他經甚省力。論孟如丈尺權衡相似。以此去量度事物，自然見得長短輕重。（遺書，卷十八，頁十八上）。

朱子曰：孟子教人多言義理大體。孔子則就切實做工夫處教人。（語類，卷十九，第十二條，頁六九一／四二九）。

又曰：論語之書，無非操存涵養之要。七篇（孟子）之書，莫非體驗擴充之端。蓋孔子大概使人優游饜飫，涵泳諷味。孟子大概是要人探索力討，反己自求。（同上，第一〇〇條，頁七一六／四四四）。

又曰：看孟子與論語不同。論語要冷看，孟子要熟讀。論語逐文逐意各是一義，故用子細靜觀。孟子成大段，首尾通貫。熟讀文義自見，不可逐一句一字上理會也。（同上，第二十八條，頁六九五／四三二）。

又曰：某於論孟，四十餘年理會。中間逐字稱等，不教偏些子。學者將注處，宜子細看。（同上，第六十一條，頁七〇四／四三七）。

語吳仁父①曰：某語孟集註，添一字不得，減一字不得。公子細看。又曰：不多一箇字，不少一箇字。（同上，第五十九條，頁七〇三／四三七）。

① 吳仁父，名不詳，朱子弟子。參看拙著朱子門人，頁八十九。

36 讀論語者，但將諸弟子問處，便作己問。將聖人答處，便作今日耳聞。自然有得。若能於論孟中深求玩味，將來涵養成，甚生①氣質。（遺書，卷二十二上，頁一上。）

朱子曰：論語難讀。日只可看一二段，不可只道理會文義得了便了。須是子細玩味，以身體之，見前後晦明生熟不同，方是切實。（語類，卷十九，第三十九條，頁六九八／四三三）。

又曰：講習孔孟書。孔孟往矣，口不能言。須以此心比孔孟之心，將孔孟心作自己心。要須自家說時，孔孟點頭道是，方得。（同上，第三十三條，頁六九六／四三二至四三三）。

①「甚生」乃洛陽俗語。葉采（近思錄集解，卷三，頁十三）解作「非常」，日本註家從之。茅星來（近思錄集註，卷三，頁十六上）謂「甚生」，猶「怎生」。「怎生」，如何也。亦「非常」之意。

37 凡看語孟，且須熟讀玩味，將聖人之言語切己。不可只作一場話說。人只看得此二書切己，終身儘多也。（遺書，卷二十二上，頁六下）。

王子充①曰：讀書未見親切，須見之行事方切。朱子曰：不然。且如論語，第一教人學，便是孝弟求仁，便戒人巧言令色，便三省②，也可謂甚切。（語類，卷十九，第四十五條，頁六九九／四三四至四三五）。

德先③問孟子。曰：孟子說得段段痛快，如檢死人相似，必有箇致命痕。孟子段段有箇致命處。看得這般處出，方有精神。須看其說與我如何，與今人如何，須得其切處。（同上，第五十一條，頁七〇一／四三六）。

①王子充，朱子弟子。餘不詳。參看拙作朱子門人，頁五十九。

②論語，學而第一，第一至第四章。

③朱子門人無德先者，疑是德元之誤。德元爲郭友仁之字。友仁好問四書，朱子訓友仁，亦側重讀書（語類，卷一一六，第四十八至五十五條，頁四四六九至四四七四／二八〇三至二八〇六）。此條爲包揚所錄。揚與友仁同時師事朱子。參看朱子門人，頁二〇三至二〇四。

[38] 論語有讀了後全無事者，有讀了後其中得一兩句喜者，有讀了後知好之者，有讀了後不知手之舞之足之蹈之者。（遺書，卷十九，頁十一上）。

葉采曰：「全無事者」，全無所得。朱子曰：「『有得一二句喜者』，這一二句喜處，便是入頭處。從此著實理會去，將可自解。倏然悟時，聖賢格言，自是句句好」。（集解，卷三，頁十四。朱子語待查出處。豈佚文耶）？

朱子曰：人讀書如人飲酒相似。若是愛飲酒人，一盞了又要一盞喫。若不愛喫，勉强一盞便休。（語類，卷十，第九十二條，頁二七五／一七四）。

[39] 學者當以論語孟子爲本。論語孟子既治，則六經①可不治而明矣。讀書者當觀聖人所以作經之意，與聖人所以用心，與聖人所以至聖人，而吾之所以未至者，所以未得者，句句而求之，晝誦而味之，中夜而思之。平其心，易其氣，闕其疑。則聖人之意見矣。（遺書，卷二十五，頁五下）。

朱子曰：語孟工夫少，得效多。六經工夫多，得效少。（語類，卷十九，第一條，頁六八九／四二八）。

又曰：「平其心」，只是放教虛平。「易其氣」，只是放教寬慢。「闕其疑」，只是莫去穿鑿。今人多要硬捉教住，如何得？（茅星來，近思錄集註，卷三，頁十七上，引此語。出處待查）。葉采曰：「未至」以所行言，「未得」以所知言。（集解，卷三，頁十四）。

① 同卷二，第五十七條，註⑩。

[40] 讀論語孟子而不知道，所謂「雖多亦奚以爲①？」（遺書，卷六，頁六下）。

朱子曰：知道是方理會得為人之道。從此實下工夫，更有多少事？但到此地所見不差，真有廣居可居，正位可立，大道可行②，向上自然有進步處耳。（茅星來，近思錄集註，卷三，頁十七下，引，出處未詳）。

① 論語，子路第十三，第五章。

② 孟子，滕文公第三下，第三章。

[41] 論語孟子只剩讀著，便自意足。學者須是玩味。若以語言解著，意便不足。某始作此二書文字，既而思之又似剩。只有些先儒錯會處，却待與整理過。外書，下同。（卷五，頁一下）。

朱子曰：孟子要熟讀，論語却費思索。孟子熟讀易見，蓋緣是他有許多答問發揚。（語類，卷十九，第二十七條，頁六九五／四三二一）。

又曰：沉浸專一於論孟，必待其自得。（同上，卷十九，第二十九條，頁六九五／四三二二）。

貝原益軒曰：「二書文字」，愚謂論孟之解①也。「先儒」指何晏趙岐②等。（備考，卷三，頁十一下，總頁二三四）。

① 指論語解（伊川經說，卷六）與孟子解（同上，卷七，已缺）。

② 何晏（一九〇—二四九）著論語集解，趙岐（二〇一卒）著孟子注，皆見十三經注疏。

[42] 問：且將語孟緊要處看，如何？伊川曰：固是好。然若有得，終不浹洽。蓋吾道非如釋氏，一見了便從空寂去。（遺書，卷十二，頁十六下）。

朱子曰：莫云論語中有緊要底，有汎說底，且要著力緊要底，便是揀別。若如此，則孟子一部，可刪者多矣。聖賢言語，粗說細說，皆著理會教透徹。蓋道理至廣至大，故有說得易處，說得難處。說得大處，說得小處。若不盡見，必定有窒礙處。（語類，卷十九，第四十六條，頁六九九至七〇〇／四三五）

43「興於詩」①者，吟詠性情，涵暢道德之中而歆動之，有「吾與點②」之氣象。又曰：「興於詩」是興起人善意③。汪洋浩大，皆是此意。遺書。（卷三，頁一上，卷二上，頁二十一上）。

朱子曰：興，起也。詩本性情，有邪有正。其為言既易知，而吟詠之間，抑揚反覆，其感人又易入。故學者之初，所以興起其好善惡惡之心，而不能自已者，必於此而得之。（論語集註，泰伯第八，第八章）。

貝原益軒曰：「涵暢」，涵養條暢於道德之中。「歆動之」者，歆動於善意也。「吾與點之氣象」者，從容優游而自然進德之謂也。（備考，卷三，頁十一上，總頁二三五）。

① 論語，泰伯第八，第八章。

② 同上，先進第十一，第二十五章。參看卷二，第三十二條。

③ 施璜（五子近思錄發明，卷三，頁三十四上）以此爲明道語。「又曰」以下，近思錄爲本註。

[44] 謝顯道①云：明道先生②善言詩。他又渾不曾章解句釋，但優游玩味，吟哦上下，便使人有得處。「瞻彼日月，悠悠我思。道之云遠，曷云能來③？」思之切矣。終曰：「百爾君子！不知德行。不忮不求，何用不臧？」歸于正也。**又云：伯淳常談詩，並不下一字訓詁。有時只轉却一兩字，點掇地④念過，便教人省悟。又曰：古人所以貴親炙之也⑤。外書，下同。**（卷十二，頁四下，六上。又載上蔡語錄，上，頁九上下；下，頁一下。又見上蔡語錄，上，頁九上下；下，頁一下）。

朱子曰：讀詩之法，只是熟讀涵味，自然和氣從胸中流出。其妙處不可得而言，不待安排措置，務自立說。只恁平讀着，意思自足。（語類，卷八十，第七十五條，頁三三一五／二〇八六）。

① 謝良佐，同卷二，第二十七條，註④。
② 同引言，註⑤。
③ 詩經，國風，邶，雄雉。
④ 一作「他」。

⑤ 一本「又云」「又曰」以下作註。

45 明道先生曰：學者不可以不看詩。看詩便使人長一格價。（外書，卷十二，頁七上）。

朱子曰：「讀詩便長人一格。」如今人讀詩，何緣會長一格？詩之興，最不緊要。然興起人意處，正在興。會得詩人之興，便有一格長。（語類，卷八十，第七十條，頁三三一〇至三三二二／二〇八四）。

46 「不以文害辭①」。文，文字之文。舉一字則是文，成句是辭。詩爲解一字不行，却遷就他。說如「有周不顯②，」自是作文當如此。（外書，卷一，頁二上下）。

葉采曰：「有周不顯」，言周家豈不顯乎？蓋言其顯也。苟直謂之不顯，則是以文害辭。（集解，卷三，頁十六）。

① 孟子，萬章第五上，第四章。

② 詩經，大雅，文王之什，文王。

47 看書須要見二帝三王①之道，如二典②，即求堯所以治民，舜所以事君③。（遺書，卷二十四，頁一下）。

遺書，下同。

朱子問可學④近讀何書？曰：讀尚書。曰：尚書如何看？曰：須要考歷代之變。曰：世變難看。唐虞三代事，浩大濶遠，何處測度？不若求聖人之心。如堯則考其所以治民，舜則考其所以事君。（語類，卷七十八，第二十二條，頁三一五二／一九八三）。

① 指唐代之堯，虞代之舜二帝，三代之王，即夏朝之禹王，商朝之湯王，與周朝之文王，亦有文王武王，並舉者。

② 書經（即尚書）之堯典舜典。

③ 遺書，卷二十四，頁一下，以此爲伊川語。

④ 鄭可學（一一五二—一二一二），字子上，朱子弟子。錄語類四百餘條。參看拙作朱子門人，頁三四〇至三四一。

48 中庸之書，是孔門傳授。成於子思孟子。其書雖是雜記，更不分精粗，一衮說了。今人語道，多說高便遺却卑，說本便遺却末①。（遺書，卷十五，頁十四上）。

葉采曰：中庸子思所述，而傳之孟子者也。（集解，卷三，頁十七）。

問中庸。朱子曰：而今都難恁理會。某說箇讀書之序，須是且著力去看大學，又著力去看論語，又著力去看孟子，看得三書了，這中庸半截都了。不用問人，只略略恁看過。不可掉了易底，却先去攻那難底。中庸多說無形影，如鬼神，如天地參等類。說得高。說下學處少，說上達處多。若且理會文義，則可矣。問：中庸精粗本末無不兼備否？曰：固是如此。然未到精粗本末無不備處。（語類，卷六十二，第四條，頁二三四七／一四七九）。

江永曰：中庸語道，高卑本末皆兼之。（集註，卷三，頁八下）。

① 遺書，卷十五，頁十四上，以此爲伊川語。

[49] 伊川先生易傳序曰：易，變易也。隨時變易以從道也。其爲書也廣大悉備。將以順性命之理，通幽明之故，盡事物之情，而示開物成務之道也。聖人①之憂患後世，可謂至矣。去古雖遠，遺經尚存。然而前儒②失意以傳言，後學誦言而忘味。自秦而下，蓋無傳矣。予生千載之後，悼斯文之湮晦，將俾

後人沿流而求源，此傳所以作也。「易有聖人之道四焉：以言者尚其辭③，以動者尚其變，以制器者尚其象，以卜筮者尚其占④。」吉凶消長之理，進退存亡之道，備於辭。推辭考卦，可以知變。象與占在其中矣。「君子居則觀其象而玩其辭，動則觀其變而玩其占⑤。」得於辭不達其意者有矣，未有不得於辭而能通其意者也。至微者理也，至著者象也。體用一源，顯微無間。⑥「觀會通以行其典禮⑦，」則辭無所不備。故善學者求言必自近。易於近者，非知言者也。予所傳者辭也。由辭以得意，則在乎人焉。文集，下同。（今見易傳，頁三上）。

朱子曰：「易，變易也。隨時變易以從道。」正謂伊川這般說話難說。蓋他把這書硬定做人事之書。他說聖人做這書，只為世間人事本有許多變樣，所以做這書出來。（語類，卷六十七，第三十五條，頁二六三〇至二六三一／一六五三）。

又曰：「至微者，理也。至著者，象也。體用一原，顯微無間。『觀會通以行其典禮』，則辭無所不備。」此是一箇理，一箇象，一箇辭。然欲理會理與象，又須辭上理會。辭上所載，皆「觀會通以行其典禮」之事。凡於事物須就其聚處理會，尋得一箇通路行去。若不尋得一箇通路，只驀地行去，則必有礙。典禮只是常事，會是事之合聚交加分別處。

如庖丁解牛，固是「奏刀騞然，莫不中節⑧」，若至那難處，便著些氣力，方得通。故莊子又說：「雖然，每至於族，吾見其難為，怵然為戒，視為止，行為遲⑨。」莊子說話雖無頭當，然極精巧，說得到。今學者卻於辭上看「觀其會通以行典禮」也。（同上，第三十六條，頁二六三二／一六五三至一六五四）。

又曰：「體用一源。」體雖無迹，中已有用。「顯微無間」者，顯中便具微。天地未有，萬物已具，此是體中有用。天地既立，此理亦存，此是顯中有微。（同上，第三十七條，頁二六三二／一六五四）。

問：「觀會通行其典禮」，是就會聚處尋一箇通路行將去否？曰：此是兩件。會是觀衆理之會聚處。如這一項君臣之道也有，父子兄弟之道也有。須是看得周徧，始得通。便是一箇通行底路，都無窒礙。典禮猶言常禮常法。又曰：禮便是節文，升降揖遜是也。但這箇禮字又說得闊。凡事物之常理皆是。（同上，卷七十五，第八條，頁三〇四一／一九一二）。

① 指文王，周公，與孔子。傳統以三者爲易經各部之著者。

② 櫻田虎門（近思錄摘說，卷三，頁二十七下）謂指王弼（二二六—二四九）與韓康伯（三三二—三八〇）之注。

③ 葉采（近思錄集解，卷三，頁十八）以「辭」爲易經繫辭，朱子則以爲卦辭爻辭（語類，卷六十七，第二十三條，頁二六二六）。朱子是也。

④ 易經，繫辭上傳，第十章。

⑤ 同上，第二章。

⑥ 貝原益軒（大疑錄，頁四下）謂語出清涼大師澄觀（約七六〇—八三八）華嚴經注，但未詳出處。日本註家與大漢和辭典均從之，註家謂「體用一原」決是澄觀語。然據太田錦城（一七六五—一八二五）（疑問錄，上，頁六）謂澄觀清大疏百卷，清涼錄五卷，清涼玄義二十卷，皆無此語。查華嚴經註原有一百二十卷。今卷二十一至七十，卷九十一至一百，卷一一一與一一二均佚。其餘載續藏經第一輯，第八十八套。豈語本在佚文耶？澄觀註言體用顯微者多（尤其是卷三，頁三十五上下）。且歸元直指（同上，第一輯，第二編，第十三套）引此語為清涼語。太田謂「顯微無間」為賢首大師法藏（六四三—七一二）之語，然不言出處。十一世紀以後，儒者佛者均常用之。唐順之（荊川，一五〇七—一五六〇）中庸輯略序云：「儒者曰體用一原，佛者曰體用一原。儒者曰顯微無間，佛者曰顯微無間。孰從而辨之？」

⑦ 易經，繫辭上傳，第八章。

⑧ 莊子，養生主第三，卷二，頁二上。原文「莫不中音」。

⑨ 同上，頁四上。交錯聚結為「族」。

[50] 伊川先生答張閎中①書曰：易傳未傳，自量精力未衰，尚覬有少進爾。來書云：「易之義本起於數。」謂義起於數②則非也。有理而後有象，有象而後有數。易因象以明理，由象以知數。得其義則象數在其中矣。理無形也，故因象以明理。理既見乎辭矣，則可由辭以觀象。故曰，得其義則象數在其中矣③。必欲窮象之隱微，盡數之毫忽，乃尋流逐末。術家之所尚，非儒者之所務

也。（文集，卷五，頁十六上）。

朱子曰：以前解易，多只說象數。自程門以後，人方都作道理說了。（語類，卷六十七，第十五條，頁二六二四／一六四九）。

又曰：易傳義理精，字數足。無一毫欠闕。他人着工夫補綴，亦安得如此自然？只是於本義不相合。易本是卜筮之書，卦辭爻辭無所不包。看人如何用。程先生只說得一理。（同上，第二十三條，頁二六二六／一六五一）。

問：易傳如何看？曰：且只恁地看。又問：程易於本義如何？曰：程易不說易文義，只說道理極處，好看。（同上，第二十四條，頁二六二六／一六五一）。

又曰：易傳言理甚備，象數却欠在。（同上，第二十六條，頁二六二八／一六五二）。

① 據伊洛淵源錄，卷十四，頁一下，張閎中，名字不詳。

② 葉本無此五字。茅星來（近思錄集註，卷三，頁二十三上）依伊川文集加入。

③ 「理無形」以下爲程子本註。「故曰」乃程子本人之語。

[51] 知時識勢，學易之大方也。易傳，下同。（卷三，頁四十六下，釋卦第四十三之九二象傳）。

朱子曰：大率天下之道，只是善惡而已，但所居之位不同，所處之時既異，而其幾甚微。只為天下之人，不能曉會，所以聖人因此占筮之法以曉，使人居則觀象玩辭，動則觀變玩占，不迷於是非得失之途。（語類，卷六十七，第五條，頁二六一九／一六四六）。

[52] 大畜初二，乾體剛健，而不足以進。四五陰柔而能止。時之盛衰，勢之強弱，學易者所宜深識也。（易傳，卷二，頁四十上，釋大畜卦第二十六之九二象傳）。

張伯行曰：此取大畜卦爻以明識時勢之義也。乾上艮下為大畜。「大」，陽也。「畜」，止也。乾之三爻皆為艮所畜，故以四畜初，以五畜二。初二雖剛健而不足以進者，時不利於進勢，又必不能進也。四五兩爻皆柔，所應初二皆剛，似當以初二為善，四五為邪。乃謂陰柔足以止剛者，蓋畜之時主乎止，而四五位據乎上，又有可以止之勢。則其象為以柔善而止夫剛惡也。（集解，卷三，頁二十四上）。

[53] 諸卦二五，雖不當位，多以中爲美。三四雖當位，或以不中爲過。中常重於正也。蓋中則不違於正，正不必中也。天下之理莫善於中，於九二六五①可見。（易傳，卷四，頁十九上，釋震卦第五十一之六五爻辭）。

葉采曰：二者內卦（下卦）之中，五者外卦（上卦）之中，皆中也。三為內卦之上，四為外卦之下，皆不中也。六爻之位，初（一）三五為陽，二四上（六）為陰。以陽爻居陽位，陰爻居陰位為當位，反此者為不當位。當位者正也，不當位者非正也。（集解，卷三，頁二十）。

林安卿②問伊川云：「中無不正，正未必中」，如何？朱子曰：「君子而時中③」，則是「中無不正。」若君子有時不中，卽「正未必中。」蓋正是骨子好了，而所作事有未恰好處，故未必中也。（語類，卷六十七，第一一二條，頁二六五七／一六六九）。

又曰：「中重於正，正未必中。」蓋事之斟酌得宜合理處便是中，則未有不正者。若事雖正，而處之不合時宜，於理無所當，則雖正而不合乎中。此中未有不正而正未必中也。（同上，第一一三條，頁二六五七／一六六九至一六七〇）

又曰：「中重於正，正不必中。」中能度量，而正在其中。（同上，第一一六條，頁二六五七／一六七〇）。

① 陽爻由下而上稱「初九」，「九二」，「九三」，「九四」，「九五」，「上九」；陰爻則稱「初六」，「六二」，「六三」，「六四」，「六五」，「上六」。

② 林學履，字安卿，朱子門人。錄語類百餘條，問答約十則，詳拙著朱子門人，頁一五六。

③ 中庸，第二章。

54 問：胡先生①解九四作太子②，恐不是卦義。先生云：亦不妨。只看如何用。當儲貳則做儲貳使。九四近君，便作儲貳，亦不害。但不要拘一。若執一事，則三百八十四爻③，只作得三百八十四件事便休了。遺書，下同（卷十九，頁二上）。

問：伊川易說理太多。朱子曰：伊川言「聖人有聖人用，賢人有賢人用④。」「若一爻止做一事，則三百八十四爻，止做得三百八十四事。」也說得極好。然他解依舊是三百八十四爻，止做得三百八十四事用也。（語類，卷六十七，第二十八條，頁二六二九／一六五二）。

① 胡瑗（九九三—一〇五九），字翼之，學者稱安定先生。教授二十餘年，立經義治事二齋。後爲國子監直講。伊川等從學。著易解十卷，繫辭說卦三卷，周易口義十卷。今唯口義存。宋元學案以其學案爲首。宋史卷四三二有傳。

② 周易口義，卷一，頁九上。初爻爲未仕者，二爻爲士，三爻爲大夫，四爻爲公卿諸侯，五爻爲天子，上爻

爲無位或去位者。四爻近君，故可爲太子。

③ 六十四重卦之爻。

④ 見下條。

55 看易且要知時。凡六爻人人有用。聖人自有聖人用，賢人自有賢人用。衆人自有衆人用，學者自有學者用。君有君用，臣有臣用。無所不通。因問坤卦是臣之事，人君有用處否？先生曰：是何無用？如「厚德載物①」，人君安可不用？（遺書，卷十九，頁二上）。

問：程傳大概將三百八十四爻做人說，恐通未盡否？朱子曰：也是。則是不可裝定做人說，看占得如何。有就事言者，有以時節言者，有以位言者。吉凶言之則為事，以初終言之則為時，以高下言之則為位。隨所值而看皆通。繫辭云：「不可為典要，惟變所適②。」豈可裝定做人說？（語類，卷六十七，第二十九條，頁二六二九／一六五二）

① 易經，坤卦第二，象傳。

② 同上，繫辭下傳，第八章。

56 易中只是言反復往來上下①。（遺書，卷十四，頁二上）。

朱子曰：程子言「易中只是言反復往來上下。」這只是一箇道理。陰陽之道，一進一退，一長一消，反復往來上下，於此見之。（語類，卷六十五，第二十五條，頁二五五五／一六〇八）。

① 遺書，卷十四，皆明道語。

57 作易自天地幽明，至於昆蟲草木微物，無不合。**外書，下同。**（卷七，頁二下）。

朱子曰：易最難看。其為書也，廣大悉備，包涵萬理，無所不有。（語類，卷六十七，第六十一條，頁二六四三／一六六一）。

58 今時人看易，皆不識得易是何物。只就上穿鑿。若念得不熟，與上添一德，亦不覺多。就上減一德，亦不覺少。譬如不識此兀子，若減一隻脚，亦不知是少。若添一隻，亦不知是多。若識則自添減不得也。（外書，卷五，頁一上）。

葉采曰：學者當體此意，使於卦象辭義，皆的然見其不可易，而後為得也。（集解，卷三，頁二十一）。

59 游定夫①問伊川「陰陽不測之謂神②。」伊川曰：賢是疑了問？是揀難底問？（外書，卷十二，頁十七下）。

葉采曰：游氏或未之深思，特以此語艱深，而率爾請問，故伊川不答，而直攻其心，欲使反己而致思也。（集解，卷三，頁二十一）。

① 游酢，同卷二，第八十九條，註⑱。
② 易經，繫辭上傳，第五章。

[60] 伊川以易傳示門人曰：只說得七分。後人更須自體究。（外書，卷十一，頁六上）。

朱子曰：其曰「只說得七分」者，亦言沈酣浸漬，自信自得之功，更在學自著力耳。豈是更要別添外科，釀玄酒而和大羹也耶？（文集，卷五十六，答趙子欽第一書，頁一下）。

張伯行曰：易理無窮，經數聖人①而後成書，包含天地萬物。今雖熟讀精思，作為易傳，豈遂了無餘義，俟後人推求？故只說得七分。蓋理本生於人心，加一番體究，必更一番明透。亦是虛心，亦是實話。（集解，卷三，頁二十六上）。

江永曰：此程子不自足之意。然義理無窮，非可以言盡。故朱子又有本義②，以補程傳之所未備。（集註，卷三，頁十一下）。

① 傳說伏羲作八卦，文王作卦辭爻辭，孔子作十翼。
② 周易本義十二卷，以上下經爲二卷，十翼爲十卷。

[61] 伊川先生春秋傳序曰：天之生民，必有出類之才，起而君長之。治之而爭奪息，導之而生養遂，教之而倫理明。然後人道立，天道成，地道平。二帝

①而上，聖賢世出。隨時有作。順乎風氣之宜。不先天以開人，各因時而立政。曁乎三王②迭興，三重③既備，子丑寅之建正④，忠質文之更尚⑤。人道備矣，天運周矣。聖王既不復作。有天下者，雖欲倣古之跡，亦私意妄爲而已。事之繆，秦至以建亥爲正⑥。道之悖，漢專以智力持世。豈復知先王之道也？夫子當周之末，以聖人不復作也，順天應時之治，不復有也。於是作春秋爲百王不易之大法。所謂「考諸三王而不謬，建諸天地而不悖，質諸鬼神而無疑。百世以俟聖人而不惑⑦」者也。先儒之傳曰：「游夏不能贊一辭⑧。」辭不待贊也，言不能與於斯耳。斯道也，惟顏子⑨嘗聞之矣。「行夏之時，乘殷之輅，服周之冕，樂則韶舞⑩。」此其準的也。後世以史視春秋，謂褒善貶惡而已。至於經世之大法，則不知也。春秋大義數十。其義雖大，炳如日星，乃易見也。惟其微辭隱義，時措從宜者爲難知也。或抑或縱，或與或奪，或進或退，或微或顯。而得乎義理之安，文質之中，寬猛之宜，是非之公，乃制事之權衡，揆道之模範也。夫觀百物然後識化工之神，聚衆材然後知作室之用。於一事一義，而欲窺聖人之用心，非上智不能也。故學春秋者

必優游涵泳，默識心通，然後能造其微也。後王知春秋之義，則雖德非禹湯，尚可以法三代⑪之治。自秦而下，其學不傳。予悼夫聖人之志不明於後世也，故作傳以明之。俾後之人，通其文而求其義，得其意而法其用，則三代可復也。是傳也，雖未能極聖人之蘊奧，庶幾學者得其門而入矣。文集。（現載經說，卷四，頁一上下）。

問：春秋傳序引夫子答顏子為邦之語，為顏子嘗聞春秋大法，何也？朱子曰：此不是孔子將春秋大法向顏子說。蓋三代制作極備矣。孔子更不可復作，故告以四代⑫禮樂，只是集百王不易之大法，其作春秋，善者則取之，惡者則誅之。意亦只是如此。故伊川引以為據耳。（語類，卷八十三，第三十九條，頁三四一三／二一五三）。

或問：伊川春秋傳序後條。曰：四代之禮樂，此是經世之大法也。春秋之書，亦經世之大法也。然四代之禮樂是以善者為法，春秋是以不善者為戒。（同上，第四十一條，頁三四一四／二一五四）。

又曰：春秋序云：「雖德非湯武⑬，亦可以三王之治。」如是，則無本者亦可措之治乎？語有欠。因云：伊川甚麼樣子細，尚如此！（同上，第四十二條，頁三四一四／二一五四）。

又曰：今日得程春秋解。中間有說好處。如難理會處，他亦不為決然之論。（同上，第四十三條，頁三四一三／二二五四）。

① 二帝指堯舜。

② 參看第四十七條，註①。

③ 中庸，第二十九章謂王天下有三重要事，鄭玄（一二七—二〇〇）註三王之禮。葉采（近思錄集解，卷三，頁二十二及日本許多註家從之。呂大臨（一〇四六—一〇九二）之中庸解（經說，卷八，頁八下）解作議禮，（議論禮法）制度，與考文（考核字之形音）。朱子（中庸章句，第二十九章）沿之。中國註家皆從朱子。以中庸之文義而言，呂氏是也。

④ 周朝以子（十一月）建正（爲正月），謂之天正。商朝以丑（十二月）建正爲地正，夏 以寅（三月）建正爲人正。

⑤ 夏尚忠，商尚質，周尚文。

⑥ 秦以亥（十月）建正。秦以周爲火德，秦爲水德，故以水滅火。然十月雨少，故其事謬。

⑦ 中庸，第二十九章。

⑧ 先儒指司馬遷（紀元前一四五—前八六？）。見其史記，卷四十七，孔子世家，頁二十八上。子游子夏，皆孔子弟子。孔子贊其文學（論語，先進第十一，第二章）。子游，姓言，名偃。子夏，姓卜，名商。

⑨ 顏子，同卷一，第三十條，註②。

⑩ 論語，衛靈公第十五，第十章。殷商以木爲大車，故重質。周朝祭服之冠，華而非奢，故重文。舜之樂韶舞，盡善盡美（語論，八佾第三，第二十五章）。

⑪ 禹湯指夏之大禹，商之成湯。三代指夏、商、周。

⑫ 虞與三代。

⑬ 商之湯王，周之武王。此與春秋傳序之「德非禹湯」異，然皆指古聖而已。

62 詩書載道之文，春秋聖人之用①。詩書如藥方，春秋如用藥治病。聖人之用，全在此書，所謂「不如載之行事，深切著明②」者也。有重疊言者，如征伐盟會之類。蓋欲成書，勢須如此。不可事事各求異義，但一字有異，或上下文異，則義須別。**遺書，下同。**（卷二上，頁四下至五上）。

朱子曰：春秋只是直載當時之事，要見當時治亂興衰。非是於一字上定褒貶。（語類，卷八十三，第四條，頁三三九八／二一四四）。

問：春秋。曰：此是聖人據魯史以書其事，使人自觀之以為鑒戒。（同上，第五條，頁三三九九／二一四五）。

① 遺書此下以第六十三條爲本註。

② 史記，卷一三〇，太史公自序，頁九上。司馬貞（壯年七二七）索隱云：「孔子之言見春秋緯。」此書已佚，只餘數語，而此語不在其內也。

63 五經①之有春秋，猶法律之有斷例也。律令唯言其法。至於斷例，則始見其法之用也。（遺書，卷二上，頁四下）。

葉采曰：律令者，立法以應事。斷例者，因事以用法。（集解，卷三，頁二十五）。

① 詩、書、易、禮、春秋。

64 學春秋亦善。一句是一事。是非便見於此。此亦窮理之要。然他經豈不可以窮理①？但他經論其義，春秋因其行事是非較著，故窮理爲要。嘗語學者，且先讀論語孟子，更讀一經，然後看春秋。先識得箇義理，方可看春秋。春秋以何爲準？無如中庸。欲知中庸，無如權。須是時而爲中。若以手足胼胝，②閉戶不出③，二者之間取中，便不是中。若當手足胼胝，則於此爲中。當閉戶不出，則於此爲中。權之爲言，秤錘之義也。何物爲權？義也，時④也。只是說得到義。義以上更難說。在人自看如何。（遺書，卷十五，頁十六上）。

叔重⑤問：程子云：「權者，言稱錘之義也。何物以為權？義是也。然也只是說到義。義以上更難說。在人自看如何。」此意如何看？朱子曰：此如有人犯一罪，性之剛者以為可誅，性之寬者以為可恕。概之以義，皆未是合宜。此則全在權量之精審，然後親審不差。欲其權量精審，是他平日涵養本原，此心虛明純一，自然權量精審。伊川常云：「敬以直內，則義以方外。義以為質，則禮以行之⑥。」（語類，卷三十七，第三十七條，頁一五七五／九八八）。

① 遺書原文無此「理」字。

② 大禹治水，手足勞動皮厚。宇都宮遯庵（鼇頭近思錄，卷三，頁三十三下）與澤田武岡（近思錄說略，卷三，頁二十二上，總頁三九一）。均謂此乃列子贊羽之語，惟查不見現存列子。此語今見史記，卷二，贊詞。

③ 顏子居陋巷，不改其樂。參看卷一，第三十條，註②。

④ 遺書原文此下三字作「然也只」。

⑤ 黃銖（一一五二—一二一四），字叔重，稱槃澗先生，朱子弟子。竹林精舍，朱子命長其事。錄語類三四百條。參看拙著朱子門人，頁二七七。

⑥ 遺書，卷十一，頁七下。敬義出易經，坤卦第二，文言。義禮出論語，衛靈公第十五，第十七章。

[65] 春秋傳①爲按，經爲斷。程子又云：某年二十時看春秋。黃聱隅②問某如何看？某答曰：以傳考經之事迹，以經別傳之眞僞③。（遺書，卷十五，頁十六上；卷二十二上，頁二下）。

問：春秋當如何看？朱子曰：只如看史樣看。曰：程子所謂「以傳考經之事迹，以經別傳之真僞。」如何？曰：便是亦有不可考處。曰：其間不知是聖人果有褒貶否？曰：也見不得。……聖人光明正大，不應以一二字加褒貶於人。若如此屑屑求之，恐非聖人之本意。（語類，卷八十三，第十六條，頁三四〇四／二一四八）。

① 春秋三傳爲左傳，公羊傳、穀梁傳。左傳傳爲春秋時人左丘明作。敍事詳密。公羊傳爲戰國齊人子夏弟子公羊高撰。穀梁傳爲戰國魯人穀梁赤撰，亦子夏門人。兩傳均重義理。

② 黃聱隅（壯年一〇五二），名晞，字景徵。少年通經，藏書數千卷。學者多從之。旋爲太學助教，一日而卒。宋史卷四五八有傳。日本各本誤「聱」爲「聲」。

③ 「某年二十」以下爲近思錄本註，中村習齋（近思錄講說，卷三，頁十八下）謂此段爲伊川答劉質夫來書，但查不見伊川文集，亦不見伊洛淵源錄，卷八，劉傳。據茅星來（近思錄集註，卷三，頁三十三上），此乃伊川答黃棣春秋當如何看之問也。茅氏考據精詳，決然可信。

66 凡讀史不徒要記事迹，須要識其治亂安危興廢存亡之理。且如讀高帝紀，便須識得漢家四百年終始治亂當如何。是亦學也。（遺書，卷十八，頁三十七上）。

朱子曰：讀史當觀大倫理，大機會，大治亂得失。（語類，卷十一，第一三七條，頁三一二／一九六）。

① 史記，卷八，高祖本紀，與漢書，卷一，高帝紀。

67 先生每讀史，到一半，便掩卷思量，料其成敗，然後却看。有不合處，又更精思。其間多有幸而成，不幸而敗。今人只見成者便以爲是，敗者便以爲非。不知成者煞有不是，敗者煞有是底。（遺書，卷十九，頁九上）。

朱子曰：讀史亦易見作史者意思。後面成敗處，他都說得意思在前面了。（語類，卷十一，第一四二條，頁三一三／一九七）。

68 讀史須見聖賢所存治亂之機，賢人君子出處進退，便是格物。（遺書，卷十九，頁九上）。

張伯行曰：古今治亂，必有其機。機者，治亂雖未至而動於幾微之間。聖賢存之於史，以為千古得失之鏡。讀史者須於此處加意。如賢人君子出而在朝，則世將治之機也。若退而在野，則世將亂之機也。有以見其機，便是格物。若不能格物，則無貴讀之矣。（集解，卷三，頁三十二上）。

金長生曰：「存」乃聖賢以治亂之機，存之於心而戒謹者也。（釋疑，卷三，沙溪全書，卷十九，頁五上）。

69 元祐①中客有見伊川者，几案間無他書，惟印行唐鑑②一部。先生曰：近方見此書。三代以後無此議論③。外書。（卷十二，頁十七下）。

朱子曰：「唐鑑議論弱，又有不相應處。前面說一項事，末又說別處去。（語類，卷一三四，第三十九條，頁五一四七／三二〇七）。

又曰：居今之世，若欲盡除今法，行古之政，則未見其利，而徒有煩擾之弊。又事體重大，阻格處多，決然難行。要之，因祖宗之法而精擇其人，亦足以治，只是要擇人。范淳夫唐鑑，其論亦如此。以為因今郡縣，足以為治。某少時常鄙之以為苟簡因循之論。以今觀之，信然。（同上，卷一〇八，第二十條，頁四二六六／二六八二）。

① 元祐，宋哲宗年號（一〇八六—一〇九三）。

② 范祖禹（一〇四一—一〇九八），字淳夫。爲司馬光（一〇一九—一〇八六）通鑑局編修官，分掌唐史。以其所自得者著唐鑑十二卷。

③ 茅星來（近思錄集註，卷三，頁三十四下）謂外書，卷十一，亦有此條，惟查不見。

70 橫渠先生曰：序卦①不可謂非聖人之緼。今欲安置一物，猶求審處。況聖人之於易，其間雖無極至精義，大槩皆有意思。觀聖人之書，須遍布細密如是。大匠豈以一斧可知哉。**橫渠易說。**（張子全書，卷十一，序卦，頁三十一上）。

問：序卦，或以為非聖人之書，信乎？朱子曰：此沙隨程氏②之說也。先儒③以為非聖人之蘊。某以為謂之非聖人之精則可，謂非易之蘊則不可。周子分精與蘊字甚分明④。序卦却正是易之蘊。事事夾雜，都有在裏面。問：如何謂易之精？曰：「易有太極，是生兩儀。兩儀生四象，四象生八卦⑤。」這是易之精。問：如序卦中亦見消長進退之義，喚作不是精不得。曰：此正是事事夾雜，有在裏面，正是蘊。須是自一箇生出來以至於無窮，便是精。（語類，卷七十七，第六十五條，頁三一三七／一九七五）

① 易經，十翼第八，分上下兩篇。
② 程迥（一一六三進士），號沙隨。
③ 韓康伯（三三二—三八〇）注易經，序卦，下篇。
④ 通書，第三十章云：「聖人之精，畫卦以示。聖人之蘊，因卦以發。」
⑤ 易經，繫辭上傳，第十一章。兩儀爲陰陽；四象爲太陽，少陽，太陰，少陰；八卦爲乾，坤，震，巽，坎，離，艮，兌。

[71] 天官①之職，須襟懷洪大，方看得。蓋其規模至大。若不得此心，欲事事上致曲窮究，湊合此心如是之大，必不能得也。釋氏錙銖天地，可謂至大。然不嘗爲大，則爲事不得。若畀之一錢，則必亂矣。又曰：太宰②之職難看。蓋無許大心胸包羅。記得此，復忘彼。其混混天下之事，當如捕龍蛇搏虎豹。用心力看方可。其他五官便易看，止一職也。語錄，下同。（張子全書，卷四，周禮，頁一下，六下）。

朱子曰：天官之職，是總五官者。若其心不大，如何包得許多事？且冢宰內自王之飲食衣服，外至五官庶事，自大至小，自本至末，千頭萬緒，若不是大其心者區處應副，事到面前，便且區處不下。況於先事措置，思患預防，是著多少精神！所以記得此，復忘彼。佛氏只合下將那心頓在無用處，纔動步便疏脫。所以吾儒貴窮理致知，便須事事物物理會過。（語類，卷八十六，第二十條，頁二五〇六／二二〇九）。

① 周禮分六官，卽天官，地官，春官，夏官，秋官，冬官。

② 太宰卽冢宰，亦卽天官。

[72] 古人能知詩者惟孟子。爲其以意逆志也①。夫詩人之志至平易，不必爲艱險求之。今以艱險求詩，則已喪其本心。何由見詩人之志？**詩人之情性溫厚，平易老成。本平地上道著言語。今須以崎嶇求之，先其心已狹隘了。則無由見得詩人之情本樂易。只為時事拂著他樂易之性，故以詩道其志②。**（張子全書，卷四，詩書，頁七上）。

朱子曰：「以意逆志」，此句最好。逆是前去追迎之意。蓋自將自家意思去前面等候詩人之志來。又曰：謂如等人來相似。今日等不來，明日又等。須是等得來，方自然相合。不似而今人，便將意去捉志也。（語類，卷五十八，第九條，頁二一五六至二一五七／一三五九）

① 孟子，萬章第五上，第四章。

② 「詩人之情」以下，乃近思錄本註。張伯行（近思錄集解，卷三，頁三十三下）與施璜（五子近思錄發明，卷三，頁三十五上）及其他註家以爲張子之言，然查不見張子遺著。

[73] 尚書①難看，蓋難得胸臆如此之大。只欲解義，則無難也。（張子全書，卷四，詩書，頁七下）。

問：「尚書難讀，蓋無許大心胸。」他書亦須大心胸，方讀得。如何程子只說尚書？朱子曰：他書卻有次第。且如大學，自格物致知以至平天下，有多少節次！尚書只合下便大。如堯典自「克明俊德，以親九族」，至「黎民於變時雍②」，展開是大小大！分命四時成歲，便是心中包一箇三百六十五度四分度之一大天③，方見得恁地。若不得一箇大底心胸，如何了得？（語類，卷七十八，第十八條，頁三一五〇／一九八二）。

①尚書即書經。尙者，上也。言上代以來之書。
②書經，堯典，第二節。
③同上，第四節至第八節，堯命羲仲等分管四時。天體極圓，周圍三百六十五度四分度之一，繞地左旋。

[74] 讀書少，則無由考校得義精。蓋書以維持此心。一時放下，則一時德性有懈。讀書則此心常在，不讀書則終看義理不見。（張子全書，卷六，義理，頁三下至四上）

朱子曰：人常讀書，庶幾可以管攝此心，使之常存。橫渠有言：「書所以維持此心。一時放下，則一時德性有懈。」其何可廢？（語類，卷十一，第三條，頁二七九／一七六）。

75 書須成誦。精思多在夜中，或靜坐得之。不記則思不起。但通貫得大原後，書亦易記。所以觀書者，釋己之疑，明己之未達。每見每知新益①，則學進矣。於不疑處有疑，方是進矣②。（張子全書，卷六，義理，頁四上；張子語錄，中，頁七上）。

朱子曰：讀書須是成誦，方精熟。今所以記不得，說不去，心下若存若亡，皆是不精不熟之患。若曉得義理，又皆記得，固是好。若曉文義不得，只背得，少間不知不覺，自然相觸發，曉得這義理。蓋這一段文義橫在心下，自是放不得，必曉而後已。若曉不得，又記不得，更不消讀書矣。橫渠說：「讀書須是成誦。」今人所以不如古人處，只爭這些子。古人記得，故曉得。今人鹵莽，記不得，故曉不得。緊要處，慢處，皆須成誦，自然曉得也。（語類，卷一二一，第三條，頁四六六三／二九一七）。

又曰：橫渠云：「書須成誦。精思多在夜中，或靜坐得之。不記，則思不起。」今學者看文字，若記不得，則何緣貫通？時舉③曰：緣資性魯純，全記不起。曰：只易貪多，故記不得。（同上，卷八十，第七十九條，頁三三一八／二〇八八）。

又曰：讀書無疑者，須敎有疑。有疑者，卻要無疑。到這裏方是長進。（同上，卷十一，第七十八條，頁二九六／一八六）。

① 張子全書作「所益」。張子語錄作「新意」。

② 茅星來（近思錄集註，卷三，頁三十八上）據宋本將此條與前條合併爲一條。

③ 同卷二，第一〇三條，註②。

76 六經①須循環理會。義理儘無窮。待自家長得一格，則又見得別。（張子全書，卷六，義理，頁五下至六上）。

茅星來曰：此卽論語「溫故知新②」之意。然必于一經理會已到，然後再理會一經。若徒循環泛涉，非根柢務實之學也。（集註，卷三，頁三十八下）。

① 同卷二，第五十七條，註⑩。

② 論語，爲政第二，第十一章。

77 如中庸文字輩，直須句句理會過，使其言互相發明。（張子全書，卷七，學大原下，頁二上）。

朱子曰：中庸一書，枝枝相對，葉葉相當。不知怎生做得一個文字齊整。（語類，卷六十二，第一條，頁二三四七／一四七九）。

[78] 春秋之書，在古無有。乃仲尼①所自作。惟孟子能知之。非理明義精，殆未可學。先儒未及此而治之，故其說多鑿。（張子全書，卷十四，近思錄拾遺，頁四上）。

朱子曰：春秋所書，如某人為某事，本據魯史舊文筆削而成。今人看春秋，必要謂某字譏某人。如此，則是孔子專任私意，妄為褒貶。孔子但據直書而善惡自著。今若必要如此推說，須是得魯史舊文，參校筆削異同，然後為可見，而亦豈復可得也。（語類，卷八十三，第七條，頁三四〇〇／二一四六）。

① 孔子。

近思錄　卷之四

存養（存養）

凡七十條

①或問：聖可學乎？濂溪先生①曰：可。有要乎？曰：有。請問焉。曰：一爲要。一者，無欲也。無欲則靜虛動直。靜虛則明，明則通。動直則公，公則溥。明通公溥庶矣乎！**通書**。（第二十章）。

問：一是純一靜虛，是此心如明鑑止水，無一毫私欲填於其中。故其動也，無非從天理流出，無一毫私欲撓之。靜虛是體，動直是用。曰：也是如此。靜虛易看，動直難看。靜虛，只是伊川云：「中有主則虛，虛則邪不能入②」，是也，若物來奪之，則實。實則暗，暗則塞。動直，只是其動也，更無所礙。若少有私欲，便礙便曲。要恁地做，又不要恁地做，便自有窒礙，便不是直。曲則私，私則狹。（語類，卷九十四，第一九一條，頁三八一八至三八一九／二四六）。

或問：「聖可學乎云云。一為要。」〔曰：〕這箇是分明底一，不是鶻突底一。問：如何是鶻突底一？曰：須是理會得敬落着處。若只塊然守一箇敬字，便不成箇敬。這箇亦只是說大概。明通，在己也。公溥，接物也。須是就靜虛中涵養始得。明通方能公溥。若便要公溥，定不解得。靜虛明通，「精義入神③」也。動直公溥，「利用安身④」也。又曰：一卽所謂太極，靜虛明通，卽圖之陰靜。動直公溥，卽圖之陽動。（同上，第一九二條，頁三八一九／二四〇六）。

① 同引言，註④。
② 遺書，卷十五，頁十九下。
③ 易經，繫辭下傳，第五章。
④ 同上。

[2] 伊川先生①曰：陽始生甚微，安靜而後能長。故復之象曰：「先王以至日閉關②。」易傳，下同。（卷二，頁三十三上，釋復卦第二十四之象傳）。

張伯行曰：此釋復卦象義也。「至日」，謂冬至也。冬至之日，積陰之下，陽始生而甚微。不安靜以養之，則其氣不固，無以為發生之本。故先王以是日閉道路之關，使商旅不行，取安靜以養微陽之義，而易象以之為訓也。（集解，卷四，頁二上）。

施璜曰：先王以冬至之日，閉道路之關，使商旅不行。王公於是日亦不巡省力。國上下皆安靜，以養微陽也。（發明，卷四，頁二下）。

問：天地之心，雖靜未嘗不流行。何為必於復乃見？朱子曰：三陽之時，萬物蕃新，只見物之盛大。天地之心却不可見。惟是一陽初復，萬物未生，冷冷靜靜。而一陽既動，生物之心闖然而見。雖在積陰之中，自藏掩不得。此所以必於復見天地之心也。……大象所謂「至日閉關」者，正是於已動之後，要以安靜養之。蓋一陽初復，陽氣甚微，勞動他不得。故當安靜以養微陽。如人善端初萌，正欲靜以養之，方能盛大。（語類，卷七十一，第四十四條，頁二八五〇至二八五一／一七九〇至一七九一）。

① 同引言，註⑥。

② 易經，復卦第二十四，象傳。參看卷九，第九條。

[3] 動息節宣，以養生也。飲食衣服，以養形也。威儀行義，以養德也。推己及物，以養人也。（易傳，卷二，頁四十二上，釋頤卦第二十七）

澤田武岡曰：動與息對，節與宣對。節者，節制之「節」，宣者，發暢舒緩之意，猶語所謂申。申字意相似。如人之儼然危坐者，節也。悠悠便坐者，宣也。蓋人身動而不息，息而不動，節而不宣，宣而不節，皆傷其生。醫書言久立傷骨，久坐傷肉，久行傷筋，久寢傷氣是已。只其一動一息，一節一宣，變化循環，而後其生自養也。（說略，卷四，頁二下，總頁四〇四）。

[4] 愼言語以養其德，節飲食以養其體。事之至近而所繫至大者，莫過於言語飲食也。（易傳，卷二，頁四十三上，釋頤卦第二十七之象傳）。

或云：諺有「禍從口出，病從口入」，甚好。朱子曰：此語前輩曾用以解頤之象，「愼言語，節飲食。」（語類，卷七十一，第九十九條，頁二八七二／一八〇四）。

[5]「震驚百里，不喪匕鬯①。」臨大震懼能安而不自失者，惟誠敬而已。此處震之道也。（易傳，卷四，頁十六下至十七上，釋震卦第五十一之象傳）。

朱子曰：震，未便說到誠敬意，只是說臨大震懼而不失其常。主器之事，未必彖辭便有此意。看來只是傳中方說。（語類，卷七十三，第三十九條，頁二九四二／一八四九至一八五〇）。

① 易經，震卦第五十一，彖辭，匕以載鼎。鬯，拒酒也。

6 人之所以不能安其止者，動於欲也。欲牽於前而求其止，不可得也。故艮之道，當「艮其背①。」所見者在前而背乃背之，是所不見也。止於所不見，則無欲以亂其心，而止乃安。「不獲其身②，」不見其身也。謂忘我也，無我則止矣。不能無我，無可止之道。「行其庭不見其人③，」庭除之間至近也。在背則雖至近不見，謂不交於物也。外物不接，內欲不萌，如是而止，乃得止之道。於止爲無咎也。（易傳，卷四，頁二十上，釋艮卦第五十二之彖辭）。

朱子曰：易傳謂「艮其背」為「止於所不見」，竊恐未然。……「止」是當止之處。……「所」即至善之地，如君之仁，臣之敬之類。「不獲其身」是無與於己，「不見其人」是亦不見人。無己無人，但見此道理，各止其所也。（語類，卷七十三，第五十四條，頁二九四六／一八五二）。

問：易傳云：「止於其所不見，則無欲以亂其心。」又云：「外物不接，內欲不萌。如是而止，乃得止之道。」竊恐外物無有絕而不接之理。若拘拘然務絕乎物，而求以不亂其心，是在我都無所守，而外為物所動，則奈何？曰：此一段亦有可疑。外物豈能不接？但當於非禮勿視，勿聽，勿言，勿動④四者用力。（同上，第六十二條，頁二九五五至二九五六／一八五七至一八五八）。

陳沆曰：鍼炙書云：「人之五臟，皆係於背。」故雖不動而為衆動所由係。艮背之學，非定性者不能也。（補註，卷四，頁三上）。

① 易經，艮卦第五十二，彖辭。
② 同上。彖傳。
③ 同上。
④ 論語，顏淵第十二，第一章。

7 明道先生①曰：若不能存養，只是說話。遺書，下同。（卷一，頁三下）。

朱子曰：心若不存，一身便無主宰。（語類，卷十二，第四條，頁三一七／一九九）。又曰：存得此心，便是要在這裏常常照管。若不照管，存養要做甚麼用？（同上，第三十八條，頁三二四／二〇三）。

胡居仁（一四三四—一四八四）曰：「若不能存養，只是說話」，言人不能操存涵養，則所講究之理。無有諸己，適為口語而已。蓋能主敬涵養，則天理本原在內，聰明自生。所窮之理得於己而不失。（居業錄，卷二，學問，頁二上）。

① 同引言，註⑤。

8 聖賢千言萬語，只是欲人將已放之心，約之使反復入身來，自能尋向上去，下學而上達也。（遺書，卷一，頁四上）。

朱子曰：明道說，「聖賢千言萬語」云云，只是大概說如此。若「已放之心」，這箇心已放去了，如何會收得轉來？只是莫令此心逐物去，則此心便在這裏。不是如一件物事，放去了又收回來。且如渾水自流過去了，如何會收得轉？後來自是新底水。（語類，卷五十九，第一五七條，頁二二四一／一四一一至一四一二）。

問：程子說，「聖人千言萬語」云云，此下學上達工夫也。竊謂心若已放了，恐未易收拾，不審其義如何？曰：孟子謂「出入無時，莫知其鄉①。」心豈有出入？出只指外而言，入只指內而言。只是要人操而存之耳。非是如物之散失而後收之也。（同上，第一六二條，頁二二四四／一四一三）。

① 孟子，告子第六上，第八章。

9 李籲①問：每常遇事，即能知操存之意。無事時如何存養得熟？曰：古之人，耳之於樂，目之於禮，左右起居，盤盂几杖，有銘有戒。動息皆有所養。

今皆廢此，獨有理義之養心耳。但存此涵養意，久則自熟矣。「敬以直內②，」是涵養意。（遺書，卷一，頁五下）。

東正純曰：學庸語孟，其說靜存之方詳矣。而漢以來聖學湮滅，僅止省察一邊。而及程朱諸大儒出，始說涵養之方。聖學大明於世。在今日無此等之間，程朱之澤大矣。（參考，卷四，頁七五三）。

① 李籲（壯年一〇八八），字端伯，二程弟子。元祐（一〇八六—一〇九三）中爲秘書省校書郎卒。伊洛淵源錄卷八，宋史卷四二八，宋元學案卷三十均有傳。

② 易經，坤卦第二，文言。

10 呂與叔①嘗言患思慮多，不能驅除。曰：此正如破屋中禦寇，東面一人來未逐得，西面又一人至矣。左右前後，驅逐不暇。蓋其四面空疎，盜固易入。無緣作得主定。又如虛器入水，水自然入。若以一器實之以水，置之水中，水何能入來？蓋中有主則實，實則外患不能入，自然無事。（遺書，卷一，頁六上）。

問：「有主則實。」又曰：「有主則虛②。」如何分別？朱子曰：只是有主於中，外邪不能入。自其有主於中言之，則謂之實。自其外邪不入言之，則謂之虛。……又曰：「有主則實。」既言有主，便已是實了，卻似多了一「實」字。看來這箇「實」字，謂中有主則外物不能入矣。（語類，卷九十六，第三十四條，頁三九一七／二四六六至二四六七）。

貝原益軒曰：與叔之心，專欲除去思慮。程子之意，要中有主則不除思慮而自然無思慮紛擾。程子曰：「欲除思慮則不除③」，亦此意也。（備考，卷四，頁五上，總頁二六九）。

① 呂大臨，同卷一，第五十一條，註①。

② 遺書，卷十五，頁一下，又頁十七上。

③ 同上，頁二下。

[11] 邢和叔①言②吾曹常須愛養精力。精力稍不足則倦，所臨事皆勉強而無誠意。接賓客語言尚可見，況臨大事乎？（遺書，卷一，頁八上）。

澤田武岡曰：此章所言，自是一義。世人多為誠意不足，而厭倦之意生。此是非精力之不足，不真好之也。又有一種人，雖有好之而精力不足，則自不得不倦。如此常須愛養精力而為用功之資耳。亦存養之一事也。（說略，卷四，頁六上，總頁四一一）。

① 邢恕（壯年一一二七），字和叔，二程門人。歷任侍郎尚書，屬知州縣。喜功名，性猜猾。伊洛淵源錄卷十四，宋史卷四七一，宋元學案卷三十均有傳。

② 中國註家皆謂此爲邢和叔之言。茅星來（近思錄集註，卷四，頁五下）謂程子不以人廢言云。若然，則與卷五，第十五條，程子引堯夫言同例。惟日本有等註家，如貝原益軒（近思錄備考，卷四，頁五上），中井竹山（近思錄標記，卷四），佐藤一齋（近思錄欄外書，卷四，「邢和」條），澤田武岡（近思錄說略，卷四，頁六上，總頁四一一），東正純（近思錄參考，卷四，頁七五四），宇都宮遯庵（鼇頭近思錄，卷四，頁五下）皆謂二程先生類語「邢」字上有「與」字。如是則程子對邢和叔而言。然遺書無此「與」字，且二程先生類語爲明唐伯元（一五四〇—一五九八）所編，序於萬曆乙酉（一五八五），成書甚晚，較遺書遲四百年，未可爲據。澤田武岡未知孰是。佐藤一齋則謂邢恕叛師，不應加入近思錄云。

[12] 明道先生曰：學者全體此心，學雖未盡，若事物之來，不可不應。但隨分限應之，雖不中不遠矣。（遺書，卷二，頁二上）。

朱子曰：「學者全體此心，學雖未盡，若事物之來，不可不應。」此亦只是言其大概。且存得此心在這裏，「若事物之來，不可不應。且隨自家力量應之，雖不中不遠矣。」更須下工夫，方到得細密的當，至於至善處。此亦且是為初學言。（語類，卷九十六，第四條，頁三九〇七／二四六〇）。

又曰：「學者全體此心」，只是全得此心，不為私欲汨沒。非是更有一心能體此心也。此等當以意會。（同上，第五條，頁三九〇八／二四六〇）。

13 「居處恭，執事敬，與人忠①。」此是徹上徹下語。聖人元無二語。（遺書，卷二，頁一上）。

再問存心。朱子曰：非是別將事物存心。孔子曰：「居處恭，執事敬，與人忠」，便是存心之法。如說話覺得不是，便莫說。做事覺得不是，便莫做。亦是存心之法。（語類，卷十二，第三十七條，頁三二四／二〇三）。

亞夫②問「居處恭，執事敬」一章。曰：這箇道理，須要到處皆在，使生意無少間斷，方好。譬之木然，一枝一葉，無非生意。才有一毫間斷，便枝葉有不茂處。時舉③云：看來此三句，動靜出處，待人接物，無所不該。使私意自無容處。〔朱子〕因兼仲弓問仁一章④說曰：大抵學問只要得箇門戶子入。若入得門了，便只要理會箇仁。其初入底門戶，不必只說道如何如何。若纔得箇門戶子入，須便要入去。若只在外面說道如何，也不濟事。（同上，卷四十三，第四十四條，頁一七六二／一一〇七）。

又曰：告樊遲三語，便與告顏淵⑤仲弓都無異。故程子曰：「此是徹上徹下語。」（文集，卷六十一，答歐陽希遜書，頁十七上）。

① 論語，子路第十三，第十九章，孔子答樊遲問仁之語。
② 晏淵，同卷二，第八十條，註①。
③ 潘時舉，同卷二，第一〇三條，註②。
④ 論語，顏淵第十二，第二章，仲弓問仁，子曰：「出門如見大賓，使民如承大祭，己所不欲，勿施於人。在邦無怨，在家無怨。」
⑤ 同上，第一章，顏淵問仁，子曰：「克己復禮爲仁」。

14 伊川先生曰：學者須敬守此心，不可急迫。當栽培深厚，涵泳於其間。然後可以自得。但急迫求之，只是私己，終不足以達道。（遺書，卷二上，頁二上）。

朱子曰：「學者須敬守此心，不可急迫，當栽培深厚。」栽，只如種得一物在此。但涵養持守之功繼繼不已，是謂栽培深厚。如此而優游涵泳於其間，則浹洽而有以自得矣。苟急迫求之，則此心已自躁迫紛亂，只是私己而已，終不能優游涵泳以達於道。（語類，卷十二，第五十三條，頁三二六／二〇五）。

15 明道先生曰：「思無邪①」「毋不敬②。」只此二句，循而行之，安得有差？有差者皆由不敬不正也。

問：「思無邪」「毋不敬」，是一意否？朱子曰：「思無邪」有辨別，「毋不敬」卻是渾然好底意思。大凡持敬，程子所謂敬如有箇宅舍。講學如遊騎，不可便相離遠去。須於知處求行，行處求知，斯可矣。（語類，卷二十三，第五十三條，頁八八二／五四六）。

① 論語，爲政第二，第二章。

② 禮記，曲禮上，第一節。

16 今學者敬而不見①得，又不安者，只是心生。亦是太以敬來做事得重。此「恭而無禮則勞②」也。恭者，私爲恭③之恭也。禮者，非體之禮，是自然底道理也。只恭而不爲自然底道理，故不自在也。須是「恭而安④。」今容貌必端，言語必正者，非是道獨善其身，要人道如何。只是天理合如此。本無私意，只是箇循理而已。（遺書，卷二上，頁十六上）。

朱子曰：「只是心生」，言只是敬心不熟也。「恭者，私為之恭」，言恭只是人為。「禮者，非體之禮」，言只是禮，無可捉摸。故人為之恭，必循自然底道理，則自在也。（語類，卷九十六，第六條，頁三九〇八／二四六一）。

① 近本俱作「自」，誠如茅星來所云（近思錄集註，卷四，頁七上），若作「自」字則與下語「不安」重複。三宅尚齋曾指出（近思錄筆記，卷四），朱子於語類，卷四十二（第二十一條，頁一七一六）已用「見」矣。

② 論語，泰伯第八，第二章。

③ 中村習齋（近思錄講說，卷四，頁四上）謂「私為恭」是古語，無據。

④ 論語，述而第七，第三十七章。

17 今志于義理而心不安樂者何也？此則正是剩一箇助之長①。雖則心「操之則存，捨之則亡②，」然而持之太甚，便是「必有事焉而正之③」也。亦須且恁去，如此者只是德孤。德不孤必有鄰④。到德盛後，自無窒礙，左右逢其原⑤也。（遺書，卷二上，頁二十一下）。

朱子曰：明道曰：「雖則心『操之則存，捨之則亡』，然而持之太甚，便有『必有事焉而正之』也。亦須且恁去。」其説蓋曰：雖是「必有事焉而勿正」，亦須且恁地把捉操持，不可便放下了。（語類，卷九十六，第七條，頁三九〇八／二四六一）。

茅星來曰：「如此」者指上「恁」字而言。「孤」謂所得孤單，別無所有也。德盛則不孤矣。至於左右逢原，則有隣矣。與論語本文意別。（集註，卷四，頁八上）。

① 孟子，公孫丑第二上，第二章云：「必有事焉而勿正，心勿忘，勿助長也。」
② 同上，告子第六上，第八章。
③ 同註①。
④ 論語，里仁第四，第二十五章。
⑤ 孟子，離婁第四下，第十四章。

18 敬而無失①便是「喜怒哀樂未發謂之中②。」敬不可謂中，但敬而無失，即所以中也③。（遺書，卷二上，頁二十三下）。

問：「敬而無失。」朱子曰：「把持不定便是失④。（語類，卷四十二，第四十七，頁一七二七／一〇八三）。

又曰：「敬而勿失，即所以中也。」敬而無失，本不是中。只是敬而無失，便見中底氣象。此如公不是仁，然公而無私則仁。（同上，卷九十六，第七條，頁三九〇八／二四六一）。

「敬而無失」，問：「莫是心純於敬，在思慮無一毫之不敬，在事為則無一事之不敬。曰：只是常敬。敬卽所以中。（同上，第九條，頁三九〇九至三九一〇／二四六二）。

又曰：「喜怒哀樂未發謂之中。」程子云：「敬不可謂之中，敬而無失，卽所以中也」，未說到義理涵養處。（同上，卷六十二，第一二九條，頁二三九九／一五一一）。

① 論語，顏淵第十二，第五章。

② 中庸，第一章。

③ 近思錄以此爲明道語，然朱子亦以爲伊川語（文集，卷六十四，與湖南諸公論中和第一書，頁二十九上）。參看卷二，第三十條，註①。

④ 論語集註，顏淵第十二，第五章，註「敬而無失」，云：「故又言茍能持己以敬而不間斷。」間斷亦是失之一端。

[19] 司馬子微嘗作坐忘論①，是所謂坐馳②也③。（遺書，卷二上，頁二十四下）。

朱子曰：司馬子微坐忘論，是所謂坐馳也。他只是要得恁地虛靜都無事。但只管要得忘便不忘，是馳也。（語類，卷九十六，第七條，頁三九〇八／二四六一）。

又曰：要得坐忘，便是坐馳。（同上，卷十二，第一五八條，頁三五一／二二〇）。

施璜曰：蓋欲息思慮，便是不能息思慮。有意於坐忘，卽是坐馳。（發明，卷四，頁八上）。

① 司馬承禎（六五五—七四四），字子微。葉采云（近思錄集解卷四，頁六）「嘗著論八篇，言清淨無爲，坐忘遺馳之道。」據茅星來考證（近思錄集註，卷四，頁八下），開元（七一三—七四一）中被召至都，玄宗（七一三—七五五）詔於王屋山置壇室以居。卒年八十九。」茅氏又舉坐忘論八篇之目。

② 「坐馳」出莊子，人間世第四，卷二，頁十四下。

③ 茅星來（同上）與張伯行（近思錄集解，卷四，頁九上）均以此爲伊川語。

[20] 伯淳①昔在長安倉②中間坐，見長廊柱，以意數之。已尚不疑。再數之不合，不免令人一一聲言數之，乃與初數者無差。則知越著心把捉，越不定③。（遺書，卷二上，頁二十四下）

朱子曰：人心至靈，主宰萬變，而非物所能宰。故纔有執持之意，卽是此心先自動了。此程子所以每言坐忘卽是坐馳。又因默數倉柱發明其說。而其指示學者操存之道，則必曰「敬以直內④」，而又有「以敬直內，便不直矣⑤」之云也。（文集，卷四十六，答潘叔度第三書，頁十八下）。

① 明道之字。

② 三宅尚齋（近思錄筆記，卷四），佐藤一齋（近思錄欄外書，卷四，「伯淳」條）與Graf神父（Djin-si lu，第二冊，頁三四六）等均解「倉」爲倉庫。倉庫未必有長廊。然一齋指出往日日本倉庫另有樓宇爲賓客之用。宋代有倉司，豈穀倉亦有長廊之客居耶？一齋以默數廊柱，非大儒之所爲，故此條可疑。東正純（近思錄參考，卷四，總頁七五六）則直以此爲兒戲，決非明道之所爲，應刪之云。

③ 茅星來（近思錄集註，卷四，頁九上）與張伯行（近思錄集解，卷四，頁九下）均以爲爲伊川語。

④ 易經，坤卦第二，文言。

⑤ 遺書，卷十一，頁三上。

[21] 人心作主不定，正如一箇翻車①，流轉動搖，無須臾停。所感萬端。若②不做一箇主，怎生奈何！張天祺③昔嘗言自約數年，自上著牀④，便不得思量事。不思量事後⑤，須強把他這心來制縛。亦須寄寓在一箇形象，皆非自然。君實⑥自謂吾得術矣。只管念箇中字。此又爲中所繫縛。且中亦何形象！有人胸中常若有兩人焉。欲爲善，如有惡以爲之間。欲爲不善，又若有羞惡之心者。本無二人，此正交戰之驗也。持其志使氣不能亂，此大可驗。要之，聖賢必不害心疾。（遺書，卷二下，頁二下至四上）。

朱子曰：明道說，「張天祺不思量事後，須强把他這心來制縛，亦須寄寓在一箇形象，皆非自然。君實又只管念箇中字，此又為中所制縛。且中字亦何形象？他是不思量事，又思量箇不思量底，寄寓一箇形象在這裏。如釋氏教人，便有些是這箇道理。如曰「如何是佛⑦」云云，胡亂掉一語，教人只管去思量。又不是道理，又別無可思量。心只管在這上行思坐想。久後忽然有悟。中字亦有何形象？又去那處討得箇中？心本來是錯亂了，又添這一箇物事在裏面。這頭討中又不得，那頭又討不得。如何會討得？天祺是硬捉，又且把定得一箇物事在這裏。溫公只管念箇中字，又更生出頭緒多。他所以說終夜睡不得。又曰：天祺是硬截，溫公是死守，旋旋去尋討箇中。伊川⑧卽曰：「持其志」，所以教人且就裏面理會。譬如人有箇家，不自作主，却倩別人來作主。（語類，卷九十六，第七條，頁三九〇八至三九〇九／二四六一）。

茅星來曰：天祺欲制其外來者，使不以動吾之心。溫公欲守其在中者，使不為外物所動。朱子所謂「硬截」「死守」是也。（集註，卷四，頁九下）。

① 翻車乃農家所用以引水溉田者也。佐藤一齋（近思錄欄外書，卷四，「人心」條）。

② 遺書原文「若」上有「心」字，意義無別。

③ 張戩（壯年一〇七〇），字天祺，橫渠之弟。歷治六七邑，又任太常博士，監察御史等職。常爭辨王安石（一〇二一—一〇八六）新政。傳詳伊洛淵源錄，卷六末。

④ 中村惕齋（近思錄示蒙句解，頁一八九），井上哲次郎（近思錄，卷四，頁六），秋月胤繼（近思錄，頁一五三），加藤常賢（現代語譯近思錄，頁一五六）均不作上牀睡眠而誤作靜坐。

⑤ 茅星來本無「後」字。

⑥ 司馬光（一〇一九—一〇八六），字君實，贈太師溫國公，故稱溫公，謚文正。傳與教義詳宋史，卷三三

三六，宋元學案，卷七至八。

⑦ 波羅提答南天竺國王之問。見景德傳灯錄，卷三，頁四下。

⑧ 上言明道，此言伊川，語似衝突。然兄弟二人思想相同。屬彼屬此，無關重要。

22 明道先生曰：某寫字時甚敬。非是要字好，只此是學。（遺書，卷三，頁二上）。

朱子曰：握管濡毫，伸紙行墨。一在其中點點畫畫。放意則荒，馭姸則惑。必有爭焉，神明厥德。（文集，卷八十五，書字銘，頁四上）。

鄧絅問：明道先生曰：「某寫字時甚敬。非是要字好，只此是學。」絅謂此正在勿忘勿助①之間也。今作字怱怱，則不復成字，是忘也。或作意令好，則愈不能好，是助也。以此知持敬者，正勿忘勿助之間也。朱子答曰：若如此說則只是要字好矣。非明道先生之意也。（文集，卷五十八，頁三十四下，答鄧衛老第一書）。

施璜曰：須知「只此是學」，是學何事？又非是欲字好，卽此事以存養也。存養乃時時刻刻事。一息不存，則天理卽便間斷。惟敬則心便為，理便在。故曰：「卽此是學」也。（發明，卷四，頁九上）。

薛瑄（一三八九—一四六四）曰：程子作字甚敬，曰：「只此是學。」蓋事有大小，理無大小。大事謹而小事不謹，則天理卽有欠缺間斷。故作字事雖小而必敬者，所以存天理也。（讀書錄，卷五，論敬，頁十三下至十四上）。

23 伊川先生曰：聖人不記事，所以常記得。今人忘事，以其記事。不能記事，處事不精，皆出於養之不完固。（遺書，卷三，頁四下）。

問：「聖人不記事，所以常記得。今人忘事，以其記事」，何也？朱子曰：聖人之心虛明，便能如此。常人記事忘事，只是著意之故。（語類，卷九十六，第十條，頁三九一〇／二四六二）。

24 明道先生在澶州①日修橋，少一長梁，曾博求之民間。後因出入，見林木之佳者，必起計度之心。因語以戒學者，心不可有②一事。（遺書，卷三，頁五上）。

李德之③問：明道因修橋尋長梁。後每見林木之佳者，必起計度之心。因語學者，「心不可有一事。」某竊謂凡事須思而後通。安可謂「心不可有一事？」朱子曰：事如何不思？但事過則不留於心可也。明道肚裏有一條梁，不知今人有幾條梁柱在肚裏？佛家有「流注想。」水本流將去，有些滲漏處便留滯。（語類，卷九十六，第十一條，頁三九一〇／二四六二）。

陳埴④問：「明道先生……不可有一事」，毋乃死灰其心邪？曰：只為滯着在胸次，雖事過之後，猶復萌動。正所謂「心有好樂，則不得其正⑤。」若事往卽化，則得其正矣。（雜問，卷四，頁二十一上）。

① 今湖北濮陽縣。熙寧三年（一〇七〇）至四年（一〇七一）明道爲節度判官。
② 宇都宮遯庵（鼇頭近思錄，卷四，頁十上）解「有」爲泥著係累。
③ 李德之，名不詳，朱子弟子。參看拙作朱子門人，頁一二七至一二八。
④ 同卷一，第十六條，註②。
⑤ 大學，第七章。

25 伊川先生曰：入道莫如敬。未有能致知而不在敬者。今人主心不定，視心如寇賊而不可制。不是事累心，乃是心累事。當知天下無一物是合少得者，不可惡也。（遺書，卷三，頁五下至六上）。

問：「入道莫如敬。未有致知而不在敬者。」朱子曰：故則此心惺惺。（語類，卷十八，第四十八條，頁六四五／四〇二）。

又曰：伊川謂「學莫先於致知。未有致知而不在敬者。」致知是主善而師之也。敬是克一而協之也。（同上，第四十九條，頁六四五／四〇二）。

問：程子云，「未有致知而不在敬者。」蓋敬則胸次虛明，然後能格物而判其是非。曰：雖是如此，然亦須格物，不使一毫私欲得以為之蔽，然後胸次方得虛明。只一箇持敬，也易得做病。若只持敬，不時時提撕者，亦易以昏困。須是提撕，方見有私欲底意思來，便屏去。且謹守著，到得復來，又屏去。時時提撕，私意自當去也。（同上，第五十一條，頁六四五／四〇二）。

又曰：蓋欲應事，先須窮理。而欲窮理，又須養得心地本原，虛靜明澈，方能察見幾微，剖析煩亂而無所差。若只如此終日馳騖，何緣見得事理分明？程夫子所謂「學莫先於致知，又未有致知而不在敬者」，正為此也。（文集，別集，卷三，答彭子壽第一書，頁七下）。

26 人只有一箇天理，卻不能存得。更做甚人也？（遺書，卷十八，頁二十四下至二十五上）。

茅星來曰：遺書或問人與禽獸甚懸絕矣。孟子言人之所以異於禽獸者幾希①。「莫是只在去之存之上有不同處？」伊川答以「固是」，而因語之以此也。（集註，卷四，頁十一下）。

① 孟子，離婁第四下，第十九章。

[27]人多思慮，不能自寧。只是做他心主不定。要作得心主定，惟是止於事。爲人君止於仁①之類。如舜之誅四凶②。四凶已③作惡，舜從而誅之。舜何與焉？人不止於事，只是攬他事，不能使物各付物。物各付物，則是役物。爲物所役，則是役於物。「有物必有則④」，須是止於事。**以上並伊川語。**（遺書，卷十五，頁一下）。

葉采曰：應事而不止其所當止，是以一己私智攬他事，而不能物各付物者也。所謂物各付物者，物來而應，不過其則；物往而化，不滯其迹。是則役物不為所役。（集解，卷四，頁八）。

① 大學，第三章。

② 書經，舜典，第十二節，舜流共工于幽州，放驩兜于崇山，竄（鼠）三苗于三危，殛（誅）鯀于羽山。

③ 一作「他」。

④ 詩經，大雅，蕩之什，烝民；孟子，告子第六上，第六章。

28 不能動人，只是誠不至。於事厭倦，皆是無誠處。（遺書，卷五，頁二上）。

東正純曰：於事厭倦處，亦是不能動人處。（參考，總頁七五八）。

29 靜後見萬物自然皆有春意。（遺書，卷六，頁四上）。

朱子曰：「萬物皆有春意」，此天命之流行也。靜後此心光明瑩淨，與天無間。生生不已之機，觸目皆是。「樂意相關禽對語，生香不斷樹交花①」，謂此也。（此爲陳沆，近思錄補註，卷四，頁十下所引，惟出處不詳）。

又曰：天地以生物為心，而萬物皆具此心以生焉。則是雖枯槁肅殺之極，亦莫不有此生意也。然衆人之心，常躁擾紛雜，無有定時，故方秋冬之時，只見其枯槁肅殺，而不見其生意流行，未嘗有間斷者也。若夫聖賢存養之熟，人欲頓消，天理方行，其心澹然虛明，若明鏡止水。然則我之與萬物，自然相照映，所以能見其有春意。（同上，出處待查）。

張橫浦②曰：明道書窗前有茂草覆砌。或勸之芟。曰：「不可。欲常見造物生意。」置盆池，畜小魚數尾，時時觀之。或問其故。曰：「欲觀萬物自得意。」草之與魚，人所共見，惟明道見草則知生意，見魚則知自得意。此豈流俗之見可同日而語？（宋元學案，卷五，明道學案，下，頁五下）。

櫻田虎門曰：此靜字是通動靜而言，猶言心定也。不專指無事時。（摘說，卷四，頁二十一上）。

張伯行曰：天地生物之心，逐時逐物，發現呈露。無問於大小精粗，皆自然而然者，是謂春意，非獨以四時之首春為春也。人在大化鼓動中，雜感紛紜，所以不見天地生物之心。若涵養得久，凝神定慮，靜與天通，隨處體驗，覺飛躍蠕動，碧綠青黃，眼前看底，耳邊聞底，自然皆有勃勃生機之發，昭昭天理之行。明道詩云：「萬物靜觀皆自得③，」卽此意也。（集解，卷四，頁十二下至十三上）。

① 語類，卷一四〇，第三十八條，頁五三四七。此是石延年（九九四—一〇四一）名句，朱子盛贊此句。又謂「可惜不見其全集，多於小說詩話中略見一二爾」）。

② 張九成（一〇九二—一一五九），字子韶，自號橫浦居士，亦稱無垢居士。楊時門人，二程再傳弟子。學說見宋元學案，卷四十，橫浦學案。

③ 明道文集，卷一，頁六下。

30 孔子言仁，只說「出門如見大賓，使民如承大祭①。」看其氣象，便須「心廣體胖②，」「動容周旋中禮③」自然。惟愼獨便是守之之法。（遺書，卷六，頁一上）。

程子言仁，只說「出門……中禮。」問：孔子告仲弓，方是持敬底事。程子如此說，豈不有自然勉强之異乎？朱子曰：程子之言，擧敬之極致而言也。（語類，卷四十二，第二十條，頁一七一五／一〇七五）。

或問：伊川云，「孔子言仁，只說『出門』云云至『中禮』，惟愼獨便是守之之法。」曰：亦須先見得箇意思，方愼獨以守之。又曰：此前面說敬而不見得，此便是見得底意思，便是見得敬之氣象功效恁地。若不見得，卽黑淬淬地守一箇敬，也不濟事。（同上，第二十一條，頁一七一六／一〇七五至一〇七六）。

或問：伊川未出門，未使民時如何？曰：此「儼若思④」時也。聖人之言，得他恁地說，也好。但使某答那人，則但云，「公且去『出門如見大賓，使民如承大祭』。」因曰：那未出門使民時，自是當敬。不成未出門使民時不敬。却待出門時，旋旋如見大賓，使民時，旋旋如承大祭。却成甚擧止？聖人所以只直說「出門如見大賓，使民如承大祭。」更不說那未出門使民時如何。如今恁地說，却較淡了。（同上，第二十三條，頁一七一七／一〇七六）。

① 論語，顏淵第十二，第二章。
② 大學，第六章。
③ 孟子，盡心第七下，第三十三章。
④ 禮記，曲禮上，第一節。

31 聖人「脩己以敬以安百姓①，」「篤恭而天下平②。」惟上下一於恭敬，則天地自位，萬物自育③。氣無不和。四靈④何有不至？此「體信達順⑤」之道。聰明睿智皆由是出。以此事天饗帝⑥。（遺書，卷六，頁一上下）。

朱子曰：「惟上下一於恭敬。」這却是上之人有以感發興起之。體信是忠，達順是恕。體信是無一毫之僞。達順是發而皆中節，無一物不得其所。「聰明睿智皆由此出。」這是自誠而明。（語類，卷四十四，第一二三條，頁一八一八／一一四五）。

問：「體信達順。」曰：體信是實體此道於身，達順是發而中節，推之天下而無所不通也。（同上，第一二五條，頁一八一九／一一四五）。

問：「體信達順。」曰：信只是實理。順只是和氣。體信是致中底意思，達順是致和底意思。此是禮記中語言。能恭敬則能體信達順。「聰明睿智由此出」者，言能恭敬自然心便開明。（同上，第一二七條，頁一八一九／一一四五）。

又曰：程子曰：「君子『修己以安百姓』，『篤恭而天下平』，至「以此事天享帝。」」此語上下不難曉。惟中間忽云，「聰明睿智皆由此出」，則非容易道得。是他曾因此出些聰明睿智來。（同上，第一三二條，頁一八二〇／一一四六）。

中村惕齋曰：因天下氣和，四靈祥瑞，乃應運而至。（示蒙句解，卷四，頁一九五）。

① 論語，憲問第十四，第四十五章。
② 中庸，第三十三章。
③ 同上，第一章。
④ 龍，鳳，龜，麟。禮記，禮運，第二十六節。
⑤ 同上，第三十五節。
⑥ 各本有併此條與上條爲一條，或併第五十四與五十五爲一條而分第六十五爲兩條，以足本卷七十條之數者。

32 存養熟後，泰然行將去。便有進。（遺書，卷六，頁三上）。

朱子曰：心存時少，亡時多。存養得熟後，臨事省察，不費力。（語類，卷十二，第四十三條，頁三二五一—二〇四）。

葉采曰：所養厚，則行有餘力。（集解，卷四，頁十）。

33 不愧屋漏①，則心安而體舒。（遺書，卷六，頁十下）。

朱子曰：心無不敬，則四體自然收歛。不待十分著意安排，而四體自然舒適。（文集，卷五十六，答朱飛卿書，頁二十四上）。

① 同卷二，第八十九條，註⑦。

34 心要在腔子①裏。只外面有些隙罅，便走了。（遺書，卷七，頁一上）。

問：「心要在腔子裏。」若處事應物時，心當如何？朱子曰：思慮應接，亦不可廢。但身在此，則心合在此。曰：然則方其應接時，則心在事上。事去則此心亦合管着。曰：固是要如此。（語類，卷九十六，第十三條，頁三九一〇／二四六二）。

或問：「心要在腔子裏。」如何得在腔子裏？曰：敬便在腔子裏。又問：如何得會敬？曰：只管恁地滾做甚麼？才說到敬，便是更無可說。（同上，第十五條，頁三九一一／二四六三）。

高攀龍（一五六二—一六二六）曰：「心要在腔子裏」，是在中之義。不放於外，便是在中，非有所著也。（高子遺書，卷一，語，頁八上）。

貝原益軒曰：「外面有隙」言耳目口鼻之欲，有狥物于外，則心便走了而不在腔子裏。故曰：「制於外，所以養其內也②。」（備考，卷四，頁十二上，總頁二八三）。

① 「腔子」猶言軀殼，亦卽身子。

② 此處朱子以此條爲伊川語，而在小學（卷五，頁十七上）則作明道語。此又兄弟二人思想相同，遺書卷七爲「二先生語」，無分彼此之證。張伯行（近思錄集解，卷四，頁十四上下）分此條爲兩條。

③粹言，卷二，頁二十二下。

[35] 人心常要活，則周流無窮而不滯於一隅。（遺書，卷五，頁一上）。

問：「人心要活，則周流無窮而不滯於一隅。」如何是活？朱子曰：心無私便可推行。活者不死之謂。（語類，卷九十六，第十六條，頁三九一一／二四六三）。

[36] 明道先生曰：「天地設位，而易行乎其中①。」只是敬也。敬則無間斷。（遺書，卷十一，頁二上）。

李文②問：『「天地設位，而易行乎其中」，只是敬』，如何？朱子曰：易是自然造化。聖人本意只說自然造化流行，程子是將來就人身上說。敬則這道理流行，不敬便間斷了。前輩引經文，多是借來說己意。如「必有事焉，而勿正。心勿忘。勿助長③」，孟子意是說做工夫處。程子却引來「鳶飛魚躍」處，說自然道理。若知得「鳶飛魚躍」，便了此一語。（語類，卷九十六，第十七條，頁三九一一／二四六二）。

問：「『天地設位，而易行乎其中』，只是敬。敬則無間斷。」不知何以言敬。曰：伊川們說得潤，使人難曉。曰：下面云，「誠，敬而已矣④。」恐是說天地間一箇實理如此。曰：就天地之間言之，是實理。就人身上言之，惟敬然後見得心之實處流行不息。敬才間斷，便不誠。不誠便無物⑤，是息也。（同上，第十八條，頁三九一二／二四六三）。

① 易經，繫辭上傳，第七章。
② 此條爲陳淳所錄。李唐咨，字堯卿，乃陳淳岳父，故稱「李丈」。唐咨與淳兩次同事朱子。參看拙作朱子門人，頁一二二。
③ 孟子，公孫丑第二上，第二章。
④ 本條下文。
⑤ 中庸，第二十五章。

37 「毋不敬①，」可以「對越上帝②。」（遺書，卷十一，頁二上）。

問：敬何以用工？朱子曰：只是內無妄思，外無妄動。（語類，卷十二，第一〇四條，頁三三六）。

茅星來曰：不妄思，則心之所存，無非天理。不妄動，則外之所為，無非天理。故可以對越上帝。（集註，卷四，頁十四上）。

①　禮記，曲禮上，第一節。

②　詩經，周頌，清廟之什，清廟。

38 敬勝百邪。（遺書，卷十一，頁二下）。

朱子曰：學者常用提省此心，使如日之升，則羣邪自息。（語類，卷十二，第二十四條，頁三三一〇／二〇一）。

39 「敬以直內，義以方外①，」仁也。若以敬直內，則便不直矣。「必有事焉而勿正②」則直也。（遺書，卷十一，頁三上）。

問：程子曰：「『敬以直內，義以方外』，仁也。」如何以此便謂之仁？朱子曰：亦是仁也。若能到私欲淨盡，天理流行處，皆可謂之仁。如「博學篤志，切問近思③」，能如是，則仁亦在其中。……看從那路入。但從一路入，做到極處皆是仁。（語類，卷九十六，第二十條，頁三九一三／二四六四）。

施璜曰：「敬以直內」，是無纖毫私意，胸中洞然。徹上徹下，表裏如一。「義以方外」

是見得是處，決定是恁地。不是處，決定不恁地。截然方方正正。如此則人欲淨盡，天理流行，而心德全矣。故曰仁也。然不曰「以敬直內」，而曰：「敬以直內。」蓋有意欲以之而直內，則此心已有所偏倚，而非直矣。「必有事焉而勿正」者，敬所當為，而無期必計效之意，所以謂之直也。（發明，卷四，頁十三上）。

① 易經，坤卦第二，文言。
② 孟子，公孫丑第二上，第二章。
③ 論語，子張第十九，第六章。

40 涵養吾一。（遺書，卷十五，頁一上）。

朱子曰：只敬則心便一。（語類，卷十二，第九十一條，頁三三五／二一〇）。

茅星來曰：一不二不雜，指心之本體言也。有以涵養之，而此心湛然虛明，不至有昏昧放逸之患矣。（集註，卷四，頁十四下）。

張伯行曰：一者誠也，無欲也。無欲則一，有欲則二三。其謂之吾一者，人心一太極。太極本具於吾心。所以不自外面捉搦箇一來。只好涵泳持養，「勿貳以二，勿參以三①」，則此心純乎天理而無人欲之私矣。要其所謂涵養者，非一朝一夕之事也。（集解，卷四，頁十五下至十六上）。

① 語類，卷一〇五，第五〇條，頁四一八七。又文集，卷八十五，敬齋箴，頁六上）。

41 子在川上曰：「逝者如斯夫！不舍晝夜①。」自漢以來，儒者皆不識此義。此見聖人之心，「純亦不已②」也。純亦不已，天德也。有天德便可語王道。其要只在愼獨。（遺書，卷十四，頁一下）。

問：「逝者如斯。」朱子曰：「逝」只訓「往」。「斯」字方指川流處。（語類，卷三十六，第一一〇條，頁一五五四／九七三）。

或問：明道云：「自漢以來，諸儒皆不識此」，如何？曰：是他不識，如何却要道他識？此事除了孔孟，猶是佛老見得些形象。譬如畫人一般，佛老畫得些模樣。後來儒者於此全無相著。如何教他兩箇不做大！（同上，第一一四條，頁一五五六／九七四）。

又問：「有天德便可語王道。」曰：有天德，則便是天理，便做得王道。無天德，則做王道不成。又曰：無天德，則是私意，是計較。後人多無天德，所以做王道不成。（同上，第一一三條，頁一五五九／九七六）。

問：人之不能不息者有二：一是不知後行不得。二是役於欲後行不得。人須是下窮理工夫，使無一理之不明，下克己工夫，使無一私之或作。然此兩段工夫皆歸在敬上。故明道云，「其要只在慎獨。」曰：固是。若不慎獨，便去隱微處間斷了。能慎獨，然後無間斷。若或作或輟，如何得與天地相似？（同上，第一一二二條，頁一五五五／九七四）。

至之③問：「逝者如斯夫，不舍晝夜！」使是「純亦不已」意思否？曰：固是。然此句在吾輩作如何使？楊④曰：「學者當體之以自强不息。」曰：只是要得莫間斷。程子謂「此天德也。有天德，便可語王道。其要只在慎獨。」慎獨與這裏何相關？只少有不慎，便斷了。（同上，第一一二五條，頁一五六〇／九七七）。

① 論語，子罕第九，第十六章。
② 中庸，第二十六章。
③ 楊至，同卷二，第四十三條，註③。
④ 即至之。

42 「不有躬，無攸利①。」不立己，後雖向好事，猶爲化物，不得以天下萬物撓己。己立後，自能了當得天下萬物②。（遺書，卷六，頁二上）。

葉采曰：己未能自立，則心無所主。雖為善事，猶為逐物而動。若能自立，則應酬在我，物皆聽命。何撓之有？（集解，卷四，頁十一）。

問：「不立己後，雖向好事，猶為物化」，何也？朱子曰：己不立，則在我無主宰矣。雖向好事，亦只是見那事物好，隨那事物去，便是為物所化。（語類，卷九十六，第二十二條，頁三九一四／二四六四）。

又曰：程子說「不得以天下萬物撓己。己立後自能了得天下萬物。」今自家一箇身心，不知安頓去處，而談王說霸，將經世事業，別作一箇伎倆商量講究，不亦誤乎？（文集，卷四十七，答呂子約第二十七書，頁三十一上）。

① 易經，蒙卦第四，六三爻辭。

② 近思錄以此條爲明道語，惟語類，卷九十六，第二十一條，頁三九一三，則以爲伊川語。

[43] 伊川先生曰：學者患心慮紛亂，不能寧靜。此則天下公病。學者只要立箇心。此上頭儘有商量。（遺書，卷十五，頁四上）。

金長生曰：能立箇心，然後其上頭可以商量，譬如立屋者，若無基址，豈有立屋之處？（釋疑，卷四，沙溪先生全書，卷十九，頁十一下）。

[44] 閑邪則誠自存①。不是外面捉一箇誠將來存著。今人外面役役於不善，於不善中尋箇善來存著。如此則豈有入善之理？只是閑邪則誠自存。故孟子言性善②皆由內出。只爲誠便存。閑邪更著甚工夫？但惟是動容貌，整思慮。則自然生敬。敬只是主一也。主一則既不之東，又不之西。如是則只是中。既不之此，又不之彼。如是則只是內。存此則自然天理明。學者須是將「敬以直內③」涵養此意。直內是本。**尹彥明④曰：敬有甚形影？只收斂身心，便是主一。且如人到神祠中致敬時，其心收斂，更著不得毫髮事。非主一而何⑤？**（遺書，卷十五，頁五上下）。

問：主一。朱子曰：做這一事，且做一事。做了這一事，却做那事。今人做一事未了，又要做那事，心下千頭萬緒。（語類，卷九十六，第二十三條，頁三九一四／二四六四）。

或謂主一不是主一事。如一日萬幾，須要並應。曰：一日萬幾，也無並應底道理。須還他逐一件理會。但只是聰明底人見得快。（同上，第二十六條，頁三九一四至三九一五／二四六五）。

又曰：主一兼動靜而言。（同上，第二十七條，頁三九一五／二四六五）。

①易經，乾卦第一之九二文言。
②孟子，公孫丑第二上，第二章；告子第六上，第六章。
③易經，坤卦第二，文言。
④尹淳，同卷二，第七十五條，註①。
⑤「尹彥明」以下乃近思錄本註。尹氏之言，見伊洛淵源錄，卷十一，頁五下至六上。文集，卷五十四，答陳正己第一書，頁十八上略論此註。

45 閑邪則固一矣。然主一則不消言閑邪。有以一爲難見，不可下工夫，如何？一者無他，只是整齊嚴肅，則心便一。一則自是無非僻之干。此意但涵養久之，則天理自然明。（遺書，卷十五，頁六下）。

問：「閑邪則固一矣。主一則更不消言閑邪。」朱子曰：只是覺見邪在這裏，要去閑他，則這心便一了。所以說道「閑邪則固一矣。」既一則邪便自不能入，更不消說又去閑邪。恰如知得外面有賊，今夜用須防他，則便醒了。既惺了，不須更說防賊。（語類，卷九十六，第二十八條，頁三九一五／二四六五）。

或問：閑邪主一如何？曰：主一似「持其志①」，閑邪似「無暴其氣②」。閑邪只是要邪氣不得入，主一則守之於內。二者不可有偏，此內外相養之道也。（同上，第二十九條，頁三九一五／二四六五）。

① 孟子，公孫丑第二上，第二章。
② 同上。

46 有言未感時知①何所寓？曰：「操則存，舍則亡。出入無時，莫知其鄉②，」更怎生尋所寓？只是有操而已。操之之道，「敬以直內③」也。（遺書，卷十五，頁七上）。

用之④問：「有言未感時知何所寓？」朱子曰：「操則存，舍則亡。出入無時，莫知其鄉。」更怎生尋所寓？只是有操而已。朱子曰：這處難說，只爭一毫子。只是看來看去，待自見得。若未感時，又更操這所寓，便是有兩箇物事。所以道「只有操而已。」只操便是主宰在這裏。（語類，卷九十六，第三十條，頁三九一五／二四六五至二四六六）

① 「知」，誠如茅星來所云（近思錄集註，卷四，頁十七上），「『知』指心之知覺而言。」鄭曄（近思錄釋疑，卷四，頁十上下）強解「知」爲「不知」，而金長生（近思錄釋疑，沙溪先生全書，卷十九，頁十二下）沿之。遺書原文「知」下有「如」字。「何」與「如何」意義相同。
② 孟子，告子第六上，第八章。
③ 易經，坤卦第二，文言。
④ 劉礪，同卷二，第四十四條，註③。

[47] 敬則自虛靜。不可把虛靜喚做敬。（遺書，卷十五，頁十一上）。

朱子曰：「聖人定之以中正仁義而主靜①」，正是要人靜定其心，自作主宰。程子又恐只管靜去，遂與事物不相交涉，却說箇敬，云，「敬則自虛靜。」須是如此做工夫。（語類，卷九十四，第一〇一條，頁三七八七至三七八八／二三八五）。

張伯行曰：程子恐人誤認周子主靜之旨，故言此以示學者。（集解，卷四，頁十九上下）。

① 周敦頤，太極圖說（周子全書，卷一，頁二十三）。參看卷一，第一條。

[48] 學者先務，固在心志。然有謂欲屏去聞見知思，則是「絕聖棄智①」。有欲屏去思慮，患其紛亂，則須坐禪入定。如明鑑在此，萬物畢照，是鑑之常。難爲使之不照。人心不能不交感萬物，難爲使之不思慮。若欲免此，惟是心有主。如何爲主？敬而已矣。有主則虛。虛謂邪不能入。無主則實。實謂物來奪之。大凡人心不可二用。用於一事，則他事更不能入者，事爲之主也。事爲之主，尚無思慮紛擾之患。若主於敬，又焉有此患乎？所謂敬者，主一之謂敬。所謂一者，無適之謂一。且欲涵泳主一之義，不一則二三矣。至於不敢欺，不敢慢，尚不「愧于屋漏②，」皆是敬之事也。（遺書卷十五，頁十九下至二十上）。

朱子曰：「外邪不能入」，是「有主則虛」也。自家心裏只有這箇為主，別無物事，外邪從何處入？豈不謂之虛乎？然他說「有主則虛」者，實字便已在有主上了。……「無主則實」者，自家心裏既無以為之主，則外邪却入來實其中，此又安得不謂之實乎？（語類，卷九十六，第三十二條，頁三九一六／二四六六）。

又曰：「主一之謂敬，無適之謂一。」敬主於一。做這件事，更不做別事。無適是不走作。（同上，第三十五條，頁三九一八／二四六七）。

道夫③曰：伊川云，「主一之謂敬，無適之謂一。」又曰：「人心要常活，則周流無窮而不滯於一隅④。」或者疑主一則滯，滯不能周流無窮矣。道夫竊謂主一則此心便存。心存則物來順應，何有乎滯？曰：固是。然所謂主一者，何嘗滯於一事？不主一則方理會此事，而心留於彼，却是滯於一隅。（同上，第三十九條，頁三九一九／二四六八）。

陳埴⑤問：近思錄明道言「中有主則實，實則外患不能入⑥。」伊川云：「心有主則虛，虛則邪不能入。無主則實，實則物來奪之。」所主不同，何也？曰：「有主則實」，謂有主人在內，先實其屋，外客不能入。故謂之實。「有主則虛」，謂外客不能入。只有主人自在。故又謂之虛耳。知惟實故虛。蓋心既誠敬，則自然虛明。（雜問，卷四，頁二十上）。

薛瑄（一三八九—一四六四）曰：程明道曰，「中有……不能入」，此實字指敬而言。主敬則天理存，而心實，外患自不能入。伊川曰：「中有……不能入。」此中有主，卽主敬之主。敬則理雖實而心體常虛。虛謂外邪不能入。（讀書錄，卷五，論敬，頁十三下）。

茅星來曰：「不敢欺」，以內而言。「不敢慢」，以外而言。「不愧屋漏」，又兼內外而言之也。（集註，卷四，頁十八下）。

① 老子，第十九章。
② 同卷二，第八十九條，註⑦。
③ 楊道夫，同卷二，第十二條，註①。
④ 遺書，卷五，頁一上。
⑤ 同卷一，第十六條，註②。
⑥ 遺書，卷一，頁六上。

[49] 「嚴威儼恪①，」非敬之道。但致敬須自此入。（遺書，卷十五，頁二十一上）。

問敬。朱子曰：不用解說。只整齊嚴肅便是。（語類，卷十二，第一〇五條，頁三三六至三三七／二一二）。

葉采曰：敬存於中。嚴威儼恪，著於外者。然未有外貌弛慢而心能敬。（集解，卷四，頁十四）。

① 禮記，祭義，第十四節。

50 舜孳孳爲善①。若未接物，如何爲善？只是主於敬，便是爲善也。以此觀之。聖人之道，不是但嘿然無言。（遺書，卷十五，頁二十一上）。

用之②問：「舜孳孳為善。未接物時，只主於敬，便是為善。」以此觀之，聖人之道不是默然無言。聖人之心「純亦不已③。」雖無事時，也常有箇主宰在這裏，固不是放肆，亦不是如槁木死灰。朱子曰：這便如夜來說只是有操而已一段。如今且須常存箇誠敬做主，學問方有所歸著。如有屋舍了，零零碎碎方有頓處。不然，却似無家舍人，雖有千萬之寶，亦無安頓處。今日放在東邊草裏，明日放在西邊草裏，終非己物。（語類，卷六十，第一二七條，頁二二九五至二二九六／一四四六）。

① 孟子，盡心第七上，第二十五章，「鷄鳴而起，孳孳爲善者，舜之徒也」。
② 劉礪，同卷二，第四十四條，註③。
③ 中庸，第二十六章。

51 問：人之燕居，形體怠惰，心不慢，可否？曰：安有箕踞①而心不慢者？昔呂與叔②六月中來緱氏③，閒居中某嘗窺之，必見其儼然危坐，可謂敦篤矣。學者須恭敬，但不可令拘迫。拘迫則難久。（遺書，卷十八，頁七上下）。

或問：主敬只存之於心，少寬四體，亦無害否？朱子曰：心無不敬，則四體自然收斂。不待十分着意安排，而四體自然舒適。着意安排，則難久而生病矣。（語類，卷十二，第一〇七條，頁三三七／二一一至二一二）。

① 箕踞，申兩足，以手據膝，形如箕也。
② 呂大臨，同卷一，第五十一條，註①。
③ 今河南偃師縣。

52 思慮雖多，果出於正，亦無害否？曰：且如在宗廟則主敬，朝廷主莊，軍旅主嚴，此是也。如發不以時，紛然無度，雖正亦邪。（遺書，卷十八，頁七下）。

茅星來曰：敬以事言，莊以容言，嚴以法言。三者亦非截然分屬。蓋程子特各就其重者言之耳。（語類，卷四，頁二十上）。

53 蘇季明①問喜怒哀樂未發②之前求中，可否？曰：不可。既思於喜怒哀樂未發之前求之，又却是思也。既思即是已發。思與喜怒哀樂一般③。纔發便謂之和，不可謂之中④也。又問：呂學士⑤言當求於喜怒哀樂未發之前，如何？曰：若言存養於喜怒哀樂未發之前則可，若言求中於喜怒哀樂未發之前則不可。又問：學者於喜怒哀樂發時，固當勉強裁抑。於未發之前當如何用功？曰：於喜怒哀樂未發之前，更怎生求？只平日涵養便是。涵養久，則喜怒哀樂發自中節。曰：當中之時，耳無聞，目無見否？曰：雖耳無聞，目無見，然見聞之理在始得。賢且說靜時如何。曰：謂之無物⑥則不可。然自有知覺處。曰：既有知覺，却是動也。怎生言靜？人說復其見天地之心⑦，皆以謂至靜能見天地之心⑧，非也。復之卦下面一畫⑨，便是動也。安得謂之靜？或曰：莫是於動上求靜否？曰：固是。然最難。釋氏多言定。聖人便言止。如「爲人君，止於仁。爲人臣，止於敬⑩」之類是也。易之艮言止之義。曰：「艮其止，止其所也⑪。」人多不能止。蓋人萬物皆備。遇事時各因其心之所重者更互而出。纔見得這事重，便有這事出。若能物各付物，便自不出來也。或曰：先生於喜怒哀樂未發之前，下動字？下靜字？曰：謂之靜則可。然靜中須有物始得。這裏便是難處。學者莫若且先理會⑫得敬。能敬則知此矣。或曰：敬何以用功？曰：莫若主一。季明曰：昞嘗患思慮不定。或思一事未了，他事如麻又生。如何？曰：不可。此不誠之本也。須是習。習能專一時便好。不拘思慮與應事，皆要求一。（遺書，卷十八，頁十四下至十五下）。

問：舊看程先生所答蘇季明喜怒哀樂未發，耳無聞，目無見之說，亦不甚曉。昨見先生答呂子約書，以為目之有見，耳之有聞，心之有知未發，與目之有視，耳之有聽，心之有思已發不同⑬，方曉然無疑。不知足之履，手之持，亦可分未發已發否？朱子曰：便是書不如此讀。聖人只教你去喜怒哀樂上討未發已發，卻何嘗教你去手持足履上分未發已發？都不干事。且如眼見一箇物事，心裏愛，便是已發，便屬喜。見箇物事惡之，便屬怒。若見箇事物心裏不喜不怒，有何干涉？（語類，卷九十六，第四十一條，頁三九二〇／二四六八）。

用之⑭問：「蘇季明問喜怒哀樂未發之前求中」一條。曰：此條記得極好。只中間說「謂之無物則不可，然靜中須有箇覺處」，此二句似反說。「無物」字恐當作「有物」字……「雖耳無聞，目無見，然見聞之理在始得。」雖是耳無聞，目無見，然須是常有箇主宰執持底在這裏始得。不是一向放倒，又不是一向空寂了。……下面說復卦，便是說靜中有動。不是如瞌睡底靜。中間常自有箇主宰執持。後又説艮卦，又是説動中要靜。（同上，第四十三條，頁三九二〇至三九二一／二四六九）。

問：前日論「既有知覺，却是動也」，某彼時一□□言句了，及退而思，大抵心本是箇活物，無間於已發未發，常恁地活。伊川所謂「動」字，只似「活」字。其曰「怎生言靜」，而以復説證之，只是明靜中不是寂然不省故爾。不審是否？曰：説得已是了，但「寂」字未是。寂含活意，感則便動，不只是昏然不省也。（同上，第四十五條，頁三九二二至三九二三／二四七〇）。

問：蘇季明問喜怒哀樂未發之前，下動字？下靜字。伊川曰：「謂之靜則可。靜中須有物始得。」所謂「靜中有物」者，莫是喜怒哀樂雖未形，而含喜怒哀樂之理否？曰：喜怒哀樂乃是感物而有，猶鏡中之影。鏡未照物，安得有影？曰：然則「靜中有物」，乃鏡中之光明。曰：此却説得近似。但只是此類。所謂「靜中有物」者，只是知覺便是。曰：伊川却云，「纔説知覺，便是動。」曰：此恐伊川説得太過。若云知箇甚底，覺箇甚底，如知得寒，覺得煖，便是知覺一箇物事。今未嘗知覺甚事，但有知覺在，何妨其為靜？不成靜坐便只是瞌睡。（同上，第四十七條，頁三九二三／二四七〇）。

問：伊川言，「靜中須有物始得。」此物云何？曰：只太極也。（同上，第五十條，頁三九二四／二四七一）。

又曰：「蘇季明嘗患思慮不定。……皆要專一。」而今學問，只是要一箇專一。若參禪修養，亦皆是專一，方有功。（同上，第五十一條，頁三九二四／二四七一）。

①蘇季明（壯年一〇九三），名昞。初學於橫渠而卒業於二程。自布衣召爲太常博士。後以上書訐邪黨遭貶。參看伊洛淵源錄，卷九，宋史，卷四二八，與宋元學案，卷三十一。

②中庸，第一章。

③此八字遺書本註。

④同註②。朴履坤（近思錄釋義，卷四，頁七上）謂中庸言發而中節，方謂之和。故「纔發便謂之和」必是記者之誤。然伊川只言已發未發，非言已發之程度也。

⑤呂大臨，同卷一，第五十一條，註①。

⑥朱子謂「無物」當作「有物」。茅星來（近思錄集註，卷四，頁二十一下）指出粹言（卷一，頁六上）的作「有物」。築田勝信（近思錄集解便蒙詳說，頁五四一）謂「無物」之「無」爲誤是也。

⑦易經，復卦第二十四之彖傳。

⑧王弼（二二六—二四九），周易注，註「復其見天地之心乎」曰：「寂然至無，是其本也」。

⑨參看第二條。

⑩大學，第三章。

⑪易經，艮卦第五十二之彖傳。

⑫「理會」，誠如築田勝信（頁五四四）指出，應解作持守。

⑬文集，卷四十八，答呂子約第三十九書，頁十三上至十四上。

⑭劉礪，同卷二，第四十四條，註③。

54 人於夢寐間，亦可以卜自家所學之淺深。如夢寐顛倒，即是心志不定，操存不固。（遺書，卷十八，頁十六上）。

朱子曰：魂與魄交而成寐。心在其間，依舊能思慮，所以做成夢。（語類，卷一一四，第四十五條，頁四四一〇／二七六八）。葉采（近思錄集解，卷四，頁十七）引此語後自云：「若心神安定，夢寐亦不至顛倒。」而江永（近思錄集註，卷四，頁十下）與張伯行（近思錄集解，卷四，頁二十六下）均誤以葉氏語為朱子之語。

55 問：人心所繫著之事果善，夜夢見之，莫不害否？曰：雖是善事，心亦是動。凡事有眹兆入夢者却無害。捨此皆是妄動。人心須要定，使他思時方思，乃是。今人都由心。曰：心誰使之？曰：以心使心則可。人心自由，便放去也。（遺書，卷十八，頁十六上下）。

葉采曰：吉凶云為之兆，見於夢者，則此心之神，應感之理，却不為害。苟無故而夢者，皆心妄動。人心操之，則在我。放而不知求，則任其所之。以心使心，非二心也，體用而言之耳。（集解，卷四，頁十八）。

問：「以心使心」此句有病否？朱子曰：無病。其意只要此心有所主宰。（語類，卷九十六，第五十二條，頁三九二五）。

陳淳（一一五九—一二二三）曰：上「心」字卽是道心，專以理義言之也。下「心」字卽是人心，而以形氣言之也。「以心使心」，則是道心為一身之主，而人心其聽命也。朱子批曰：亦是如此。然觀程先生之意，只是說自作主宰耳。（文集，卷五十七，陳安卿問目第二書，頁二十九上下）。

56 持其志，無暴其氣①。內外交相養也。（遺書，卷十八，頁十八下）。

朱子曰：「持其志，無暴其氣」，是兩邊做工夫。志只是心之所向。而今欲做一件事，這便是志。持其志，便是養心。不是持志外別有箇養心。問：志與氣如何分別？曰：且以喜怒言之。有一件事，這裏便當審處。是當喜，是當怒？若當喜，也須喜。若當怒，也當怒。這便持其志。若喜得過分，一向喜，怒得過分，一向怒，則氣便粗暴了。便是「暴其氣」，志却反為所動。（語類，卷五十二，第三十五條，頁一九六二至一九六三／一二三八）。

又曰：「持其志，無暴其氣」，此是言養氣工夫。內外須是交盡。不可靠自己自守其志，便謂無事。氣纔不得其平，志亦不得其安。（同上，第三十六條，頁一九六三／一二三八）。

葉采曰：「持其志」者，有所守於中。「無暴其氣」者，無所縱於外。然中有所守，則氣自完。外無所縱，則志愈固。故曰「交相養」。（集解，卷四，頁十八）。

① 孟子，公孫丑第二上，第二章。

57 問：「出辭氣①」。莫是於言語上用工夫否？曰：須是養乎中，自然言語順理，若是愼言語不妄發，此却可著力。（遺書，卷十八，頁二十上）。

澤田武岡曰：此章之意，欲內外兼用其力，而又要見得這裏有本末輕重之等。蓋心猶印文也。印文正，打過千張紙萬張紙俱正。若印文不正，則千張萬張俱不正。故唯中有所養而後發於外者，自然罔悖。然又不可謂用力于中，則於言語上全不省。故曰：「若是愼言語，不妄發，此却可著力。」（說略，卷四，頁三十一下，總頁四六二一）。

① 論語，泰伯第八，第四章。

58 先生謂繹①曰：吾受氣甚薄，三十而浸盛，四十五十而後完。今生七十二年矣。校其筋骨，於盛年無損也。繹曰：先生豈以受氣之薄，而厚爲保生耶？夫子默然曰：吾以忘生徇欲爲深耻。（遺書，卷二十一上，頁二下）。

張南軒②曰：若他人養生要康强，只是利。伊川說出來，純是天理。（中國註家皆引張氏。出處待查）。

① 張繹，同卷二，第七十三條，註①。

② 張栻（一一三三—一一八〇）字敬夫，又稱欽夫，自號南軒，與朱子爲莫逆之交。湘湖學派領袖，傳詳朱子右文殿修撰張公神道碑（文集，卷八十九），學說詳宋元學案，卷五十。

59 大率把捉不定皆是不仁。外書，下同。（卷一，頁一下）。

張伯行曰：仁者純乎天理，其心存而不放。固不須著力把捉，自安所止而有定者也。把捉不定，則是理不勝欲，而心為物奪。故程子以為皆是不仁。（集解，卷四，頁二十八上）。

60 伊川先生曰：致知在所養，養知莫過於寡欲二字。（外書，卷二，頁四上）。

朱子曰：「致知在乎所養，養知莫過於寡欲」二句。致知者，推致其知識而至於盡也。將致知者，必先有以養其知。有以養之，則所見益明，所得益固。欲養其知者，惟寡欲而已矣。欲寡則無紛擾之雜，而知益明矣。無變遷之患，而得益固矣。（語類，卷十八，第六十三條，頁六五〇至六五一／四〇五）。

61 心定者其言重以舒，不定者其言輕以疾。（外書，卷十一，頁三下）。

朱子曰：「心定者其言重以舒」兩句。言發於心。心定則言必審。故的確而舒遲。不定則內必紛擾，有不待思而發。故淺易而急迫。此亦志動氣之驗也。（語類，卷九十六，第五十五條，頁三九二六／二四七二）。

62 明道先生曰：人有四百四病①，皆不由自家。則是心須教由自家。（外書，卷十二，頁六下）。

葉采曰：只有此心，操之在我，不可任其所之也。（集解，卷四，頁十九）。

① 佛家以地水火風四大爲身，常相侵害。四大各有百零一病。其中水風之二百零二病爲冷病，地火之二百零二病爲熱病。

63 謝顯道①從明道先生於扶溝②。明道一日謂之曰：爾輩在此相從，只是學顯言語。故其學心口不相應。盍若行之。請問焉。曰：且靜坐。伊川每見人靜坐，便嘆其善學。（外書，卷十二，頁九下）。

朱子曰：明道在扶溝時，謝游③諸公皆在彼問學。明道一日曰：「諸公在此，只是學某說話。何不去力行？」一公云：「某等無可行者。」明道曰：「無可行時，且去靜坐。」蓋靜坐時，便涵養得本原稍定。雖是不免逐物，及自覺而收歛歸來，也有箇著落。譬如人出外去，才歸家時，便自有箇著身處。若是不曾存養得箇本原，茫茫然逐物在外，便要收歛歸來，也無箇著身處也。（語類，卷九十六，第五十六條，頁三九二六／二四七二）。

伊川見人靜坐，如何便歎其善學？曰：這却是一箇總要處。（同上，第五十七條，頁三九二六／二四七二）。

① 謝顯道，同卷二，第二十七條，註④。

② 在河南省。明道神宗元年（一〇七八）至三年（一〇八〇）知扶溝縣。

③ 游酢。參看卷二，第八十九條，註⑱。

64 橫渠先生①曰：始學之要，當知三月不違，與日月至焉②內外賓主之辨。使心意勉勉循循而不能已。過此幾非在我者。文集。（張子全書，卷十四，近思錄拾遺，頁四上）。

至之③問：橫渠言，「始學之要，當知『三月不違』止。過此幾非在我者。」朱子曰：且以屋喻之，「三月不違」者，心常在內。雖間或有出時，然終是在外不穩便，纔出卽便入。蓋安於內，所以為主。「日月至焉」者，心常在外。雖間或有入時，然終是在內不安，纔入卽便出。蓋心安於外，所以為賓。日至者，一日一至此。月至者，一月一至此，自外而至也。不違者，心常存。日月至者，有時而存。此無他，知有至未至，意有誠未誠。知至矣，雖驅使為不善，亦不為。知未至，雖軋勒使不為，此意終迸出來。故貴於見得透，則心意勉勉循循，自不能已矣。「過此幾非在我者」，猶言「過此以往，未之或知④。」言過此則自家著力不得，待他自長進去。（語類，卷三十一，第十八條，頁一二五七／七八四）。

① 同引言，註⑦。
② 論語，雍也第六第五章，孔子贊顏回之心三月不違仁，其餘則日月至焉而已。
③ 楊至，同卷二，第四十三條，註③。
④ 易經，繫辭下，第五章。

[65] 心清時少，亂時常多。其清時視明聽聰。四體不待羈束而自然恭謹。其亂時反是。如此何也？蓋用心未熟，客慮多而常心少也。習俗之心未去，而實心未完也。人又要得剛。太柔則入於不立。亦有人生無喜怒者，則又要得剛。剛則守得定不回，進道勇敢。載則比他人自是勇處多①。語錄，下同。（「始學」至「未完也」，載張子全書，卷七，學大原下，頁一下。「未完也」以下，張子全書，卷十四，近思錄拾遺，頁四上下）。

問：橫渠說，「客慮多而常心少，習俗之心勝而實心未完。」所謂客慮與習俗之心，有分別否？朱子曰：也有分別。客慮是泛泛思慮。習俗之心，便是從來習染偏勝底心。實心是義理底心。（語類，卷九十八，第一一八條，頁四〇二〇／二五三〇）。

① 參看第三十一條，註⑤。茅星來（近思錄集註，卷四，頁二十六上）謂兩段意思相承，不應分作兩條云。

66 戲謔不惟害事，志亦爲氣所流。不戲謔亦是持氣之一端。（張子全書，卷六，學大原上，頁七上）。

朱子曰：橫渠學力絕人，尤勇於改過。獨以戲謔為無傷。一日忽曰：「凡人之過，猶有出於不知而為之者。至戲謔則皆有心為之。其為害尤甚。」遂作東銘①。（葉采，近思錄集解，卷四，頁二十，引此語，但未詳出處。豈佚文耶）？

又曰：所喻戲謔本欲詞之巧而然。……不惟害事，而所以害於心術者尤深。昔橫渠先生嘗言之矣。（文集，卷三十五，與劉子澄第十書，頁二十一上）。

① 參看卷一，第八十九條之末。

67 正心之始，當以己心爲嚴師。凡所動作，則知所懼。如此一二年守得牢固，則自然心正矣。（張子全書，卷六，學大原上，頁七上下）。

朱子曰：正心却不是將此心去正那心。但存得此心在這裏，所謂忿懥恐懼好樂憂患，自來不得。（語類，卷十六，第一三六條，頁五四八／三四四）。

68 定然後始有光明。若常移易不定，何求光明？易大抵以艮爲止。止乃光明

①。故大學定而至於能慮②。人心多則無由光明。易說，下同。（張子全書，卷九，頁三十二上，釋大畜卦象傳）。

問：艮之象，何以為光明？朱子曰：定則明。凡人胸次煩擾，則愈見昏昧。中有定止，則自然光明。莊子所謂「泰宇定而天光發③」是也。（語類，卷七十三，第五十條，頁二九四四／一八五一）。

① 易經，艮卦第五十二，彖傳云：「艮，止也。時止則止，時行則行。動靜不失其時，其道光明」。
② 大學經文，「知止，而后有定。定，而后能靜，靜，而後能安。安，而后能慮」。
③ 莊子，庚桑楚第二十三，卷八，頁九下。

[69]「動靜不失其時，其道光明①。」學者必時其動靜，則其道乃不蔽昧而明白。今人從學之久，不見進長，正以莫識動靜。見他人擾擾非關己事，而所脩亦廢。由聖學觀之，冥冥悠悠，以是終身。謂之光明可乎？（張子全書，卷十，註艮卦卦辭，頁二十二下）。

張伯行曰：欲學者慎動而自發其光明也。易艮卦彖辭言動靜因時，則道自光明。故學者惟時行時止，動靜不失，則心無淆雜，靈明自生。（集解，卷四，頁三十一下）。

①易經，艮卦第五十二，彖傳。

[70]敦篤虛靜者仁之本。不輕妄，則是敦厚也。無所繫閡昏塞，則是虛靜也。此難以頓悟。苟知之，須久於道實體之，方知其味。夫仁亦在乎熟之而已。孟子說。（張子全書，卷十四，近思錄拾遺，頁四下）。

問：「敦篤虛靜者仁之本。」朱子曰：敦篤虛靜是為仁之本。（語類，卷九十八，第一一九條，頁四〇二〇／二五三〇）。

李孝述①問：仁恐為動之始。……禮恐為動之極。……義恐為靜之始。……智恐為靜之極。……不知是否？朱子批曰：橫渠先生曰：「虛靜者仁之本」，亦此意。（文集，續集，卷十，答李孝述繼善問目，頁三下）

①李孝述，字繼善。各書均列爲朱子門人。恐終未會面，可以私淑待之。參看拙著朱子門人，頁一一七。

近思錄　卷之五

改過遷善克己復禮（克己）

凡四十一條

1 濂溪先生①曰：君子乾乾不息於誠②，然必懲忿窒欲遷善改過③而後至。乾之用其善是，損益之大莫是過，聖人之旨深哉！吉凶悔吝生乎動④。噫！吉一而已。動可不愼乎？通書。（第三十一章）。

朱子曰：此以乾卦爻辭，損益大象，發明思誠之方。蓋乾乾不息者，體也。去惡遷善者，用也。無體則用無以行，無用則體無所措。故以三卦合而言之。或曰：「『其』字亦是『莫』字。」（吉凶悔吝）四者一善而三惡。故人之所值，福常少而禍常多，不可不謹。（通書註，第三十一章，周子全書，卷十，頁一八六至一八七）。

問：此章前面「懲忿窒慾，遷善改過，皆是自脩底事。後面忽說動者，何故？曰：所謂

「懲忿窒慾，遷善改過，皆是動上有這般過失。須於方動之時審之，方無凶悔吝。所以再說箇動。（語類，卷九十四，第二一七條，頁三八二八／二四一二）。

① 同引言註④。
② 易經，乾卦第一，九三文言述意。
③ 同上，損卦第四十一與益卦第四十二之象傳。
④ 同上，繫辭下傳，第一章。

[2] 濂溪先生曰：「孟子曰：養心莫善於寡欲①。」予謂養心不止於寡而存耳。蓋寡焉以至於無，無則誠立明通。誠立賢也，明通聖也。遺文（周子全書，卷十七，頁三三四）。

朱子曰：濂溪言「寡欲以至於無」，蓋恐人以寡欲為便得了，故言不止於寡欲而已，必至於無而後可耳。然無底工夫，則由於能寡欲。到無欲，非聖人不能也。曰：然則「欲」字如何？曰：不同。此寡欲，則是合不當如此者，如私欲之類。若是飢而欲食，渴而欲飲，則此欲亦豈能無？但亦是合當如此者。（語類，卷九十四，第二二一條，頁三八三〇／二四一四）。

又曰：「誠立明通」，「立」字輕，只如「三十而立②」之「立」。「明」字就見處說，如「知天命」以上之事。（同上，第二二三條，頁三八三〇／二四一四）。

陳埴③問：周濂溪云：「養心不止於寡慾。蓋寡焉以至於無。」曰：此謂私慾耳。克去私慾，當自寡而至於無。若飲食男女之慾，發而中節者，是理義之當然。雖大聖不能無。濂溪卽非寂滅之謂也。（雜問，卷五，頁二十五上）。

① 孟子，盡心第七下，第三十五章。

② 論語，爲政第二，第四章，孔子自述，「吾十有五，而志於學。三十而立。四十而不惑。五十而知天命。六十而耳順。七十而從心所欲，不踰矩」。

③ 同卷一，第十六條，註②。

[3] 伊川先生①曰：顏淵問克己復禮之目，夫子曰：「非禮勿視，非禮勿聽，非禮勿言，非禮勿動②。」四者身之用也。由乎中而應乎外。制於外所以養其中也。顏淵事斯語③，所以進於聖人。後之學聖人者，宜服膺而勿失也。因箴以自警。視箴曰：心兮本虛，應物無迹。操之有要，視爲之則。蔽交於前，其中則遷。制之於外，以安其內。克己復禮，久而誠矣。聽箴曰：人有秉彝，本乎天性。知誘物化，遂亡其正。卓彼先覺，知止有定④。閑邪存誠

⑤，非禮勿聽。言箴曰：人心之動，因言以宣。發禁躁妄，內斯靜專。矧是樞機，興戎出好⑥。吉凶榮辱，惟其所召。傷易則誕，傷煩則支。己肆物忤，出悖來違。非法不道，欽哉訓辭。動箴曰：哲人知幾，誠之於思。志士厲行，守之於爲。順理則裕，從欲惟危。造次克念，戰兢自持。習與性成⑦，聖賢同歸。**文集**。（卷四，頁四上下）。

朱子曰：「由乎中而應乎外」，這是勢之自然，「制於外所以養其中」，這是自家做工夫處。（語類，卷四十一，第六十八條，頁一六九一／一〇六〇）。

問：「由乎中而應乎外，制於外所以養其中。」克己工夫從內面做去，反說「制於外」，如何？曰：制却在內。又問：視箴何以特說心，聽箴何以特說性？曰：互換說，也得。然諺云：「開眼便錯。」視所以就心上說。「人有秉彝，本乎天性」。道理本自好在這裏，却因雜得外面言語來誘化。聽所以就理上說。（同上，第七十三條，頁一六九二至一六九三／一〇六一）。

又曰：「操之有要，視為之則。」只是人之視聽言動，視最在先，為操心之準則。此兩句不是不好。至「蔽交於前」，方有非禮而視。故「制之於外，以安其內」，則克己而復禮也。如是工夫無間斷，則久而自從容不勉矣。故曰「久而誠矣。」（同上，第七十四條，頁一六九三／一〇六一）。

問：四箴。曰：視是將這裏底引出去，所以云「以安其內。」聽是聽得外面底來，所以云「閑邪存誠。」又問：四者還有次第否？曰：視為先，聽次之。又曰：「哲人知幾，誠之於思」，此是動之於心。「志士勵行，守之於為」，此是動之於身。（同上，第七十七條，頁一六九四／一〇六二）。

問：「知誘物化，遂忘其正。」這箇知是如何？曰：樂記云：「人生而靜，天之性也。感於物而動，性之欲也。物至知知，然後好惡形焉。好惡無節於內，知誘於外，不能反躬，天理滅矣⑧。」人莫不有知。知者，所當有也。物至，則知足以知之而有好惡，這是自然如此。到得「好惡無節於內，知誘於外」，方始不好去。（同上，第七十九條，頁一六九五／一〇六二）。

問：承誨，言箴自「人心之動，因言以宣」，至「吉凶榮辱，惟其所召」，是謹諸己。以下是說接物許多病痛。曰：上四句是就身上最緊要處須是不躁妄，方始靜專。纔不靜專，自家這心自做主不成。如何去接物？下云「矧是樞機，興戎出好」四句，却是說謹言底道理。下四句却說四項病，「傷易則誕，傷煩則支。己肆則物忤，出悖則來違。」（同上，第八十一條，頁一六九六至一六九七／一〇六三）。

問：「哲人知幾，誠之於思，志士勵行，守之於為」，此是兩般人否？曰：非也。只是「誠之於思」底，却覺得速。「守之於為」者，及其形於事為，早是見得遲了。此却是覺得有遲速，不可道有兩般，却兩脚做工夫去。（同上，第八十二條，頁一六九九／一〇六四）。

① 同引言，註⑥。
② 論語，顏淵第十二，第一章。
③ 同上。
④ 大學，經文。
⑤ 易經，乾卦第一，九二文言。
⑥ 書經。大禹謨，第十七節。
⑦ 同上，太甲上，第九節。
⑧ 禮記，樂記，第十一節。

4 復之初九曰：「不遠復無祇悔元吉①。」傳曰：陽，君子之道。故復爲反善之義。初復之最先者也。是不遠而復也。失而後有復。不失則何復之有？惟失之不遠而復，則不至於悔，大善而吉也。顏子②無形顯之過，夫子謂其庶幾乃無祇悔也。過既未形而改，何悔之有？既未能不勉而中，所欲不踰矩，是有過也。然其明而剛，故一有不善，未嘗不知。既知未嘗不遽改。故不至於悔。乃不遠復也。學問之道無他也。惟其知不善，則速改以從善而已。

易傳，下同。（卷二，頁三十三下，釋復卦第二十四之初九爻辭與象傳）。

朱子曰：「顏子有不善未嘗不知，知之未嘗復行③。」今人只知「知之未嘗復行」為難，殊不知「有不善未嘗不知」是難處。今人亦有說道知得這箇道理。及事到面前，又却只隨欲做將去，前所知都自忘了。只為是不曾知。（語類，卷七十六，第五十八條，頁三〇九八／一九四九）。

① 易經，復卦第二十四，初九象傳。
② 顏子，同卷一，第三十條，註②。
③ 易經，繫辭下傳，第五章。

5 晉之上九，「晉其角，維用伐邑。厲吉，無咎，貞吝①。」傳曰：人之自治，剛極則守道愈固，進極則遷善愈速。如上九者，以之自治，則雖傷於厲，而吉且無咎也。嚴厲非安和之道，而於自治則有功也。雖自治有功，然非中和之德。故於貞正之道爲可吝也。（易傳，卷三，頁十七上，釋晉第三十五之上九爻辭）。

朱子曰：「晉」，進也。……角，剛而居上。上九剛進之極，有其象矣。占者得之，而以伐其私邑，則雖危而吉且無咎。然以極剛治小邑，雖得其正，亦可吝矣。（周易本義，註晉之上九爻辭）。

問：「晉其角，維用伐邑。」本義作伐其私邑，程傳以為自治，如何？曰：便是程傳多不肯說實事，皆以為取喻。伐邑如墮費墮郈②之類是也。（語類，卷七十二，第四十六條，頁二九〇七／一八二五至一八二六）。

① 易經，晉卦第三十五，上九爻辭。

② 左傳，定公十二年。孔子爲魯司寇，命子路墮三都，即毀季孫氏之費邑，叔孫氏之郈邑與仲孫氏之成邑。

6 損者，損過而就中，損浮末而就本實也。天下之害，無不由末之勝也。峻宇雕墻①，本於宮室。酒池肉林，本於飲食。淫酷殘忍，本於刑罰。窮兵黷武，本於征討。凡人欲之過者，皆本於奉養。其流之遠，則爲害矣。先王制其本者，天理也。後人流於末者，人欲也。損之義，損人欲以復天理而已。

（易傳，卷三，頁三十七上，釋損卦第四十一之彖辭）。

張伯行曰：高峻其宇，雕飾其牆，是本於宮室而過焉者。（集解，卷五，頁六下）。

① 書經，五晉之歌，第六節。

7 夬九五曰：「莧陸①，夬夬，中行無咎。」象曰：「中行無咎。中未光也②。」傳曰：夫人心正意誠，乃能極中正之道，而充實光輝。若心有所比，以義之不可而決之，雖行於外，不失其中正之義，可以無咎。然於中道未得爲光大也。蓋人心一有所欲，則離道矣。夫子於此，示人之意深矣。（易傳，卷三，頁四十八上，釋兵卦第四十三之九五象傳）。

張伯行曰：此釋夬卦九五爻象也。莧陸今馬齒莧，感陰氣之多者。夬夬，決而又決也。夬之卦體，下乾上兌，五陽決一陰。而九五又以剛居剛，為夬之主，必不係累於陰柔者。但與上六切近，如莧陸得陰氣之多，恐不能無所比。雖迫於衆陽之合力，且已有陽剛中正之德，必能決而決之，不失中正之道，可以無咎。而象謂中未光者，程子釋其意，以為人必心正無私昵，意誠無勉强，乃能極大中至正之道，充實於內，而光輝於外。今九五比於上爻狎習親昵，心未必正。特以迫於義之不可而勉强決去之，則其意亦非盡出於誠。雖所行中正，有無咎之道。然勝人之邪者，必先自勝其邪。邪念一分未盡，天理便一分未光何也？人有所欲，則離道矣。（集解，卷五，頁七上）。

① 朱子以爲莧陸是兩物，莧者馬齒莧，陸者章陸（語類，卷七十二，第一一三條，頁二九二五／一八三七）。
② 夬卦九五爻辭與象傳。

[8] 方說而止，節之義也。（易傳，卷四，頁四十六下，釋節卦第六十之彖傳）。

朱子曰：說則欲進而有險在前，進去不得，故有止節之義。又曰：節，便是阻節之意。（語類，卷七十三，第一一五條，頁二九六七／一八六五至一八六六）。

葉采曰：兌下坎上為節。兌，說也。坎，險也。見險則止矣。人惟說則易流。方說而能止，是節之義也。（集解，卷五，頁六）。

[9] 節之九二，不正之節也。以剛中正爲節。如懲忿窒欲損過抑有餘是也。不正之節，如嗇節於用；懦節於行是也。（易傳，卷四，頁四十七下，釋節卦之九二爻辭）。

茅星來曰：九二以剛居柔①，在節卦是為不正之節也。剛中謂九五②也。嗇節於用二者程子亦偶舉以見意耳。他如待人之節而失之薄，處己之節而失之固皆是。（集註，卷五，頁八上下）。

① 乃二爲陽爻而居陰位，是以不正。

② 陽爻居陽位。

[10] 人而無克伐怨欲，惟仁者能之。有之而能制其情不行焉，斯亦難能也。謂之仁則未可也。此原憲①之問，夫子答以知其爲難。而不知其爲仁。此聖人開示之深也。經說。

問：克伐怨欲不行，何以未足為仁，必克己復禮②，乃得為仁？朱子曰：克己者，一似家中捉出箇賊，打殺了，便沒事。若有克，代，怨，欲，而但禁制之，使不發出來，猶關閉所謂賊者在家中。只是不放出外頭作過。畢竟窩藏。（語類，卷四十四，第十四條，頁一七七七／一一一八）。

① 原憲，亦稱原思，字子思，孔子門人。孔子爲魯司寇時，使原憲爲邑宰。孔子死後，隱居衛國。論語，憲問第十四，第二章，問曰：「克，代，怨，欲，不行焉，可以爲仁矣。」子曰：「可以爲難矣。仁則吾不知也。」

② 同上，顏淵第十二，第一章。

[11] 明道先生①曰：義理與客氣②常相勝。只看消長分數多少，爲君子，小人之別。

義理所得漸多，則自然知得客氣消散得漸少。消盡者是大賢。**遺書，下同。**（卷一，頁三下）。

葉采曰：義理者性命之本然。客氣者形氣之使然。（集解，卷五，頁七）。

① 同引言，註⑤。

② 茅星來（近思錄集註，卷五，頁九上）解作「血氣，以其非心性之本然，故曰客氣」。宇都宮遯庵（鼇頭近思錄，卷五，頁十上）云：「義理者道心之謂也。客氣者人心之謂也。」澤田武岡（近思錄說略，卷五，頁九下，總頁四九〇）以「所欲者以其自外入以動其氣，故謂之客氣。」中村惕齋（近思錄示蒙句解，卷五，頁二三三）亦以人欲由形氣之私以生，如客之往來。其他日本註家如秋月胤繼（近思錄，頁一八六），井上哲次郎（近思錄，卷五，頁七）等，皆以客氣爲私慾如客之外來。

[12] 或謂人莫不知和柔寬緩，然臨事則反至於暴厲。曰：只是志不勝氣，氣反動其心也。（遺書，卷十七，頁三下，卷十七爲伊川語）。

江永曰：不能持志，則客氣用事，故多暴厲，能持其志，則不為氣所勝，而臨事自然從容。（集解，卷五，頁四上）。

13 人不能祛思慮，只是吝。吝故無浩然之氣①。（遺書，卷十五，頁二上。卷十五皆伊川語，或云明道語）。

江永曰：思慮者，心多計較私意小智也。不能祛者，只是心有係吝，故無浩然正大之氣。（集註，卷五，頁四上）。

① 孟子，公孫丑第二上，第二章。

14 治怒爲難，治懼亦難。克己可以治怒，明理可以治懼。（遺書，卷一，頁八下）。

胡叔器①問：每常多有恐懼，何由可免？朱子曰：須是自下工夫，看此事是當恐懼不當恐懼。遺書云：「治怒難，治懼亦難。克己可以治怒，明理可以治懼。」若於道理見得了，何懼之有？（語類，卷一二〇，第十四條，頁四六〇七／二八八五）。

① 胡叔器，名安之，朱子晚年弟子，語類問答七十餘條。參看拙著朱子門人，頁一六八至一六九。

15 堯夫①解「他山之石，可以攻玉②。」玉者溫潤之物。若將兩塊玉來相磨，必磨不成。須是得他箇麄礪底物，方磨得出。譬如君子與小人處，爲小人侵陵，則脩省畏避，動心忍性，增益豫防③。如此便道理出來④。（遺書，卷二上，頁十六上下）。

江永曰：君子與小人，不並立者也。然或有時不幸而與之處，善修己者，正資之以為進德之助，如麄能磨玉也。（集註，卷五，頁四上）。

① 邵雍（一〇一一—一〇七七），字堯夫，諡康節。著皇極經世書，伊川擊壤集，漁樵問答。與近思錄四先生爲北宋五子。學說見宋元學案，卷九卷十。
② 詩經，小雅，鴻雁之什，鶴鳴。
③ 孟子，告子第六下，第十五章。
④ 此條爲明道引堯夫之言。近思錄通篇，只此處引堯夫而已。

16 目畏尖物。此事不得放過，便與克下。室中率①置尖物，須以理勝他。尖必不刺人也，何畏之有？（遺書，卷二下，頁二上）。

安卿②問：伊川言，「目畏尖物，此理須克去。室中率置尖物，必不刺人。」此是如何？

朱子曰：疑病每如此。尖物元不曾刺人。他眼病只管見尖物來刺人耳。伊川又一處③說此稍詳。有人眼病，嘗見獅子。伊川教他見獅子則捉來，其人一面去捉。捉來捉去，捉不著。遂不見獅子了。（語類，卷九十六，第五十八條，頁三九二六至三九二七／二四七二）。

又曰：人有目畏尖物者。明道先生④教以室中率置尖物，使見之熟而知尖之不刺人也。則知畏者忘而不復畏矣。（文集，卷六十一，答曾光祖第五書，頁三十二下）。

① 「卒」字註家解釋不一，或作「常」，或作「遽」，或作「皆」。然以「常」字爲最適當。

② 朱子有兩門人，字安卿。一爲陳淳（一一五九—一二二三），一爲林學履。此條爲徐寓庚戌（一一九〇）以後所錄。陳林俱于慶元五年（一一九九）從學朱子，故此條可能爲陳淳或林學履所問。然陳淳所問逾百條，而學履所問只約十則。且學履所問，關於易之問題爲多，而陳淳所問，則重修養。故此處安卿，當指陳淳。參看拙作朱子門人，頁一五六與二二〇至二二一。

③ 外書，卷十一，頁四下。

④ 卷二下爲二先生語，未指明爲誰。兄弟思想相同，故可作伊川，亦可作明道。

[17] 明道先生曰：責上責下，而中自恕己。豈可任職分？（遺書，卷五，頁一下）。

茅星來曰：程子平日解「恕」字最分曉①。此云恕己，疑記錄者之誤。專務責人而不知責己，則於自己職分必不能盡，故不可任以職分。（集註，卷五，頁十上下）。

東正純曰：明道此語，似暗指王安石②者矣。（參考，卷五，頁七七〇）。

① 「恕」乃對人而言而不可以恕己。

② 王安石，同卷二，第一〇六條，註②。

18 「舍己從人①，」最爲難事。己者我之所有，雖痛舍之，猶懼守己者固，而從人者輕也。（遺書，卷九，頁三上）。

或問：程子有言，「『舍己從人』，最為難事。己者，我之所有。雖痛舍之，猶懼守己者固，而從人者輕也。」此說發明得好。朱子曰：此程子為學者言之。若聖人分上，則不如此也。「無適也，無莫也。義之與比②。」曰痛舍，則大段費力矣。（語類，卷九十六，第六十條，頁三九二七／二四七二至二四七三）。

① 孟子，公孫丑第二上，第八章。

② 論語，里仁第四，第十章。

19 九德①最好。（遺書，卷七，頁二下）。

朱子曰：九德分得細密。（語類，卷七十八，第二三四條，頁三二〇八／二〇一九）。

① 書經，皐陶謨，第三節，「寬而栗（敬謹），柔而立，愿（謹厚）而恭，亂（治）而敬，擾（順）而毅，直而溫，簡而廉，剛而塞（篤實），彊（強）而義。

20 「飢食渴飲，冬裘夏葛①，」若致些私吝心在，便是廢天職。（遺書，卷六，頁二下）。

問：「飢食渴飲，冬裘夏葛」，何以謂之天職？朱子曰：這是天教我如此。飢便食，渴便飲，只得順他。窮口腹之欲，便不是。蓋天只教我飢則食，渴則飲。何曾教我窮口腹之欲？（語類，卷九十六，第六十一條，頁三九二七／二四七三）。

① 韓昌黎全集，卷十一，原道，頁三下。

21 獵自謂今無此好。周茂叔①曰：何言之易也？但此心潛隱未發。一日萌動，復如前矣。後十二年因見，果知未也。一本注云：明道先生年十六七時好田獵。

十二年暮歸，在田野間見田獵者，不覺有喜心。（遺書，卷七，頁一上）。

或問明道五十年猶不忘遊獵之心。朱子曰：人當以此自點檢。須見得明道氣質如此，至五十年猶不能忘。在我者當益加操守方是，不可以此自恕。（語類，卷九十三，第六十九條，頁三七四六／二三六〇）。

① 茂叔，周敦頤之字。

22 伊川先生曰：大抵人有身，便有自私之理。宜其與道難。（遺書，卷三，頁六上）。

問：此為理之自然，何也？朱子曰：飢飽勞逸，身自知之，而於他人則不之知也。喜懼愛惡，身自知之，而於他人則不之知也。惟其如此，故「有身便有自私之理，而與道難一。」是以君子必盡己之心而推以及物，庶幾心公理得，而道可一也。（茅星來，近思錄集註，卷五，頁十一下，引此語。出處未詳）。

[23] 罪己責躬不可無，然亦不當長留在心胸爲悔。（遺書，卷三，頁五下）。

問：程子曰：「自訟不置，能無改乎①？」又曰：「罪己責躬不可無，然亦不當長留在心胸為悔。」今有學者，幸知自訟矣。心胸之悔，又若何而長不留耶？朱子曰：改了便無悔。又問：已往之失却如何？曰：自是無可救了。（語類，卷二十九，第一三〇條，頁一二一七／七五九）。

① 經說，卷六，論語，頁五下。

[24] 所欲不必沈溺，只有所向便是欲。（遺書，卷十五，頁二下）。

朱子曰：欲，如口鼻耳目四支之欲，雖人之所不能無。然多而不節，未有不失其本心者，學者所宜當深戒也。程子曰：「所欲不必沈溺，只有所向便是欲。」（孟子集註，註盡心第七下，第三十五章）。

[25] 明道先生曰：子路①亦百世之師。人告之以有過則喜②。（遺書，卷三，頁六下）。

朱子曰：喜其得聞而改之。其勇於自修如此。周子曰：「仲由喜聞過，令名無窮焉。今人有過，不喜人規。如諱疾而忌醫，寧滅其身而無悟也。噫③！」程子曰：「子路人告之以有過則喜，亦可謂百世之師矣。」（孟子集註，註公孫丑第二上，第八章）。

① 子路，姓仲，名由，又稱季路，孔子弟子。爲魯國衞國邑宰。參看第五條，註②。
② 「人告」以下遺書本注，引孟子，公孫丑第二上，第八章。
③ 通書，第二十六章。

[26] 人語言緊急，莫是氣不定否？曰：此亦當習。習到言語自然緩時，便是氣質變也。學至氣質變，方是有功。（遺書，卷十八，頁七上，卷十八爲伊川語）。

朱子曰：人之為學，却是要變化氣稟。……須知氣稟之害，要力去用功克治，時其勝而歸於中乃可。（語類，卷四，第五十九條，頁一一一／六九）。

[27] 問：「不遷怒，不貳過①，」何也？語錄有怒甲不遷乙之說②，是否？伊川先生曰：是。曰：若此則甚易，何待顏子而後能？曰：只被說得粗了。諸君便道易，此莫是最難。須是理會得因何不遷怒，如舜之誅四凶③。怒在四凶，舜何與焉？蓋因是人有可怒之事而怒之。聖人之心本無怒也。譬如明鏡，好物來時便見是好，惡物來時便見是惡。鏡何嘗有好惡也？世之人固有怒於室而色於市④，且如怒一人，對那人說話，能無怒色否？有能怒一人，而不怒別人者，能忍得如此。已是煞知義理。若聖人因物而未嘗有怒，此莫是甚難。君子役物，小人役於物。今見⑤可喜可怒之事，自家著一分陪奉他，此亦勞矣。聖人之心如止水。（遺書，卷十八，頁二十二上）。

敬之⑥問：顏子「不遷怒，不貳過」，莫只是靜後能如此否？朱子曰：聖賢之意不如此。如今卒然有箇可怒底事在眼前，不成說且教我去靜！蓋顏子只是見得這箇道理透，故怒於甲時，雖欲遷於乙，亦不可得而遷也。見得道理透，則既知有過，自不復然。（語類，卷三十，第三十七條，頁一二三六至一二三七／七七一至七七二）。

① 論語，雍也第六，第二章。孔子贊顏子之語。顏子同卷一，第三十條，註②。

② 此說或是伊川說「不遷不貳」之語，惟今不見經說。
③ 四凶，同卷四，第二十七條，註②。
④ 左傳，昭公十九年。
⑤ 遺書原文「見」上有「人」字。
⑥ 張顯父，字敬之。同卷二，第四十八條，註③。

28 人之視最先。非禮而視，則所謂開目便錯了。次聽，次言，次動，有先後之序。人能克己，則心廣體胖。仰不愧，俯不怍。其樂可知。有息則餒矣①。

外書，下同。（卷三，頁一下）。

朱子曰：如今見得直如此說得好。（語類，卷四十一，第八十四條，頁一七〇〇／一〇六五）。

茅星來曰：洪範②以人生本然者而言，故先貌，次言，次視，次聽。夫子以日用當然者而言，故先視，次聽，次言，次動。猶易八卦方位之有先後天也。獨不言思者，蓋說一「非」字「勿」字，而思已立於其中，亦猶四端不言信③之意。（集註，卷五，頁十三下）。

① 參看第三條。
② 書經，洪範，第六節。

③ 卷一，第四十一條。

[29] 聖人責己感也處多，責人應也處少①。（外書，卷七，頁一下）。

貝原益軒曰：感者，吾誠意使人感也。應者，他人應吾感之也。感者，工夫也。應者，效驗也。（備考，卷五，頁十二下，總頁三二六）。

① 參看語類，卷四十五，第四十條，頁一八四〇／一一五九。

[30] 謝子①與伊川別一年，往見之。伊川曰：相別一年，做得甚工夫？謝曰：也只去箇矜字。曰：何故？曰：子細檢點得來，病痛盡在這裏。若按伏得這箇罪過，方有向進處。伊川點頭，因語在坐同志者曰：此人為學，切問近思②者也。（外書，卷十二，頁五上）。

問：人之病痛不一，各隨所偏處去。上蔡才高，所以病痛盡在矜字。朱子曰：此說是。

（語類，卷一〇一，第三十九條，頁四〇七二／二五六二）。

又曰：謝氏謂去得矜字。後來矜依舊在，說道理揚揚地。（同上，第四十條，頁四〇七二／二五六二）。

① 同卷二，第二十七條，註③。

② 論語，子張第十九，第六章。

31 思叔①詬詈僕夫。伊川曰：何不「動心忍性②。」思叔慙謝。（外書，卷十二，頁八上）。

朱子曰：動心忍性者，動其仁義禮智之心，忍其聲色臭味之性。（語類，卷五十九，第一八八條，頁二二五四／一四二〇）。

① 同卷二，第七十三條，註①。

② 孟子，告子第六下，第十五章。

[32] 見賢便思齊①，有爲者亦若是②。見不賢而內自省③，蓋莫不在己④。（外書，卷二，頁一下，明道語）。

江永曰：「莫不在己」，謂反躬自省，人之不善，己皆有之也。（集註，卷五，頁六下）。

① 論語，里仁第四，第十七章。
② 孟子，滕文公第三上，第一章。
③ 同註①。
④ 張伯行（近思錄集解，卷五，頁十五上）誤作伊川語。

[33] 橫渠先生①曰：湛一氣之本，攻取氣之欲。口腹於飲食，鼻口於臭味，皆攻取之性也。知德者屬厭而已。不以嗜欲累其心，不以小害大，末喪本焉爾。（誠明，第六，張子全書，卷二，頁十八下）。

正蒙，下同。

問：「湛一氣之本，攻取氣之欲。」朱子曰：湛一是未感物之時，湛然純一。此是氣之本。攻取如目之欲色，耳之欲聲，便是氣之欲。曰：攻取是攻取那物否？曰：是。（語類，卷九十八，第一二〇條，頁四〇二〇／二五三〇）。

① 同引言，註①。

[34] 纖惡必除，善斯成性矣。察惡未盡，雖善必粗矣。（正蒙，誠明篇第六，張子全書，卷二，頁二十下）。

朱子曰：橫渠言「成性」，與古人不同，他所說性，雖是那箇性。然曰「成性」，則猶言「踐形①」也。又曰：他是說去氣稟物欲之私以成其性。（語類，卷七十四，第一七八條，頁三〇三七／一九一〇）。

必大②曰：張子曰：「纖惡必除，善斯成性矣。察惡未盡，雖善必粗矣。」學者須是毫髮不得放過，德乃可進。曰：若能如此，善莫大焉。以小惡為無傷，是誠不可。（同上，卷一一七，第十八條，頁四四八三／二八一二）。

① 孟子，盡心第七上，第三十八章。
② 吳必大，同卷一，第四十二條，註②。

[35] 惡不仁，故不善未嘗不知①。徒好仁而不惡不仁②，則習不察，行不著

③。是故，徒善未必盡義，徒是未必盡仁。好仁而惡不仁，然後盡仁義之道。（正蒙，中正篇第八，張子全書，卷二，頁二十五上）。

葉采曰：人能惡不仁，則其察己也精，有不善必知之矣。苟徒知仁之可好，而不知不仁之可惡，則所習者或未之察，所行者或未之明。雖有好仁之心，而卒隔於不仁而莫之覺矣。（集解，卷五，頁十二）。

① 易經，繫辭下傳，第五章。

② 論語，里仁第四，第六章。

③ 孟子，盡心第七上，第五章。

36 責己者當知無天下國家皆非之理。故學至於不尤人，學之至也。（正蒙，中正篇第八，張子全書，卷二，頁二十五下）。

茅星來曰：此君子所以貴反求諸己也。不尤人，則必能自反而愈修其德，故曰學之至。（集註，卷五，頁十六上）。

[37] 有潛心於道，忽忽爲他慮引去者，此氣也。舊習纏繞，未能脫洒，畢竟無益。但樂於舊習耳。古人欲得朋友，與琴瑟簡編，常使心在於此。惟聖人知朋友之取益爲多。故樂得朋友之來①。**橫渠論語說。**（張子全書，卷十四，性理拾遺，頁四下）。

葉采曰：朋友有講習責善之益，琴瑟有調適性情之用，簡編有前言往行之識。朝夕於是，則心有所養，而習俗放僻之念不作矣。然三者之中，朋友之益尤多。故有朋自遠方來，所以樂也。（集解，卷五，頁十三）。

① 論語，學而第一，第一章。

[38] 矯輕警惰。**語錄下同。**（張子全書，卷五，氣質，頁八上）。

朱子曰：知有此病，必去其病。此便是療之之藥。如覺言語多，便用簡默。意思疎闊，便加細密，覺得輕浮淺易，便須深沈重厚。程先生所謂「矯輕警惰」蓋如此。（語類，卷九，第二十四條，頁二三九／一五一）。

茅星來曰：輕則不能厚重以自持，惰則不能振作而有為。二者為學之大患，故必有以矯之警之，而後可以進於學。（集註，卷五，頁十六下）。

薛瑄（一三八九—一四六四）曰：矯輕警惰，只當於心志言動上用力。（讀書錄，卷五，警戒，頁二十二上）。

[39] 仁之難成久矣。人人失其所好①。蓋人人有利欲之心，與學正相背馳。故學者要寡欲。（張子全書，卷六，學大原上，頁八上）。

東正純曰：寡欲之欲與利欲之欲不同。如利欲之欲必要無之，豈止寡哉？蓋此亦以存養功夫言之耳。（參考，卷五，頁七七五）。

① 禮記，表記，第九節。

[40] 君子不必避他人之言，以爲太柔太弱。至於瞻視亦有節。視有上下。視高則氣高，視下則心柔。故視國君者，不離紳帶之中①。學者先須去其客氣。其爲人剛行，終不肯進。「堂堂乎張也，難與並爲仁矣②。」蓋目者人之所常用，且心常託之。視之上下，且試之。己之敬傲，必見於視。所以欲下其

視者，欲柔其心也。柔其心，則聽言敬且信。人之有朋友不爲燕安。所以輔佐其仁。今之朋友，擇其善柔以相與。拍肩執袂以爲氣合。一言不合，怒氣相加。朋友之際，欲其相下不倦。故於朋友之間，主其敬者。日相親與，得效最速。仲尼嘗曰：「吾見其居於位也，與先生並行也。非求益者，欲速成者③。」則學者先須溫柔。溫柔則可以進學。詩曰：「溫溫恭人，惟德之基④。」蓋其所益之多。（張子全書，卷五，氣質，頁六上下）。

張伯行曰：此欲人存恭謹之心也。……此言交友以謙恭為主。……此言進學以溫柔為主。

（集解，卷五，頁十八上至十九上）。

① 禮記，曲禮下，第二十五節。蓋謂視高則近於輕揚，視下則近於柔順。
② 論語，子張第十九，第十六章。子張，姓顓孫，名師，孔子弟子。
③ 同上，憲問第十四，第四十七章，孔子之語。
④ 詩經，大雅，蕩之什，抑。

[41] 世學不講，男女從幼便驕惰壞了。到長益凶狠。只爲未嘗爲子弟之事，則

於其親己有物我，不肯屈下。病根常在。又隨所居而長，至死只依舊。爲子弟，則不能安洒掃應對。在朋友，則不能下朋友。有官長，則不能下官長。爲宰相，不能下天下之賢。甚則至於徇私意，義理都喪。也只爲病根不去，隨所居所接而長。人須一事事消了病，則義理常勝①。（大部份見張子全書，卷七，學大原上，頁四上）。

張伯行曰：此言教子弟者當慎之於始也。（集解，卷五，頁十九下）。

① 茅星來（近思錄集註，卷五，頁十九上）此下據宋本增多一條，曰：「凡所當爲一事，意不過則推類。如此善也。一事意得過，以爲且休，則百事廢。」此條其他各本皆無。語見張子全書，卷七，學大原下，頁四上，在上條「病常在」之前。

近思錄　卷之六

齊家之道（家道）

凡二十二條

[1] 伊川先生①曰：弟子之職，力有餘則學文②。不修其職而學，非爲己之學也。**經解**。（經說，卷六，頁一上下）。

問：集注云：「力行而不學文，則無識事理之當然③。」且上五件條目④，皆是天理人倫之極致，能力行，則必能識事理之當然矣。如集注之說，則是學文，在力行之先。朱子曰：若不學文，則無以知事理之當否。如爲孝爲弟亦有不當處。孝於事親，然事父之敬與事母之愛便別了。（語類，卷二十一，第八十三條，頁八〇七／四九九）。

① 同引言註⑥。

② 論語，學而第一，第六章。「文」指六經；即朱子論語集註所謂「詩書六藝之文」，亦即詩書等六藝之文。註家多只云「詩書六藝」，其餘皆誤作詩書禮樂射御書數，惟宇都宮遯庵（鼇頭近思錄，卷六，頁一上）謂「言此六藝爲禮樂射御書數者，非也。此所謂六藝指六經也。」遯庵又引韓愈（七六八－八二四）之言，「凡載於詩書六藝者，嗚之善者也」（韓昌黎全集，卷十九，送孟東野序，頁八上），以證其說。

③ 論語集註，學而第一，第六章。

④ 指入孝，出弟，謹信，愛衆，親仁。

2 孟子曰：「事親若曾子可也①。」未嘗以曾子之孝爲有餘也。蓋子之身所能爲者，皆所當爲也。易傳，下同。（卷一，頁二十七下至二十八上，釋師卦第七之九二爻辭）。

程子曰：子之事父，其孝雖過於曾子，畢竟是以父母之身做出來，豈是分外事？若曾子僅可以免責耳。（遺書，卷十八，頁四十上）。

朱子曰：程子論曾子事，先儒所不到。（江永，近思錄集註，卷六，頁一上，引之。出處待考）。

① 孟子，離婁第四上，第十九章。曾子詳卷二，第二十六條，註①。

[3] 幹母之蠱不可貞。子之於母，當以柔巽輔導之，使得於義。不順而致敗蠱，則子之罪也。從容將順，豈無道乎？若伸己剛陽之道，遽然矯拂則傷恩，所害大矣。亦安能入乎？在乎屈己下意，巽順相①承。使之身正事治而已。剛陽之臣，事柔弱之君，義亦相近。（易傳，卷二，頁十三下，釋蠱卦第十八之九二爻辭）。

朱子曰：「幹母之蠱」，伊川說得是。（語類，卷七十，第一九六條，頁二八二六／一七七五）。

陳芝②拜辭，先生贈以近思錄，曰：公事母，可檢「幹母之蠱」看，便自見得那道理。因言：易傳自是成書，伯恭③都摭來作閫範，今亦載在近思錄。某本不喜他如此。然細點檢來，段段皆是日用切近功夫而不可闕者。於學者甚有益。（同上，卷一一九，第二十一條，頁四五九二／二八七四至二八七五）。

① 一本「相」作「將」。
② 陳芝，字庭秀，朱子門人。錄語類十條。參看拙著朱子門人，頁二一四。
③ 伯恭，呂祖謙之字。同引言註①。

[4] 蠱之九三，以陽處剛而不中①，剛之過也。故小有悔。然在巽體不爲無順。

順事親之本也。又居得正②，故無大咎。然有小悔，已非善事親也。（易傳，卷二，頁十四上，釋蠱卦第十八之九三爻辭）。

問：九三「幹父之蠱，小有悔，無大咎。」言「小有悔」，則無大悔矣。言「無大咎」，則不免有小咎矣。但象曰：「終無咎」，則以九三雖過剛不中，然在巽體不為無順而得正，故雖悔而無咎。朱子曰：九三有悔而無咎，由凶而趨吉也。（語類，卷七十，第一八八條，頁二八二三至二八二四／一七七三）。

施璜曰：此言幹父之蠱，不可過剛，亦當以承順為主也。蓋承順，事親之本也。九三過剛不中，未免有拂戾之嫌。然巽體得正，巽則可以制其剛，正則可以救其不中。有過而不過之意雖小，有悔則無大咎也。然善事親者，柔聲下氣，愉色婉容，毫無拂戾之意。今過剛而有小悔，則於事親之道，未得為盡善者也。（發明，卷六，頁三上）。

① 蠱卦巽下艮上。巽之第三位（九三）爲陽，故剛。巽之卦爲順，故柔。剛柔相抵，是以不中。

② 九三以陽居陽位，故正。

5 正倫理，篤恩義，家人之道也。（易傳，卷三，頁二十一上，釋家人卦第三十七）。

或問：易傳云：「正家之道，在於正倫理，篤恩義。」今欲正倫理則有傷恩義，欲篤恩義又有乖於倫理，如何？朱子曰：須是於正倫理處篤恩義，篤恩義而不失倫理方可。（語類，卷七十二，第六十條，頁二九一二／一八二九）。

6 人之處家，在骨肉父子之間，大率以情勝禮，以恩奪義。惟剛立之人，則能不以私愛失其正理。故家人卦大要以剛爲善。（易傳，卷三，頁二十二下，釋家人卦，第三十七之六二爻辭）

問：父母之於子，有無窮憐愛，欲其聰明，欲其成立。此謂之誠心邪？朱子曰：父母愛其子，正也。愛之無窮，而必欲其如何，則邪矣。此天理人欲之間，正當審決。（語類，卷十三，第六十八條，頁三六九／二三二二）。

7 家人上九爻辭，謂治家當有威嚴①，而夫子②又復戒云：「當先嚴其身也③。」威嚴不先行於己，則人怨而不服。（易傳，卷三，頁二十四上，釋家人卦第三十七之上九象傳）。

葉采曰：所貴治家之威者，非徒繩治之嚴。蓋必正己為本。使在我持身謹嚴，而無少縱弛，則家人自然有所嚴憚，而不敢踰越，有所觀感，而率歸於正。凡御下之道皆然。齊家本於修身，則尤為切近。（集解，卷六，頁三）。

① 上九爻辭曰：「有孚威如，終吉。」

② 指孔子。

③ 孔子上九象傳曰：「威如之吉，反身之謂也。」

8 歸妹，九二守其幽貞①，未失夫婦常正之道。世人以媟狎爲常，故以貞靜爲變常。不知乃常久之道也。（易傳，卷四，頁二十九上，釋歸妹卦第五十四之九二象傳）。

葉采曰：靜正乃相處可久之道，諜狎則玩侮乖離所自生。（集解，卷六，頁三）。

① 歸妹九二爻辭曰：「利幽人之貞。」

9 世人多愼於擇壻，而忽於擇婦。其實壻易見，婦難知。所繫甚重。豈可忽哉？遺書，下同。（卷一，頁五下）。

張伯行曰：夫男子在外，言辭晉接之間，其品行猶易見。女子居內，閨門幽邃之中，其德性則難知。且娶婦所以承宗祧。古人有以婦之賢否卜其家之興廢者。其所係甚重，寧可輕易不擇哉？（集解，卷六，頁四上）。

陸世儀（一六一一／一六七二）曰：擇壻易，擇婦難，壻露頭角，選擇可憑。婦在深閨，風聞難據也。（思辨錄輯要，卷十，頁九上）。

10 人無父母，生日當倍悲痛。更安忍置酒張樂以爲樂？若具慶①者可矣。（遺書，卷六，頁七下）。

陳淳②問：程子曰：「人無父母，生日當倍悲痛。」如先生舊時亦嘗有壽母生朝及大碩人生朝。與向日賀高倅③詞，恐非先生筆。不審又何也？豈在人子自己言，則非其所宜，而為父母待親朋，則其情又有不容已處否？然恐為此則是人子以禮律身，而以非禮事其親，以非禮待於人也。其義如何？朱子答曰：此等事是力量不足，放過了處，然亦或有不得已者，其情各不同也。（文集，卷五十七，答陳安卿第一書，頁二十九上）。

① 具慶，父母俱存也。
② 陳淳，同卷五，第十六條，註②。
③ 高倅，不知何許人。此詞不見文集。

〔11〕問：行狀云，「盡性至命，必本於孝弟。」不識孝弟何以能盡性至命也？曰：後人便將性命別作一般事說了。性命孝弟，只是一統底事。就孝弟中便可盡性至命。如洒掃應對與盡性至命，亦是一統底事。無有本末，無有精粗。却被後來人言性命者，別作一般高遠說。故舉孝弟，是於人切近者言之。然今時非無孝弟之人，而不能盡性至命者，由之而不知也。（遺書，卷十八，頁三十二上）。

問：「盡性至命，必本於孝弟。」盡性至命是聖人事，然必從孝弟做起否？朱子曰：固是。又問：伊川說，「就孝弟中，便可盡性至命。今時非無孝弟人，而不能盡性至命者，由之而不知也。」謂卽孝弟便可至命，看來孝弟上面更有幾多事，如何只是孝弟便至命？曰：知得這孝弟之理，便是盡性至命，也只如此。若是做時，須是從孝弟上推將去，方始知得性命。（語類，卷九十六，第八十二條，頁二三九三至二三九四／二四七七）。

胡居仁（一四三四—一四八四）曰：程子以「盡性至命，必本於孝弟」，蓋孝弟是性命中事，至親至切而要者。此處能精察而力行之，則性命不外是矣。（居業錄，卷八，經傳，頁十三上）。

① 伊川所撰用明道先生行狀，載伊川文集，卷七，頁一上至七上。語見頁六上。

12 問：第五倫①視其子之疾與兄子之疾不同。自謂之私②。如何？曰：不待安寢與不安寢。只不起與十起，便是私也。父子之愛本是公。才著些心做，便是私也。又問：視己子與兄子有間否？曰：聖人立法，曰：「兄弟之子猶子也③。」是欲視之猶子也。又問：天性自有輕重。疑若有間然。曰：只爲今人以私心看了。孔子曰：「父子之道，天性也④。」此只就孝上說，故言父子天性。若君臣兄弟賓主朋友之類，亦豈不是天性？只爲今人小看却，不推其本所由來故爾。己之子與兄之子所爭幾何？是同出於父者也。只爲兄弟異形，故以兄弟爲手足。人多以異形故，親己之子，異於兄弟之子，甚不是也。又問孔子以公冶長不及南容，故以兄之子妻南容，以己之子妻公冶長⑤。何也？曰：此亦以己之私心看聖人也。凡人避嫌者，皆內不足也。聖人自至公，何更避嫌？凡嫁女各量其才而求配。或兄之子不甚美，必擇其相稱者爲之配。己之子美，必擇其才美者爲之配。豈更避嫌耶？若孔子事，或是年不相若，或時有先後，皆不可知。以孔子爲避嫌，則大不是。如避嫌事，賢者且不爲，況聖人乎⑥？（遺書，卷十八，頁三十八下至三十九上）。

問：公冶長可妻。伊川以避嫌之事，「賢者不為，況聖人乎？」自今觀之，閨門中安知無合着避嫌處？朱子曰：聖人正大。道理合做處便做。何用避嫌？問：古人「門內之治恩掩義，門外之治義斷恩⑦。」寓⑧恐閨門中主恩，怕亦有避嫌處。曰：固是主恩，亦須是當理方可。某看公浙人，多要避嫌。程子所謂「年之長幼，時之先後」，正是解或人之說。未必當時如此。大抵二人都是好人，可托。或先是見公冶長，遂將女妻他。後來見南容亦是箇好人，又把兄之女妻之，看來文勢恐是孔子之女年長，兄之女少，在後嫁，亦未可知。程子所謂「凡人避嫌者皆內不足」，實是如此。（語類，卷二十八，第四條，頁一一三九至一一四〇／七〇九至七一〇）。

叔蒙⑨問：程子說：「避嫌之事，賢者且不為，況聖人乎？」若是有一項合委曲而不可以直遂者，這不可以為避嫌。曰：自是道理合如此。如避嫌者，却是又怕人道如何，這却是私意。如十起與不起，便是私，這便是避嫌。只是他見得這意思，已是大段做工夫，大段會省察了。（同上，卷十三，第一一七條，頁三九一／二三九至二四〇）。

宋傑⑩問：宋傑嘗於親愛而辟上用功。如兄之子，常欲愛之如己子。每以第五倫為鑒，但愛己子之心，終重於愛兄之子。答曰：「常欲」二字，即十起之心也。須見得天理發見之本然，則所處厚薄，雖有差等，而不害其理之一也。（文集，卷六十二，答李敬子余國秀，頁三十六下）。

佐藤一齋曰：第五倫事未知其在當時事體如何。兄子有病，若看護無人，則雖十起而私其子。子有病看護有人，則不起亦非私。今竟不可識也。但程子因此事論其理，非論第五倫。（欄外書，卷六，「問弟」條）。

① 第五倫（壯年七六—八八），姓第五，名倫，字伯魚。仕至司空。後漢書，卷七十一有傳。

② 嘗謂，「吾兄子常病，一夜十往，退而安寢。吾子有疾，雖不省視而竟夕不眠。若是者，豈可謂無私乎？」（後漢書，卷七十一，頁九上）。

③ 禮記，檀弓上，第六十四節。

④ 孝經，第九章。

⑤ 論語，公冶長第五，第一章。公冶，名長，字子長。南容，姓南宮，名括，字子容，俱孔子弟子。

⑥ 此條編近思錄時不知去取。參看文集，卷三十三，答呂伯恭第四十一書，頁二十八下。

⑦ 禮記，喪服四制，第四節。

⑧ 徐寓，同卷一，第十三條，註③。

⑨ 蔣叔蒙，朱子門人。參看拙著朱子門人，頁三三七。

⑩ 余宋傑，字國秀，朱子弟子，參看朱門人，頁八七至八八。

13 問：孀婦於理似不可取，如何？曰：然。凡取以配身也。若取失節者以配身，是已失節也。又問：或有孤孀貧窮無託者，可再嫁否？曰：只是後世怕寒餓死，故有是說。然餓死事極小，失節事極大①。（遺書，卷二十二下，頁三上）。

朱子曰：自世俗觀之，誠為迂闊。然自知經識理之君子觀之，當省以知其不可易也。（文集，卷二十六，頁二十六，與陳師中書，頁二十六上）。

又曰：夫死而嫁，固為失節。然亦有不得已者，聖人不能禁也。故為之制服以處其子，而母不得與其祭焉。其貶之亦明矣。（文集，卷六十二，答李敬子書，頁三十三下）。

葉采曰：婦人從一而終者也。再嫁為失節。（集解，卷六，頁六）。

劉宗周（一五七八—一六四五）曰：「餓死事小，失節事大」，吾今而後，知孟子所言「無以饑渴之害為心害，則不及人不為憂矣②。」明乎此者，其於道也幾乎。（劉子全書，卷十三，會錄，頁五十三上）。

江紘（一六九二—一七五九）曰：孀婦不可娶，以自修君子言之。若市井小人，何能問此？然或疑程子此章之言為過，則程子此言非過也，常理而已。孀婦怕寒餓死而失節，何異於臣怕戰而降賊哉？孀婦再嫁，孀婦亦羞之。羞而可為，則亦何不為之有？可以知人道之大防矣。（讀近思錄，頁三十五上）。

佐藤一齋曰：出婦於前夫義絕，嫁固可矣。娶亦無不可。孀婦則義不絕，嫁娶兩失節也。世儒一概謂婦人不可再嫁，則無出婦孀婦之辨，甚誤。然世往往有孀婦真怕寒餓再嫁者，在賤人不必深責。但在士君子則斷斷不可而已。（欄外書，卷六，「問孀」條）。

① 張伯行，近思錄集解，刪此條，而以遺書，卷十八，頁四十五上，「今人多不知兄弟之愛」一段代之。何以如此，張氏並無解釋。參看第十七條，朱子問答。

② 孟子，盡心第七上，第二十七章。

14 病臥於床，委之庸醫，比之不慈不孝。事親者亦不可不知醫。外書，下同。（卷十二，頁七上，明道語）。

問：人子事親學醫如何？程子曰：最是大事。……今人視父母疾，乃一任醫者之手，豈不害事？必須識醫藥之道理。別病是如何？藥當如何？故可任醫者也。（遺書，卷十八，頁四十七上，伊川語）。

15 程子葬父，使周恭叔①主客。客欲酒，恭叔以告先生。曰：勿陷人於惡②。（外書，卷七，頁一下）。

朱子曰：行弔而遇酒食，此須力辭。必不得已而留，亦須數辭。先起，不可醉飽。（文集，卷五十七，答陳安卿第一書，頁十四下）。

又曰：有服則不但弔日不飲酒食肉矣。其他則視情分之厚薄可也。（文集，卷五十八，答徐居甫第一書，頁三十一下）。

茅星來曰：禮行弔之日不飲酒食。（集註，卷六，頁七上）。

① 周恭叔（壯年一〇九〇），名行己，二程門人。官至秘書省正字。行實見伊洛淵源錄，卷十四，與宋元學學案，卷三十二。

② 朱子曾移書呂祖謙謂「喪禮兩條，承疏示幸甚」（文集，卷三十三，答呂伯恭第四十九書，頁三十五上）或即指此條。

16 買乳婢多不得已。或不能自乳，必使人。然食己子而殺人之子，非道。必不得已，用二子乳食三子，足備他虞。或乳母病且死，則不爲害，又不爲己子殺人之子。但有所費。若不幸致誤其子，害孰大焉。（外書，卷十，頁四上）。

茅星來曰：「不得已者」，如晚年得子或母有疾之類。然則世之非有不得已而買乳婢者固非矣。（集註，卷六，頁七下）。

⑰先公太中①諱珦，字伯溫。前後五得任子②，以均諸父③子孫。嫁遣孤女，必盡其力。所得俸錢，分贍親戚之貧者。伯母劉氏寡居，公奉養甚至。其女之夫死，公迎從女兄以歸。教養其子，均於子姪。既而女兄之女又寡。公懼女兄之悲思，又取甥女以歸嫁之。時小官祿薄，克己爲義，人以爲難。公慈恕而剛斷。平居與幼賤處，惟恐有傷其意。至於犯義理，則不假也。左右使令之人，無日不察其飢飽寒燠。娶侯氏④。侯夫人事舅姑，以孝謹稱。與先公相待如賓客。先公賴其內助，禮敬尤至。而夫人謙順自牧，雖小事未嘗專，必禀而後行。仁恕寬厚，撫愛諸庶，不異己出。從叔幼孤，夫人存視，常均己子。治家有法，不嚴而整，不喜笞扑奴婢。視小臧獲⑤如兒女。諸子或加呵責，必戒之曰：「貴賤雖殊，人則一也。汝如是大時，能爲此事否？」先

公凡有所怒，必爲之寬解。唯諸兒有過，則不掩也。常曰：「子之所以不肖者，由母蔽其過，而父不知也。」夫人男子六人，所存惟二⑥。其愛慈可謂至矣。然於教之之道，不少假也。纔數歲，行而或踣。家人走前扶抱，恐其驚啼。夫人未嘗不呵責，曰：「汝若安徐寧至踣乎？」飲食常置之坐側。嘗食絮羹，即叱止之曰：「幼求稱欲，長當何如？」雖使令輩，不得以惡言罵之。故頤兄弟平生，於飲食衣服無所擇，不能惡言罵人，非性然也，教之使然也。與人爭忿，雖直不右，曰：「患其不能屈，不患其不能伸。」及稍長，常使從善師友游。雖居貧，或欲延客，則喜而爲之具。夫人七八歲時，誦古詩曰：「女子不夜出，夜出秉明燭⑦。」自是日暮則不復出房閤。既長好文，而不爲辭章。見世之婦女以文章筆札傳於人者，則深以爲非。文集。

（伊川文集，卷八，頁二上至七下）。

問：取甥女歸嫁一段，與前孤孀不可再嫁相反⑧，何也？朱子曰：大綱恁地。但人亦有不能盡者。（語類，卷九十六，第六十二條，頁三九二八／二四七三）。

茅星來曰：此編皆文集居先而此獨在後者，蓋以是章乃統敘治家之道，凡事上撫下，睦族卹孤之道，無弗具焉。故繫之此也。（集註，卷六，頁十上）。

① 太中，太中大夫，有祿無職。
② 任子，即廕生，謂藉父庇廕得官也。
③ 諸父，即從父。
④ 縣令侯道濟之女。
⑤ 男僕曰臧，女僕曰獲。
⑥ 伊川與其兄明道。其他四人，長應昌，次天錫，五韓奴，六蠻奴，皆早夭。
⑦ 禮記，內則，第十一節述意。
⑧ 參看第十三條。

[18] 橫渠先生①嘗曰：事親奉祭，豈可使人爲之。行狀。（張子全書，卷十五，附錄，頁十二下）。

張伯行曰：事親所以盡子之道，奉祭所以達己之誠。此二事豈是人可以代的？（集解，卷六，頁十下）。

① 同引言，註⑦。

② 同第十五條，註②。

19 舜之事親有不悅者，爲父頑母嚚，不近人情①。若中人之性，其愛惡若無害理，姑必順之。親之故舊，所喜者，當極力招致，以悅其親。凡於父母賓客之奉，必極力營辦，亦不計家之有無。然爲養又須使不知其勉強勞苦。苟使見其爲而不易，則亦不安矣。**橫渠記說**。（張子全書，卷十四，近思錄拾遺，頁四下）。

陳沆曰：此卽曾子養志②之事，更說得委曲精詳。其實只是一順字。（補註，卷六，頁九下）。

① 書經，堯典，第十二節。
② 孟子，離婁第四上，第十九章。

20 斯干詩，言「兄及弟矣，式相好矣，無相猶矣①。」言兄弟宜相好，不要相學。「猶」，似也。人情大抵患在施之不見報則輟。故恩不能終。不要相學，己施之而已。詩說，下同。（張子全書，卷十四，近思錄拾遺，頁四下至五上）。

揚②問：橫渠說斯干「兄弟宜相好，不要相學，」指何事而言？朱子曰：不要相學不好處。且如先去友弟，弟却不能恭其兄，兄變可學弟之不恭，而遂亦不友為兄者？但當盡其友可也。為弟能恭其兄，兄乃不友其弟，為弟者豈可亦學兄之不友，而遂忘其恭？為弟者但當知其盡恭而已。（語類，卷八十一，第一一六條，頁三三六六／二一二二至二一二三）。

① 詩經，小雅，鴻雁之什，斯干。

② 包揚，字顯道，學於陸象山。陸死後率其生徒就學於朱子。語類問答三十餘條。參看拙作朱子門人，頁六十九至七十。

[21] 人「不爲周南召南，其猶正牆面而立①。」常深思此言誠是。不從此行，甚隔著事。向前推不去。蓋至親至近，莫甚於此。故須從此始。（張子全書，卷十四，近思錄拾遺，頁五上）。

亞夫②問：「不為周南召南，其猶正牆面而立。」朱子曰：不知所以脩身齊家，則不待出門，便已動不得了。所以謂之「正牆面」者，謂其至近之地，亦行不得故也。（語類，卷四十七，第三十一條，頁一八八三—一一八六）。

① 同卷三，第三十條，註②。
② 憂淵，同卷二，第八十條，註①。

22 婢僕始至者①，本懷勉勉敬心，若到所提掇更謹，則加謹。慢則棄其本心，便習以成性②。故仕者入治朝則德日進，入亂朝則德日退。只觀在上者有可學無可學爾。語錄。（張子全書，卷六，義理，頁八下）。

江永曰：「提掇更謹」者，涖之以莊，御之以道，令其自不敢惰慢。非徒尚威嚴之謂也。（集註，卷六，頁五上）。

① 一本無「者」字。
② 一本作「性成」。「習與性成」，出書經，太甲上，第九節。

近思錄　卷之七

出處進退辭受之義（出處）

凡三十九條

1 伊川先生①曰：賢者在下，豈可自進以求於君？苟自求之，必無能信用之理。古之人所以必待人君致敬盡禮而後往者，非欲自爲尊大。蓋其尊德樂道之心不如是，不足與有爲也②。」易傳，下同。（卷一，頁十七上，釋蒙卦第四之彖傳）。

葉采曰：賢者之進，將以行其道也。自非人君有好賢之誠心，則諫不行，言不聽，豈足以有為哉？（集解，卷七，頁一）。

① 同引言，註⑥。

② 孟子，公孫丑第二下，第二章。

[2] 君子之需時也，安靜自守。志雖有須而恬然若將終身焉。乃能用常也。雖不進而志動者，不能安其常也。（易傳，卷一，頁二十一上，釋需卦第五之初九象傳）。

茅星來曰：上條言賢者不可急於求進，此條言雖不進而志或不能不動，則亦不能守其常也。所以足上條未盡之意。（集註，卷七，頁一下）。

[3] 比吉，原筮元永貞，無咎。傳曰：人相親比，必有其道。苟非其道，則有悔咎。故必推原占決其可比者而比之。所比得元永貞則無咎。元謂有君長之道，永謂可以常久，貞謂得正道。上之比下，必有此三者。下之從上，必求此三者。則無咎也。（易傳，卷一，頁二十九下，釋比卦第八之彖辭）。

江永曰：朱子本義謂「筮得此卦者，當為人所親輔。然必再筮以自審，有元善長永正固之德，然後可以當衆之歸而無咎①。」與程傳意異。傳專以君臣相比言之。（集註，卷七，頁一上下）。

① 周易本義，註比卦第八之卦辭。

4 履之初九曰，「素履往，無咎①。」傳曰：夫人不能自安於貧賤之素，則其進也，乃貪躁而動，求去乎貧賤耳。非欲有爲也。既得其進，驕溢必矣。故往則有咎。賢者則安履其素。其處也樂，其進也將有爲也。故得其進，則有爲而無不善。若欲貴之心，與行道之心交戰于中，豈能安履其素乎？（易傳，卷一，頁三十八上下，釋履卦第十之初九爻辭與象傳）。

葉采曰：欲貴之心勝，則必不能安行乎素位，而亦卒無可行之道也。（集解，卷七，頁二）。

① 易經，履卦，第十之初九爻辭。

5 大人於否之時，守其正節，不雜亂於小人之羣類，身雖否而道之亨也。故曰：「大人否亨①。」不以道而身亨，乃道否也。（易傳，卷一，頁四十五下，釋否卦第十二之六二象傳）。

葉采曰：身之否亨由乎時，道之否亨由乎我。大人者，自有否而道無否也。蓋否之時，小人羣集。君子不入其黨，身則否矣。然直道而行，無所撓屈，道則亨也。（集解，卷七，頁二）。

6 人之所隨，得正則遠邪。從非則失是。無兩從之理。隨之六二。苟係初則失五矣。故象曰：「弗兼與也①。」所以戒人從正當專一也。（易傳，卷二，頁十上，釋隨卦第十七之六二象傳）。

張伯行曰：人之所隨，邪正是非，無兩從之理。隨之六二曰：「係小子，失丈夫。」蓋初陽在下，小子之象。五陽在上，丈夫之象。初於二為近。五雖正應而遠六二陰柔，則見理不明，持守不固。又陰性躁急，不能自守。將苟且以自比。其勢必遺五之遠而就初之近。安能兼與之乎？易之取象如此。以此戒人當擇其正者而從之專一靡他。（集解，卷七，頁三上下）。

① 易經，隨卦第十七之六二象傳。

7 君子所貴，世俗所羞。世俗所貴，君子所賤。故曰：「賁其趾，舍車而徒①。」（易傳，卷二，頁二十七上，釋賁卦第二十二之初九爻辭）。

江永曰：世俗以勢位為榮，君子以道義為貴。故寧舍非道之車而安於步行。（集註，卷七，頁一下）。

① 易經，賁卦第二十二之初九爻辭。

[8] 蠱之上九曰：「不事王侯，高尚其事①。」象曰：「不事王侯，志可則也②」傳曰：士之自高尚，亦非一道。有懷抱道德，不偶於時，而高潔自守者。有知止足之道，退而自保者。有量能度分，安於不求知者。有清介自守，不屑天下之事，獨潔其身者。所處雖有得失小大之殊，皆自高尚其事者也。象所謂「志可則者，進退合道」者也。（易傳，卷二，頁十五上，釋蠱卦第十八之上九爻辭）。

朱子曰：「不事王侯」，無位之地，如何出得來？更幹箇甚麼？（語類，卷七十，第一九七條，頁二八二六／一七七五）。

問：上九傳「知止知足之道，退而自保者」，與「量能度分，安於不求知者」，何以別？曰：知止足，是能做底。量能度分，是不能做底。（同上，第一九八條，頁二八二六／一七七五）。

貝原益軒曰：「懷抱道德」云云者，得而大者也。獨潔其身者，失而小也。知止足與量能度分者，亦比之「懷抱道德」云云者為小。（備考，卷七，頁三上下，總頁三四九至三五〇）。

① 易經，蠱卦第十八之上九爻辭。
② 同上，上九象傳。

[9] 遯者陰之始長。君子知微，故當深戒。而聖人之意，未便遽已也。故有「與時行，小利貞①」之教。聖賢之於天下，雖知道之將廢，豈肯坐視其亂而不救？必區區致力於未極之間，強此之衰，艱彼之進。圖其暫安，苟得爲之，孔孟之所屑爲也。王允②謝安③之於漢晉是也。（易傳，卷三，頁九上，釋遯卦第三十三之彖傳）。

朱子曰：伊川說「小利貞」，云尚可以有為。陰已浸長，如何可以有為？所說王允謝安之於漢晉，恐也不然。王允是算殺了董卓，謝安是乘王敦④之老病，皆是他衰微時節，不是浸長之時也。兼他是大臣，亦如何去！此為在下位有為之兆者，則可以去，大臣任國安危。君在與在，君亡與亡。如何去？（語類，卷七十二，第三十三條，頁二九〇三／一八二三）。

① 易經，遯卦第三十三之彖傳。
② 王允（一三七－一九二），字子師，董卓（一九二卒）謀篡漢。允時爲司徒，擁護王室，殺董卓。事詳後漢書，卷九十六，王允傳。

③ 謝安（三二〇—三八五），字安石。東晉孝武帝八年（三八三），秦師入攻，京師震恐。安爲征討大都督，破秦師。晉室以安。詳見晉書，卷七十九，謝安傳。

④ 王敦（二六六—三二四），字處仲。平亂有功，遂欲專制朝廷。後病死。帝發瘞出尸，焚其衣冠，懸首示衆。參看晉書，卷九十八，王敦傳。

⑽ 明夷初九，事未顯而處甚艱，非見幾之明不能也。如是則世俗孰不疑怪？然君子不以世俗之見怪，而遲疑其行也。若俟衆人盡識，則傷已及而不能去矣。（易傳，卷三，頁十八下，釋明夷卦第三十六之初九爻辭）。

張伯行曰：夷，傷也。為卦離下坤上。離火之明，入坤之地中，明而見傷曰明夷。初九傷猶未顯。人不及察，處之甚難。非見幾之明者，不能避之早而去之決。（集解，卷七，頁五上）。

⑾ 晉之初六，在下而始進，豈遽能深見信於上？苟上未見信，則當安中自守，雍容寬裕，無急於求上之信也。苟欲信之心切，非汲汲以失其守，則悻悻以傷於義矣。故曰：「晉如摧如，貞吉。罔孚，裕無咎①。」然聖人又恐後之

人不達寬裕之義，居位者廢職失守以爲裕。故特云：「初六，裕則無咎②」者，始進未受命當職任故也。若有官守，不信於上而失其職，一日不可居也。然事非一槩。久速唯時，亦容有爲之兆者。（易傳，卷三，頁十五上下，釋晉卦第三十五之初六爻辭與象傳）。

張伯行曰：「晉」，進也。……「摧」，挫折也。「貞」，正也。「孚」，信也。「裕」，寬裕也。貞以行言，裕以心言。所行者正，庶乎見信於上而可以獲吉矣。（集解，卷七，頁六上）。

① 易經，晉卦第三十五之初六爻辭。

② 同上。

12 不正而合，未有久而不離者也。合以正道，自無終揆之理。故賢者順理而安行，智者知幾而固守。（易傳，卷三，頁二十七上，釋睽卦第三十八之六三象傳）。

江永曰：順理安行者，隨時之宜，無心遇合也。知幾固守者，知事之微，不來苟合也。（集註，卷七，頁二下）。

[13] 君子當困窮之時，既盡其防慮之道而不得免，則命也。當推致其命以遂其志。知命之當然也，則窮塞禍患，不以動其心，行吾義而已。苟不知命，則恐懼於險難，隕穫於窮厄，所守亡矣。安能遂其爲善之志乎？（易傳，卷四，頁二上，釋困卦第四十七之象傳）。

李敬子①問：「致命遂志。」朱子曰：「「致命」如論語「見危授命②」與「士見危致命③」一般，是送這命與他。自家但遂志循義，都不管生死，不顧身命。猶言致死生於度外也。（語類，卷七十三，第三條，頁二九三二／一八四二）。

① 敬子，李燔之字。參看卷二，第七十九條，註④。

② 論語，憲問第十四，第十三章。

③ 同上，子張第十九，第一章。

[14] 寒士之妻，弱國之臣，各安其正而已。苟擇勢而從，則惡之大者，不容於世矣。（易傳，卷四，頁三下，釋困卦第四十七之九四爻辭）。

施璜曰：處困之時，只是各安其正，不可擇勢而從。苟能堅苦以安其正，則勢終不足以勝理，終得相遇而有與也。（發明，卷七，頁七下）。

15 井之九三，渫治而不見食，乃人有才智而不見用，以不得行爲憂惻也。蓋剛而不中，故切於施爲。異乎「用之則行，舍之則藏①」者矣。（易傳，卷四，頁七上，釋井卦第四十八之九三象傳與爻辭）。

張伯行曰：「渫」，水不停，汙也。九三以陽剛之德，居下之上，未為時用，為井已渫治清潔而不人食之象。猶人有才智不見用者，以不得行於時為憂惻也。夫君子出處，當以時為權衡，乃合乎道之中。九三有剛德而不得中，但知切於施為而以不行為憂惻，則與聖賢行藏無心，得用舍之宜者異矣。（集解，卷七，頁七下）。

① 論語，述而第七，第十章。

16 革之六二，中正則無偏蔽，文明則盡事理。應上則得權勢，體順則無違悖。

時可矣，位得矣，才足矣，處革之至善者也。必待上下之信，故「已日乃革之①」也。如二之才德，當進行其道，則吉而無咎也。不進則失可爲之時，爲有咎也。（易傳，卷四，頁九下至十上，釋革卦第四十九之六二爻辭）。

張伯行曰：革卦離下兌上，水火相息而為革。而六二一爻居中得正，則無偏蔽之病。又當離體，其內文明，則盡事理之實。五為正應，有應於上，則得權勢之資。爻位皆陰，其體柔順，則無違悖之嫌。是故以其時言，當變革之世，則其時可。以其位言，應上得權，則其位得。以其才言，中正文明而柔順，則其才足。無一不善，故曰「處革之至善」者也。然必已日而後革者……謂可革之日，足以自信，而未必上下之信。須已信之日而後革也。（集解，卷七，頁八上下）。

① 易經，革卦第四十九之六二爻辭。

17 鼎之有實，乃人之有才業也。當慎所趨向。不慎所往，則亦陷於非義。故曰：「鼎有實，慎所之也①。」（易傳，卷四，頁十四上下，釋鼎卦第五十之九二象傳）。

茅星來曰：此為人之有才業而急於自見者言之也。（集註，卷七，頁八下）。

① 易經，鼎卦第五十之九二象傳。

[18] 士之處高位，則有拯而無隨。在下位則有當拯，有當隨，有拯之不得而後隨。（易傳，卷四，頁二十一下，釋艮卦第五十二之六二爻辭）

江永曰：拯者救其弊，隨者隨其失，處高位，不可坐視其失。在下位，則有職所不及，力所不能者矣。（集註，卷七，頁三上）。

[19]「君子思不出其位①。」位者，所處之分也。萬事各有其所。得其所則止而安。若當行而止，當速而久，或過或不及，皆出其位也。況踰分非據乎？（易傳，卷四，頁二十一上，釋艮卦第五十二之象傳）。

葉采曰：位者，所處當然之分也。處之不踰其分，是不出其位也。所謂止者，當其分而已。當行而止，當速而久，或過或不及，皆為出位，而非得其止者也。況踰越常分，「據非所據②」者，乃出位之尤者也。（集解，卷七，頁七）。

① 論語，憲問第十四，第二十八章。

② 易經，繫辭下傳，第五章，註家皆不詮釋「據」字，大概以其可作多種解釋之故。「據」字可作執持，依據，居處等解，皆通。卷七專言出處之道，故當以「居位」爲上。

[20] 人之止難於久終，故節或移於晚，守或失於終，事或廢於久。人之所同患也。艮之上九，敦厚於終。止道之至善也。故曰：「敦艮吉①。」（易傳，卷四，頁二十二下，釋艮卦第五十二之上九爻辭）。

葉采曰：人之止，易於暫而難於久，易於始而難於終。艮之上九，止之終也。止道愈厚，是以吉也。（集解，卷七，頁七）。

① 易經，艮卦第五十二之上九爻辭。

[21] 中孚之初九曰：「虞吉①。」象曰：「志未變也②。」傳曰：當信之始，志未有所從，而虞度所信，則得其正，是以吉也。志有所從，則是變動，虞之不得其正矣。（易傳，卷四，頁五十上，釋中孚卦第六十一之初九象傳）。

施璜曰：此程子教人相信之道也。虞，度也。相信之道，貴審之於初。當中孚之初，未有他志能度其可信而信之，則是為吾之倚仗而吉。若復有他志焉，則其可信者，不信於其不可信者。信之則失其所度之正。非惟彼之心不樂乎我，而所有之人，亦不是為吾之倚仗矣。（發明，卷七，頁九下）。

① 易經，中孚卦第六十一之初九爻辭。
② 同上，初九象傳。

22 賢者惟知義而已，命在其中。中人以下，乃以命處義。如言「求之有道，得之有命①」是求無益於得。知命之不可求，故自處以不求。若賢者則求之以道，得之以義。不必言命②。遺書，下同。（遺書，卷二上，頁四下）。

朱子曰：程子言義不言命之說，有功於學者，亦前聖所未發之一端。（江永，近思錄集註，卷七，頁三下所引。出處未詳）。

① 孟子，盡心第七上，第三章。
② 宇都宮遯庵（鼇頭近思錄，卷七，頁十下）與澤田武岡（近思錄說略，卷七，頁九上，總頁五四七）均謂

謂此條爲明道語，然遺書卷二上爲二先生語，未指明是誰。

[23] 人之於患難，只有一箇處置。盡人謀之後，却須泰然處之。有人遇一事，則心心念念不肯捨。畢竟何益？若不會處置了放下，便是「無義無命①」也。（遺書，卷二上，頁十九上）。

葉采曰：人遇患難，但當審所以處之之道，所謂義也。若夫處之之後，在己無闕則亦安之而已。成敗利鈍，亦無如之何，所謂命也。或遇事而不能處，是無義也。或處置了而不能放下，是無命也。（集解，卷七，頁九）。

① 孟子，萬章第五上，第八章。

[24] 門人①有居太學而欲歸應鄉舉者。問其故，曰：「蔡人尠習戴記，决科之利也」。先生曰：汝之是心，已不可入於堯舜之道矣。夫子貢②之高識，曷嘗規規於貨利哉？持於豐約之間，不能無留情耳。且貧富有命。彼乃留情於其

問，多見其不信道也。故聖人謂之「不受命③。」有志於道者，要當去此心而後可語也④。（遺書，卷四，頁一上）。

葉采曰：「尠」，甚少也。得失有命。妄起計度之私，是利心也。故不可入堯舜之道。（集解，卷七，頁九）。

朱子嘗論科舉云：非是科舉累人，自是人累科舉。若高見遠識之士，讀聖賢之書，據吾所見而為文以應之，得失利害，置之度外，雖日日應舉，亦不累也。居今之世，使孔子復生，也不免應舉，然豈能累孔子邪？（語類，卷十三，第一五七條，頁三九二／二四六）。

① 此門人爲謝良佐。參看卷二，第二十七條，註④。

② 子貢，詳卷三，第十七條，註①。

③ 論語，先進第十一，第十八章，孔子謂子貢曰：「賜不受命，而貨殖焉。億則屢中。」

④ 遺書此段「決利」以上曰：「人有習他經，既而舍之，習戴記。問其故。曰：「決科」云云，與此條異。又遺書有注「一本云：明道知扶溝縣事，伊川侍行。謝顯道將歸應舉。伊川曰：『何不止試於太學？』顯道對曰：『蔡人鮮習禮記，決科之利也。』先生云云，顯道乃止。是歲登第。」

25 人苟有「朝聞道，夕死可矣①」之志，則不肯一日安於所不安也。何止一日？須與不能。如曾子易簀②，須要如此乃安。人不能若此者，只爲不見實理。實理者，實見得是，實見得非。凡實理得之於心自別。若耳聞口道者，心實不見。若見得，必不肯安於所不安。人之一身，儘有所不肯爲。及至他事又不然。若士者，雖殺之，使爲穿窬必不爲。其他事未必然。至如執卷者，莫不知說禮義。又如王公大人，皆能言軒冕外物。及其臨利害，則不知就義理，却就富貴。如此者只是說得不實見。及其蹈水火，則人皆避之。是實見得。須是有「見不善如探湯③」之心，則自然別。昔曾經傷於虎者，他人語虎，則雖三尺童子，皆知虎之可畏。終不似曾經傷者，神色懾懼，至誠畏之。是實見得也。得之於心，是謂有德。不待勉強。然學者則須勉強。古人有損軀隕命者，若不實見得，則烏能如此？須是實見得。生不重於義，生不安於死也。故有「殺身成仁④。」只是成就一箇是而已。（遺書，卷十五，頁三下至四上）。

問：「朝聞道，夕死可矣。」朱子曰：所謂夕死可者，特舉其大者而言耳。蓋苟得聞道，則事無大小，皆可處得。富貴貧賤，無所往而不可。故雖死，有死之道也。（語類，卷二十六，第八十七條，頁一〇六二／六六一）。

賀孫⑤問：曾子易簀，當時若差了這一著，渙做聞道不聞道。曰：不論易簀與不易簀，只論他平日是聞道與不聞道。平日已是聞道，那時萬一有照管不到也無奈何。問：若果已聞道，到那時也不到會放過。曰：那時是正終大事。既見得，自然不放過。（同上，第九十一條，頁一〇六四／六六二）。

又曰：伊川曰：「實理者，實見得是，實見得非。」實理與實見不同。今合說，必記錄有誤。蓋有那實理，人須是實見得。見得恁地確定，便有實見得，又都閑了。（同上，卷九十七，第一〇四條，頁三九七四／二五〇一）。

先生顧陳安卿⑥曰：伊川說實見，有不可曉處。云：「實見得是，實見得非。」恐是記者之誤。「見」字上必有漏落。理自是理，見自是見。蓋物物有那實理。人須是實見得。義剛⑦曰：理在物，見在我。曰：是如此。（同上，第一〇五條，頁三九七四。又卷二十六，第九十條，頁三九七四／二五〇一）。

① 論語，里仁第四，第八章。
② 禮記，擅弓上，第十八節，曾子病革，舉扶而易以身分相應之簣。反席未安而沒。
③ 論語，季氏第十六，第十一章。
④ 同上，衛靈公第十五，第八章。
⑤ 葉味道（嘉定十三年，一二二〇，進士），初諱賀孫，朱子門人。錄語類問答達三四百條，問答亦在百條以上。爲永嘉學派之始。參看拙著朱子門人，頁二七九至二八〇。
⑥ 陳淳，同卷五，第十六條，註②。
⑦ 黃義剛，字毅然。錄語類問答六七百條，問答亦過百條。參看拙著朱子門人，頁二六〇至二六一。

26 孟子辨舜跖之分，只在義利之間①。言間者，謂相去不甚遠，所爭毫末爾。義與利只是箇公與私也。纔出義，便以利言也。只那計較，便是爲有利害。若無利害，何用計較？利害者，天下之常情也。人皆知趨利而避害。聖人則更不論利害。惟看義當爲不當爲，便是命在其中也。（遺書，卷十七，頁二下。孟子集註，盡心第七上，第二十五章引之）。

澤田武岡曰：程子以「義」字換「善」字，蓋「善」字泛，「義」字切。且對利字最當也。（說略，卷七，頁十二上，總頁五五三）。

或問義利之別。朱子曰：只是為己為人之分。纔為己，這許多便自做一邊去。義也是為己。天理也是為己。若為人，那許多便自做一邊去（語類，卷十三，第三十七條，頁三六一／二二二七）。

① 孟子，盡心第七上，第二十五章。「欲知舜（聖人）與跖（大賊）之分，無他，利與善之間也。」

27 大凡儒者未敢望深造於道。且只得所存正，分別善惡，識廉恥。如此等人多，亦須漸好。（遺書，卷十七，頁二上）。

茅星來曰：「所存正」謂所存於心者正也。如利祿不以動其心，耳目口體之欲不以繫其懷皆是。此以體之存而言。「分別善惡」二句，以用之發而言。蓋所存正則其本立，分別善惡則知所擇，識廉恥則能自守。（集註，卷七，頁十二下）。

[28] 趙景平①問「子罕言利②。」所謂利者何利？曰：不獨財利之利。凡有利心，便不可。如作一事，須尋自家穩便處，皆利心也。聖人以義爲利。義安處便爲利。如釋氏之學，皆本於利，故便不是。（遺書，卷十六，頁一上）。

問：程子曰：「義安處便為利」，只是當然而然，便安否？朱子曰：是。也只萬物各得其分，便是利。君得其為君，臣得其為臣，父得其為父，子得其為子，何利如之！此「利」字，卽易所謂「利者義之和③」，利便是義之和處。然那句解得不似此語却親切，正好去解那句。義初似不和而却和。截然不可犯，似不和。分別後，萬物各得其所便是和。不和生於不義，義則和而無不利矣。（語類，卷九十六，第六十三條，頁三九二八／二四七三）。

① 趙景平，不詳。

② 論語，子罕第九，第一章。
③ 易經，乾卦第一，文言。

[29] 問：邢七①久從先生，想都無知識，後來極狠狽②。先生曰：謂之全無知則不可。只是義理不能勝利欲之心，便至如此也。（遺書，卷十九，頁十一上）。

朱子曰：此言以責人言之則恕，以教人言之則切。（引自江永，近思錄集註，卷七，頁五下。未詳出處）。

① 邢恕，同卷四，第十一條，註①。
② 據伊洛淵源錄，卷十四，頁五上，此是謝良佐之問。

[30] 謝湜①自蜀之京師②，過洛而見程子。子曰：爾將何之？曰：將試教官。子弗答。湜曰：何如？子曰：吾嘗買婢，欲試之。其母怒而弗許。曰：「吾女非可試者也。」今爾求爲人師而試之，必爲此媼笑也。湜遂不行。（遺書，卷二十一上，頁二上）。

有少年試教官。朱子曰：公如何須要去試教官？如今最沒道理，是教人懷牒來試討教官。某嘗經歷諸州。教官都是許多小兒子，未生髭鬚。入學底多是老大底人，如何服得？某思量，須是立箇定制，非四十以上不得任教官。（語類，卷一〇九，第三十三條，頁四二九七／二七〇〇）。

① 謝湜未詳。
② 河南開封。

31 先生在講筵，不曾請俸。諸公①遂牒戶部，問不支俸錢。戶部索前任歷子②。先生云：某起自草萊，無前任歷子。舊例，初入京官時，用下狀出給料錢歷。先生不請。其意謂朝廷起我，便當「廩人繼粟，庖人繼肉③」也。遂令戶部自爲出券歷。又不爲妻求封。范純甫④問其故。先生曰：某當時起自草萊，三辭然後受命。豈有今日乃爲妻求封之理？問今人陳乞恩例，義當然否？人皆以爲本分，不爲害。先生曰：只爲而今士大夫道得箇乞字慣，却動不動又是乞也。因問陳乞封父祖如何？先生曰：此事體又別。再三請益，但云其說甚長，待別時說。（遺書，卷十九，頁九上下）。

朱子曰：某因說「甚長」之意思之。後來人只是投家狀，便是陳乞了。以至入仕，事事皆然。古者人有才德，即舉用。當時這般封贈，朝廷自行之。何待陳乞？程先生之意恐然也。觀後來郊恩都不曾為太中⑤陳請，則乞封贈，程先生亦不為之矣。（語類，卷九十七，第八十五條，頁三九六四至三九六五／二四九六）。

問：伊川於陳乞封父母之問云：「待別時說。」過⑥謂此自出朝廷合行之禮，當今有司檢舉行下，亦不必俟陳乞也。答云：如此，名義却正。（同上，第八十六條，頁三九六五／二四九六）。

葉采曰：封親與封妻，事體不同。顯榮其親，亦人子之至情。謂之不當求，則不可，謂之當求，則先生特召，與常人異。故難為言也。（集解，卷七，頁十三）。

① 大臣司馬光（一〇一九—一〇八六）呂公著（一〇一八—一〇八九）等。

② 前任之俸祿與給料。

③ 孟子，萬章第五下，第六章。「舊例」以下至「繼肉也」爲遺書本註。金子霜山，近思錄提要，謂孟子引語，乃記錄者所加云。

④ 范祖禹，同卷三，第六十九條，註②。澤田武岡（近思錄說略，卷七，頁十五上，總頁五五九）謂「范純甫未詳」，蓋不知范純甫即范祖禹也。

⑤ 伊川之父，程珦，太中大夫。

⑥ 王過，字幼觀，朱子門人。錄語類五六十則。問答六七次。參看拙作朱子門人，頁六十三。

32 漢策賢良，猶是人舉之①。如公孫弘②者，猶強起之乃就對。至如後世賢良，乃自求舉爾。若果有日，我心只望廷對，欲直言天下事，則亦可尚已。若志在富貴，則得志便驕縱，失志則便放曠與悲愁而已。（遺書，卷一，頁五下）。

張伯行曰：此言士君子出處宜正也。……雖弘之為人姦詐，無足取，而其始進之初，猶知自重如此。（集解，卷七，頁十六下）。

① 漢取士之科有四，賢良其一也。對策爲在天子之前，答其所問國家大事。應對者由人推薦之。

② 公孫弘（紀元前二〇〇—前一二一），少時家貧。年四十餘乃學春秋雜說。武帝（前一四〇—前八七）初即位，招賢良。是時弘年六十，以賢良徵爲太學博。旋使匈奴，以上奏不合天子意，乃以病歸。元光五年（前一三〇）復徵賢良。國人力推，乃就對。傳見前漢書，卷五十八。

33 伊川先生曰：人多說某不教人習舉業。某何嘗不教人習舉業也？人若不習舉業而望及第，却是責天理①而不修人事。但舉業既可以及第即已。若更去上面盡力求必得之道，是惑也②。（遺書，卷十八，頁三上下）。

朱子曰：舉業亦不害為學。前輩何嘗不應舉？只緣今人把心不定，所以有害。才以得失為心，理會文字，意思都別了。（語類，卷十三，第一五六條，頁三九二／二四六）。

① 鄭曄，近思錄釋疑，卷七，頁八下，解「天理」作「天」。

② 此條與下列兩條，或即是張栻所欲添入之舉業三段（參看文集，卷三十四，答呂伯恭第五十六書，頁四下；卷三十二，答張欽夫第三十二書，頁三下）。

34 問家貧親老，應舉求仕，不免有得失之累。何脩可以免此？伊川先生曰：此只是志不勝氣。若志勝，自無此累。家貧親老，須用祿仕。然「得之不得爲有命①。」曰：在己固可。爲親奈何？曰：爲己爲親，也只是一事。若不得，其如命何？孔子曰：「不知命，無以爲君子②。」人苟不知命，見患難必避，遇得喪必動，見利必趨，其何以爲君子？（遺書，卷十八，頁九下）。

朱子曰：以科舉為為親，而不為為己之學，只是無志。以舉業為妨實學，不知曾妨飲食否？只是無志也。（語類，卷十三，第一五四條，頁三九二／二四六）。

又曰：父母責望，不可不應舉。如遇試則入去，據己見寫了出來。（同上，第一五九條，頁三九三／二四七）。

① 孟子，萬章第五上，第八章。

② 論語，堯曰第二十，第三章。

[35] 或謂科舉事業，奪人之功，是不然。且一月之中，十日爲舉業，餘日足可爲學。然人不志此，必志于彼。故科舉之事，不患妨功，惟患奪志。外書。（卷十一，頁五上）。

朱子曰：科舉累人不淺，人多為此所奪。但有父母在，仰事俯育，不得不資於此，故不可不勉爾。其實甚奪人志。（語類，卷十三，第一五二條，頁三九一／二四六）。

問：科舉之業妨功。曰：程先生有言，「不恐妨功，惟恐奪志。」若一月之間，着十日事舉業，亦有二十日修學。若被他移了志，則更無醫處矣。（同上，第一五三條，頁三九一／二四六）。

36 橫渠先生①曰：世祿之榮，王者所以錄有功，尊有德。愛之厚之，示恩遇之不窮也。爲人後者，所宜樂職勸功，以服勤事任。長廉遠利，以似述世風。而近代公卿子孫，方且下比布衣，工聲病，售有司。不知求仕非義，而反羞循理爲無能。不知蔭襲爲榮，而反以虛名爲善繼。誠何心哉？文集。（張子全書，卷十三，策問第五，頁三下）。

張伯行曰：此為世家子弟不務循理者戒也。自古以來，仕有世祿之典。蓋念其上世功德在民，故恩遇及於子孫，以見其愛之厚之，而思所以報之不窮也。為人子孫者，席祖宗之積緒，受國家之寵眷，正宜樂職勸功，以服習其所當為之事，勤效其所見居之任，長廉遠利，以比似於先世之人，嗣述於閥閱之風，方為守義循理。（集解，卷七，頁十八下）。

葉采曰：「聲病」，詩律有四聲②八病③，今進士詩賦之學是也。「求仕非義」，謂投牒覓舉之類。「循理」謂服勤事任，似述世風者也。（集解，卷七，頁十四）。

① 同引言註①。
② 四聲，平上去入。
③ 八病：平頭，上尾，蜂腰，鶴膝，大韻，小韻，奇紐，正紐。

37 不資其力而利其有，則能忘人之勢。孟子說。（張子全書，卷三，正蒙，作者篇第十，頁五下，釋孟子，盡心第七上，第八章）。

葉采曰：人之歆動乎勢位者，皆有待於彼也。惟不藉其力而利其所有，則己自重而彼自輕。

（集解，卷七，頁十五）。

38 人多言安於貧賤，其實只是計窮力屈，才短不能營畫耳。若稍動得，恐未肯安之。須是誠知義理之樂於利欲也，乃能。語錄，下同。（張子全書，卷五，氣質，頁八上）

朱子曰：人之所以戚戚於貧賤，汲汲於富貴，只緣不見這箇道理。若見得這箇道理，貧賤不能損得，富貴不曾添得，只要知這道理。（語類，卷十三，第一二五條，頁三八四／二四二）。

39 天下事大患只是畏人非笑。不養車馬，食麄衣惡，居貧賤，皆恐人非笑。不知當生則生，當死則死。今日萬鍾①，明日棄之。今日富貴，明日饑餓，亦不卹。「惟義所在②。」（張子全書，卷七，自道，頁七上）。

茅星來曰：張子因始持碁喪，恐人非笑，己亦若有羞色者。後雖大小功亦服之，人亦熟之不以為怪矣。因言此以見人非笑之不必畏也。（集註，卷七，頁十九上）。

① 一鍾六石四斗。

② 孟子，離婁第四下，第十一章。

近思錄　卷之八

治國平天下之道（治體）

凡二十五條

1 濂溪先生①曰：治天下有本，身之謂也。治天下有則，家之謂也。本必端。端本誠心而已矣。則必善，善則和親而已矣。家難而天下易，家親而天下疎也。家人離必起於婦人，故睽次家人，以「二女同居而志不同行②」也。堯所以釐降二女于嬀汭，舜可禪乎吾茲試矣。是治天下觀于家，治家觀身而已矣。身端，心誠之謂也。誠心，復其不善之動而已矣。不善之動，妄也。妄復則無妄矣。無妄則誠焉。故無妄次復而曰：「先王以茂對時育萬物③，」深哉！通書。（第三十二章）

朱子曰：「則」，謂物之可視以為法者，猶俗言則例，則樣也。心不誠，則身不可正。親不和則家不可齊，親者難處，疎者易裁。然不先其難，亦未有能其易者。睽次家人，易卦之序。「二女」以下，睽彖傳文。二女，謂睽卦兌下離上。兌，少女，離，中女也④。陰柔之性，外和悅而內猜嫌，故同居而異志。「釐」，理也。「降」，下也。嬀，水名，汭，水北，舜所居也。堯理治，下嫁二女於舜，將以試舜而授之天下也。不善之動息於外，則善心之生於內者，無不實矣。程子曰：「無妄之謂誠⑤。」無妄次復，亦卦之序。「先王」以下，引無妄卦大象，以明對時育物，唯至誠者能之，而贊其旨之深也。此章發明四卦，亦皆所謂「聖人之蘊⑥。」（通書，家人睽復無妄第三十二，周子全書，頁一八八至一八九）。

① 同引言，註④。
② 易經，睽卦第三十八之彖傳。
③ 同上，無妄卦第二十五之彖傳。
④ 兌卦上爻爲陰，爲少女之象。離卦中爻亦爲陰，爲中年婦女之象。
⑤ 遺書，卷六，頁八下。
⑥ 通書，第二十九章。

2 明道先生①言於神宗曰：得天理之正，極人倫之至者，堯舜之道也。用其私心，依仁義之偏者，霸者之事也。「王道如砥②，」本乎人情，出乎禮義，若履大路而行，無復回曲。霸者崎嶇反側於曲徑之中，而卒不可與入堯舜之道。故誠心而王，則王矣。假之而霸，則霸矣。二者其道不同，在審其初而已。易所謂「差若毫釐，繆以千里③」者，其初不可不審也。惟陛下稽先聖之言，察人事之理，知堯舜之道備於己，反身而誠之，推之以及四海，則萬世幸甚。**文集下同。**（卷二，頁一上下）。

問：宣帝④雜王伯之說。朱子曰：須曉得如何是王，如何是伯，方可論此。宣帝也不識王伯，只是把寬慈底便喚做王，嚴酷底便喚做伯。明道王伯劄子說得後。自古論王伯，至此無餘蘊矣。（語類，卷一三五，第五十三條，頁五一八二／三二二八）。

① 同引言，註⑤。
② 詩經，小雅，谷風之什，大東。
③ 易緯通卦驗，上，頁五上。
④ 漢之宣帝，紀元前七三至前四九在位。皇太子以宣帝持刑太嚴，宜用儒生。帝作色曰：「漢家自有制度，本以霸王道雜之」（漢書，卷九，元帝本紀，頁一上）。

③伊川先生①曰：當世之務，所尤先者有三。一曰立志，二曰責任，三曰求賢。今雖納嘉謀，陳善算，非君志先立，其能聽而用之乎？君欲用之，非責任宰輔，其孰承而行之乎？君相協心，非賢者任職，其能施於天下乎？此三者本也，制於事者用也。三者之中，復以立志為本。所謂立志者，至誠一心，以道自任，以聖人之訓爲可必信，先王之治爲可必行。不狃滯於近規②，不遷惑於衆口。必期致天下如三代③之世也④。（伊川文集，卷一，頁三上）。

至之⑤問：程先生當初進說，只以「聖人之說為可必信，先王之道為可必行。不狃滯於近規，不遷怒於衆口。必期致天下如三代之世」，何也？朱子曰：也不得不恁地說。如今說與學者，也只得教他依聖人言語恁地做去，待他就裏面做工夫有見處，便自知得聖人底是確然恁地。（語類，卷九十三，第七十三條，頁三七四七／二三六〇至二三六一）。

① 同引言，註⑥。
② 「近規」，近臣規諫。佐藤一齋（近思錄欄外書，卷八，「伊川」條，誤解作「近世規則。」「近規」出自國語，卷一，周語上，頁五上，之「近臣盡規」。
③ 夏，商，周。
④ 此爲治平二年（一〇六五）伊川三十三歲代父應詔上書之一部。書中所陳，皆未見施行。
⑤ 至之，卽楊至。同卷二，第四十三條，註③。

4 比之九五曰：「顯比。王用三驅，失前禽①。」傳曰：人君比天下之道，當顯明其比道而已。如誠意以待物，恕己以及人。發政施仁，使天下蒙其惠澤，是人君親比天下之道也。如是天下孰不親比於上？若乃暴其小仁，違道干譽，欲以求下之比，其道亦已狹矣。其能得天下之比乎？王者顯明其比道，天下自然來比。來者撫之，固不煦煦然求比於物。若田之三驅。禽之去者從而不追，來者則取之也。此王道之大，所以其民皡皡，而莫知爲之者也。非惟人君比天下之道如此。大率人之相比莫不然。以臣於君言之，竭其忠誠，致其才力，乃顯其比君之道也。用之與否，在君而已。不可阿諛逢迎，求其比己也。在朋友亦然。脩身誠意以待之。親己與否，在人而已。不可巧言令色，曲從苟合，以求人之比己也。於鄉黨親戚，於衆人，莫不皆然。三驅失前禽之義也。**易傳，下同。**（卷一，頁三十二上下，釋比卦第八之九五爻辭）

問：伊川解「顯比，王用三驅，失前禽。」所謂來者唵之，去者不追，與失前禽而殺不去者，所譬頗不相類，如何？朱子曰：田獵之禮，置旃以為門，刈草以為長圍。田獵者自門驅而入。禽獸向我而出者皆免，惟被驅而入者皆獲。故以前禽比去者不追，獲者譬來則取之。大意如此。無緣得一一相似。（語類，卷七十，第七十五條，頁二七九四至二七九五／一七五四）。

葉采曰：「煦煦」，日出微溫之貌。……「皞皞」，廣大自得之意。（集解，卷八，頁五）。

① 易經，比卦第八之九五爻辭，顯明親輔之道。王者不四面合圍而開一面，去者不追，來者取之，寧失去一面之禽獸，以喻與人相親輔之時，來者不拒，往者不追，而依靠得以適當也。

5 古之時，公卿大夫而下，位各稱其德。終身居之，得其分也。位未稱德，則君舉而進之。士脩其學，學至而君求之。皆非有預於己也。農工商賈，勤其事而所享有限。故皆有定志，而天下之心可一。後世自庶士至于公卿，日志于尊榮。農工商賈，日志于富侈，億兆之心，交騖於利。天下紛然。如之何其可一也？欲其不亂難矣。（易傳，卷一，頁三十八上，釋履卦第十之象傳）。

茅星來曰：此以見上下各有定分，但當盡方於其所當為，而不可有慕乎其外之心也。（集註，卷八，頁五下）。

6 泰之九二曰：「包荒，用馮河①。」傳曰：人情安肆，則政舒緩，而法度廢弛，庶事無節。治之之道，必有包含荒穢之量，則其施爲寬裕詳密，弊革事理，而人安之。若無含弘之度，有忿疾之心，則無深遠之慮，有暴擾之患。深弊未去，而近患已生矣。故在包荒也。自古泰治之世，必漸至於衰替。蓋由狃習安逸，因循而然。自非剛斷之君，英烈之輔。不能挺特奮發以革其弊也。故曰：「用馮河。」或疑上云「包荒」，則是包含寬容。此云「用馮河」，則是奮發改革，似相反也。不知以含容之量，施剛果之用，乃聖賢之爲也。（易傳，卷一，頁四十一下至四十二上，釋泰卦第十一之九二爻辭）。

宇都宮遯庵曰：馮河，謂其剛果，足以濟深越險也。（鼇頭，卷八，頁七上）。

江永曰：神宗用王安石②更新法，而宋室以否。有馮河之果，而無包荒之量故也。（集註，卷八，頁三上）。

① 易經，泰卦第十一之九二爻辭。

② 同卷二，第一〇六條，註②。

7「觀，盥而不薦。有孚顒若①。」傳曰：「君子居上，爲天下之表儀。必極其莊敬②」，如始盥之初。勿使誠意少散，如旣薦之後。則天下莫不盡其孚誠，顒然瞻仰之矣。（易傳，卷二，頁十八下，釋觀卦第二十之彖辭）。

問：「盥而不薦」，是取未薦之時誠意渾全而未散否？朱子曰：祭祀無不薦者，此是假設來說。薦是畢便過了，無復有初意也。詩云：「心乎愛矣，遐不謂矣。中心藏之，何日忘之③！」楚辭云：「思公子兮未敢言④」，正是此意。說出這愛了，則都無事可把持矣。惟其不說，但藏在心中，所以常見其不忘也。（語類，卷七十，第二〇五條，頁二八二九／一七七七）。

① 易經，觀卦第二十之卦辭。
② 據遺書，卷二，頁十八下，此是胡翼之（胡瑗，九九三－一〇五九）之言，或是伊川從學時所聞。
③ 詩經，小雅，魚藻之什，隰桑。
④ 楚辭，卷二，九歌，湘君。

8 凡天下至於一國一家，至於萬事，所以不和合者，皆由有間也。無間則合矣。以至天地之生，萬物之成，皆合而後能遂。凡未合者，皆有間也。若君臣父子親戚朋友之間，有離貳怨隙者，蓋讒邪間於其間也。去其間隔而合之，則無不和且治矣。噬嗑者治天下之大用也。（易傳，卷二，頁二十一下至二十二上，釋噬嗑卦第二十一）。

朱子曰：「噬」，齧也。「嗑」，合也。物有間者，齧而合之也。（周易本義，註噬嗑卦辭）。

[9] 大畜之六五曰：「豶豕之牙，吉①。」傳曰：物有總攝，事有機會。聖人操得其要，則視億兆之心猶一心。道之斯行，止之則戢。故不勞而治。其用若豶豕之牙也。豕剛躁之物。若強制其牙，則用力勞而不能止。若豶去其勢，則牙雖存而剛躁自止。君子法豶豕之義，知天下之惡不可以力制也，則察其機，持其要，塞絕其本原。故不假刑法嚴峻，而惡自止也。且如止盜，民有欲心，見利則動。苟不知教，而迫於饑寒，雖刑殺日施，其能勝億兆利欲之心乎？聖人則知所以止之之道，不尚威刑，而脩政教。使之有農桑之業，知廉恥之道，「雖賞之不竊②」矣。（易傳，卷二，頁四十一上下，釋大畜卦第二十六之六五爻辭）。

茅星來曰：「豶」，豕去勢也。「道之斯行」，謂導之為善也。「止之則戢」，謂禁其為惡也。「勢」，外腎也。此條言聖人化強暴之法，貴察其機要而治其本原，不徒威刑之是尚也。（集註，卷八，頁八下）。

① 易經，大畜卦第二十六之六五爻辭。
② 論語，顏淵第十二，第十八章。

⑩「解利西南，無所往，其來復吉。有攸往，夙吉①。」傳曰：西南坤方②。坤之體廣大平易。當天下之難方解，人始離艱苦，不可復以煩苛嚴急治之。當濟以寬大簡易，乃其宜也。既解其難而安平無事矣，是「無所往」也。則當脩復治道，正紀綱，明法度，進復先代明王之治，是「來復」也。謂反正理也。自古聖王救難定亂，其始未暇遽爲也。既安定則爲可久可繼之治。自漢以下，亂既除，則不復有爲。姑隨時維持而已。故不能成善治。蓋不知「來復」之義也。「有攸往夙吉」，謂尚有當解之事，則早爲之乃吉也。當解而未盡者，不早去，則將復盛。事之復生者，不早爲，則將漸大。故「夙則吉」

也。（易傳，卷三，頁三十二下至三十三上，釋解卦第四十之彖辭）。

先生舉「無所往，其來復吉。」程傳以為「天下之難已解，而安平無事，則當修復治道，正紀綱，明法度，復先代明王之治。」夫禍亂既平，正合修明治道，求復三代③之規模，却只便休了。兩漢以來，人主還有理會正心誠意否？須得人主如窮閻陋巷之士，治心修身，講明義理，以此應天下之務，用天下之才，方見次第。因言：神廟④大有為之主。勵精治道。事事要理會過。是時却有許多人才。若專用明道為大臣，當大段有可觀。明道天資高，又加以學。誠意感格，聲色不動，而事至立斷，當時用人參差如此，亦是氣數舛逆。（語類，卷七十二，第七十六條，頁二九一六至二九一七／一八三二至一八三三）。

① 易經，解卦第四十之卦辭。蹇卦第三十九爲艮下坎上。坎爲水，居文王八卦方位之北，艮爲山，居方位之東北。山高水深，故不利於東北。解卦坎下震上。霍爲雷，在方位之東。坎爲水，在北。雷雨交作而鬱熱解散，故卦名解而利西南。

② 坤卦在文王八卦方位之西南。

③ 夏、商、周。

④ 指神宗（一〇六八－一〇八五在位。）神宗用人如富弼（一〇〇四－一〇八三）王安石（一〇二一－一〇八六）等，參看語類，卷一二七，神宗朝。

〔11〕夫有物必有則①。父止於慈，子止於孝。君止於仁，臣止於敬②。萬物庶事，莫不各有其所。得其所則安，失其所則悖。聖人所以能使天下順治，非能爲物作則也。惟止之各於其所而已。（易傳，卷四，頁二十下，釋艮卦第五十二之彖傳）。

朱子曰：伊川又却於解「艮其止，止其所也③」，又自說得分明。（語類，卷七十三，第五十三條，頁二九四六／一八五二）。

又曰：易傳云：「能使天下順治，非能為物作則也。惟止之各於其所而已。」此說甚當。（同上，第五十四條，頁二九四六／一八五二）。

張伯行曰：此言聖人因物付物之治也。物必有則，則者，理也。卽至善之所在而為物所當止者也。以其各有是當然之理言之謂之則。以其當然之理一定不可易言之謂之所。以其適合於一定不易之理言之謂之止。如父子君臣，物也。慈孝仁敬，則也。止於慈孝仁敬，於其所也。（集解，卷八，頁十一上）。

① 詩經，大雅，蕩之什，烝民。
② 大學，第三章。
③ 易經，艮卦第五十二之彖辭。

[12] 兌說而能貞，是以上順天理，下應人心。說道之至正至善者也。若夫「違道以干百姓之譽①」者，苟說之道，違道不順天。干譽非應人。苟取一時之說耳。非君子之正道。君子之道，其說於民如天地之施。感之於心而說服無斁。（易傳，卷四，頁四十下，釋兌卦第五十八之彖傳）。

茅星來曰：「干」，求也。「違道干譽」，如所謂私恩小惠是也。「斁」，厭也。此言說之所以順天應人者也。（集註，卷八，頁十上）。

① 書經，大禹謨，第六節。

[13] 天下之事，不進則退。無一定之理。濟之終不進而止矣，無常止也。衰亂至矣，蓋其道已窮極也。聖人至此奈何？曰：唯聖人爲能通其變於未窮，不使至於極也。堯舜是也。故有終而無亂。（易傳，卷四，頁五十五下，釋既濟卦第六十三之彖傳）。

葉采曰：盛止必衰者，天下之常勢。有盛無衰者，聖人之常道。常人苟安於既濟，乃衰亂之所由生。聖人通變於未窮，故有終而無亂。易大傳曰：「堯舜氏作通其變，使民不倦

①」是也。（集解，卷八，頁九）。

① 易經，繫辭下傳，第二章。

⑭爲民立君，所以養之也。養民之道，在愛其力。民力足則生養遂。生養遂則教化行而風俗美。故爲政以民力爲重也。春秋凡用民力必書。其所興作，不時害義，固爲罪也。雖時且義必書，見勞民爲重事也。後之人君知此義，則知愼重於用民力矣①。然有用民力之大而不書者，爲教之意深矣。僖公②脩泮宮，復閟宮，非不用民力也。然而不書。二者復古興廢之大事，爲國之先務，如是而用民力，乃所當用也。人君知此義，知爲政之先後輕重矣。經說，下同。（卷四，春秋傳，頁八下）。

東正純曰：春秋之義，未必若是。但程子之意如此耳。（參考，卷八，頁七八三）。

葉采曰：「泮」，半也。諸侯之學，鄉射之宮，其東南西方有水，形如半璧。以其半於天子之辟廱，故曰泮宮也。「閟」，閉也。幽陰之義。「宮」，廟也。……泮宮者所以教育賢材，閟宮者所以尊事祖先。二者皆為國之先務。以是而用民力，故無議焉。（集解，卷八，頁十）。

① 若干版本缺「後之」以下一句。

② 僖公紀元前六五九至六二六在位。

15 治身齊家以至平天下者，治之道也。建立治綱，分正百職。順天時以制事，至於創制立度，盡天下之事者，治之法也。聖人治天下之道，唯此二端而已。（經說，卷二，書解，頁三下）

朱子曰：聖人治天下之道，固不外此二端。然必人主之心術，公平正大，無偏黨反側之私，而後治之法可得而行。必親賢遠佞，講明義理之歸，閉塞私邪之路，而後治之道可得而盡，又不可以不知也。（引自茅星來，近思錄集註，卷八，頁十二下。出處待查）。

16 明道先生①曰：先王之世，以道治天下。後世只是以法把持天下。遺書，下同。（卷一，頁三上）。

茅星來曰：先王以道治天下，道盡而法已具。法固不外於道也。後世以法把持天下，法立而道已多不合矣。觀後世之天下而曰把持，蓋亦不足以言治也。（集註，卷八，頁十二下）。

①同引言，註⑤。

17 爲政須要有紀綱文章。「先有司①，」鄉官讀法②，平價，謹權量③，皆不可闕也。人各親其親，然後能不獨親其親④。仲弓⑤曰：「焉知賢才而舉之？」子曰：「舉爾所知，爾所不知，人其舍諸⑥？」便見仲弓與聖人用心之大小。推此義，則一心可以喪邦，一心可以興邦⑦。只在公私之間爾。（遺書，卷十一，頁十二下）。

葉采曰：大曰綱，小曰紀。文章，謂文法章程也。有司，衆職也。必先正有司而後攷其成，會其要。鄉官，如黨正族師，閭胥比長之屬。讀法，如州長於正月之吉，及歲時祭祀，各屬其州之民而讀法，以攷其德行道藝而勸之，以糾其過惡而戒之是也。平價，如賈師各掌其次之貨賄之治，辨其物而均平之，展其成而奠其賈之類是也。權五，銖兩斤鈞也。量五，龠合升斗斛也。（集解，卷八，頁十一）。

朱子曰：程子曰：「為政須要有綱紀文章，謹權審量，讀法平價，皆不可闕。」所謂文章者，便是文飾那謹權審量，讀法平價之類耳。（語類，卷九十六，第六十四條，頁三九二八／二四七三）。

又曰：仲弓慮無以盡知一時之賢才，故孔子告之以此。（論語集註，註子路第十三，第二章）。

問：程子曰：「便見仲弓與聖人用心之大小。推此義，一心可以興邦，一心可以喪邦。只在公私之間。」所謂公私者，豈非仲弓必欲人材皆由己舉，聖人則使人各得而舉之否？曰：仲弓只是見不到。纔見不到，便陷於私。學者見程子說「興邦」「喪邦」，說得甚險，故多疑於此。然程子亦曰「推其義」爾。（語類，卷四十三，第七條，頁一七四九／一〇九八）。

佐藤一齋曰：此條宜分兩節。前節言治法，後節言治道。治法在紀綱文章，周官⑧制度不可闕。治道在親親尊賢。宜推此心，公以致之遠。「人各」二句屬後節。（欄外書，卷八，「爲政」條）。

① 論語，子路第十三，第二章。
② 讀法，如邦法鄉約之類。
③ 謹權量，謂同其數器，壹其度量（周禮，夏官司馬，合方氏）。
④ 禮記，禮運，第一節。
⑤ 仲弓，姓冉，名雍，孔子弟子，曾爲季康子之家臣，亦爲費邑長官。
⑥ 同註①。
⑦ 論語，子路第十三，第十五章。

⑧ 卽周禮。讀法，平價，謹權量皆出周禮。

18 治道亦有從本而言，亦有從事而言。從本而言，惟從格君心之非①，「正心以正朝廷，正朝廷以正百官②。」若從事而言，不救則已。若須救之，必須變。大變則大益，小變則小益。（遺書，卷十五，頁十七上。卷十五爲伊川語）。

朱子曰：故人主之心正，則天下之事，無一不出於正。人主之心不正，則天下之事，無一得由於正。……然邪正之驗著於外者，莫先於家人，而次及於左右，然後有以達於朝廷而及於天下焉。……此則家之正也。……此則左右之正也。……此所以朝廷百官六軍萬民，無敢不出於正而治道畢也。（文集，卷十一，戊申封事，頁十八下至二十上）。

① 孟子，離婁第四上，第二十章。
② 董仲舒（紀元前約一七六—前約一〇〇）之語，見漢書，卷五十六，頁六下。

19 唐有天下，雖號治平，然亦有夷狄之風。三綱①不正，無君臣父子夫婦。

其原始於太宗②也。故其後世子弟皆不可③使。君不君，臣不臣。故藩鎭不賓，權臣跋扈。陵夷有五代④之亂。漢之治過於唐。漢大綱正，唐萬目舉。本朝⑤大綱正，萬目亦未盡舉。（遺書，卷十八，頁四十下。卷十八皆伊川語）。

東正純曰。三代而下，唯漢唐宋可論也。漢唐立國猶强，宋則不振矣。漢承統尤正，唐次之，宋則幾篡，較優五代諸氏耳。宋之所以竝漢唐，惟在學術正而風俗厚耳。（參考，卷八，頁七八四）。

① 君爲臣綱，父爲子綱，夫爲婦綱。

② 太宗（六二七—六四九在位）以其宮人侍其父。

③ 葉采本「可」字下有「止」字而「使」字屬下句。惟如李瀷所指出（近思錄疾書，卷八），遺書原文無「止」字，且舉子弟不可使之二例。

④ 後梁，後唐，後晉，後漢，後周，由九〇七至九六〇。

⑤ 指宋朝。

[20] 教人者，養其善心而惡自消。治民者，導之敬讓而爭自息。**外書，下同。**（卷十一，頁二上）。

澤田武岡曰：不曰消其惡心而曰「養其善心。」不曰禁其爭奪而曰「導之敬讓。」學者須要念所以養之導之者。只能養之導之，則惡消爭息者，蓋有不期然而然者。（說略，卷八，頁十八上，總頁五九九）。

[21] 明道先生曰：必有關雎麟趾之意，然後可行周官①之法度。（外書，卷十二，頁七上。孟子集註，離婁第四上，第一章引之）。

張伯行曰：此言徒法不能自行也。關雎麟趾，皆周南②之詩。文王后妃，有幽閒貞靜之德。故宮人作關雎以美之。文王之子孫宗族，有仁愛忠厚之性。故詩人詠麟趾以比之。周官，周禮之六官。法度，禮樂制度也。德化為治之本，法度為治之具。二者交致，則治業盛。然必先有其意，而後可以行其法。否則內多欲而外施仁義，未見其能行也。（集解，卷八，頁十五下至十六上）。

問：「必有關雎麟趾之意，然後可以行周官之法度」，只是要得誠意素孚否？朱子曰：須是自閨門衽席之微，積累到薰蒸洋溢，天下無一民不被其化，然後可以行周官之法度。（語類，卷九十六，第六十五條，頁三九二八／二四七三）。

① 周官，又名周禮，分天，地，春，夏，秋，冬六官。

②　參看卷三，第三十條，註②。

22「君仁莫不仁，君義莫不義①。」天下之治亂，繫乎人君仁不仁耳。離是而非，則「生於其心，必害於其政②，」豈待乎作之於外哉？昔者孟子三見齊王而不言事，門人疑之。孟子曰：「我先攻其邪心③。」心既正，然後天下之事可從而理也。夫政事之失，用人之非，知者能更之，直者能諫之。然非心存焉，則一事之失，救而正之。後之失者，將不勝救矣。「格其非心④，」使無不正。非大人其孰能之？（外書，卷六，頁十上。明言伊川之語）。

朱子曰：惟有大人之德，則能格其君心之不正以歸於正，而國無不治矣。大人者，大德之人，正己而物正者也。（孟子集註，離婁第四上，第二十章）。

① 孟子，離婁第四上，第二十章。
② 同上，公孫丑第二上，第二章。
③ 荀子，卷十九，大略篇第二十七，頁十三上。
④ 同註①。

23 橫渠先生①曰：道千乘之國，不及禮樂刑政，而云「節用而愛人，使民以時②。」言能如是，則法行。不能如是，則法不徒行。禮樂刑政，亦制數而已耳。**正蒙，下同。**（有司篇第十三，張子全書，卷三，頁十一下）。

茅星來曰：張子言此，一以見夫子之言，尚未及其法，使後之人，知所以求之也。一以見治國之道，不當徒恃其法，使後之人，知所以先之也。亦卽孟子「徒善不足以為政，徒法不能以自行③」之意。（集註，卷八，頁十九上下）。

① 同引言，註⑦。
② 論語，學而第一，第五章。
③ 孟子，離婁第四上，第一章。

24 法立而能守，則德可久，業可大。鄭聲佞人，能使爲邦者喪所以守，故放遠之①。（正蒙，三十篇第十一，張子全書，卷三，頁八上）。

葉采曰：鄭聲者，鄭國之俗淫邪。其作之詩，著於樂者，聲皆淫靡。佞人者，口給面諛之人也。夫子既告顏子②以四代之禮樂③，而必欲放鄭聲，遠佞人，蓋二者蕩心之原，敗法亂紀之要也。（集解，卷八，頁十四）。

① 論語，衛靈公第十五，第十章，「放鄭聲，遠佞人。」

② 同卷一，第三十條，註②。

③ 行夏之時，乘殷之輅，服周之冕，樂則舜之韶舞（同註①）。

[25] 橫渠先生答范巽之①書曰：朝廷以道學政術爲二事，此正自古之可憂者。巽之謂孔孟可作，將推其所得而施諸天下耶？將以其所不爲而強施之於天下歟？大都君相以父母天下爲王道。不能推父母之心於百姓，謂之王道可乎？所謂父母之心，非徒見於言，必須視四海之民如己之子。設使四海之內皆爲己之子，則講治之術，必不爲秦漢之少恩，必不爲五伯②之假名。巽之爲朝廷言，「人不足與適，政不足與間③，」能使吾君愛天下之人如赤子，則治德必日新。人之進者必良士。帝王之道，不必改途而成。學與政不殊心而得矣。**文集**。（張子全書，卷十三，頁一上下）。

施璜曰：此言學術不可分而為二也。分而為二，則學與政皆非矣。孔孟之學術，即孔孟之事功。明德為本，新民為末。本末原是一貫。有全體必有大用，有天德然後可以行王道也。君相以父母天下為王道，則愛百姓如赤子。制田里薄賦歛以富之，興校學明禮義以敎之。必不為秦漢之慘刻少恩。必不為五霸之假義圖利。誠愛之心，懇惻切至，則治德日新，所任之人皆良士。今日之政術，卽平日之學問。非有二心也。（發明，卷八，頁十四下）。

① 范育，同卷二，第九十一條，註①。范來書已佚。
② 春秋時代之齊桓公，晉文公，秦穆公，楚莊王，宋襄公。
③ 孟子，離婁第四上，第二十章。

近思錄 卷之九

制度（治法）

凡二十七條

[1] 濂溪先生①曰：古者聖王制禮法，脩教化。三綱正，九疇②叙。百姓大和，萬物咸若。乃作樂以宣八風③之氣，以平天下之情。故樂聲淡而不傷，和而不淫。入其耳，感其心，莫不淡且和焉。淡則欲心平，和則躁心釋。優柔平中，德之盛也。天下化中，治之至也。是謂道配天地，古之極也④。後世禮法不脩，政刑苛紊。縱欲敗度，下民困苦。謂古樂不足聽也，代變新聲。妖淫愁怨，導欲增悲，不能自止。故有賊君棄父，輕生敗倫，不可禁者矣。嗚呼！樂者古以平心，今以助欲。古以宣化，今以長怨。不復古禮，不變今樂，而欲至治者遠矣。通書。（第十七章）

朱子曰：「綱」，綱上大繩也。三綱者，夫為妻綱，父為子綱，君為臣綱也。「疇」，類也。九疇，見洪範。「若」，順也。此所謂理而後和也。八音⑤以宣八方之風，見國語⑥。宣所以達其理之分，平所以節其和之流。淡者，理之發。和者，和之為。先淡後和，亦主靜之意也。然古聖賢之論樂曰和而已。此所謂淡，蓋以今樂形之，而後見其本於莊正齊肅之意爾。欲心平，故平中。躁心釋，故優柔。言聖人作樂，功化之盛如此。或云「化中」當作「化成」。廢禮敗度，故其聲不淡而妖淫。政苛民困，故其聲不和而愁怨。妖淫，故導欲，而至於輕生敗倫。愁怨，故增悲而至於賊君棄父。古今之異，淡與不淡，和與不和而已。復古禮，然後可以變今樂。（通書註，第十七章。周子全書，卷九，頁一六一至一六二）。

① 同引言，註④。

② 九疇者，一，五行；二，五事；三，八政；四，五紀；五，皇極；六，三德；七，稽疑；八，庶徵；九，五福六極。九疇詳書經，洪範，第五節至三十三節。

③ 八風者，八方之風。東北方曰條風，東方曰明庶風，東南方曰清明風，南方曰景風，西南方曰涼風，西方曰閶闔風，西北方曰不周風，北方曰廣莫風，詳易緯通卦驗，卷下。

④ 老子，第六十八章。

⑤ 八音，金石絲竹匏土革木。

⑥ 國語，卷三，周語下，頁十四下。韋昭註東北為融風。錄與註③同。

②明道先生①言於朝曰：治天下，以正風俗得賢才爲本。宜先禮命近侍賢儒及百執事，悉心推訪有德業充備足爲師表者。其次有篤志好學材良行脩者。延聘敦遣萃於京師。俾朝夕相與講明正學。其道必本於人倫，明乎物理。其教自小學洒掃應對以往，脩其孝弟忠信，周旋禮樂。其所以誘掖激厲漸摩成就之之道，皆有節序。其要在於擇善脩身，至於化成天下。自鄉人而可至於聖人之道。其學行皆中於是者爲成德。取材識明達可進於善者，使日受其業。擇其學明德尊者爲太學之師。次以分教天下之學。擇士入學。縣升之州，州賓興於太學。太學聚而教之，歲論其賢者能者於朝。凡選士之法，皆以性行端潔，居家孝悌，有廉恥禮遜，通明學業，曉達治道者②。**文集，下同。**（卷二，頁二下至三上）。

朱子曰：蓋嘗思之，必欲乘時改制，以漸復先王之舊，而善今日之俗。則必如明道先生熙寧之議，然後可以大正其本而盡革其末流之弊。如曰未暇，則莫若且均諸州之解額，以定其志。立德行之科，以厚其本。罷去詞賦而分諸經子史時務之年，以齊其業。又使治經者必守家法，命題者必依章句，答義者必通貫經文。條舉衆說而斷以己意。學校則遴選實有道德之人，使專教導，以來實學之士。裁減解額，舍選謬濫之恩，以塞利誘之塗。

至於制科詞科武舉之屬，亦皆究其利病而頗重其制，則有定志而無奔競之風，有實行而無空言之弊，有實學而無不可用之材矣。（文集，卷六十九，學校貢舉私議，頁十九上下）。

葉采曰：以此選士，則通於理而適於用，本於身而及於天下。其與後世以文詞記誦取士者有間矣。（集解，卷九，頁三）。

① 同引言，註⑤。

② 此是請修學校尊師儒取士劄子之一部，作於神宗熙寧元年（一〇六八）。時爲西監察御史裏行。

3 明道先生論十事：一曰師傅，二曰六官①，三曰經界，四曰鄉黨，五曰貢士，六曰兵役，七曰民食，八曰四民②，九曰山澤，脩虞衡之職③，十曰分數，冠昏喪祭車服器用等差。其言曰：無古今，無治亂，如生民之理有窮，則聖王之法可改。後世能盡其道則大治，或用其偏則小康。此歷代彰灼著明之效也。苟或徒知泥古而不能施之於今，姑欲徇名而遂廢其實，此則陋儒之見，何足以論治道哉？然儻謂今人之情，皆已異於古。先王之迹，不可復於今。趣便目前，不務高遠，則亦恐非大有爲之論，而未足以濟當今之極弊也④。（文集，卷二，頁六上）。

胡居仁（一四三四—一四八四）曰：明道十事，他便是要舉一世而甄陶之。此只是大綱目。若下手做時，想又精密。（居業錄，卷三，頁六下）。

又曰：明道所論十事，條理詳備。先王之法，盡於此矣。當時若能用之，從容三代⑤之法。（同上，卷五，頁三下）。

① 天地春夏秋冬六官。

② 士農工商。

③ 此細字及釋「分數」之細字皆近思錄本註。若干版本每項引述明道文集，卷二，論十事劄子，頁六下至七下明道之語。

④ 此爲論十事劄子之一部。此疏熙寧二年（一〇六九）奏上神宗。時明道三十八歲，授太子允中，權監察御史裏行。

⑤ 夏，商，周。

4 伊川先生①上疏曰：三代②之時，人君必有師傅保之官。師，道之教訓。傅，傅之德義。保，保其身體。後世作事無本。知求治而不知正君，知規過而不知養德。傅德義之道，固已疎矣。保身體之法，復無聞焉。臣以爲傅德義者，在乎防見聞之非，節嗜好之過。保身體者，在乎適起居之宜，存畏愼之心。

今既不設保傅之官，則此責皆在經筵。欲乞皇帝在宮中，言動服食，皆使經筵官知之。有翦桐之戲，則隨事箴規。違持養之方，則應時諫止。遺書云：某嘗進說，欲令上於一日之中，親賢士大夫之時多，親宦宮人之時少。所以涵養氣質，薰陶德性③。（伊川文集，卷二，頁三上，本註載頁二下，詞句稍異）。

薛瑄（一一八九—一四六四）曰：伊川經筵疏皆格心之論。三代以下，為人臣者，但論政事人才而已。未有直從本原，如程子之論也。（讀書錄，卷三，頁十八上）。

朱子曰：古先聖王兢兢業業，持守此心。雖在紛華波動之中，幽獨得肆之地，而所以精之一之，克之復之，如對神明，如臨淵谷，未嘗敢有須臾之怠。然猶恐其隱微之間，或有差失而不自知也。是以建師保之官以自開明，列諫諍之職以自規正。而凡其飲食酒漿，衣服次舍，器用財賄，與夫宦官宮妾之政，無一不領於冢宰之官。使其左右前後，一動一靜，無不制以有司之法。而無纖芥之隙，瞬息之頃，得以隱其毫髮之私。蓋雖以一人之尊，深居九重之邃，而懍然常若立乎宗廟之中，朝廷之上。此先王之治，所以由內而外，自微至著，精粹純白，無少瑕翳，而其遺風餘烈，猶可以為後世法程也。（文集，卷十一，戊申封事，頁二十上下）。

① 同引言，註⑥。

② 夏，商，周。

③ 「遺書云」以下爲近思錄本註。本文爲伊川論經筵第二劄子之摘錄。哲宗元祐元年（一〇八六），伊川五十四歲。充西京國子監教授，上論經筵劄子凡三。

5 伊川先生看詳三學①條制云：舊制公私試補，蓋無虛月。學校禮義相先之地，而月使之爭，殊非教養之道。請改試爲課。有所未至，則學官召而教之。更不考定高下。制尊賢堂以延天下道德之士。及置待賓吏師齋，立檢察士人行檢等法。又云：自元豐②後設利誘之法，增國學解額至五百人。來者奔湊。捨父母之養，忘骨肉之愛。往來道路，旅寓他土。人心日偷，士風日薄。今欲量留一百人。餘四百人，分在州郡解額窄處。自然士人各安鄉土。養其孝愛之心，息其奔趨流浪之志。風俗亦當稍厚。又云：三舍③升補之法，皆案文責跡。有司之事，非庠序育材論秀之道。蓋朝廷授法，必達乎下。長官守法而不得有爲。是以事成於下，而下得以制其上。此後世所以不治也。或曰：「長貳④得人則善矣。或非其人，不若防閑詳密可循守也。」殊不知先王制法，待人而行。未聞立不得人之法也。苟長貳非人，不知教育之道，徒守虛文密法，果足以成人才乎⑤？（伊川文集，卷三，頁一上，二下，九下，二上，七下至八上）。

茅星來曰：伊川時以通直郎充崇政殿說書。元祐元年五月，差同孫覺顧臨等。看詳國子監條例。三學，太學，律學，武學也。舊制謂王安石（一〇二一—一〇八六）與其黨鄧綰李定輩所定學校科舉之制也。學官各以其經試士。不待命于上曰私試，必待命於上而後試曰公試。蓋私試學官自考，而公試則降勅差官也。凡私試孟月經義，仲月論，季月策。公試初場以經義，次場以論策，如省試法。公私試補者，外舍生月一私試，歲一公試，補內舍。內舍生間歲一舍試，補上舍也。云「更不考定高下」者，蓋舊制餬名考校，排定高下故也。（集註，卷九，頁三十九下）。

朱子曰：今日學制近出崇觀，專以月書季攷為陞黜。使學者屑屑然較計得失於毫釐間。而近歲之俗，又專務以文字新奇相商。不復根據經之本義。以故學者益騖於華靡，無復探索根源，敦勵名檢之志。大抵所以破壞其心術者，不一而足。蓋先王所以明倫善俗，成就人材之意，掃地盡矣。惟元祐（一〇八六—一〇九三）間伊川程夫子在朝與修學制，獨有意乎深革其弊。而當時咸謂之迂闊，無所施行。今其書具在。意者後之君子，必有能舉而行之。（文集，卷三十七，與芮國器第一書，頁十八下）。

又曰：夫所以必均諸州之解額者，今之士子，不安於鄉舉而爭趨太學試者，以其本州解額窄而試者多，太學則解額闊而試者少。本州只有解試一路，太學則兼有舍選之捷徑，又可以智巧而經營也。……然則今日欲救其弊，而不以大均解額為先務，雖有良法，豈能有所補哉？……又損太學解額，舍選取人分數，使與諸州不至大段殊絕。則士安其土而無奔趨流浪之意矣。（同上，卷六十九，學校貢舉私議，頁十九下至二十上）。

① 三學，伊川文集，卷三，頁八上至九上，明言爲太學，律學，武學。惟註家多誤，紛紛其說。或作太學，宗學，武學（櫻田虎門，近思錄摘說，卷九，頁三十二下；熊剛大，近思錄集解，卷九，頁一上）。或作文學，宗學，武學（Father Graf Djin-si lu, III, 423）。或作縣學，州學，太學（佐藤一齋，近思錄欄外書，卷九，「伊川」條；秋月胤繼，近思錄，頁二七〇）。或作三舍（淺見絅齋，近思錄師說；落合東堤，近思錄講義卷九；澤田武岡，近思錄說略，卷九，頁七下，總頁六一六）等。或作尊賢堂，待賓齋，吏師齋（築田勝信，近思錄便蒙詳說，頁七七五）。或作國子監大學之四門（金長生，近思錄釋疑，沙溪先生全書，卷十九，頁三十二下）。或以爲三間學校（溪百年，近思錄餘師，卷九）。葉采，江永，張伯行，陳沆，雖無註釋，然其深明伊川所指，則可無疑。茅星來（近思錄集註，卷九，頁四十下）；三宅尚齋（近思錄筆記，卷九）；千葉重齋（近思錄口義，卷九）；中村惕齋（近思錄示蒙句解，頁三三六）；近藤飯萬嶋（近思錄講義）；林泰輔（近思錄，頁二七四）；則直言太學、律學、武學矣。

② 元豐乃神宗年號之一，由西元一〇七八至一〇八五。

③ 太學之外舍，內舍，上舍。生徒初入外舍。月一私試，歲一公試，及格升入內舍。間歲一舍試，升入上舍。上舍上等授官。詳宋史，卷一五七，選擧三，學校試。

④ 長官與副佐之者。

⑤ 此爲哲宗元祐元年（一〇八六）上奏三學看詳文之一小部份，由全文摘錄而成。是年伊川五十四歲。禮部尚書決不施行，謂伊川不宜使在朝廷。

[6] 明道先生行狀云：先生爲澤州晉城令①。民以事至邑者，必告之以孝悌忠信，入所以事父兄，出所以事長上。度鄉村遠近爲伍保②，使之力役相助，患難相恤，而姦僞無所容。凡孤煢殘廢者，責之親戚鄉黨，使無失所。行旅出於其塗者，疾病皆有所養。諸鄉皆有校。暇時親至，召父老與之語。兒童所讀書，親爲正句讀。教者不善，則爲易置。擇子弟之秀者，聚而教之。鄉民爲社會，爲立科條。旌別善惡，使有勸有恥③。**附錄**。（伊川文集，卷七，頁二下）。

澤田武岡曰：此章所言教養之道，明且備矣。唯一邑之治，而可推之於邦國天下也。且其事為平易溫厚，見有德者氣象。讀者宜潛玩焉。（說略，卷九，頁九上，總頁六一九）。

① 英宗治平二年（一〇六五）至神宗熙寧元年（一〇六八），明道爲晉城（今山西）縣令。
② 五家爲伍，五伍爲保。
③ 此爲明道先生行狀一小部份。行狀，乃沒後敍狀其行事者，爲其弟伊川元豐八年（一〇八五）六月明道卒後八月所撰。

[7] 萃，「王假有廟①。」傳曰：群生至衆也，而可一其歸仰。人心莫知其鄉也，而能致其誠敬。鬼神之不可度也，而能致其來格。天下萃合人心，總攝

衆志之道非一。其至大莫過於宗廟。故王者萃天下之道至於有廟，則萃道之至也。祭祀之報，本於人心。聖人制禮以成其德耳。故豺獺②能祭，其性然也。易傳。（卷三，頁五十二上下，釋萃卦第四十五之彖辭）。

朱子曰：「王假有廟」，是祖考精神聚於廟。又為人必能聚己之精神，然後可以呈於廟而承祖考。今人擇日祀神，多取神在日，亦取聚意也。（語類，卷七十二，第一三九條，頁二九二八／一八四〇）。

佐藤一齋曰：豺獺非有心於祭，然其如有祭者，出於其性。援此以證其理之自然。（欄外書，卷九，「萃王」條）。

① 易經，萃卦第五十四之彖辭。「萃」，聚也。「假」，至也。

② 禮記，月令，第二節孟春獺祭魚；第七十五節季秋豺祭獸。食魚獸之一部後圍之而行，有如祭禮。

[8] 古者戍役，再期而還。今年春暮行，明年夏代者至。復留備秋，至過十一月而歸。又明年中春遣次戍者。每秋與冬初，兩番戍者皆在疆圉，乃今之防秋也。經說。（卷三，詩解，頁十九下）。

施璜曰：此言疆圉防秋之法，玁狁畏暑耐寒，又秋氣折膠則弓弩可用。故秋冬易為侵害，必留戍以防之。（發明，卷九，頁七下）。

張伯行曰：古者戍邊之卒徒，每閱再期而後還。再期，兩周年也。如今年春暮三月中行，明年夏代者方至戍所。前之戍卒復留而未還，以備秋時之警。至過十一月而歸，還家却是再期。又明年二月中春卽遣次番之戍者。如此週而復始，是每秋一番歸，而在道正值冬月。如此更番戒備，乃與今之另設秋防者無異也。（集解，卷九，頁十上）。

9 聖人無一事不順天時，故至日閉關①。遺書，下同。（外書，卷三，頁一上）。

白虎通曰：冬至所以休兵，不舉事，閉關，商旅不行。何？此日陽氣微弱。王者承天理物，故卒天下靜，不復行役。扶助微氣成萬物也。（白虎通，卷四，誅伐，頁七下）。

① 參看卷四，第二條。

10 韓信①多多益辦，只是分數明。（遺書，卷七，頁三上）。

葉采曰：分者，管轄階級之分。數者，行伍多寡之數，分數明則上下相臨，統紀不紊。所御者愈衆，而所操者常寡。（集解，卷九，頁八）。

人傑②問：淮陰多多益辦，程子謂「分數明」，如何？朱子曰：此御衆以寡之法。且如十萬人分作十軍，則每軍有一萬人。大將之所轄者，十將而已。一萬又分為十軍，一軍分作十卒，則一將所管者，十卒而已。卒正自管二十五人，則所管者，三卒正耳。推而下之，兩司馬雖管二十五人，然所自將者五人，又管四伍長。伍長所管，四人而已。至於大將之權，專在旗鼓。大將把小旗，撥發官執大旗，三軍視之以為進退。（語類，卷一三六，第二十一條，頁五一九八至五一九九／三三三八至三三三九）。

① 韓信（紀元前一九七卒）初屬楚王項羽。羽不用，亡楚歸漢。助漢高祖立國有功，封齊王，旋徙楚王。謀反，被赦爲淮陰侯。以謀襲呂后爲呂后所殺。嘗對高祖口誇，謂能將兵多多益善。詳史記，卷九十二，頁十八上，及漢書，卷三十四，頁十二下。

② 萬人傑，字正淳，朱子弟子。錄語類逾四百條，問答無數。參看拙作朱子門人，頁二四八至二四九。

〔一一〕伊川先生曰：管轄人亦須有法，徒嚴不濟事。今帥千人，能使千人依時及節得飯喫，只如此者亦能有幾人？嘗謂軍中夜驚，亞夫①堅臥不起。不起善矣，然猶夜驚何也？亦是未盡善。（遺書，卷十，頁四上）。

江永曰：舉此一事，以明管轄有法之難。（集註，卷九，頁四下）。

① 周亞夫（紀元前一四三卒），漢景帝時七王反，遣亞夫將兵擊之。軍中夜驚，擾至帳下。亞夫堅臥不起，有頃遂定。事見史記，卷五十七，頁九上，又漢書，卷四十，頁二十八上。

12 管攝天下人心，收宗族，厚風俗，使人不忘本，須是明譜系，收世族，立宗子法①。一年有一年工夫②。（遺書，卷六，頁四下）。

葉采曰：譜，籍錄也。系，聯屬也。明之者辨著其宗派。古者諸侯之適子適孫，繼世為君。其餘庶子，不得禰其先君。因各自立為本派之始祖。其子孫百世皆宗之。所謂太宗也。族人雖五世外，皆為之齊衰三月。太宗之庶子，又別為小宗。而小宗有四。其繼高祖之適長子，則與三從兄弟為宗。繼曾祖之適長子，則與再從兄弟為宗，繼祖之適長子，則與同堂兄弟為宗。繼禰之適長子，則與親兄弟為宗。蓋一身凡事四宗，與太宗為五宗也。（集解，卷九，頁九）。

張伯行曰：言在上者欲統攝天下人心，收拾宗族親愛之情，以厚風俗之化，使人不遺忘根本所由來，須是修明譜牒，以辨其支派之系屬，收世代族氏之人，而立宗子之法。庶幾人人知尊祖敬宗，各有所統，而情意不至於渙散已。（集解，卷九，頁十一上）。

江永曰：後世不行封建，則所謂別子為祖，繼別為宗者，唯有官職蔭襲者可行。若士庶之家，傳世既久，恐有窒礙難行者矣。今世間有推大宗子主祭者，然無法以維之。其宗子或貧困絕嗣，或流寓四方，或身為敗類，不足為族人宗，則難以持久。唯立祠堂，明譜系，使人知尊祖敬宗而收族，則宗子雖不行，庶乎猶有統紀，不至於渙散，則風俗可厚也。（集註，卷九，頁四下）。

13 宗子法壞，則人不自知來處，以至流轉四方。往往親未絕不相識。今且試以一二巨公之家行之。其術要得拘守得。須是且如唐時立廟院①。仍不得分割了祖業。使一人主之②。（遺書，卷十五，頁六下）。

朱子曰：宗子法，雖宗子庶子孫死，亦許其子孫別立廟。（語類，卷九十，第六十三條，頁二三六六三／二三〇八）。

① 張子全書，卷四，宗法，頁九上，亦有此條。

② 遺書本註。

①唐制廟有齋院，在廟垣東門之外。
②參看遺書，卷十五，頁十五上。

14 凡人家法，須月爲一會以合族。古人有花樹韋家宗會法①，可取也。每有族人遠來，亦一爲之。吉凶嫁娶之類，更須相與爲禮。使骨肉之意常相通。骨肉日疎者，只爲不相見，情不相接爾。（遺書，卷一，頁五上下）。

澤田武岡曰：古人方春花之發，宗族相會，以為花下之飲，此謂花樹法。（說略，卷九，頁十四上，總頁六二九）。

①王應麟，（困學紀聞，卷十八，評詩，頁八上）云：「宗會法，今不傳。岑參有韋員外家花樹歌。」岑參詩曰：「今年花似去年好，去年人到今年老。始知人老不如花，可惜落花君莫掃。君家兄弟不可當，列卿御史尚書郎。朝回花底恒會客，花撲玉缸春酒香」（岑嘉州詩，卷二，頁一上）。近藤飯萬嶋（近思錄講義）謂花樹爲櫻樹，無據。

15 冠昏喪祭，禮之大者。今人都不理會。豺獺皆知報本。今士大夫家多忽此。

厚於奉養而薄於先祖，甚不可也。某嘗脩六禮①。大略家必有廟，庶人立影堂②。廟必有主。高祖以上，即當祧也。主式見文集③。又云：今人以影祭或一髭髮不相似，則所祭已是別人，大不便。月朔必薦新。薦後方食。時祭用仲月，止於高祖。旁親無後者祭之別位。冬至祭始祖，冬至，陽之始也。始祖，厥初生民之祖也。無主，於廟中，正位設一位，合考妣享之。立春祭先祖，立春，生物之始也。先祖，始祖而下，高祖而上，非一人也。木無主，設兩位分享考妣。季秋祭禰④。季秋成物之時也。忌日遷主祭於正寢。凡事死之禮，當厚於奉生者。人家能存得此等事數件，雖幼者可使漸知禮義。（遺書，卷十八，頁四十三下至四十四上）。

張伯行曰：凡人家必立廟，以為奉先之所。廟必有主，以為棲身之位。……月朔，每月之朔也。子孫之於祖宗，月必勿敢忘焉。因思每月各有物之新出者，供而薦之。……時祭者，四時之祭也。……必用仲月者，蓋以其時之中也。……冬至，……祭以此時者，取報本返始之義也。……忌日，當死之日，而子孫所忌諱者也。（集解，卷九，頁十二下至十三上）。

朱子曰：伊川木主制度，其剡刻開竅處，皆有陰陽之數存焉。信乎其有制禮作樂之具也。（語類，卷九十，第七十七條，頁三六六九／二三一一）。

又曰：諸家禮皆云，薦新月朔。朔新如何得合？但有新即薦於廟。（同上，第九十八條，頁三六七四／二三一五）。

又曰：伊川時祭止於高祖。高祖而上，則於立春設二位統祭之，而不用主。此說是也。（同上，第一二一條，頁三六八一／二三一九）。

① 六禮，冠，昏，喪，祭，鄉飲酒，士相見之禮，見禮記，王制，第五十七節。
② 畫像之堂。以下細字皆遺書本註。
③ 伊川文集，卷六，頁六上下。
④ 禰，父廟也。

16 卜其宅兆，卜其地之美惡也。地美則其神靈安，其子孫盛。然則曷謂地之美者？土色之光潤，草木之茂盛，乃其驗也。而拘忌者惑以擇地之方位，決日之吉凶，甚者不以奉先爲計，而專以利後爲慮。尤非孝子安厝之用心也。惟五患者不得不愼。須使異日不爲道路，不爲城郭，不爲溝池，不爲貴勢所奪，不爲耕犁所及。一本所謂五患者，城郭，溝渠，道路，避村落，遠井窰①。文集。（卷六，頁二下）。

胡伯量②問：某竊謂程先生所謂道路窰井之類，固不可不避。土色生物之美，固不可不擇。然欲盡人子之心，則再求衆山拱揖，水泉環繞，藏風聚氣之地。朱子答曰：伊川先生力破俗說，然亦自言須是風順地厚之處乃可。然則亦須稍有形勢，拱揖環抱，無空闕處，乃可用也。但不用某山某水之說耳。（文集，卷六十三，答胡伯量第一書，頁一下）。

又曰：某家中自先人以來，不用浮屠法。今謹用。但卜地未能免俗，然亦只求一平穩處。尚未有定論，計不出今冬也。（同上，別集，卷三，答程允夫第二書，頁四上）。

① 一本本註無「城郭」二字而分井窰爲二，以足五患之數。

② 胡泳之字。錄語類約二百條，問答十則。參看拙作朱子門人，頁一六九。

17 正叔①云：某家治喪，不用浮圖②。在洛亦有一二人家化之。遺書，下同。（卷十，頁四上）。

或問：親死遺囑教用僧道，則如何？朱子曰：便是難處。或曰：也可以不用否？曰：人子之心有所不忍。這事須子細商量。（語類，卷八十九，第四十七條，頁三六一八／二二八一）。

或問：設如母卒，父在，父要循俗制喪服，用僧道火化，則如何？曰：公如何？曰：只得不從。曰：其他都是皮毛外事。若決如此做，從之也無妨，若火化則不可。泳曰：火化則是殘父母之遺骸。曰：此話若將與喪服浮屠一道說，便是未識輕重在。（同上，第四十八條，頁三六一八／二二八一）。

問：治喪不用浮屠，或親意欲用之，不知當如何處？曰：且以委曲開釋為先。如不可回，則又不可咈親意也。（文集，卷六十三，答胡伯量第一書，頁一上）。

① 伊川之字。

② 「浮圖」，「浮屠」，皆指佛僧。

18 今無宗子，故朝廷無世臣。若立宗子法，則人知尊祖重本。人旣重本，則朝廷之勢自尊。古者子弟從父兄，今父兄從子弟，由不知本也。且如漢高祖欲下沛時，只是以帛書與沛父老。其父兄便能率子弟從之①。又如相如使蜀，亦移書責父老，然後子弟皆聽其命而從之②。只有一箇尊卑上下之分，然後順從而不亂也。若無法以聯屬之安可？且立宗子法，亦是天理。譬如木必有從根直上一榦，亦必有旁枝。又如水，雖遠必有正源，亦必有分派處。自然之勢也。然又有旁枝達而為榦者。故曰：「古者天子建國③，諸侯奪宗④」云。（遺書，卷十八，頁四十四下至四十五上）。

朱子曰：今要立宗，亦只在人。有甚難處？只是而今時節，更做事不得。奈何！奈何！（語類，卷九十，第五十七條，頁三六六二／二三〇七）。

又曰：大宗法旣立不得，亦當立小宗法。祭自高祖以下。親盡則請出高祖就伯叔位，服未盡者祭之。嫂則別處，令其子私祭之。今世禮全亂了。（同上，第五十九條，頁三六六三／二三〇八）。

又曰：祭祀須是用宗子法，方不亂。不然，前面必有不可處置者。（同上，第六十條，頁三六六三／二三〇八）。

① 秦二世元年（紀元前二〇九）漢高祖欲下沛城。沛令閉城固守。高祖乃書帛射城上與沛父老。父老乃率子弟共殺沛令，迎高祖。沛，今江蘇沛縣。事詳漢書，卷一上，高帝紀，頁五下。

② 漢武帝元光五年（前一三〇）遣唐蒙通西北。唐蒙動員數萬，發巴蜀（今成都）。軍中有逃亡者，唐蒙用軍法誅其大率。巴蜀民大驚恐。武帝乃使司馬相如（前一七九—一一七）移檄責唐蒙，因喻告巴蜀民以非上意，並勸父老教誨子弟。參看卷二，第五十七條。

③ 左傳，桓公三年。

④ 白虎通，卷八，頁六上，宗族。又漢書，卷六十七，頁十三下，梅福傳。

[19] 邢和叔①敍明道先生事云：堯舜三代②帝王之治，所以博大悠遠，上下與

天地同流③者，先生固已默而識之。至於興造禮樂，制度文爲，下至行師用兵戰陣之法，無所不講，皆造其極。外之夷狄情狀，山川道路之險易，邊鄙防戍城寨斥候控帶之要，靡不究知。其吏事操決，文法簿書，又皆精密詳練。若先生可謂通儒全才矣。**附錄**。（頁四上）。

佐藤一齋曰：邢恕推服明道如此，而於伊川則蓋有所未滿者，故社友多責其叛師耳。然恕不足責。但於此足覘伯叔兩子之優劣。（欄外書，卷九，「邢和」條。）

① 邢恕之字。同卷四，第十一條，註①。
② 夏、商、周。
③ 孟子，盡心第七上，第十三章。

[20] 介甫①言「律是八分書，」是他見得。**外書**。（卷十，頁三下）。

朱子曰：「律是八分書」，言「八分」方是。（語類，卷九十六，第六十七條，頁三九二九／二四七四）。

又曰：「律是八分書」，是欠些教化處。（同上，第六十八條，頁三九二九／二四七四）。

鄧絅②問：介甫言「律是八分書。」絅謂八分者，豈王氏謂其深刻，猶未及十分也？答曰：律所以明法禁，非有助於教化。但於根本上少有欠闕耳，八分是其所長，二分乃其所闕。此言「是他見得」者，蓋許之之詞，非譏之也。（文集，卷五十八，頁三十五上，答鄧衛老第一書）。

佐藤一齋曰：八分書體混篆隸，言篆二分，隸八分也。荊公以律為八分書，言謂今法十分之八，古法僅存二分。蓋謗其與古法相遠也。愚案，意與注文③反。（欄外書，卷九；「介甫」條）。

朱子又曰：律是刑統。此書甚好，疑是歷代所有傳襲下來。至周（九五一—九六二）世宗（九五四—九五九在位）命竇儀（九一四—九六六）注解過，名曰刑統，即律也。今世却不用，律只用勑令。大概勑令之法，皆重於刑統。刑統與古法相近，故曰「八分書」。（語類，卷一二八，第七十五條，頁四九三九／三〇八一至三〇八二）。

問：介甫言律一條，何意也？曰：伯恭④以凡事皆具，惟律不說。偶有此條，遂謾載之。（同上，卷九十六，第六十六條，頁三九二九／二四七四）。

① 介甫，即王安石，同卷二，第一〇六條，註②。
② 同卷一，第二十八條，註③。
③ 注文指葉采之註。葉氏乃引朱子答鄧絅之語。
④ 伯恭，呂祖謙之字，詳引言，註③。

21 橫渠先生①曰：兵謀師律，聖人不得已而用之。其術見三王②方策，歷代簡書。惟志士仁人，爲能識其遠者大者。素求預備，而不敢忽忘。文集。（張子全書，卷十四，近思錄拾遺，頁五上）。

江永曰：志士仁人，有任天下之志，有憂天下之心，故兵事亦留意焉。橫渠先生少年喜談兵，所謂「素求預備，不敢忽忘」者。（集註，卷九，頁七下）。

① 同引言，註⑦。
② 同卷三，第四十七條，註①。

22 肉辟①於今世死刑中取之，亦足寬民之死。過此當念其散之之久②。

李公晦③問：恕字前輩多作愛人意思，如何？朱子曰：畢竟愛人意思多。因云：人命至重，官司何故斬之於市？蓋為此人曾殺那人，不斬他，則那人之冤無以伸。這愛心便歸在被殺者一邊了。然古人「罪疑惟輕。……與其殺不辜，寧失不經④。」雖愛心只在被殺者一邊，却又溢出這一邊些子。（語類，卷一一〇，第三十四條，頁四三一七／二七一二）。

茅星來曰：朱子于井田封建，皆以為不可復。獨肉刑則謂徒流之法，不足以止穿窬淫放之姦。其過于重者，又有不當死而死。而欲採陳羣⑤之議，一以宮剕等辟當之。愚謂古先王政教，蕩然無存，而獨欲留肉刑。一旦用刑失當，斷者不可復屬，恐非仁人所以用心也。（集註，卷九，頁六十八下至六十九上）。

① 肉辟有五。刻顙而涅之曰墨辟，割鼻曰劓辟，刖足曰剕辟，男子割勢婦人幽閉曰宮辟，死刑曰大辟。
② 論語，子張第十九，第十九章，「上失其道，民散久矣。」
③ 李公晦，名方子，嘉定七年（一二一四）進士，朱子門人。錄語類二百餘條，問答有十餘處。其朱子年譜三卷不傳，但爲以後年譜所本。參看拙著朱子門人，頁一一三至一一四。
④ 書經，大禹謨，第十二節。
⑤ 陳羣（二三六卒），字長文，爲魏司空。其議見文集，卷三十七，答鄭景望第二書，頁二十二上。

[23] 呂與叔①撰橫渠先生行狀云：先生慨然有意三代②之治。論治人先務，未始不以經界爲急。嘗曰：仁政必自經界始。貧富不均，教養無法。雖欲言治，皆苟而已。世之病難行者，未始不以亟奪富人之田爲辭。然茲法之行，悅之者衆。苟處之有術，期以數年，不刑一人而可復。所病者特上之未行耳。乃言曰：「縱不能行之天下，猶可驗之一鄉。」方與學者議古之法，共買田一方，畫爲數井。上不失公家之賦役，退以其私正經界，分宅里，立斂法，廣儲蓄，

興學校，成禮俗。救菑恤患，敦本抑末。足以推先王之遺法，明當今之可行。此皆有志未就。（張子全書，卷十五，附錄，頁十三上下）。

問：橫渠謂：「世之病難行者，以亟奪富人之田為辭。然處之有術，期以數年，不刑一人而可復。」不審井議之行於今，果如何？朱子曰：講學時且恁講，若欲行之，須有機會。經大亂之後，天下無人，田盡歸官，方可給與民。如唐口分世業，是從魏晉積亂之極，至元魏及北齊後周，乘此機方做得。（語類，卷九十八，第一二二一條，頁四〇二〇至四〇二一／二五三〇）。

安卿③問：橫渠復井田之說如何？曰：這箇事，某皆不曾深考。而今只是差役，尚有萬千難行處。莫道便要奪他田，他豈肯？（同上，第一二二二條，頁四〇二一／二五三一）。

又曰：橫渠若制井田，畢竟繁。使伊川為之，必簡易通暢。（同上，第一二二三條，頁四〇二二／二五三一）。

① 呂與叔，名大臨，同卷一，第五十一條，註①。

② 夏，商，周。

③ 同卷五，第十六條，註②。

24 橫渠先生爲雲巖①令，政事大抵以敦本善俗爲先。每以月吉具酒食，召鄉人高年會縣庭，親爲勸酬。使人知養老事長之義。因問民疾苦，及告所以訓戒子弟之意。**行狀**。（張子全書，卷十五，附錄，頁十一上下）。

茅星來曰：親爲勸酬者，以身率先也。問民問疾苦者，欲有以養之也。告以訓戒子弟者，欲有以教之也。（集註，卷九，頁七十一上）。

① 今陝西延安縣東南。橫渠嘉祐二年（一〇五七）中進士後爲雲巖縣令。

25 橫渠先生曰：古者「有東宮，有西宮，有南宮，有北宮，異宮而同財①。」此禮亦可行。古人慮遠。目下雖似相疏，其實如此乃能久相親。蓋數十百口之家，自是飲食衣服難爲得一。又異宮乃容子得伸其私。所以「避子之私也。子不私其父，則不成爲子②。」古之人曲盡人情，必也同宮。有叔父伯父，則爲子者何以獨厚於其父？爲父者又烏得而當之？父子異宮，爲命士③以上。愈貴則愈嚴。故異宮，猶今世有逐位④，非如異居也。**樂說**。（張子全書，卷十四，近思錄拾遺，頁五上）。

朱子曰：古謂之宮，只是牆。蓋古人無今廊屋。（語類，卷九十一，第四十二條，頁三七〇七／二三三四）。

又曰：古父子異宮。宮如今人四合屋。雖各一處，然四面共牆圍。（同上，第四十一條，頁三七〇七／二三三四）。

又曰：古者宗法有南宮，北宮。便是不分財，也須異爨。今若同爨，固好。只是少間人多了，又却不齊整，又不如異爨。（同上，卷九十，第六十四條，頁三六六三／二三〇八）。

① 儀禮，喪服，世父母叔父母傳。原文「異居而同財。」橫渠恐人疑如後世之異居，故改「居」爲「宮」。
② 同上。
③ 命士，爵位最低之第九級。
④ 逐位者，猶兄東弟西之意。

[26] 治天下不由井地，終無由得平，周道①止是均平。語錄，下同。（張子全書，卷四，周禮，頁一上）。

茅星來曰：「不由井地」，則富者田連阡陌，貧者至於流離失所，故云「終無由得平。」

「周道」猶言大道也。「止是均平」，言必當力行井地也。（集註，卷九，頁七十二上）。

① 詩經，小雅，谷風之什，大東，「周道如砥。」

27 井田卒歸於封建乃定。（張子全書，卷四，周禮，頁三上）。

朱子曰：井田之法要行，須是封建，令逐國各自去理會。如王畿之內，亦各有都鄙，家鄙。漢人嘗言，郡邑在諸國之外，而遠役於中都，非便。（語類，卷一〇八，第十二條，頁四二六〇／二六七九）。

又曰：封建實是不可行。若論三代①之世，則封建好處，便是君民之情相親，可以久安而無患。不似後世郡縣，一二年輒易。雖有賢者，善政亦做不成。（同上，第十三條，頁四二六〇至四二六一／二六七九）。

又曰：封建井田，乃聖王之制，公天下之法。豈敢以為不然？但在今日恐難下手，設使強做得成，亦恐意外別生弊病。反不如前，則難收拾耳。（同上，第十八條，頁四二六二／二六八〇）。

又曰：程先生幼年屢說須要井田封建，到晚年又說難行。見於暢道潛錄②。想是他經歷世故之多，見得事勢不可行。（同上。卷九十七，第八十二條，頁三九六四／二四九五）。

① 夏，商，周。
② 遺書，卷二十五，頁八上。

近思錄　卷之十

君子處事之方（政事）

凡六十四條

1 伊川先生①上疏②曰：「夫鐘怒而擊之則武。悲而擊之則哀③。」誠意之感而入也。告於人亦如是。古人所以齋戒而告君也。臣前後兩得進講，未嘗敢不宿齋預戒，潛思存誠，覬感動於上心。若使營營於職事，紛紛其思慮，待至上前，然後善其辭說，徒以頰舌感人，不亦淺乎？文集，下同。（卷二，頁七下至八上）。

伊川前後進講，未嘗不齊戒，潛思存誠。如此則未進講已前，還有間斷否？朱子曰：不然。尋常未嘗不誠。只是臨見君時，又加意爾。如孔子沐浴而告哀公④是也。（語類，卷九十

七，第七十九條，頁三九六三／二四九五）

①同引言，註⑥。
②元祐元年（一〇八六）伊川五十四歲，充崇政殿說書，六月，上疏太皇太后。文甚長，此其一部也。
③孔子家語，卷四，六本第十五，頁三上下。原文「哀」作「悲」。
④論語，憲問第十四，第二十二章。

[2]伊川答人示奏藁書云：觀公之意，專以畏亂爲主。頤欲公以愛民爲先。力言百姓饑且死，丐朝廷哀憐，因懼將爲寇亂可也。不惟告君之體當如是，事勢亦宜爾。公方求財以活人。祈之以仁愛，則當輕財而重民。懼之以利害，則將恃財以自保。古之時，得丘民則得天下①。後世以兵制民，以財聚衆。聚財者能守，保民者爲迂。惟當以誠意感動，覬其有不忍之心而已。（伊川文集，卷五，頁六下）。

茅星來曰：程子亦因後世之見如此，故特言此以見言之無益耳。非真謂兵與財之足恃也。後世富强，莫如秦隋，率皆二世而亡。而漢唐稍知愛民，享國長久。可得云保民者為迂乎？（集註，卷十，頁二上下）。

① 孟子，盡心第七下，第十四章。四井爲甸，四甸爲丘。

③明道①爲邑②，及民之事，多衆人所謂法所拘者。然爲之未嘗大戾於法，衆亦不甚駭。謂之得伸其志則不可。求小補，則過今之爲政者遠矣。人雖異之，不至指爲狂也。至謂之狂，則大駭矣。盡誠爲之，不容而後去。又何嫌乎？（伊川文集，卷五，頁九下）。

江永曰：明道為邑，正熙寧（一〇六八—一〇七七）行新法之時。（集註，卷十，頁一下）。

佐藤一齋曰：蓋謂明道所為，頗出法外，不為法所縛。（欄外書，卷十，「明道」條）。

① 同引言，註⑤。

② 元豐元年至三年（一〇七八—一〇八〇），明道四十七歲至四十九歲，知扶溝縣（在今河南）。政績詳明道先生行狀（伊川文集，卷七，頁五上至六上）。其時王安石（一〇二一—一〇八六）施行新法。

4 明道先生曰：一命之士，苟存心於愛物，於人必有所濟。（伊川文集，卷七，明道先生行狀，頁二上）。

薛瑄曰：「一命之士，苟存心於愛物，必有所濟。」蓋天下事，莫非分所當為，凡事苟可用力者，無不盡心其間，則民之受惠者多矣。（讀書錄，卷八，觀人，頁六上）。

施璜曰：此言居官以愛民為念，則雖最小之官，亦有實惠於人也。但患為官者，無愛民之實心，則不見其有濟耳。若一命之士，果存心於愛民，亦可以為民解忿息爭，亦可以為民興利除害，於人有所濟也。一命且然，而況居大位以實心行實政者乎？（發明，卷十，頁三下）。

5 伊川先生曰：君子觀天水違行之象，知人情有爭訟之道。故凡所作事，必謀其始。絕訟端於事之始，則訟無由生矣。謀始之義廣矣。若愼交結，明契券之類是也。易傳，下同。（卷一，頁二十四上，釋訟卦第六之象傳）。

葉采曰：坎下乾上為訟。天西運水東流，故曰「違行」。（集解，卷十，頁三）。

6 師之九二，爲師之主。將專則失爲下之道。不專則無成功之理。故得中爲吉。凡師之道，威和並至，則吉也。（易傳，卷一，頁二十七下，釋師卦第七之九二爻辭）。

葉采曰：威而不和，則人心懼而離。和而少威，則人心玩而弛。九二剛中，故有威和相濟之象。（集解，卷十，頁三）。

7 世儒①有論魯祀周公②以天子禮樂③，以爲周公能爲人臣不能爲之功，則可用人臣不得用之禮樂，是不知人臣之道也。夫居周公之位，則爲周公之事。由其位而能爲者，皆所當爲也。周公乃盡其職耳。（易傳，卷一，頁二十七下，釋師卦之九二爻辭）。

江永曰：臣事君，猶子事親，皆無過分之事。（集註，卷十，頁二上）。

① 鄭曄（近思錄釋疑，卷十，頁一下）謂此爲王安石之禮記明堂位解義，今不存。
② 周公，武王之弟，名旦。輔武王伐紂。成王立，周公攝政當國，制禮作樂，儒家認爲傳統文化之始祖。孔子極崇敬之。相傳作易經爻辭。
③ 禮記，明堂位，第一節，成王命魯公「世世祀周公以天子之禮樂」。

8 大有之九三曰：「公用亨于天子，小人弗克①。」傳曰：三當大有之時，居諸侯之位，有其富盛，必用亨通于天子。謂以其有爲天子之有也。乃人臣之常義也。若小人處之，則專其富有以爲私。不知公己奉上之道。故曰「小人弗克」也。（易傳，卷一，頁五十二上，釋大有卦第十四之九三爻辭）。

朱子曰：古人於「亨」字作「享」「烹」字通用。如「公用亨于天子」，分明是「享」字。易中解作「亨」字，便不是。（語類，卷七十，第一四五條，頁二八一三／一七六七）。

① 易經，大有卦九三爻辭。

9 人心所從，多所親愛者也。常人之情，愛之則見其是，惡之則見其非。故妻孥之言，雖失而多從。所憎之言，雖善爲惡也。苟以親愛而隨之，則是私情所與，豈合正理？故隨之初九，「出門而交，則有功①」也。（易傳，卷二，頁九下，釋隨卦第十七之初九爻辭）。

程子曰：出門謂非私暱，交不以私，故其隨當而有功。（同上）。

①易經，隨卦初九爻辭。

10 隨九五之象曰：「孚于嘉吉，位正中也①。」傳曰：隨以得中爲善。隨之所防者，過也。蓋心所說隨，則不知其過矣。（易傳，卷二，頁十一上，釋隨卦第十七之九五象傳）。

葉采曰：震上兌下為隨。震，動也。兌，悅也。以悅而動，易過於隨而不自知。故必得中為善。（集解，卷十，頁四）。

① 易經，隨卦九五象傳。

11 坎之六四曰：「樽酒簋貳用缶，納約自牖，終無咎①。」傳曰：此言人臣以忠信善道，結於君心，必自其所明處乃能入也。人心有所蔽，有所通。通者明處也。當就其明處而告之。求信則易也。故曰：「納約自牖。」能如是則雖艱險之時，終得無咎也。且如君心蔽於荒樂。唯其蔽也，故爾雖力詆其荒樂之非。如其不省何？必於所不蔽之事推而及之，則能悟其心矣。自古能諫其君者，未有不因其所明者也。故訐直強勁者，率多取忤，而溫厚明辨者，其說多行。非唯告於君者如此。爲教者亦然。夫教必就人之所長。所長者，心之所明也。從其心之所明而入，然後推及其餘，孟子所謂成德達才②是也。(易傳，卷二，頁五十一下至五十二上，釋坎卦第二十九之六四爻辭)。

江永曰：「樽酒」者，一樽之酒。「簋貳」者，二簋之食。「用缶」，以瓦缶爲器。質樸之極，所謂約也。喻人之忠信善道也。牖室，所受明處也。(集解，卷十，頁六上)。

① 易經，坎卦六四爻辭。
② 孟子，盡心第七上，第四十章。

⑫ 恒之初六曰：「浚①恒貞凶。」象曰：「浚恒之凶，始求深也②。」傳曰：初六居下，而四爲正應。四以剛居高，又爲二三所隔。應初之志，異乎常矣。

而初乃求望之深，是知常而不知變也。世之責望故素③，而至悔咎者，皆浚恒者也。（易傳，卷三，頁六下，釋恒卦第三十二之初六爻辭與象傳）。

張伯行曰：初六陰柔居下，而四為正應之爻。其必應者，理之常也。但以剛性居高，震動上行，而情不下接。又為二三兩爻所間隔。其應初之志，意已異乎平常相應之道矣。而初以其巽入之情，乃求望之深，欲盡其歡，欲竭其忠，是徒知常理之應為不可解，而不知人情之變已不可測也。如是則所求雖正，而期望太深，易生怨隙，故爻象皆謂其不免於凶也。（集解，卷十，頁七上）。

① 「浚」，深之也。
② 易經，恒卦初六爻辭與象傳。
③ 「素」，舊也。

13 遯之九三曰：「係遯，有疾厲。畜臣妾吉①。」傳曰：係戀之私恩，懷小人女子之道也。故以畜養臣妾則吉。然君子之待小人，亦不如是也。（易傳，卷三，頁十上，釋遯卦第三十三之九三爻辭）。

問：「畜臣妾吉」。伊川云：「待臣妾之道。君子之待小人，亦不如是」，如何？朱子曰：君子小人，更不可相對，更不可與相接。若臣妾，是終日在自家脚手頭，若無以係之，則望望然去矣。又曰：易中詳識物情，備極人事，都是實有此事。今學者平日只在燈牕下習讀，不曾應接世變。一旦讀此，皆看不得。某舊時也如此。卽管讀得不相入，所以常說易難讀。（語類，卷七十二，第三十五條，頁二九〇四／一八二三至一八二四）。

① 易經，遯卦九三爻辭，言有所係戀之遯，乃遯之不速而遠者，此其疾也，厲孰甚焉。以之畜養僕妾，則吉。蓋僕妾之輩，稍示以眷戀，則可用也。

14 睽之象曰：「君子以同而異①。」傳曰：聖賢之處世在人②理之常，莫不大同。於世俗所同者，則有時而獨異。不能大同者，亂常拂理之人也。不能獨異者，隨俗習非之人也。要在同而能異耳。（易傳，卷三，頁二十五上下，釋睽卦第三十八之象傳）

過③舉程子睽之象「君子以同而異」。朱子解曰：不能大同者，亂常咈理之人也。不能獨異者，隨俗習非之人也。要在同而能異爾。又如今之言地理者，必欲擇之吉，是同也。不似世俗專以求富貴為事，惑亂此心，則異矣。如士人應科舉，則同也。不曲學以阿世，則異矣。事事推去，斯得其旨。（語類，卷七十二，第六十四條，頁二九一三／一八二九至一八三〇）。

① 易經，睽卦彖傳。「睽」，乖遺也。

② 一本作「天理」。

③ 王過，同卷七，第三十一條，註⑥。

15 睽之初九，當睽之時，雖同德者相與，然小人乖異者至衆。若棄絕之，不幾盡天下以仇君子乎？如此則失含弘之義，致凶咎之道也。又安能化不善而使之合乎？故必見惡人，則無咎也。古之聖王，所以能化姦凶爲善良，革仇敵爲臣民者，由弗絕也。（易傳，卷三，頁二十五下，釋睽卦之初九爻辭）。

問：睽「見惡人」，其義何在？朱子曰：以其當睽之時，故須見惡人，乃能無咎。（語類，卷七十二，第六十六條，頁二九一四／一八三〇）。

又曰：伊川氣象，自與明道不同，而其論變化人材，亦有此意。易傳於睽之初爻，亦有不絕小人之說。足見此事同自是正理，當然非權譎之私也。然亦須有明道如此廣大規模，和平氣象，而其誠心昭著，足以感人，然後有以盡其用耳。（文集，卷三十五，答呂伯恭第九十九書，頁七下）。

16 睽之九二，當睽之時，君心未合。賢臣在下，竭力盡誠，期使之信合而已。至誠以感動之，盡力以扶持之。明義理以致其知，杜敝惑以誠其意。如是宛轉，以求其合也。遇非枉道逢迎也。巷非邪僻由徑也。故象曰：「遇主于巷，未失道也①。」（易傳，卷三，頁二十六上下，釋睽卦之九二象傳）。

程子又曰：巷者，委曲之途也。遇者，會逢之謂也。當委曲相求，期於會遇，與之合也。所謂委曲者，以善道宛轉將就使合而已，非枉己屈道也。（易傳，卷三，頁二十六上）。

① 易經，睽卦九二象傳。

17 損之九二曰：「弗損益之①。」傳曰：不自損其剛貞，則能益其上，乃益之也。若失其剛貞而用柔說，適足以損之而已。世之愚者，有雖無邪心，而惟知竭力順上爲忠者，蓋不知弗損益之之義也。（易傳，卷三，頁三十八下，釋損卦第四十一之九二爻辭）。

朱子曰：「弗損益之」，言不變其所守，乃所以益上也。（周易本義，註損卦九二爻辭）。

① 易經，損卦九二爻辭。

18 益之初九曰：「利用爲大作，元吉無咎。」象曰：「元吉無咎，下不厚事也①。」傳曰：在下者本小當處厚事。厚事，重大之事也。以爲在上所任。所以當大事，必能濟大事，而致元吉，乃爲無咎。能致元吉，則在上者任之爲知人，己當之爲勝任。不然，則上下皆有咎也。（易傳，卷三，頁四十一下至四十二上，釋益卦第四十二之初九爻辭與象傳）。

朱子曰：「元吉無咎」。吉凶是事，咎是道理。蓋有事則吉而理則過差者，是謂之吉而有咎。（語類，卷七十二，第九十五條，頁二九二二／一八三五）。

又曰：益之初九曰：「利用為大作，元吉無咎」。象曰：「不厚事也」。初九欲為九四作事。在下本不當處厚事，以為上之所任，故為之而致元吉，乃為之，又不然。不惟己不安，而亦累於上，向編近思錄，說與伯恭②，「此一段非常有，不必入。」伯恭云：「既云非常有，則有時而有，豈可不書以為戒？」及後思之，果然。（同上，卷一一三，第十二條，頁四七四七／二九六五）。

① 易經，益卦爻辭與象傳。
② 呂祖謙之字。

19 革而無甚益，猶可悔也。況反害乎？古人所以重改作也。（易傳，卷四，頁八下，釋革卦第四十九之象辭）。

程子又曰：革者，變其故也。變其故，則人未能遽信。故必已日①，然後人心信從。元亨利貞，悔亡弊壞，而後革之。革之所以致其通也。故革之而可以大亨。革之而利於正道則可久，而得去故之義。無變動之悔，方悔亡也。（易傳，卷四，頁八下）。

① 做完之日。

20 漸之九三曰：「利禦寇①。」傳曰：君子之與小人比也自守以正。豈唯君子自完其己而已乎？亦使小人得不陷於非義。是以順道相保，禦止其惡也。（易傳，卷四，頁二十五上下，釋漸卦第五十三之九三象傳）。

澤田武岡曰：伊川以「禦寇」為止惡，雖非易文本意，然理則正也。讀者須別做一義看。

（說略，卷十，頁八上，總頁六六三）。

① 易經，漸卦九三象傳。

[21] 旅之初六曰：「旅瑣瑣，斯其所取災①。」傳曰：志卑之人，既處旅困，鄙猥瑣細，無所不至。乃其所以致悔辱，取災咎也。（易傳，卷四，頁三十五上下，釋旅卦第五十六之初六爻辭）。

葉采曰：初居旅之下，故為志卑之人。此教人處旅困之道，當略細故，存大體，斯克悔咎也。（集解，卷十，頁九）。

① 易經，旅卦初六爻辭。

[22] 在旅而過剛自高，致困災之道也。（易傳，卷四，頁三十六上，釋旅卦之初六爻辭）。

張伯行曰：旅之九三，過剛不中者也。凡事皆不可過剛，況在旅時乎？在旅而過剛，則泰戾之氣，必為人所尤。過剛而自高，則驕矜之色，必為衆所忌。其致困辱災禍者，必然之道也。（集解，卷十，頁十一上）。

23 兌之上六曰：「引兌。」象曰：「未光也①。」傳曰：說既極矣，又引而長之，雖說之之心不已，而事理已過，實無所說。事之盛則有光輝。既極而強引之長，其無意味甚矣。豈有光也？（易傳，卷四，頁四十二下至四十三上，釋兌卦第五十六之上六爻辭與象傳）。

澤田武岡曰：上六居卦之極，事理既終，故曰：「說既極矣」。又曰：「事理已過」。此章蓋欲說之中節也。為兌卦傳故，單就說上而言。然推其意，要在喜怒哀樂，皆不至於引耳。（說略，卷十，頁八下，總頁六六四）。

① 易經，兌卦爻辭與象傳。

24 中孚之象曰：「君子以議獄緩死①。」傳曰：君子之於議獄，盡其忠而已。於決死，極於惻而已。天下之事，無所不盡其忠。而議獄緩死，最其大者也。

（易傳，卷四，頁四十九下，釋中孚卦第六十一之象傳）。

葉采曰：議獄而無不盡之心，致其審也。決死而有不忍之心，致其愛也。君子雖無往而不盡其中心之誠，而於議獄緩死，則尤所謹重者也。（集解，卷十，頁九）。

① 易經，中孚卦象傳。

[25] 事有時而當過，所以從宜。然豈可甚過也？如過恭過哀過儉，大過則不可。所以小過爲順乎宜也。能順乎宜，所以大吉。（易傳，卷四，頁五十二下，釋小過卦第六十二之彖辭）。

朱子曰：三者之過，皆小者之過。可過於小而不可過於大。可以小過而不可甚過。（引自江永近思錄集註，卷十，頁四上。出處待查）。

又曰：小過是過於慈惠之類。大過則是剛嚴果毅底氣象。（語類，卷七十三，第一三三條，頁二九七二／一八六九）。

又曰：小過是小事，又是過於小，如行過於恭，喪過於哀，用過於儉，皆是過於小。（同上，第一三七條，頁二九七二／一八六九）。

[26] 防小人之道，正己爲先。（易傳，卷四，頁五十三下，釋小過卦之九三爻辭）。

葉采曰：待小人之道，先當正己。己一於正，則彼雖姦詐，將無間之可乘矣。（集解，卷十，頁十）。

[27] 周公①至公不私，進退以道。無利欲之蔽。其處己也，夔夔然存恭畏之心。其存誠也，蕩蕩焉無顧慮之意。所以雖在危疑之地，而不失其聖也。詩曰：「公孫碩膚，赤舄几几②。」經說，下同。（卷三，詩解，頁十六上）。

朱子曰：公，周公也。孫讓碩大，膚美也。赤舄，冕服之舄也。几几，安重貌。……公遭流言之變③，而其安肆自得乃如此。蓋其道隆德盛，而安土樂天，有不足言者。所以遭大變而不失其常也。（詩經集註，國風，豳，狼跋）。

澤田武岡曰：「至公不私」以心言，「進退以道」以迹言。夔夔，敬謹之貌。蕩蕩，寬廣之貌。聖人之心，只是存誠而已。（說略，卷十，頁九上，總頁六六五）。

東正純曰：夔夔而不蕩蕩是不敬，蕩蕩而不夔夔是不誠。此是聖學之骨髓，王道之所出也。（參考，卷十，頁七九二）。

① 同第七條，註②。

② 詩經，國風，豳，狼跋。

③ 事詳書經，金縢，第十二節至第十九節。武王既喪，周公之兄管叔及其羣弟流言於國，謂成王年幼，周公執政，將篡王位。周公居國之東二年，成王悔悟，親自迎周公歸。

28 採察求訪，使臣之大務。（經說，卷三，詩解，頁十七上）。

葉采曰：採察民隱，求訪賢材，二事使職之大者也。（集解，卷十，頁十）。

29 明道先生與吳師禮①談介甫②之學錯處。謂師禮曰：「爲我盡達諸介甫。我亦未敢自以爲是。如有說，願往復。此天下公理，無彼我。果能明辨，不有益于介甫，則必有益于我。遺書，下同。（卷一，頁六下）。

周道通③來書曰：昔在朱陸二先生④，所以遺後世紛紛之議者，亦見二先生工夫有未純熟，分明亦有動氣之病。若明道則無此矣。觀其與吳涉⑤禮論介甫之學。云：「為我盡達諸介甫。不有益於他，必有益於我也」。氣象何等從容！嘗見先生與人書⑥中，亦引此言。

願朋友皆如此。如何?陽明⑦答曰：此節議論得極是極是。願道通遍以告同志。各自且論自己是非，莫論朱陸是非也。（傳習錄，卷中，第一四九條）。

① 吳師禮，字安仲，工翰墨。歷官員外郎知州。參看宋史，卷三四七，頁四下至五下，與宋元學案，卷六，頁七上。
② 介甫，王安石之字。參看卷二，第一〇六條，註②。
③ 周道通，名衡，號靜庵，陽明弟子。正德五年（一五一〇）舉人。累任知縣而卒，年四十七。
④ 朱子與陸象山（一一三九—一一九三）。淳熙二年（一一七五），朱陸等會於鵝湖寺數日，不歡而散。象山譏朱子爲支離，朱子以象山近禪，直指本心。宋明儒爭論朱陸是非，形成門戶之見，達數百年。
⑤ 「涉」字乃「師」字之誤。
⑥ 答汪石潭內翰書，載王文成公全書，卷四，頁六上。
⑦ 王守仁（一四七二—一五二九），字伯安，稱陽明先生。

30 天祺①在司竹常愛用一卒長。及將代，自見其人盜筍皮，遂治之無少貸②。罪已正，待之復如初，略不介意。其德量如此。（遺書，卷二上，頁二十五下）。

澤田武岡曰：天祺所惡在其惡而不在其人。故有罪則治之無少貸。不以將代之際而忽略之。罪已正矣，無復所惡，故待之如初，略不介意。是不念舊惡③之心，可以進乎不遷怒④

馬。所以程子稱之。（說略，卷十，頁十上，總頁六六七）。

① 張戩，參看卷四，第二十一條，註③。據伊洛淵源錄，天祺在司竹，舉家不食筍。
② 據五井蘭洲，近思錄紀聞，下，頁四十二上，此治法爲百杖。
③ 論語，公冶長第五，第二十二章。
④ 同上，雍也第六，第二章。

31 因論口將言而囁嚅云：若合開口時，要他頭也須開口。如荊軻於樊於期①。須是「聽其言也厲②。」（遺書，卷三，頁二上）。

朱子曰：所謂「合開口」者，亦理之所當然耳。樊於期事，非理之所得言者，蓋取其事之難言而猶言之，非以為理之當然也。（論語或問，卷十九，頁七下至八上，總頁六五二至六五三）。

① 秦將樊於期得罪於秦王，亡之燕。秦王滅其父母宗族，以千金購將軍首。秦將攻燕。西世紀前二二七年燕太子丹與上卿荊軻謀。荊軻謂樊於期如得其頭與燕地圖進於秦王，秦王必喜，可以就近刺之。樊遂自刎。荊軻獻樊頭與地圖於秦王。圖窮而匕見。秦王環柱走，左右乃進前殺軻。事詳史記，卷八十六，頁二十一下。七細字乃遺書本註。
② 論語，子張第十九，第九章。

32 須是就事上學蠱，「振民育德①」然有所知後，方能如此。何必讀書，然後爲學②？（遺書，卷三，頁二上）。

茅星來曰：「事上學」謂卽事而窮其理也。振民所以治人，育德所以修己。二者皆以行言。故曰：「有所知後，方能如此。」「有所知」應上「就事上學」而言也。（集註，卷十，頁十五上）。

① 易經，蠱卦第十八之象傳。
② 論語，先進第十一，第二十四章。

33 先生見一學者忙迫。問其故，曰：「欲了幾處人事。」曰：某非不欲周旋人事者。曷嘗似賢急迫？（遺書，卷三，頁五上，伊川語）。

葉采曰：事雖多，為之必有序。事雖急，應之必有節。未聞可以急遽苟且而處之者。（集解，卷十，頁十一）。

34 安定①之門人，往往知稽古愛民矣。則「於爲政也何有②！」（遺書，卷四，頁三下）。

葉采曰：胡安定教學者以通經術治時務，明體適用。故其門人皆知以稽古愛民爲事。稽古則爲政之法，愛民則爲政之本。（集解，卷十，頁十二）。

佐藤一齋曰：此條小學③以爲伊川語。近思係文公親撰，故以明道爲定。（欄外書，卷十，「安定」條。）

① 安定，指胡瑗。參看卷三，第五十四條，註①。

② 論語，雍也第六，第六章；又子路第十三，第十三章。

③ 小學，卷六，善行，頁九下。

35 門人有曰：吾與人居，視其有過而不告，則於心有所不安。告之而人不受，則奈何？曰：與之處而不告其過，非忠也。要使誠意之交通，在於未言之前，則言出而人信矣。又曰：責善之道，要使誠有餘而言不足。則於人有益，而在我者無自辱矣①。（遺書，卷四，頁四下至五上）。

澤田武岡曰：門人意患人不信受，程子唯患己之誠不至。蓋至誠而不動者，未之有也。苟誠意之交通於人，每在於未言之前，則言一出而人必信從之。如此而猶不信，則彼人之妄耳，吾奚患耶？（說略，卷十，頁十三下，總頁六七四）。

① 「又曰」以下，遺書另爲一段。

36 職事不可以巧免。（遺書，卷七，頁三上）。

茅星來曰：職事，職所當為之事也。巧免則避難而就易，避勞而就逸也。（集註，卷十，頁十六上）。

37 「居是邦，不非其大夫①。」此理最好。（遺書，卷六，頁八）

朱子曰：「居是邦，不非其大夫」，只是不議其過惡，若大夫有不善，合當諫正者，亦不可但已。（語類，卷二十五，第九條，頁九七三／六〇三）。

茅星來曰：泛論其理則可，直論其人則不可。非其大夫且不可，況敢言朝政得失乎？（集註，卷十，頁十六上）。

① 孔子家語，卷十，曲禮子夏問第四十三，頁十七上；荀子，卷二十，子道篇第二十九，頁十二上，「邦」作「邑」。

[38] 克勤小物①最難。（遺書，卷十一，頁二上）

江永曰：「克勤小物」，惟精密謹慤者能之，亦惟才大者能不忽於小。（集註，卷十，頁五下）。

① 書經，畢命，第五節。「小物」，小事也。

[39] 欲當大任，須是篤實。（遺書，卷十一，頁三上）。

葉采曰：篤實則力量深厚而謀慮審固。斯可以任大事。（集解，卷十，頁十二）。

40 凡爲人言者，理勝則事明，氣忿則招拂。（遺書，卷十一，頁十一上）。

佐藤一齋曰：愚嘗謂處事平心易氣，人自服。纔動於氣，便不服。與此意符。（欄外書，卷十，「凡爲」條）。

江永曰：為人言者，從容以理開喻之，則人易曉而言易入矣。（集註，卷十，頁五下）。

41 居今之時，不安今之法令，非義也。若論爲治，不爲則已。如復爲之，須於今之法度內處得其當，方爲合義。若須更改而後爲，則何義之有？（遺書，卷二上，頁四上下）。

朱子曰：「不安今之法令」，謂在下位者。（語類，卷九十六，第六十九條，頁三九二九／二四七四）。

江永曰：明道先生為邑①，當法令繁密之際，未嘗從衆為應文逃實之事，而亦不病其拘礙者，今之法度內得其當也。（集註，卷十，頁五下）。

① 參看第三條。

[42] 今之監司，多不與州縣一體。監司專欲伺察，州縣專欲掩蔽。不若推誠心與之共治。有所不逮，可教者教之，可督者督之。至于不聽，擇其甚者去一二，使足以警衆可也。（遺書，卷二上，頁四下）。

茅星來曰：監司如宋之轉運提刑諸使是也。首四句言今時監司之弊。「不若」以下，則為監司論所以待屬官之道也。推誠心與之共治，正所以與州縣一體者也。不能共治者則教之，教之而不從者則督之。總欲為一體而已。（集註，卷十，頁十七上）。

[43] 伊川先生曰：人惡多事，或人憫之。世事雖多，盡是人事。人事不教人做，更責誰做？（遺書，卷十五，頁二下）。

江永曰：有厭事之心，則有怠惰苟且之病。知其為人所當為，則雖多而不厭矣。（集註，卷十，頁五下）。

[44] 感慨殺身者易，從容就義者難。（遺書，卷十一，頁十一上，明道語）。

厚之①問：「感慨殺身者易，從容就義為難」。如何是從容就義？朱子曰：從容謂徐徐。

但義理不精，則思之再三，或汩於利害，却悔了。此所以為難。（語類，卷九十六，第七十條，頁三九二九／二四七四）。

①陳厚之，同卷二，第四條，註⑧。

45 人或勸先生以加禮近貴。先生曰：何不見責以盡禮，而責之以加禮？禮盡則已，豈有加也？（遺書，卷十七，頁二下）。

茅星來曰：盡禮則止循夫分所當然，不使有欠缺而已。加則溢於本分之外。（集註，卷十，頁十七下）。

施璜曰：禮貴得中。責以盡禮，則恐其不及。責以加禮，則過乎中矣。故曰：「禮盡則已，豈有加也？」（發明，卷十，頁十六下）。

46 或問簿，佐令者也。簿所欲爲，令或不從，奈何？曰：當以誠意動之。今令與簿不和，只是爭私意。令是邑之長。若能以事父兄之道事之，過則歸己，善則唯恐不歸於令。積此誠意，豈有不動得人？（遺書，卷十八，頁三下）。

佐藤一齋曰：此條蓋為主簿言之如是也。然縣令得其人，則主簿亦豈有牴牾乎？令簿一和，而諸政可擧矣。「以誠意動之」一語，是下緊要訓語。（欄外書，卷十，「或問」條）。

江永曰：此條合之監司一條，上之使下，下之事上，皆以誠為本。（集註，卷十，頁六上）。

47 問：人於議論多欲直己，無含容之氣。是氣不平否？曰：固是氣不平，亦是量狹。人量隨識長。亦有人識高而量不長者，是識實未至也。大凡別事，人都強得。惟識量不可強。今人有斗筲之量，有釜斛之量，有鐘鼎之量，有江河之量。江河之量亦大矣。然有涯。有涯亦有時而滿。惟天地之量則無滿。故聖人者，天地之量也。聖人之量，道也。常人之有量者，天資也。天資有量須有限。大抵六尺之軀，力量只如此。雖欲不滿，不可得也。如鄧艾位三公，年七十。處得甚好。及因下蜀有功，便動了①。謝安聞謝玄破苻堅，對客圍碁。報至不喜。及歸折屐齒②。強終不得也。更如人大醉後益恭謹者。只益恭謹，便是動了。雖與放肆者不同，其爲酒所動一也。又如貴公子位益高，益卑謙。只卑謙，便是動了。雖與驕傲者不同，其爲位所動一也。然惟知道者量自然宏大。不勉強而成。今人有所見卑下者無他，亦是識量不足也。（遺書，卷十八，頁八上下。其中數語與外書，卷十，頁四上同）。

東正純曰：量狹則動氣。欲氣不動，須求之於量。量隨識。識卽學識之識也。（參考，卷十，頁七九五）。

① 鄧艾（一九七—二六四），字士載，爲魏征西將軍。魏景元四年（西曆二六三）下蜀之首都成都。漢帝降。漢亡，艾大矜代，謂蜀士大夫曰：「諸君賴遭某，故得有今日耳」。十二月，擢爲太尉，其位等於大司馬，大司徒，大司空之三公。參看魏志卷二十八，頁二十三上。

② 謝安（參看卷七，第九條，註③）乃謝玄（三四三—三八八）之叔。晉太元八年（三八三），前秦王苻堅（三五七—三八四在位）擧兵百萬，次于肥水。玄與安之子琰等渡水決戰破之。捷書至，安方對客圍棋，了無喜色。客問之，徐答曰：「小兒輩遂已破賊」。旣罷，還內，過戸限，心甚喜，不覺屐齒之折。參看晉書，卷七十九，頁四下。

48 人纔有意於爲公，便是私心。昔有人典選其子弟係磨勘①，皆不爲理。此乃是私心。人多言古時用直，不避嫌得。後世用此不得。自是無人，豈是無時。因言少師②典舉明道薦才事③。（遺書，卷十八，頁八下）。

江永曰：不為理磨勘者避私嫌也。有意避嫌，雖公亦私。苟能以大公之心行之，當遷則遷，當黜則黜，何嫌之避？亦何時而不可行？（集註，卷十，頁六下）。

① 宋制文武官吏皆按年分磨勘其功績，以轉陞官階也。

② 程少師，諱羽，字冲遠，伊川之高王父也。官兵部侍郎。太平興國五年（八九〇）典試貢士，得人甚多。「因言」以下，乃遺書本註。

③ 神宗嘗使明道推擇人才。明道所薦者數十人，而以父表弟張載及弟頤為首。

49 君實①嘗問先生云：欲除一人給事中②，誰可為者？先生曰：初若泛論人才，却可。今既如此，頤雖有其人，何可言？君實曰：出於公口，入於光耳，又何害？先生終不言。（遺書，卷十九，頁五下）。

厚之③問：伊川不答溫公給事中事，如何？朱子曰：自是不容預。如兩人有公事在官，為守令者來問，自不當答。問者已是失。曰：此莫是避嫌否？曰：不然。本原已不是，與避嫌異。（語類，卷九十六，第七十一條，頁三九二九／二四七四）。

葉采曰：泛論人物則無不可。若擇人任職，乃宰相之事，非在下位者所可與也。此制義之方也。（集解，卷十，頁十六）。

張伯行曰：頤心中雖有其人可勝此任，亦何可明言之？卽是私薦矣。（集解，卷十，頁二十上）。

施璜曰：先生終不言，必有故也。若以至公之心，行至公之道，卽薦舉一人亦無害。但恐不得其人耳。（發明，卷十，頁十九上）。

佐藤一齋曰：程子以至公之心，行至公之道。卽薦所知一人，亦當無害。而溫公再問，終不言。何邪？愚案，「雖有其人，何可言？」則語氣似有其人。其人，或是伊川自擬耳。所以終不言，施氏不得其人，故不言，恐不然。（欄外書，卷十，「君實」條）。

① 君實，司馬光之字。詳卷四，第二十一條，註⑥。
② 給事中，掌封駁之官。以有事殿中，故名。
③ 陳厚之，同卷二，第四條，註⑧。

50 先生云：韓持國①服義最不可得。一日，頤與持國范夷叟②泛舟于潁昌③西湖。須與客將④云，有一官員上書，謁見大資⑤。頤將謂有甚急切公事。乃是求知己。頤云大資居位却不求人。乃使人倒來求己，是甚道理？夷叟云：

只爲正叔⑥太執。求薦章常事也。頤云：不然。只爲曾有不求者不與，來求者與之，遂致人如此。持國便服⑦。（遺書，卷十九，頁十上）。

葉采曰：在上位者，當勤於求賢，豈當待人之求知？求知者失己，使之求知者失士。（集解，卷十，頁十六）。

① 韓持國（一〇一七—一〇九八）名維。以父輔政，不試進士。神宗爲太子時，任記室參軍。神宗即位（一〇六八），除直學士。旋遷翰林學士。累知州。哲宗立（一〇八六），拜門下侍郎。致仕後坐元祐黨，降職。後復舊官。宋史，卷三一五，頁九上至十六上，有傳。學說載宋元學案，卷十九。

② 范夷叟（一〇三一—一一〇六），范仲淹（見卷十四，第二十五條）第三子。累知州府，歷任給事中禮部尚書。被誣，罷爲端明殿學士。終朝議大夫。詳宋史，卷三一四，頁十一下至十四下。

③ 今之開封。

④ 客將，據朱子云：「客將次於太守，其權甚重，一州之兵，皆其將之，凡教閱出入，皆主其事」（語類，卷八十四，第三十三條，頁三四七四／二一八九）。茅星來謂客將即牙將，以其主客往來故名（近思錄集註，卷十，頁二十一上）。中井竹山（近思錄標記）等解作賓客將近，則誤也。中村習齋（近思錄講說，卷十，頁十二下）謂此客不爲文官而爲武將，亦是附會之詞。並謂粹言明言其主持往來，故必爲宰相下屬。惟查粹言不見此語，金子霜山（近思錄提要），三宅帶刀（近思錄集解拙鈔，卷三十一）與大澤鼎齋（近思錄筆記）皆謂客將主持賓客。惟鼎齋謂語類，卷九十七，有此明文，則必是卷八十四之誤。佐藤一齋（近思錄欄外書，卷十，「先生」條）謂「將率來客者」。

⑤ 大資卽資政。凡位高者皆可稱「大」。韓維當年（一〇八六）任門下侍郎。

⑥ 伊川之字。

⑦ 遺書，卷二十一上，頁三下，亦載此事，詞有不同。顯是同事異錄。

[51] 先生因言今日供職，只第一件便做他底不得。吏人押申轉運司狀，頤不曾簽。國子監自係臺省，臺省係朝廷官。外司有事，合行申狀。豈有臺省倒申外司之理？只爲從前人只計較利害，不計較事體，直得恁地。須看聖人欲正名處，見得道名不正時，便至禮樂不興①。是自然住不得。（遺書，卷十九，頁十下）。

朱子曰：明道德性寬大，規模廣闊。伊川氣質剛方，文理密察。其道雖同而造德各異。故明道嘗為條例司官②，不以為浼。而伊川所作行狀，乃獨不載其事③。明道猶謂青苗可且放過④，而伊川乃於西監一狀⑤，較計如此。此可謂不同矣。然明道之放過，乃孔子之獵較為兆⑥，而伊川之一一理會，乃孟子之不見諸侯⑦也。此亦何害其為同耶？但明道所處，是大賢以上事。學者未至而輕議之，恐失所守。伊川所處雖高，然實中人皆可跂及。學者只當以此為法則，庶乎寡過矣。（文集，卷三十五，答劉子澄第三書，頁十四下）。

江永曰：程子所論西監申狀之事，尤足以驗聖賢於日用之間。（集註，卷十，頁七下）。

① 論語，子路第十三，第三章節述。

② 王安石（一〇二一—一〇八六）置條例司，用明道爲屬官。

③ 伊川文集，卷七，頁一上至七上，明道先生行狀。

④ 遺書，卷二上，頁十二上。

⑤ 伊川文集，卷二，頁十五上至十八上。元祐七年（一〇九二），除國子監，辭。元符三年（一一〇〇），復除國子監。受任新職。門人疑之。就職之初，因語此條。

⑥ 孟子，萬章第五下，第四章，「魯人獵較，孔子亦獵較」。「較」，舊音「角」。獵較者，田獵爭奪禽獸，得之以祭也。

⑦ 同上，滕文公第三下，第一章與第七章。

52 學者不可不通世務。天下事，譬如一家。非我爲則彼爲，非甲爲則乙爲。（遺書，卷二十五下，頁四下）。

茅星來曰：世務如天文、地理、禮樂、制度、兵刑皆是。（集註，卷十，頁二十二下）。

53 「人無遠慮，必有近憂①。」思慮當在事外。外書，下同。（卷二，頁一上）。

茅星來曰：「在事外」，謂慮之遠也。如不為旦夕苟且之計，不為目前自便之策是也。（集註，卷十，頁二十二下）。

① 論語，衛靈公第十五，第十一章。

54 聖人之責人也常緩。便見只欲事正，無顯人過惡之意。（外書，卷七，頁一下）。

茅星來曰：「只欲事正」，公也。「無顯人過惡之意」，恕也。公而恕，所以責人常緩。（集註，卷十，頁二十二下）。

55 伊川先生云：今之守令，唯制民之產。一事不得爲。其他在法度中，甚有可爲者，患人不爲耳。（遺書，卷十二，頁一上）。

葉采曰：「制民之產」，謂井田貢助之法。（集解，卷十，頁十七）。

56 明道先生作縣，凡坐處皆書「視民如傷」四字。常曰：「顥常愧此四字」。（外書，卷十二，頁七下）。

澤田武岡曰：「傷」字屬民。視民如有傷，愛之至也。左傳曰：「國之興也，視民如傷①。」孟子曰：「文王視民如傷②。」（說略，卷十，頁二十上，總頁六八七）。

① 左傳，哀公元年，第四節。

② 孟子，離婁第四下，第二十章。

57 伊川每見人論前輩之短，則曰：「汝輩且取他長處。」（外書，卷十二，頁十三上）。

朱子曰：和靖①錄中說伊川未嘗言前輩之短。此意甚善。今人往往見二先生兄弟自許之高，便都有箇下視前輩意思。此俗不可長。和靖之言，要當表而出之。（文集，卷三十五，答呂伯恭書第九十八，頁七上）。

① 此條爲尹淳，字和靖語，祁寬所記。參看卷二，第七十五條，註①。

58 劉安禮①云，王荊公②執政，議法改令，言者攻之甚力。明道先生嘗被旨赴中堂③議事。荊公方怒言者，厲色待之。先生徐曰：天下之事，非一家私議。願公平氣以聽。荊公爲之媿屈。附錄，下同。（遺書附錄，頁一下）。

朱子曰：所謂平心者非欲使甲操乙之見，乙守甲之說也。亦非謂都不論事之是非也。但欲姑暫置其是己非彼之意，然後可以據事論理，而終得是非之實耳。（文集，卷三十六，答陸子靜第五書，頁十四下至十五上）。

又曰：新法之行，諸公實共謀之。雖明道先生不以為不是。蓋那時也是合變時節。但後來人情洶洶，明道始勸之以不可做逆人情底事。及王氏排衆議，行之甚力，而諸公始退散。道夫④問：新法之行，雖塗人皆知其有害。何故明道不以為非？曰：自是王氏行得來有害。若使明道為之必不至恁地狼狽。（語類，卷一三〇，第四條，頁四九六四／三〇九七）。

又曰：荊公只為見理不明，用心不廣，故議政改令，不免私己欲速之病。而力攻之者，亦未能得其病源，中其要害。則亦徒為競辯，而俱陷於一偏之失也。（陳沆，近思錄補註，卷十，頁十七上，引之，未詳出處）。

東正純曰：王荊公執拗我意，雖司馬諸公⑤，不少屈下。唯見明道則深感服。雖不用其言，然足以見明道之德矣。（參考，卷十，頁七九七）。

① 劉安禮（壯年一〇八五），名立之。程子門人。早孤。數歲卽養於二程之家。嘗爲知縣，精于吏事。參

看伊洛淵源錄，卷十四，頁一下；宋元學案，卷三十，頁二上下。

② 王安石（卷二，第一〇六條，註②。），初封舒國公，改封荊國公，尊稱荊公。

③ 中堂亦稱政事堂。宰相議事及見客於此。

④ 楊道夫，卷二，第十二條，註①。

⑤ 司馬光（卷四，第二十一條，註⑥）等。

59 劉安禮問臨民。明道先生曰：使民各得輸其情。問御吏，曰：正己以格物。（遺書，附錄，頁二上下）。

東正純曰：據此，則明道亦似以「格」為「正」者，但「物」字與陽明①少不同耳。（參考，卷十，頁七九八）。

① 王陽明傳習錄，第七條曰：「格物，如孟子大人格君心（離婁第四上，第二十章）之『格』。是去其心之不正，以全其本體之正」。

60 橫渠先生①曰：凡人爲上則易，爲下則難。然不能爲下，亦未能使下。不盡其情，僞也。大抵使人常在其前，己嘗爲之，則能使人。文集（張子全書，卷六，義理，頁一下。）

江永曰：己嘗使人，則使人之際，能盡其情，而亦能知其僞。（集註，卷十，頁八上）。

① 同引言，註⑦。

61 坎維心亨。故行有尙。外雖積險，苟處之心亨不疑，則雖難必濟，而往有功也。今水臨萬仞之山，要下即下，無復疑滯。險在前，惟知有義理而已。則復何回避？所以心通。易說，下同。（張子全書，卷九，易說，頁三十五上；又卷十二，語錄抄，頁九上釋坎卦第二十九之彖傳）。

茅星來曰：「臨萬仞之山」，所謂「積險」也。「要下即下，無復疑滯」，所謂「處之心亨不疑」也。「險在前」以下，申明所以「要下即下，無復滯礙」之意。（集註，卷十，頁二十四下）。

① 葉采等本「險」作「之」，而以「在前」斷句。張子全書卷十二原文作「險」，故以讀「險」爲正。卷九原文作「人」，勉強可通，而亦如「險」字，屬下句。

62 人所以不能行己者，於其所難者則惰。其異俗者，雖易而羞縮。惟心弘，則不顧人之非笑，所趨義理耳。視天下莫能移其道。然爲之人亦未必怪。正以在己者義理不勝。惰與羞縮之病，消則有長，不消則病常在。意思齷齪，無由作事。在古氣節之士，冒死以有爲。於義未必中。然非有志槩者莫能。況吾於義理已明，何爲不爲？（張子全書，卷十，易說，頁五上，釋大壯卦第三十四之彖傳）。

江永曰：心大而志立，故無羞縮與惰之病。雖能異俗之事，義理所當為，故人亦終不之怪。惰與羞縮之病，常與義理相為消長。（集註，卷十，頁八上）。

63 姤初六，「羸豕孚蹢躅」。豕方羸時，力未能動。然至誠在於蹢躅。得伸則伸矣。如李德裕處置閹宦，徒知其帖息威伏，而忽於志不忘逞。照察少不至，則失其幾也。（張子全書，卷十，易說，頁十四下；又卷十二，語錄抄，頁九下，釋姤卦第四十四之初六爻辭）。

葉采曰：「羸」，弱也。「孚」，必也。「蹢躅」，跳躍也。豕性險躁，雖當羸弱之時，其誠心未嘗不在於動也。得肆則肆矣。猶小人雖困，志在求逞。君子所當察也。唐武宗時，德裕為相。君臣契合，莫能間之。宦寺之徒，怗息畏伏，誠若無能為者。而不知其志在求逞也。繼嗣重事，卒定於宦者之手，而德裕逐矣①。蓋幾微之間，所當深察。（集解，卷十，頁十九）。

① 唐會昌六年（八四六）武宗崩。宦者密謀立嗣。賢相李德裕（七八七—八四九）被貶崖州（在今廣東）為司戶參軍。

64 人教小童，亦可取益，絆己不出入，一益也。授人數數，已亦了此文義，二益也。對之必正衣冠，尊瞻視，三益也。常以因己而壞人之才為憂，則不敢惰①，四益也。語錄。（張子全書，卷六，義理，頁四上）。

朱子曰：近思錄大率所錄雜。逐卷不可以一事名。如第十卷亦不可以事君目之，以其有人教小童在一段。（語類，卷一〇五，第二十五條，頁四一七九／二六二九）。

葉采曰：此段疑當在十一卷之末。（集解，卷十，頁十九）。

茅星來曰：此條所論，皆教小童時所以自處之道，非論教小童之道也。葉氏謂當在十一卷者非。又曰：朱子謂「此書所錄雜，每卷不可以一事名。如此卷不可以事君目之，以末有人教小童一段在耳」。然細玩各條，乃泛論處事接物之道居多。其言事君者僅三十餘條。正不獨末條有人教小童一段在也。（集註，卷十，頁二十六下）。

① 一本作「墮」。

近思錄　卷之十一

教學之道（教學）

凡二十一條

[1]濂溪先生①曰：剛善爲義，爲直，爲斷，爲嚴毅，爲幹固。惡爲猛，爲隘，爲強梁。柔善爲慈，爲順，爲巽。惡爲懦弱，爲無斷，爲邪佞。惟中也者，和也，中節也，天下之達道也，聖人之事也。故聖人立教，俾人自易其惡，自至其中而止矣。通書。（第七章）。

朱子曰：剛柔固陰陽之大分，而其中又各有陰陽以為善惡之分焉。惡者固為非正，而善亦未必皆得乎中也。……易其惡，則剛柔皆善，有嚴毅慈順之德，而無強梁懦弱之病矣。至其中則其或為嚴毅，或為慈順，也又皆中節，而無太過不及之偏矣。（通書註，第七章，周子全書，卷七，頁一四〇至一四一）。

① 同引言，註④。

[2] 伊川先生①曰：古人生子，能食能言而教之大學②之法，以豫爲先③。人之幼也，知思未有所主，便當以格言至論日陳於前。雖未曉知，且當薰聒。使盈耳充腹，久自安習，若固有之。雖以他言惑之，不能入也。若爲之不豫，及乎稍長，私意偏好生於內，衆口辯言鑠於外，欲其純完，不可得也。文集。（卷二，頁六上下）。

東正純曰：朱子編小學書，意亦在於此。（參考，卷十一，頁八九九）。

① 同引言，註⑥。

② 金長生（近思錄釋疑，沙溪先生全書，卷二十，頁二十一下）謂「大學」應作「小學」，殊不必也。

③ 禮記，學記，第四節。

[3] 觀之上九曰：「觀其生，君子無咎①。」象曰：「觀其生，志未平也②。」傳曰：君子雖不在位，然以人觀其德，用爲儀法。故當自慎省。觀其所生。常不失於君子，則人不失所望而化之矣。不可以不在於位，故安然放意無所事也**易傳**。（卷二，頁二十一上，釋觀卦第二十之上九爻辭與象傳）。

程子又曰：上九以陽剛之德處於上，為下之所觀，而不當位，是賢人君子不在於位，而道德為天下所觀仰者也。「觀其生」，觀其所生也。謂出於己者，德業行義也。既為天下所觀仰，故自觀其所生，若皆君子矣，則無過咎也。（易傳，卷二，頁二十一上）。

朱子曰：「觀其生」，則是就自家視聽言動應事接物處自觀。（語類，卷七十，第二○七條，頁二八三○／一七七八）。

又曰：「志未平」，言雖不得位，未可忘戒懼也。（周易本義，註觀卦上九象傳）。

① 易經，觀卦爻辭。
② 同上，象傳。

[4] 聖人之道如天然，與衆人之識甚殊邈也。門人弟子既親炙，而後益知其高遠。

既若不可以及，則趨望之心怠矣。故聖人之教，常俯而就之。事上臨喪，不敢不勉。君子之常行，不困於酒①，尤其近也。而以己處之者，不獨使夫資之下者，勉思企及。而才之高者，亦不敢易乎近矣。經說。（今見論語集註，述而第七，第二十三章。「就之」以上，亦見粹言，卷二，頁四下）。

程子又曰：孔子曰：「二三子，以吾為隱乎？吾無隱乎爾②」，無知之謂也。聖人之教人，俯就之。若此猶恐衆人以為高遠而不親也。聖人之言，必降而自卑。不如此則人不親。賢人之言，必引而自高。不如此則道不尊。觀孔子孟子，則可見矣。（外書，卷三，頁二下）。

問：伊川言：「聖人教人常俯就。」若是掠下一著教人，是聖人有隱乎爾，何也？朱子曰：道有大小精粗。大者精者固道也。小者粗者亦道也。觀中庸言：「大哉聖人之道！洋洋乎發育萬物，峻極于天③」，此言道之大處。「優優大哉！禮儀三百，威儀三千④」，是言道之小處。聖人教人，就其小者近人，便是俯就。然所謂大者精者，亦只在此，初無二致。要在學者下學上達，自見得耳。在我則初無所隱也。（語類，卷三十四，第一六〇條，頁一四三二／八九三至八九四）。

問：伊川謂：「聖人之言，必降而自卑。不如此則人不親。賢人之言，必引而自高。不如此則道不尊。」此是形容聖人氣象不同邪？抑據其地位，合當如此？曰：聖人極其高大，人自難企及。若更不俯就，則人愈畏懼而不敢進。賢人有未熟處，人未甚信服。若不引而自高，則人必以為淺近不足為。（同上，卷三十六，第六十二條，頁一五三四／九六〇）。

問：先儒曰：「聖人之道，必降而自卑。賢人之言，則引而自高」，如何？先生（王陽明）曰：不然。如此，却乃偽也。聖人如天，無往而非天。三光⑤之上，天也。九地⑥之下，亦天也。天何嘗有降而自卑？此所謂大而化之也⑦。賢人如山嶽。守其高而已。然百仞者不能引而為千仞，千仞者不能引而為萬仞。是賢人未嘗引而自高也。引而自高，則偽矣。（傳習錄，卷上，第七十四條）。

① 論語，子罕第九，第十五章。
② 同上，述而第七，第二十三章。
③ 中庸，第二十七章。
④ 同上。
⑤ 日，月，星。
⑥ 深奧之處。
⑦ 孟子，盡心第七下，第二十五章。

[5] 明道先生①曰：憂子弟之輕俊者，只教以經學念書，不得令作文字。子弟凡百玩好皆奪志。至於書札，於儒者事最近。然一向好著，亦自喪志。如王虞顏柳②輩，誠爲好人則有之。曾見有善書者知道否？平生精力用於此，非惟徒廢時日，於道便有妨處。足知喪志也③。遺書，下同。（卷一，頁六上）。

張履祥（一六一一—一六七四）曰：教子弟以經學念書，似為末節。然欲收其放心，養以義理，舍是又別無別法。問：如此不見長進，如何而可？曰：教之用心而已。或隨事問其義理，或設難令其剖析，或盤詰察其記憶，或見人質其邪正，皆是引其用心之方。（引自茅星來，近思錄集註，卷十一，頁四上。未詳出處）。

① 同引言，註⑤。

② 王羲之（三二一—三七九），字逸少。官右軍將軍，會稽內史，虞世南（五五八—六三八），字伯施。官弘文館學士。顏眞卿（七〇九—七八五），字淸臣。官吏部尙書。諡文忠。柳公權（七七八—八六五），字誠懸。官至散騎常侍。皆善書，尤以王爲最。

③ 遺書「文字」以上另爲一段。

6 胡安定①在湖州②置治道齋。學者有欲明治道者，講之於中。如治民治兵水利筭數之類。嘗言劉彝③善治水利，後累爲政，皆興水利有功。（遺書，卷二上，頁四上）。

東正純曰：治道齋，小學④諸書作治事齋。「道」似誤。或曰：初治道，後改治事，未知何據也。（參考，卷十一，頁八〇〇）。

江永曰：安定又有經義齋，專講經義。（集註，卷十一，頁二上）。

朱子曰：胡公開治道齋，亦非獨只理會此。如所謂「頭容直」，「足容重」，「手容恭」等語⑤，却是本原。（引自茅星來，近思錄集註，卷十一，頁五上，出處未詳）。

又曰：安定規模雖少疎，然却廣大著實。（語類，卷一二九，第二十二條，頁四九五二／三〇九〇）。

又曰：安定胡先生只據他所知，說得義理平正明白，無一些玄妙。（同上，第三十條，頁四九五四／三〇九一）。

又曰：周子二程⑥說得道理如此，亦是上面諸公那趲將來？……及胡文定出，又教人作治道齋，理會政事，漸漸那得近裏。所以周程發明道理出來，非一人之力也。（同上，卷一二〇，第一一七條，頁四六六〇／二九一五）。

① 胡瑗，稱安定先生。參看卷三，第五十四條，註①。
② 故治在今浙江吳興縣。
③ 劉彝（一〇一七／一〇八六），字執中。熙寧（一〇六八／一〇七七）初，神宗擇水官，以彝爲都水丞。傳見宋史，卷三三四，頁八下至九上）。
④ 小學，卷六，善行，頁二下。
⑤ 禮記，王藻，第二十九節。
⑥ 周敦頤，程顥，程頤。

[7] 凡立言欲涵蓄意思，不使知德者厭，無德者惑。（遺書，卷二一上，頁六上）。

茅星來曰：厭，謂厭其說之繁蕪也。惑，謂惑其說之瀾翻也。（集註，卷十一，頁五下）。
葉采曰：知德者玩其意而不厭。無德者守其說而不惑。（集解，卷十一，頁三）。

8 教人未見意趣，必不樂學。欲且教之歌舞，如古詩三百篇，皆古人作之。如關雎之類，正家之始。故用之鄉人，用之邦國，日使人聞之。此等詩其言簡奧，今人未易曉。別欲①作詩，略言教童子洒掃應對事長之節，令朝夕歌之，似當有助。（遺書，卷二上，頁六下。小學，卷五，嘉言，頁二下，引作伊川語）。

陳選（一四二九—一四八六）曰：關雎，周南國風詩之首篇。關雎等詩，為教於閨門之內，乃正家之始，故當時上下通用之。簡奧者，辭簡約而意深奧也。以灑掃等事，編為韻語，令朝夕詠歌之，庶見意趣而好學矣。（小學註，卷五，頁三上）。

① 或作「欲別」。

9 子厚①以禮教學者最善，使學者先有所據守②。（遺書，卷二上，頁八上）。

問：橫渠之教，以禮為先。浩③恐謂之禮，則有品節。每遇事，須用秤停當，禮方可遵守。初學者或未曾識禮，恐無下手處。敬則有一念之肅，便已改容更貌，不費安排。事事上見得此意。如何？先生曰：古人自幼入小學，便教以禮。及長，自然在規矩之中。橫渠却是用官法教人，禮也易學。今人乍見，往往以為難。某嘗要取三禮④編成一書。事多蹉過。若有朋友，只兩年工夫可成。（語類，卷九十三，第八十五條，三七五〇至三七五一／二三六二）

① 子厚，橫渠之字。同引言，註⑦。

② 參看卷二，第九十六條。

③ 朱子有兩弟子名浩。一爲郭浩，一爲吳壽昌之子吳浩。郭浩諸書每誤作邵浩或邢浩。此條稱「先生」，宜作青年之吳浩。且朱子言欲編禮書，似是晚年之事。郭浩所錄，乃丙午（一一八六）所聞。吳壽昌與其子浩則考亭（一一九四後）門人也。參看拙着朱子門人，頁九十七與二〇五。

④ 大戴禮記，周禮，禮記。

10 語學者以所見未到之理，不惟所聞不深徹，反將理低看了。（遺書，卷三，頁四上）。

張南軒（一一三三—一一八〇）曰：聖人之道，精粗雖無二致，但其施教，則必「因其材而為①」焉。蓋中人以下之資，驟而語之太高，非惟不能以入，且將妄意躐等，而有不切於身之弊，亦終於下而已矣。故就其所及而語之，是乃所以使之切問近思②，而漸進於高遠也。（癸己論語解，雍也第六，第十四章。張南軒，參看卷四，第五十八條，註②。）

① 中庸第十七章。

② 論語，子張第十九，第六章。

[11] 舞射便見人誠。古之教人，莫非使之成己。自洒掃應對上，便可到聖人事。（遺書，卷五，頁二下）。

江永曰：舞射必誠，乃可應節命中。（集註，卷十一，頁二下）。

葉采曰：舞者所以導其和，射者所以正其志。要必以誠心為之。誠者所以成己也。（集解，卷十一，頁四）。

朱子曰：此亦言其理之在是，而由是可以至於彼。苟習焉而察，而又勉焉以造其極，則不俟改塗而聖可至耳。豈曰一灑掃一應對之不失其節，而遂可直以聖人自居也哉？（江永，近思錄集註，卷十一，頁二下，引此語，惟未明出處）。

[12] 自「幼子常視無誑①」以上，便是教以聖人事。（遺書，卷六，頁二上）。

葉采曰：「視」與「示」同。「誑」，欺妄也。小未有知，常示以正事，此卽聖人無妄之道也。（集解，卷十一，頁四）。

① 禮記，曲禮上，第十五節。

13「先傳後倦①，」君子教人有序，先傳以小者近者，而後教以大者遠者。非是先傳以近小而後不教以遠大也。（遺書，卷八，頁一下）。

朱子曰：「洒掃應對②」，「精義入神③」，事有大小而理無大小。事有大小，故其教有等而不可躐。理無大小，故隨所處而皆不可不盡。（語類，卷四十九，第四十六條，頁一九一七至一九一八）。

① 論語，子張第十九，第十二章。

② 同上。

③ 易經，繫辭下傳，第五章。

14 伊川先生曰：說書必非古意。轉使人薄。學者須是潛心積慮，優游涵養，使之自得。今一日說盡，只是教得薄。至如漢時說，下帷講誦，猶未必說書。（遺書，卷十五，頁十九下）。

佐藤一齋曰：班史，董仲舒（約紀元前一七六—約前一〇四）「下帷講誦，弟子傳以久次相授業，或莫見其面①。」案，漢代說經重傳。必謹守傳來訓詁，誦而授之。古風淳樸可想也。且其曰「下帷」，曰：「莫見其面」，則身在帷中而講誦之，亦可推也。後世則經師執經，抗顏據上座，縱橫捷辯。輕輕薄薄，唯多是貪。不似古者之簡質敦厚。故程子嘆之如此耳。（欄外書，卷十一，「伊川」條）。

① 班固，漢書，卷五十六，頁一上。

15 古者八歲入小學，十五入大學。擇其才可教者聚之，不肖者復之農畝。蓋士農不易業，既入學則不治農。然後士農判。在學之養，若士大夫之子，則不慮無養。雖庶人之子，既入學則亦必有養。古之士者，自十五入學，至四十方仕。中間自有二十五年學。又無利可趨，則所志可知。須去趨善，便自此成德。後之人，自童稚間已有汲汲趨利之意。何由得向善？故古人必使四十而仕，然後志定。只營衣食，却無害。惟利祿之誘最害人。**人有養，便方定志於學**①。（遺書，卷十五，頁十七下至十八上）。

或問：禮書所引伊川言，「**古者**養士，其公卿大夫士之子弟，固不患於無養，而庶人子弟之入學者，亦有以養之。」不知是否？朱子曰：恐不然。此段明州諸公②添入，當刪。不然，則注其下云：「今按，程子之言，未知何所據也。古者教士，其比閭③之學，則鄉老坐於門而察其出入。其來學有時。既受學，則退而習於家。及其升而上也，則亦有時，春夏耕耘，餘時肄業。未聞上之人復有以養之也。夫既給之以百畝之田矣，又給之以學糧，亦安得許多糧給之耶？」（語類，卷八十四，第三十五條，頁三四七六／二一九〇）。

① 細字遺書本註。

② 明州故治在今浙江鄞縣之東。諸公不知所指是誰。

③ 五家爲比，二十五家爲閭。

16 天下有多少才，只爲道不明於天下，故不得有所成就。且古者「興於詩，立於禮，成於樂①。」如今人怎生會得？古人於詩，如今人歌曲一般。雖閭巷童稚，皆習聞其說而曉其義。故能興起於詩。後世老師宿儒，尚不能曉其義。怎生責得學者？是不得興於詩也。古禮既廢，人倫不明。以至治家，皆無法度。是不得立於禮也。古人有歌詠以養其性情，聲音以養其耳目，舞蹈以養其血脉。今皆無之，是不得成於樂也。古之成材也易，今之成材也難。（遺書，卷十八，頁十四上下）。

東正純曰：詩之要，只是「思無邪②」。禮之本，只是「無不敬③」。樂之旨，只是「樂而不淫，哀而不傷④。」（參考，卷十一，頁八〇二）。

① 論語，泰伯第八，第八章。
② 同上，爲政第二，第二章。
③ 禮記，曲禮上，第一節。
④ 論語，八佾第三，第二十章。

17 孔子教人，不憤不啓，不悱不發①。蓋不待憤悱而發，則知之不固。待憤悱而後發，則沛然矣。學者須是深思之。思而不得，然後爲他說便好。初學者須是且爲他說。不然，非獨他不曉，亦止人好問之心也。（遺書，卷十八，頁二十上）。

朱子曰：「憤」者，心求通而未得之意。「悱」者，口欲言而未能之貌。「啓」，謂開其意。「發」，謂達其辭。（論語集註，述而第七，第八章）。

或問：程子曰：「待憤悱而後發，則沛然矣。」如何是沛然底意思？曰：此正所謂時雨之化。譬如種植之物，人力隨分已加，但正當那時節欲發生未發生之際，却欠了些子雨。忽然得這些子雨來，生意豈可禦也？（語類，卷三十四，第七十四條，頁一三九八／八七二）。

① 論語，述而第七，第八章。

[18] 橫渠先生①曰：「恭敬撙節退讓以明禮②，」仁之至也，愛道之極也。己不勉明，則人無從倡，道無從弘，教無從成矣。**正蒙**。（至當篇第九，張子全書，卷三，頁三下）。

東正純曰：禮就理言，仁就性言，愛就心言。（參考，卷十一，頁八〇二）。

① 同引言，註⑦。

② 禮記，曲禮上，第六節。

19 學記曰：「進而不顧其安，使人不由其誠，教人不盡其材①。」人未安之，又進之，未喩之，又告之。徒使人生此節目。不盡材，不顧安，不由誠，皆是施之妄也。教人至難。必盡人之材，乃不誤人。觀可及處，然後告之。聖人之教，直若庖丁之解牛。皆知其隙，刃投餘地無全牛矣②。人之才足以有爲。但以其不由於誠，則不盡其才。若曰勉率而爲之，則豈有由誠哉？**横渠禮記說，下同。**（今見張子全書，卷十二，語錄抄，頁九下至十上）。

問：「使人不由其誠」，莫是只教他記誦，而中心未嘗自得否？朱子曰：若是逼得他緊，他便來廝瞞，便是不由誠。嘗見横渠作簡與某人，謂其子日來誦書不熟，且教他熟誦，盡其誠與材。文蔚③曰：「便是他解此兩句，只作一意解。其言曰：『人之材足以有為。但以其不由於誠，則不盡其材。若曰勉率以為之，豈有由其誠也哉？』」曰：固是。既是他不由誠，自是材不盡。（語類，卷八十七，第一二五條，頁三五七二／二二五一）。

江永曰：不顧學者之能受而强進之，人雖勉强為之，而無誠意。既無誠意，則亦不能盡其才質。三者相因，皆躐等陵節之弊也。（集註，卷十一，頁四上）。

①禮記，學記，第四節。
②莊子，養生主第三，卷二，頁三下至四上。
③陳文蔚（一一五四－一二三九），字才卿，朱子門人。錄語類二百三十餘則，問答亦七八十。參看拙著朱子門人，頁二〇九至二一〇。

20 古之小兒便能敬事。長者①與之提攜，則兩手奉長者之手。問之，掩口而對。蓋稍不敬事，便不忠信。故教小兒，且先安詳恭敬。（張子全書，卷十二，語錄抄，頁十上）。

陳選曰：「安靜，詳審，恭莊、敬畏，四者，小學涵養本原之事也。（小學集註，卷五，嘉言，頁一下）。

①張伯行，近思錄集解，卷十一，頁十一上；施璜，五子近思錄發明，卷十一，頁十一上，均於「長者」斷句。惟茅星來，近思錄集註，卷十一，頁十二下，指出其非，蓋「敬事」乃敬其所事，非對長者而言也。

21 孟子曰：「人不足與適也，政不足與間也。唯大人爲能格君心之非①。」

非惟君心，至於朋游學者之際，彼雖議論異同，未欲深較。惟整理其心，使歸之正，豈小補哉？**橫渠孟子說。**（今見張子全書，卷十二，語錄抄，頁九下至十上）。

朱子曰：「大人格君心之非」，此謂精神意氣，自有感格處。然亦須有箇開導底道理，不但默默而已。（語類，卷五十六，第三十三條，頁二一一三／一三三一）。

許衡（一二〇九—一二八一）**曰：革人之非，不可革其事，要當先格其心。其心既革，其事有不言而自革者也。**（許文正公遺書，卷一，語錄上，頁十五下至十六上）。

① 孟子，離婁第四上，第二十章。

近思錄　卷之十二

改過及人心疵病（警戒）

凡三十三條

[1] 濂溪先生①曰：仲由②喜聞過，令名無窮焉③。今人有過，不喜人規。如護疾而忌醫，寧滅其身而無悟也。噫！通書。（第二十六章）。

朱子曰：喜其得聞而改之，其勇於自修如此。（孟子集註，公孫丑第二上，第八章）。

① 同引言，註④。

② 即子路。同卷五，第二十五條，註①。

③ 孟子，公孫丑上，第八章。

[2] 伊川先生①曰：德善日積，則福祿日臻。德踰於祿，則雖盛而非滿。自古隆盛，未有不失道而喪敗者。**易傳，下同。**（卷一，頁四十二下，釋泰卦第十一之九三爻辭）。

葉采曰：德勝於祿，則所享者雖厚而不為過。祿過其德，則所享者雖薄且不能勝，況於隆盛乎？**隆盛之喪敗，必自無德者致之也。**（集解，卷十二，頁一）。

① 同引言，註⑥。

[3] 人之於豫樂，心說之故遲遲。遂至於耽戀不能已也。豫之六二，以中正自守。其介如石，其去之速，不俟終日。故貞正而吉也①。處豫不可安且久也。久則溺矣。如二可謂見幾而作者也。蓋中正故其守堅，而能辨之早，去之速也。（易傳，卷二，頁六上，釋豫卦第十六之六二爻辭）。

朱子曰：豫雖主樂，然易以溺人。溺則反而憂矣。卦獨此爻中而得正，是上下皆溺於豫。而獨能中正自守，其介如石也。其德安靜而堅確。故其思慮明審，不俟終日而見凡事之幾微也。大學曰：「安而後能慮，慮而後能得②」，意正如此。（周易本義豫卦六二爻辭

註）。

① 易經，豫卦六二爻辭曰：「介于石，不終日，貞吉」。豫卦震上坤下。二者均陰爻在中，故中正自守。
② 大學，經文。

4 大君致危亡之道非一，而以豫爲多。（易傳，卷二，頁七下，釋豫卦之六五爻辭）。

澤田武岡曰：憂不生於憂而每生於樂。三代①以下，其以逸豫生衰亂，致危亡，奚翅相半？有國家者，可不深戒乎哉？（說略，卷十二，頁二上，總頁七一七）

① 夏，商，周。

5 聖人爲戒，必於方盛之時。方其盛而不知戒，故狃安富則驕侈生，樂舒肆則綱紀壞，忘禍亂則釁孽萌。是以浸淫，不知亂之至也。（易傳，卷二，頁十五下，釋臨卦第十九）。

張伯行曰：此極言安樂之害。見常人之樂，君子所懼也。（集解，卷十二，頁二下）。

[6] 復之六三，以陰躁處動之極，復之頻數，而不能固者也。復貴安固。頻復頻失，不安於復也。復善而屢失，危之道也。聖人開遷善之道。與其復而危其屢失，故云「厲無咎①。」不可以頻失而戒其復也。頻失則爲危。屢復何咎？過在失而不在復也。**劉質夫②曰：「頻復不已，遂至迷復。」**（易傳，卷二，頁三十四上，釋復卦第二十四之六三爻辭）

葉采曰：震下坤上為復。三既陰躁，又處震動之終，其於復善也躁動，而不能固守者也。有失而後有復。屢復屢失，不常其德，危之道也。屢失故危厲，屢復故無咎。無咎者。補過之稱。

① 易經，復卦六三爻辭。

② 劉質夫，名絢，程子門人。由府學教授而太學博士。參看伊洛淵源錄，卷八，頁一上至四上；宋史，卷四二八，頁一上下；宋元學案，卷三十，頁一上至二上。

[7] 睽極則咈戾而難合，剛極則躁暴而不詳，明極則過察而多疑。睽之上九，

有六三之正應，實不孤。而其才性如此，自睽孤也。如人雖有親黨，而多自疑猜，妄生乖離，雖處骨肉親黨之間，而常孤獨也。（易傳，卷三，頁二十八上，釋睽卦第三十八之上九爻辭）。

張伯行曰：離上兌下為睽。上之為位，處睽之終，則為睽極。九為陽剛，以剛在上，則為剛極。離之為言，明也。以明在上，則為明極。合而言之，值咈戾難合之地，而又以躁暴不詳過察多疑之人處之，故雖上爻與六三本為正應，實不患孤。但以三為二陽所制，未能來合。而己以剛極明極，處睽極之位，其才性如此，自猜狠而乖離也。雖有正應，亦不合矣。何往而不睽孤哉？（集解，卷十二，頁二三下）。

[8] 解之六三曰：「負且乘，致寇至，貞吝①。」傳曰：小人而竊盛位，雖勉爲正事，而氣質卑下，本非在上之物，終可吝也。若能大正，則如何？曰：大正非陰柔所能也。若能之，則是化爲君子矣。（易傳，卷三，頁三十四下，釋解卦第四十之六三爻辭）。

葉采曰：負者，小人之事也。乘者，君子之器也。故為小人竊盛位之象。勉為正事者，貞也。然而陰柔卑下之質，冒居內卦之上，非其所安，是以吝也。（集解，卷十二，頁三）。

① 易經，解卦，爻辭。

9 益之上九曰：「莫益之，或擊之①。」傳曰：理者天下之至公，利者衆人所同欲。苟公其心，不失其正理，則與衆同利。無侵於人，人亦欲與之。若切於好利，蔽於自私，求自益以損於人，則人亦與之力爭。故莫肯益之而有擊奪之者矣。（易傳，卷三，頁四十四上下，釋益卦第四十二之上九象傳）。

孔穎達（五七四—六四八）曰：上九處益之極，益之過甚者也。求益無厭，怨者非一，故曰：「莫益之或擊之也。」（周易正義，益卦，上九象傳）。

① 易經，益卦，上九象傳。

10 艮之九三曰：「艮其限，列其夤，厲薰心①。」傳曰：夫止道貴乎得宜。行止不能以時，而定於一。其堅強如此，則處世乖戾，與物睽絕，其危甚矣。人之固止一隅，而舉世莫與宜者，則艱蹇忿畏，焚撓其中。豈有安裕之理？「厲薰心，」謂不安之勢，薰爍其中也。（易傳，卷四，頁二十一下至二十二上，釋艮卦第五十二之九三爻辭）。

茅星來曰：固，膠固也。中卽心也。艱蹇忿畏，四者皆其所以薰心者也。（集註，卷十二，頁五下）。

① 易經，艮卦，九三爻辭。

⑪ 大率以說而動，安有不失正者？（易傳，卷四，頁二十七下，釋歸妹卦第五十四之彖傳）。

葉采曰：兌下震上為歸妹。兌，悅也。震，動也。「心有所好樂，則不得其正①。」況從欲而忘返者耶？（集解，卷十二，頁四）。

① 大學，第七章。

⑫ 男女有尊卑之序，夫婦有倡隨之理，此常理也。若徇情肆欲，唯說是動，男牽欲而失其剛，婦狃說而忘其順，則凶而無所利矣。（易傳，卷四，頁二十七下，釋歸妹卦之彖傳）。

澤田武岡曰：人苟牽欲，則常屈於萬物之下。貪祿者常屈於權門，好色者常屈於少艾。如此之類，安有不失剛者？故夫子曰：「棖也慾，焉得剛①？」（說略，卷十二，頁四上，總頁七二一）。

① 論語，公冶長第五，第十章。申棖，字子周，孔子弟子。

13 雖舜之聖，且畏巧言令色①。說之惑人易入而可懼也如此。（易傳，卷四，頁四十二下，釋兌卦第五十八之九五爻辭）。

朱子曰：好其言，善其色，致飾於外，務以悅人，則人欲肆而本心之德亡矣。（論語集註，學而第一，第三章）。

① 書經，皋陶謨，第二節。書經所指是堯而非舜。

14 治水，天下之大任也。非其至公之心，能捨己從人，盡天下之議，則不能成其功。豈方命圮族①者所能乎？鯀雖九年而功弗成。然其所治，固非他人所及也。惟其功有叙，故其自任益強，咈戾圮類益甚。公議隔而人心離矣。是其惡益顯，而功卒不可成也。**經說，下同。**（卷二，書解，頁六上下）。

朱子曰：天下之事，逆理者如何行得？……禹之治水，亦只端的見得須是如此，順而行之而已。鯀績之不成，正為不順耳。（語類，卷五十七，第六十三條，頁二一四七／一三五四）。

① 程子解「方命」爲不順正理（經說，卷二，頁五下），葉采（近思錄集解，卷十二，頁五）等從之。謂不順正理而毀圮族類。朱子則解「方命」爲「止其命令而不行」（語類，卷七十八，第一〇〇條，頁三一六九／一九九五）。據書經，堯典，第十一節，洪水爲害，群臣皆以禹之父鯀可用。堯不以爲然，謂鯀逆命而傷同類。某臣請試用之。九年而治水不成。

15 君子「敬以直內①。」微生高②所枉雖小，而害則大。（經說，卷六，論語說，頁五下）。

朱子曰：醯，至易得之物，尚委曲如此。若臨大事，如何？當有便道有，無便道無。才枉其小，便害其大。此皆不可謂誠實也。（語類，卷二十九，第七十四條，頁一一九五／一七四六）。

① 易經，坤卦第二，文言。

② 據論語，公冶長第五，第二十三章，魯人姓微生，名高。以直名。或乞醯。高乞諸其鄰而與之。

[16] 人有慾則無剛，剛則不屈於慾①。（經說，卷六，論語說，頁五上）。

朱子曰：慾與剛正相反。若耳之欲聲，目之欲色之類，皆是欲。才有些被他牽引去，此中便無所主。焉得剛？（語類，卷二十八，第六十八條，頁一一六〇／七二二至七二三）。

又曰：人之資質，千條萬別，自是有許多般。有剛於此而不剛於彼底。亦有剛而多慾，亦有柔而多慾。亦有剛而寡慾，亦有柔而寡慾。自是多般不同，所以只要學問。學問進而理明，自是勝得他。（同上，第六十九條，頁一一六〇／七二三）。

① 論語，公冶長第五，第十章。

[17]「人之過也，各於其類①。」君子常失於厚，小人常失於薄。君子過於愛，小人傷②於忍。（經說，卷六，論語說，頁四上）。

問：過於厚與愛，雖未為中理，然就其厚與愛處看得來，便見得是君子本心之德發出來。

朱子曰：厚與愛，畢竟是仁上發來，其苗脈可見。（語類，卷二十六，第七十四條，頁一〇五七／六五八）。

又曰：此段也只是論仁。若論義，則當云，君子過於公，小人過於私。君子過於廉，小人過於貪。君子過於嚴，小人過於縱。觀過斯知義矣，方得。（同上，第七十五條，頁一〇五七／六五八）。

或問：伊川此說，與諸家之說如何？曰：伊川之說最善。以君子之道觀君子，則君子常過於愛，失之厚。以小人之道觀小人，則小人常過於忍，失於薄。如此觀人之過，則人之仁與不仁可知矣。（同上，第七十七條，頁一〇五八／六五九）。

又曰：來喻又謂人之過，不止於厚薄愛忍四者，而疑伊川之說為未盡。伊川只是舉一隅耳。若君子過於廉，小人過於貪。君子過於介，小人過於通之類皆是。（文集，卷四十二，答吳晦叔第六書，頁十四上）。

① 論語，里仁第四，第七章。

② 一本作「過」。

[18] 明道先生①曰：富貴驕人，固不善，學問驕人，害亦不細。**遺書，下同。**

（卷一，頁三下）。

茅星來曰：驕則氣盈，氣盈則識量狹隘，百病都生。（集註，卷十二，頁七下）。

① 同引言，註⑤。

19 人以料事爲明，便駸駸入逆詐億不信①去也。（遺書，卷一，頁六下）。

江永曰：喜料事，則逆億之心熟。雖中，猶為私意小智。況未必皆中乎？（集註，卷十二，頁二下）。

① 論語，憲問第十四，第三十三章。

20 人於外物奉身者，事事要好。只有自家一箇身與心，却不要好。苟得外面物好時，却不知道自家身與心，却已先不好了也。（遺書，卷一，頁七上下）。

陳選（一四二九—一四八六）曰：外物之奉身者，如飲食衣服宮室之類。身不好，謂身不觤。心不好，謂心不收。（小學集註，卷五，嘉言，頁十七下）。

21 人於天理昏者，是只爲嗜欲亂著他。莊子言其「嗜欲深者，其天機淺①。」此言却最是。（遺書，卷二上，頁二十二上）。

林希逸（一二七〇後卒）曰：嗜慾者，人欲也。天機者，天理也。曰深淺者，卽所謂天理人欲隨分數消長也。（引自宇都宮遯庵，鼇頭近思錄，卷十二，頁八上。出處待查）。

① 莊子，大宗師第六，南華眞經，卷三，頁三下。

22 伊川先生曰：閱機事之久，機心必生。蓋方其閱時，心必喜。既喜則如種下種子。（遺書，卷三，頁五上）。

施璜曰：此言機事機心之不可有也。「有機事者，必有機心①。」皆用智計，變詐行事，必不順理。乃君子之所惡者也。閱之而喜，則必以為乖巧矣。有此種子在心中，以機變為足以應事，則必流於智謀之末，為小人之歸矣。豈可不戒哉。（發明，卷十二，頁八下）。

① 莊子，天地第十二，卷五，頁十二下。

23 疑病者，未有事至時，先有疑端在心。周羅事者，先有周事之端在心。皆病也。（遺書，卷三，頁五上）。

茅星來曰：疑病者，猜嫌疑慮之病。端，端緒也。「周羅」，宋時俚語，猶言兜攬也。愚謂窮理之功至，則疑之病去矣。自治之心切，則周羅事之患去矣。（集註，卷十二，頁八上）。

24 較事大小，其弊爲枉尺直尋①之病。（遺書，卷三，頁五上）

櫻田虎門曰：事有大小，而理無大小。故學者凡於天下之事，無大無小，只當務盡道理。今專較其大小，則是其心必為忽於小而急於大，惟事之視或遺於義。故其流，必至於枉尺直尋也。但事理不能兩全者，亦不可不權其輕重，乃所謂權者也。然亦唯視乎理之輕重云爾。至於事之大小，則未必較也。按集解云：「事無大小，唯理是視。或者有苟成急就之意，謂道雖少屈，而所伸者大，義雖微害，而所利者博，則有冒而為之者。原其初心，止於權大小，遂至枉尺直尋，其末流之弊，有不可勝言矣②。」此說首二句，固是。但據其「或者」以下之言，則是以事之大者，較義之小者也。竊謂，果如此說，則其初心既是枉尺直尋，舍道義而謀功利，固已為大病，不待言流弊之必至於此也。熟玩本文之言，恐似不如此。（摘說，卷十二，頁五十一上）。

① 孟子，滕文公第三下，第一章。尋，八尺。

② 葉采之近思錄集解，卷十二，頁七。

25 小人小丈夫。不合小了他。本不是惡。（遺書，卷六，頁五上）。

茅星來曰：此條說者皆作泛論，理甚難通。如大學「小人閒居為不善，無所不至①」，豈得謂之不是惡？且又何以必與小丈夫並論耶？學者特習而不察耳。（集註，第十二，頁八下）。

又曰：程子亦只據孟子尹士章②所謂「小人」「小丈夫」而論之耳。小，謂識量之淺狹也。蓋尹士但未聞君子之大道，故據所見言之如此。其心固無他也。故云「他本不是惡。」

(同上)。

櫻田虎門曰：小人對君子言，是泛說。小丈夫對大丈夫言，專以局量言。其實亦無兩義。(摘說，卷十二，頁五十一下)

① 大學，第六章。

② 孟子，公孫丑第二下，第十二章，「孟子去齊，尹士語人曰：『……千里而見王，不遇故去。三宿而後出晝(地名)，是何濡滯也！士則茲不悅。』高子以告。曰：『夫尹士惡知予哉？千里而見王，是予所欲也。不遇故去，豈予所欲哉？予不得已也。予三宿而後出晝，於予心猶以爲速。王庶幾改之。……予日望之。予豈若是小丈夫然哉？』……尹士聞之曰：『士，誠小人也』」。

26 雖公天下事，若用私意爲之，便是私。(遺書，卷五，頁二上)。

朱子曰：將天下正大底道理去處置事，便公。以自家私意去處之，便私。(語類，卷十三，第四十五條，頁三六二／二二八)。

27 做官奪人志。(遺書，卷十五，頁十八上)。

趙致道①以書問曰：程子言：「仕宦奪人志」，或言為富貴所移也。愚意以為不特言此。但才仕宦，則於室礙處，有隨宜區處之意，浸浸遂入於隨時狥俗之域。與初間立心各別。此所謂奪志也。不知程子之意果出於此否？又不知人未免仕宦而有此病，又何以救之？敢之指誨。朱子答曰：所論奪志之說是也。若欲救此，但當隨事省察而審其輕重耳。然幾微之間，大須着精彩也。（文集，卷五十九，答趙致道第三書，頁四十四下至四十五上）。

張伯行曰：葉平巖曰：「仕而志於富貴者，固不必言。或馳騖乎是非予奪之境，而此志動於喜怒哀樂之私。或經營於建功立業之間，而此志陷於計度區畫之巧。皆足以奪其志②。」愚謂此為德未成者言也。若義理素明，操持素定，學優而仕，當為則為，不為利疚，不為害沮，隨位尊卑，皆可行志。孰得而奪之？如可奪，則亦不得謂之志矣。（集解，卷十二，頁八下至九上）。

① 同卷二，第四條，註⑨。
② 葉采之近思錄集解，卷十二，頁七。

[28] 驕是氣盈，吝是氣歉。人若吝時，於財上亦不足，於事上亦不足。凡百事皆不足。必有歉歉之色也。（遺書，卷十八，頁二十九下）。

先生（朱子）云：一學者來問：「伊川云：『驕是氣盈，吝是氣歉。』歉則不盈，盈則不歉。如何却云『使驕且吝①？』」試商量看。伯豐②對曰：盈是加於人處，歉是存於己者。粗而喻之，如勇於為非，則怯所遷善。明於責人，則暗於恕己。同是一箇病根。先生曰：如人曉些文義，吝惜不肯與人説，便是要去驕人。非驕，無所用其吝。非吝，則無以為驕。（語類，卷三十五，第一二八條，頁一五〇三／九三九）。

① 論語，泰伯第八，第十一章。

② 吳必大，字伯豐，同卷一，第四十二條，註②。

29 未知道者如醉人。方其醉時，無所不至。及其醒也，莫不愧恥。人之未知學者，自視以爲無缺。及既知學，反思前日所爲，則駭且懼矣。（遺書，卷十八，頁二十九下）。

朱子曰：今人未有所見時，直情做去，都不見得。一有所見，始覺所為多有可寒心處。（語類，卷十三，第九十四條，頁三七七／二三七）。

30 邢恕①云：「一日三點檢。」明道先生曰：可哀也哉！其餘時理會甚事！蓋倣三省②之說錯了。可見不曾用功。又多逐人面上說一般話。明道責之。邢曰：「無可說。」明道曰：無可說，便不得不說。（外書，卷十二，頁六上下）。

茅星來曰：曾子日以三事自省，恕誤以為三次點檢。故程子警之。（集註，卷十二，頁九下）。

① 邢恕，一作邢七。同卷四，第十一條，註①。

② 論語，學而第一，第四章，曾子曰：「吾日三身吾身：爲人謀而不忠乎？與朋友交而不信乎？傳不習乎？」曾子，參看卷二，第二十六條。

31 橫渠先生①曰：學者捨禮義，則飽食終日，無所猷爲。與下民一致。所事不踰衣食之間，燕遊之樂爾。**正蒙**。（中正篇第八，張子全書，卷二，頁二十五下至二十六上）。

張伯行曰：禮義者，生人之根本，猷為所從出也。（集解，卷十二，頁十上）。

① 同引言，註⑦。

32 鄭衞之音悲哀，令人意思留連，又生怠惰之意，從而致驕淫之心。雖珍玩奇貨，其始感人也，亦不如是切。從而生無限嗜好。故孔子曰：「必放之①。」亦是聖人經歷過。但聖人能不爲物所移耳。**橫渠禮樂說。**（張子全書，卷十四，性理拾遺，頁五下）。

東正純曰：鄭聲淫，只是浸淫，不止女色。故曰悲哀，曰留連，曰怠惰。而悲哀也，留連也，怠惰也，女色居多。猶是戒之在色。不止女色，而女色太甚矣。（參考，卷十二，頁八〇五）

① 論語，衞靈公第十五，第十章。

33 孟子言反經①，特於鄉原之後者，以鄉原大者不先立，心中初無主，惟是左右看，順人情，不欲違。一生如此。**橫渠孟子說。**（張子全書，卷十四，性理拾遺，頁五下）。

朱子曰：鄉原是箇無骨肋底人。東倒西擂。東邊去取奉人，西邊去周全人。着人眉頭眼尾，周遮掩蔽，惟恐傷觸了人。「君子反經而已矣」，所謂「反經」，去其不善，為其善者而已。（語類，卷六十一，第七十六條，頁二三四四／一四七七）。

① 孟子，盡心第七下，第三十七章，「鄉原，德之賊也。……君子反經而已矣。經正，則庶民興。庶民興，斯無邪慝矣。」

近思錄 卷之十三

異端之學（異端）

凡十四條

1 明道先生①曰：楊墨②之害，甚於申韓③。佛老之害，甚於楊墨。楊氏爲我，疑於義。墨氏兼愛，疑於仁④。申韓則淺陋易見，故孟子只闢楊墨，爲其惑世之甚也。佛老其言近理，又非楊墨之比。此所以爲害尤甚。楊墨之害，亦經孟子闢之⑤，所以廓如也⑥。遺書，下同。（卷十三，頁一上）。

問：墨氏兼愛，疑於仁，此易見。楊氏為我，何以疑於義？朱子曰：楊朱看來不似義。他全是老子之學。只是箇逍遙物外，僅足其身，不屑世務之人。只是他自愛其身界限齊整，不相侵越，微似義耳。然終不似也。（語類，卷五十五，第五十九條，頁二〇九八至二〇九九／一三二一）。

又曰：楊朱學，為義者也，而偏於為我。墨翟學，為仁者也，而流於兼愛。本其設心，豈有邪哉？皆以善而為之耳。特於本原之際，微有毫釐之差，是以孟子推言其禍，以為無父無君，而陷於禽獸，辭而闢之，不少假借。孟子亦豈不原其情，而過為是刻核之論哉？以其賊天理，害人心於幾微之間，使人陷溺而不自知，非若刑名狙詐之術，其禍淺切而易見也。是以拔本塞源，不得不如是之力。（文集，卷三十，答汪尚書第五書，頁十下）。

① 同引言，註⑤。

② 楊朱，同卷一，第二十九條，註①。墨翟，同上，註②。

③ 申不害（紀元前三三七卒），法家，重術。爲韓相。著書二篇曰申子，已不存，遺言散見諸書。韓非（前二三三卒），韓之諸公子。與李斯（前二〇八卒）同爲荀子弟子。非以書諫韓王，王不能用。作孤憤等篇十餘萬言。秦王見其書，喜甚。秦攻韓甚急。韓王遣非入秦交涉。李斯在秦得勢，以己不如非，遺藥使非自殺。非從之。非所著稱韓非子，集法家法術勢三派之大成。

④ 近思錄葉采等本作「楊氏爲我，疑於仁，墨氏兼愛，疑於義」，謂：「楊氏爲我，可謂自私而不仁矣，然而猶似於無欲之仁。墨氏兼愛，可謂泛濫而無義矣，然猶似於無私之義」（近思錄集解，卷十三，頁一），日本註家與 Graf 神父之德文譯本，（第二冊，頁七〇一，第三冊，頁四九一）從之。朱子孟子集註，滕文公第三下，第九章，引程子此語，與此處同。中國註家茅星來、江永、陳沆等從之。張伯行從葉采本，惟在按語則云：「一本作『爲我疑於義，兼愛疑於仁』，……語勢更順（近思錄集解，卷十三，頁一下）。韓國註家金長生謂葉註「仁義」二字當換，即應作楊氏疑義，墨氏疑仁（近思錄釋疑，沙溪先生全集，卷二十，頁六下），加藤常賢，現代語譯近思錄，頁三四七，亦然。遺書，卷十三，原文確爲

「楊氏爲我疑於仁，墨氏兼愛疑於義」。此誠可異。宇都宮遯庵（鼇頭近思錄，卷十三，頁十二上），中井竹山（近思錄說，卷十三），簗田勝信（近思錄集解便蒙詳說，頁九六五）均謂二程全書作「楊氏疑義，墨氏疑仁」。彼等所見之二程全書，經已不存。惟今本二程全書內之遺書，卷十五，頁二十一下，程子確云：「楊子爲我亦是義，墨子兼愛則是仁」。意者初本二程全書偶誤，而葉采不察。後乃依近思錄改正。

⑤ 孟子，滕文公第三下，第九章。

⑥ 法言，卷二，吾子，頁四下，「古者楊墨塞路，孟子辭而闢之，廓如也」。

2 伊川先生①曰：儒者潛心正道，不容有差。其始甚微，其終則不可救。如師也過，商也不及②，於聖人中道，師只是過於厚些，商只是不及些。然而厚則漸至於兼愛，不及則便至於爲我。其過不及同出於儒者，其末遂至楊墨。至如楊墨，亦未至於無父無君。孟子推之便至於此，蓋其差必至於是也。（遺書，卷十七，頁二上下）。

朱子曰：道以中庸為至。賢知之過，雖若勝於愚不肖之不及，然其失中則一也。（論語集註，先進第十一，第十五章）。

敬之③問楊墨。曰：楊墨只是差了些子，其末流遂至於無父無君。蓋楊氏見世間人營營於名利，埋沒其身而不自知。故獨潔其身以自高，如荷蕢，接輿④之徒是也。然使人皆如此潔身而自為，則天下事教誰理會？此便是無君也。墨氏見世間人自私自利，不能及人，故欲兼天下之人人而盡愛之。然不知或有一患難，在君親則當先救，在他人則後救之。若君親與他人不分先後，則是待君親猶他人也。便是無父。此二者之所以為禽獸也。（語類，卷五十五，第五十八條，頁二〇九六至二〇九七／一三二〇）。

① 同引言註⑥。
② 論語，先進第十一，第十五章。師商皆孔子弟子。師姓顓孫，字子張。商，姓卜，字子夏。孔子沒，居西河教授，爲魏文侯師。
③ 張顯父，參看卷二，第四十八條，註③。
④ 論語，憲問第十四，第四十二章；微子第十八，第五章。

3 明道先生曰：道之外無物，物之外無道。是天地之間，無適而非道也。即父子而父子在所親，即君臣而君臣在所嚴①，以至爲夫婦，爲長幼，爲朋友，無所爲而非道。此道所以不可須臾離也②。然則毀人倫，去四大③者，其外於道也遠矣。故「君子之於天下也，無適也，無莫也，義之與比④。」若有適有莫，則於道爲有間，非天地之全也。彼釋氏之學，於「敬以直內⑤」則有之矣，「義以方外⑥，」則未之有也。故滯固者入於枯槁，疏通者歸於恣肆。此佛之教所以爲隘也。吾道則不然。率性而已。斯理也，聖人於易備言之。**又云⑦：佛有一箇覺之理，可以「敬以直內」矣。然無「義以方外」。其直內者，要之其本亦不是。**（遺書，卷四，頁四下；卷二上，頁九上）。

問：佛家如何有「敬以直內？」」朱子曰：他有箇覺察，可以「敬以直內。」然與吾儒亦不同。他本是箇不耐煩底人，故盡欲掃去。吾儒便有是有，無是無，於應事接物，只要處得是。（語類，卷九十六，第七十三條，頁三九三〇／二四七四）。

問：遺書云：「釋氏於『敬以直內』則有之，『義以方外』則未也。」道夫⑧於此未安。先生笑曰：前日童蜚卿⑨正論此，以為釋氏大本與吾儒同，只是其末異。某與言：「正是大本不同。」因檢近思錄有云：「佛有一箇覺之理，可言『敬以直內』矣。然無『義以方外』。其直內者，要之其本亦不是。」這是當時記得全處。前者記得不完也。（同上，卷一二六，第七十五條，頁四八五〇至四八五一／三〇二七）。

① 「嚴」，一本作「敬」。

② 中庸，第一章。

③ 地，水，火，風。佛家謂四大爲幻假。
④ 論語，里仁第四，第十章。
⑤ 易經，坤卦第二，文言。
⑥ 同上。
⑦ 「又云」以下遺書本註。
⑧ 楊道夫，同卷二，第十二條，註①。
⑨ 童蜚卿，同卷一，第四十六條，註①。

[4] 釋氏本怖死生，爲利豈是公道？唯務上達而無下學，然則其上達處，豈有是也？元不相連屬，但有間斷，非道也。孟子曰：「盡其心者，知其性也①。」彼所謂識心見性是也。若存心養性一段事，則無矣。彼固曰出家獨善，便於道體自不足。或曰：「釋氏地獄之類，皆是爲下根之人，設此怖令爲善。」先生曰：至誠貫天地。人尚有不化，豈有立僞教而人可化？以上明道語。（遺書，卷十三，頁一下）。

朱子曰：只無「義以方外②」，則連「敬以直內③」也不是了。又曰：程子謂「釋氏唯務上達而無下學。然則其上達處，豈有是耶？」亦此意。（語類，卷一二六，第七十五條，頁四八五一／三〇二七）。

或問：他雖見得，如何能養？曰：見得後，常常得在這裏，不走作，便是養。今儒者口中，雖常說性是理，不止於作用，然却不曾做他樣存得養得。只是說得如此。元不曾用功。心與身元不相管攝，只是心粗。若自早至暮，此心常常照管，甚麼次第！……今要做，無他，只說四端④擴充得便是，孟子說「存心養性」，其要只在此。（同上，第六十一條，頁四八四四／三〇二三）。

德粹⑤問：人生即是氣，死則氣散。浮屠氏不足信。然世間人為惡死，若無地獄治之，彼何所懲？曰：吾友且說堯舜三代⑥之世無浮屠氏，乃「比屋可封⑦」，天下太平。及其後有浮屠，而為惡者滿天下。若為惡者必待死然後治之，則生人立君又焉用？滕云：嘗記前輩說，除却浮屠祠廟，天下便知向善。莫是此意？曰：自浮屠氏入中國，善之名便錯了。渠把奉佛為善。如修橋造路，猶有益於人。以齋僧立寺為善，善安在？所謂除浮屠祠廟便向善者，天下之人既不溺於彼，自然孝父母，悌長上，做一好人，便是善。（同上，第一〇六條，頁四八六一／三〇三三）。

① 孟子，盡心第七上，第一章。
② 易經，坤卦第二，文言。
③ 同上。
④ 孟子，公孫丑第二上，第六章，惻隱之心，羞惡之心，辭讓之心，是非之心爲仁義禮智之四端。

⑤ 滕德萃，同卷二，第八十八條，註③。
⑥ 夏、商、周。
⑦ 漢書，卷九十九上，王莽傳，頁三十八下。

[5] 學者於釋氏之說，直須如淫聲美色以遠之。不爾，則駸駸然入其中矣。顏淵①問爲邦。孔子既告之以二帝三王②之事，而復戒以放鄭聲，遠佞人，曰：「鄭聲淫，佞人殆③。」彼佞人者，是他一邊佞耳。然而於己則危。只是能使人移，故危也。至於禹之言曰：「何畏乎巧言令色④？」巧言令色，直消言畏，只是須著如此戒愼，猶恐不免。釋氏之學，更不消言常戒。到自家自信後，便不能亂得。（遺書，卷二上，頁九下）。

葉采曰：初學立心未定，必屏遠異端之說。信道既篤，乃可考辨其失。（集解，卷十三，頁四）。

佐藤一齋曰：此條末語大意謂學者宜屏絕釋氏，不讀其書。至斯學自信後，則假令讀之，亦不能亂我也。葉注「考辨其失」，本意稍左。（欄外書，卷十三，「學者」條）。

① 同卷一，第三十條，註②。
② 堯舜二帝。夏之禹，商之湯，周之文三王。
③ 論語，衞靈公第十五，第十章。
④ 書經，皐陶謨，第二節。

[6] 所以謂萬物一體者，皆有此理。只爲從那裏來，「生生之謂易①。」生則一時生，皆完此理。人則能推，物則氣昏，推不得。不可道他物不與有也。人只爲自私，將自家軀殼上頭起意。故看得道理小了他底②。放這身來，都在萬物中一例看。大小大③快活。釋氏以不知此，去他身上起意思。奈何那身不得，故却厭惡。要得去盡根塵，爲心源不定。故要得如枯木死灰。然沒此理。要有此理，除是死也。釋氏其實是愛身，放不得。故說許多。譬如負版之蟲，已載不起，猶自更取物在身。又如抱石投河，以其重愈沉，終不道放下石頭，惟嫌重也。（遺書，卷二上，頁十五下）。

茅星來曰：「此理」，謂健順五常之性也。「那裏」指陰陽五行而言。「皆完此理」以上，是從有生之初說，見此理固人與物所同具也。但人稟氣清，故能推。物稟氣昏，故推不得為稍異耳。是從有生之後言也。……「去盡根塵」，所以空其身之所有也。「枯木死灰」，所以空其心之所有也。皆是去他身上起意思也。……「已載不起」，以喻「奈何那身不得」。「猶自更取物在身」，以喻去根塵之類。「抱石」以喻私己之念。「河」以喻世界。（集註，卷十三，頁七上至八上）。

① 易經，繫辭上傳，第五章。
② 茅星來於「小了」斷句，謂「他底」指古聖賢而言。
③ 宋時俚語，多麽之意。

[7] 人有語導氣者，問先生曰：「君亦有術乎？」曰：「吾嘗「夏葛而冬裘，饑食而渴飲①。」「節嗜欲定心氣②。」如斯而已矣。（遺書，卷四，頁一下）。

因論道家修養，有默坐以心縮上氣而致閉死者。朱子曰：心縮氣亦未為是。某嘗考究他妙訣。只要神形全不撓動。故老子曰：「心使氣則强③」。纔使氣便不是自然。只要養成嬰兒。如身在這裏坐，而外面行者是嬰兒。但無工夫做此。其導引法，只如消息，皆是下策。（語類，卷一二五，第六十一條，頁四八一〇／三〇〇三）。

① 韓昌黎全集，卷十一，原道，頁三下。
② 禮記，月令，第四十六節。
③ 老子，第五十五章。

[8] 佛氏不識陰陽晝夜死生古今，安得謂形而上者與聖人同乎？（遺書，卷十四，頁一下）。

葉采曰：形而上者，性命也。陰陽晝夜死生古今，乃天命之流行，二氣之屈伸。釋氏指為輪迴，為幻妄，則其所談性命，亦異乎聖人矣。（集解，卷十三，頁六）。

[9] 釋氏之說，若欲窮其說而去取之，則其說未能窮，固已化而爲佛矣。只且於迹上考之。其設教如是，則其心果如何？固難爲取其心，不取其跡。有是心則有是迹。王通言心跡之判①，便是亂說。故不若且於迹上斷定不與聖人合。其言有合處，則吾道固已有。有不合者，固所不取。如是立定却省易。（遺書，卷十五，頁十上。卷十五皆伊川語）。

朱子曰：釋氏見得高底儘高。或問：他何故只說空？曰：說玄空，又說真空。玄空便是空無物。真空却是有物，與吾儒說略同。但是他不管天地四方，只是理會一箇心。如老氏亦只是要存得一箇神氣。伊川云：「只就迹上斷便了」。不知他如此要何用！（語類，卷一二六，第十七條，頁四八二七／三〇一三）。

又曰：今之學者往往多歸異教者，何故？蓋為自家這裏工夫有欠缺處，奈何這心不下，沒理會處。又見自家這裏說得來疏略，無箇好藥方治得他沒奈何底心，而禪者之說，則以為有箇悟門。一朝入得，則前後際斷，說得恁地見成捷快。如何不隨他去！（同上，第一一六條，頁四八六六／三〇三六至三〇三七）。

① 中說，卷五，問易篇，頁一下。王通，同卷三，第二十八條，註②。

10 問神仙之說有諸？曰：若說白日飛昇之類，則無。若言居山林間，保形鍊氣，以延年益壽，則有之。譬如一鑪火，置之風中則易過。置之密室則難過。有此理也。又問揚子言「聖人不師仙，厥術異也①。」聖人能爲此等事否？曰：此是天地間一賊。若非竊造化之機，安能延年？使聖人肯爲，周孔爲之矣。（遺書，卷十八，頁十上。卷十八皆伊川語）。

問：神仙之說有之乎？朱子曰：誰人說無？誠有此理。只是他那工夫大段難做。除非百事棄下，辦得那般工夫方做得。（語類，卷四，第九十七條，頁一二九／八十）。

又曰：人言仙人不死，不是不死，但只漸漸銷融了，不覺耳。蓋他能煉其形氣，使渣滓都銷融了，唯有那些清虛之氣，故能升騰變化。（同上，卷一二五，第五十九條，頁四八〇九／三〇〇三）。

朱子齋居感興詩第十五首曰：飄飄學仙侶，遺世在雲山。盜啓元命秘，竊當生死關，金鼎蟠龍虎，三年養神丹，刀圭一入口，白日生羽翰，我欲往從之，脫屣諒非難。但恐逆天道，偷生詎能安？（文集，卷四，頁八下）。

① 揚雄，法言，卷十二，君子，頁四下至五上。

〔11〕謝顯道①歷舉佛說與吾儒同處，問伊川先生。先生曰：恁地同處雖多，只是本領不是，一齊差却。外書。（卷十二，頁五上）。

朱子曰：儒釋言性異處，只是釋言空，儒言實。釋言無，儒言有。（語類，卷一二六，第二十八條，頁四八三〇—三〇一五）。

又曰：吾儒心雖虛而理則實。若釋氏則一向歸空寂去了。（同上，第二十九條，頁四八三〇／三〇一五）。

又曰：釋氏虛，吾儒實。釋氏二，吾儒一。釋氏以事理為不緊要而不理會。（同上，第三十條，頁四八三〇／三〇一五）。

又曰：釋氏只要空，聖人只要實。釋氏所謂「敬以直內②」，只是空豁豁地，更無一物，却不會方外。聖人所謂「敬以直內」，則湛然虛明，萬理具足，方能「義以方外③」。（同上，第三十一條，頁四八三〇／三〇一五）。

問：儒釋之辨，莫只是虛實兩字上分別？曰：未須理會。自家己分若知得真，則其僞自別，甚分明，有不待辨。（同上，第三十二條，頁四八三〇／三〇一五）。

① 謝顯道，名良佐，同卷二，第二十七條，註④。
② 易經，坤卦，文言。
③ 同上。

12 橫渠先生①曰：釋氏妄意天性，而不知範圍天②用，反以六根③之微，因緣天地明不能盡，則誣天地日月爲幻妄。蔽其用於一身之小，溺其志於虛空之大。此所以語大語小，流遁失中。其過於大也，塵芥六合④。其蔽於小也，夢幻人世。謂之窮理可乎？不知窮理而謂之盡性可乎？謂之無不知可乎？塵芥六合，謂天地爲有窮也。夢幻人世，明不能究其所從也。**正蒙，下同。**（大心篇第七，張子全書，卷二，頁二十二下）。

茅星來曰：天性，謂天體也。範圍，猶裁成也。天用，卽化育也。（集註，卷十三，頁十下）。

薛瑄（一三八九－一四〇四）曰：釋子塵芥六合。然六合無窮，安得塵芥之？幻人世。然人世皆實理，安得夢幻之？（讀書錄，卷四，釋氏，頁十上）。

① 同引言，註①。
② 一本「天」作「之」。
③ 眼，耳，鼻，舌，身，意。
④ 東，西，南，北，上，下。

13 大易不言有無。言有無，諸子之陋也。（正蒙，大易篇第十四，張子全書，卷三，頁十一下）。

問：橫渠云：「言有無，諸子之陋也。」朱子曰：無者，無物却有此理。有此理則有矣。老氏乃云「物生於有，有生於無①。」和理也無。便錯了。（語類，卷九十八，第一二四條，頁四〇二二／二五三二）。

又曰：大易不言有無。老子言「有生於無」，便不是。（同上，卷一二五，第四十一條，頁四八〇三）。

① 老子，第四十章。

14 浮圖明鬼，謂有識之死，受生循環。遂厭苦求免。可謂知鬼乎？以人生爲妄，可謂知人乎？天人一物，輒生取舍，可謂知天乎？孔孟所謂天，彼所謂道。惑①者指「遊魂爲變②」爲輪廻，未之思也。大學當先知天德。知天德則知聖人，知鬼神。今浮圖極論要歸，必謂死生流轉，非得道不免。謂之悟悟則有義有命，均死生，一天人。惟知晝夜通陰陽，體之無二③。自其說熾傳中國，儒者未容窺聖學門墻，已爲引取。淪胥其間，指爲大道。乃其俗達之天下，致善惡知愚。男女臧獲，人人著信。使英才間氣，生則溺耳目恬習之事，長則師世儒崇尚之言，遂冥然被驅。因謂聖人可不脩而至，大道可不學而知。故未識聖人心，已謂不必求其迹。未見君子志，已謂不必事其文。此人倫所以不察，庶物所以不明，治所以忽，德所以亂。異言滿耳。上無禮以防其僞，下無學以稽其弊。自古詖淫邪遁之辭，翕然並興。一出於佛氏之門者，千五百年④。向非獨立不懼，精一自信，有大過人之才，何以正立其間，與之較是非計得失哉！（正蒙，乾瑞篇第十七，張子全書，卷三，頁二十二上下）。

問：禪家言性傾此於彼之說。朱子曰：此只是偷生奪陰之說耳，禪家言偷生奪陰，謂人懷胎，自有箇神識在裏了。我却撞入裏面，去逐了他。我却受他血陰。他說傾此於彼，蓋如一破弊物在日下，其下日影自有方圓大小，却欲傾此日影為彼日影。他說是人生有一塊物事包裹在裏。及其既死，此箇物事又會去做張三。做了張三，又會做王二。便如人做官，做了這官任滿，又去做別官。只是無這道理。（語類，卷一二六，第一〇二條，頁四八五九／三〇三二）。

問：士大夫末年多溺於釋氏之說者，如何？曰：緣不曾理會得自家底原頭，但看得些小文字，不過要做些文章，務行些故事，為取爵祿之具而已。却見他底高，直是玄妙，又且省得氣力。自家反不及他，反為他所鄙陋，所以便溺於他之說，被他引入去。（同上，第一一五條，頁四八六六／三〇三六）。

① 葉采本（近思錄集解，卷十三，頁八）「惑」作「或」。日本註家如宇都宮遯庵，鼇頭近思錄，卷十三，頁十二下；築田勝信，近思錄集解便蒙詳說，頁九九五；井上哲次郎，近思錄，卷十三，頁八；加藤常賢，現代語譯近思錄，頁三五八；秋月胤繼，近思錄，頁三五八，多從之。德文譯者Graf（第二冊，頁七二二）亦然。惟中村惕齋，近思錄示蒙句解，頁四四〇，則用「惑」。

② 易經，繫辭上傳，第四章。

③ 細字為正蒙本註。

④ 茅星來（近思錄集註，卷十三，頁十三下）用「已五百年」，謂佛法自漢初傳入中國，至宋末有一千五百年。魏晉間（二二〇—四二〇）士大夫未聞有宗佛者。自佛說大行，至宋僅五百四十餘年。故以「已五百年」為是。

近思錄　卷之十四

聖賢氣象（聖賢）

凡二十六條

[1]明道先生①曰：堯與舜更無優劣。及至湯武②便別。孟子言性之反之③，自古無人如此說。只孟子分別出來，便知得堯舜是生而知之，湯武是學而能之。文王④之德則似堯舜，禹⑤之德則似湯武。要之皆是聖人。**遺書，下同。**

（遺書，卷二上，頁二十一上）。

朱子曰：性者，得全於天，無所汙壞，不假修為，聖之至也。反之者，修為以復其性，而至於聖人也。程子曰：「性之反之，古未有此語，蓋自孟子發之。」（論語集註，盡心第七下，第三十三章）。

又曰：聖人之心，不曾有箇起頭處。堯舜性之，合下便恁地去。初無箇頭。到湯武反之，早是有頭了。但其起處甚微，五伯⑥則甚大。（語類，卷六十，第一三五條，頁一二三九九／一四四八）。

① 同引言，註⑤。
② 堯，舜，湯，武，參看卷三，第四十七條，註①。
③ 孟子，盡心下，第三十三章。
④ 同上註②。
⑤ 同上。
⑥ 春秋時代之齊桓公，晉文公，秦繆公，楚莊王，宋襄公。

2 仲尼，元氣也。顏子，春生也。孟子幷秋殺盡見。仲尼無所不包，顏子示不違如愚①之學於後世，有自然之和氣，不言而化者也。孟子則露其材，蓋亦時然而已。仲尼，天地也。顏子，和風慶雲也。孟子，泰山②巖巖之氣象也。觀其言皆可見之矣。仲尼無跡，顏子微有跡，孟子其跡著。孔子儘是明快人，顏子儘豈弟，孟子儘雄辯。（遺書，卷五，頁一上下）。

葉采曰：夫子大聖之資，猶元氣周流，渾淪溥博，無有涯涘，罔見閒隙。顏子亞聖之才，如春陽块圠，發生萬物，四時之首，萬善之長也。孟子亦亞聖之才，剛烈明辯，整齊嚴肅，故幷秋殺盡見。夫子道全德備，故無不包。顏子不違如愚，與聖人合德。後世可想其自然和氣，嘿而成之，不言而信者也。孟子英材發越。蓋亦戰國之時，世道益衰，異端益熾，又無天子主盟於其上。故其衞道之嚴，辯論之明，不得不然也。天地者，高明而博厚也。和風慶雲者，協氣祥光也。泰山巖巖者，峻極不可踰越也。夫子渾然天成，故無迹。顏子不違如愚，本亦無迹。然為仁之問，喟然之嘆③，猶可窺測其微。至於孟子則發明底蘊，故其跡彰彰。夫子清明在躬，猶青天白日，故極其明快。顏子「有若無，實若虛，犯而不校④」，故極其豈弟⑤。孟子「息邪說，距詖行，放淫辭⑥」，故極其雄辯。此段反覆，形容大聖大賢氣象，各臻其妙。古今之言聖賢，未有若斯者也。學者其潛心焉。（集解，卷十四，頁一至二）。

問：「顏子春生，孟子幷秋殺盡見」。朱子曰：仲尼無不包。顏子方露出春生之意，如「無伐善，無施勞⑦」是也。使此更不露，便是孔子。孟子便如秋殺，都發出來，露其才。如所謂英氣，是發用處都見也。又曰：明道下二句便是解上三句。獨「時焉而已」難曉。（語類，卷九十六，第七十四條，頁三九三〇／二四七四至二四七五）。

問：「孟子則露其才，蓋以時而已。」直卿⑧云：「或曰，非當如此，蓋時出之耳。或曰，戰國之習俗如此。或曰：世道衰微，孟子不得已焉耳。三者孰是？曰：恐只是習俗之說較穩。大抵自堯舜以來至於本朝，一代各自是一樣，氣象不同。（同上，第七十五條，頁三九三〇／二四七四至二四七五）。

① 論語，爲政第二，第九章，「子曰：吾與回言終日，不違，如愚。退而省其私，亦足以發。回也不愚」。回乃顏子之名。參看卷一，第三十條，註②。
② 東嶽，在山東。
③ 論語，顏淵第十二，第一章；子罕第九，第十章。
④ 同上，泰伯第八，第五章。
⑤ 「豈」，樂也。「弟」，易也。
⑥ 孟子，滕文公第三下，第九章。
⑦ 論語，公冶長第五，第二十五章。
⑧ 黃榦之字。參看卷一，第四十六條，註③。

3 曾子①傳聖人學，其德後來不可測，安知其不至聖人？如言「吾得正而斃②。」且休理會文字，只看他氣象極好。被他所見處大。後人雖有好言語，只被氣象卑，終不類道③。（遺書，卷十五，頁二下。伊川語）

葉采曰：曾子悟一貫之旨④，已傳聖人之學矣。至其易簀之言，「吾何求哉？吾得正而斃焉，斯可矣」，自非樂善不倦，安行天理，一息尚存，必歸於正。夫豈一時之所能勉强哉？（集解，卷十四，頁二）。

① 同卷二，第二十六條，註①。

② 禮記，檀弓上，第十九節。參看卷七，第二十五條。

③ 張伯行，近思錄集解，以此條，第四至七條，九至十三條，與第十五條爲明道語，然此皆遺書，卷十五，伊川語。

④ 論語，里仁第四，第十五章，「子曰：參乎，吾道一以貫之。曾子曰：唯。子出，門人問曰：何謂也？曾子曰：夫子之道，忠恕而已矣。」

[4] 傳經①爲難。如聖人之後，纔百年，傳之已差②。聖人之學，若非子思③孟子，則幾乎息矣。道何嘗息？只是人不由之。道非亡也，幽厲④不由也⑤。（遺書，卷十七，頁二下。伊川語）。

朱子曰：孔門弟子，如子貢⑥，後來見識煞高，然終不及曾子。如一唯之傳⑦，此是大體。畢竟他落脚下手立得定，壁立萬仞。觀其言，如「彼以其富，我以吾仁⑧」，「可以托六尺之孤⑨」，「士不可不弘毅⑩」之類。故後來有子思孟子，其傳永。孟子氣象尤可見。（語類，卷九十三，第三十條，頁三七三七／二三五四）。

① 傳經之說，起自漢代，謂孔子授某經於某某門人。二百年後，陶潛（三七二—四二七）乃整化之⑪。其說不可信。參看拙著朱子門人，頁十七。

② 貝原益軒，近思錄備考，卷十四，頁二下，總頁四七八，謂「子夏傳之田子方，田子方傳之莊子。是聖人之後百年已差。此類可見」。宇都宮遯庵，鼇頭近思錄，卷十四，頁三下，從之。查莊子田子方第二十七，卷七，頁二十九上，田子方之師乃東郭順子，而非子夏。

③ 子思，名伋，孔子之孫。受學於曾子而傳於孟子。傳爲中庸作者。

④ 周之幽王，厲王，無道之君。

⑤ 董仲舒（紀元前約一七六—約前一〇四）語，見漢書，卷五十六，董仲舒傳，頁四上。

⑥ 同卷三，第十七條，註①。

⑦ 參看前條，註④。

⑧ 孟子，公孫丑第二下，第二章。

⑨ 論語，泰伯第八，第六章。

⑩ 同上，第七章。

⑪ 陶潛，羣輔錄，頁二十五，「八儒」條。

5 荀卿①才高，其過多。揚雄②才短，其過少。（遺書，卷十八，頁三十六下。伊川語）。

朱子曰：荀卿則全是申韓③。觀成相一篇④可見。他見當時庸君暗主戰鬬不息，憤悶惻怛，深欲提耳而誨之，故作是篇。然其要，卒歸於明法制，執賞罰而已。他那做處粗，如何望得王通⑤？揚雄則全是黃老。某嘗說，揚雄最無用，真是一腐儒。他到急處，只是投黃老。如反離騷⑥幷老子道德⑦之言，可見這人更無說。自身命也奈何不下，如何理會得別事？如法言一卷，議論不明快，不了決，如其為人。他見識全低，語言極默，甚好笑。荀揚二人自不可與王韓⑧二人同日語。（語類，卷一三七，第十七條，頁五二二六／三二五五）。

葉采曰：荀卿才高，敢為異論。如以人性為惡⑨，以子思孟子為非⑩，其過多。揚雄才短，如作太玄以擬易⑪，法言以擬論語⑫，皆模倣前聖之遺言，其過少。（集解，卷十四，頁三）。

① 荀子（紀元前三世紀），姓荀，名況，字卿。年五十游學於齊，三次仕爲祭酒。因齊人讒而至楚，爲蘭陵令。著書講授，韓非（前二三三卒）李斯（前一一〇八卒）學於其門，史記卷七十四有傳。
② 揚雄，見卷三，第二十五條，註③。
③ 申韓，同卷十三，第一條，註③。
④ 荀子，卷十八，成相篇第二十五。
⑤ 同卷三，第二十八條，註②。
⑥ 漢書，卷八十七上，揚雄傳上，頁二下。
⑦ 法言，卷四，問道，頁二上。
⑧ 指韓愈。參看第十四條。
⑨ 荀子，卷十七，性惡篇第二十三。
⑩ 同上，卷三，非十二子篇第六，頁十四下至十五上。
⑪ 太玄經，十卷，共十五篇。
⑫ 法言，十三卷。

6 荀子極偏駁。只一句性惡，大本已失。揚子雖少過，然已自不識性，更說甚道？（遺書，卷十九，頁十一下。伊川語）。

朱子曰：荀子只見得不好底。揚子又見得半上半下底。（語類，卷四，第六十三條，頁一一二／七十）。

又曰：荀揚韓①諸人，雖是論性，其實只說得氣。荀子只見得不好人底性，便說做惡。揚子見半善半惡底人，便說善惡混。韓子見天下有許多般人，所以立為三品之說②。（同上，第九十二條，頁一二二六／七八。卷五十九，第五十五條，頁二二〇五／一三八九，語同）。

又曰：程子說「荀子極偏駁。揚子雖少過」，此等語，皆是就分金秤上說下來。今若不曾看荀子揚子，則所謂「偏駁」，「雖少過」等處，亦見不得。（同上，卷一三七，第七十條，頁五二五七／三二七三）。

又曰：荀子儘有好處，勝似揚子。然亦難看。（同上，第十一條，頁五二二四／三二五四）。

又曰：不要看揚子。他說話無好處，議論亦無的實處。荀子雖然是有錯到說得處也自實。不如他說得恁地虛胖。（同上，第十二條，頁五二二四／三二五四）。

又曰：性是自然之理，不容加工。揚雄言「學者所以脩性③」，故伊川謂揚雄為不識性。中庸却言「脩道之謂敎④。」如何曰性不容脩？脩是揠苗⑤。道亦是自然之理。聖人於中為之品節以敎人耳。誰能便於道上行？（同上，卷六十二，第六十八條，頁二三七四／一四九五）。

① 指韓愈，參看第十四條。

② 韓昌黎全集，卷十一，原性，頁六上，「性之品有上中下三。上焉者，善而已矣。中焉者，可導而上下也。下焉者，惡焉而已矣。」

③ 法言，卷一，學行，頁二下。

④ 中庸，第一章。

⑤ 孟子，公孫丑第二上，第二章，宋人有憂其苗之不長而拔之。

7 董仲舒①曰：「正其義，不謀其利。明其道，不計其功②。」此董子所以度越諸子。（遺書，卷二十五，頁七上。伊川語）。

朱子曰：仲舒所立甚高。後世之所以不如古人者，以道義功利關不透耳。（語類，卷一三七，第三十三條，頁五二四一／三二六三）。

又曰：「正其誼，不謀其利。明其道，不計其功。」誼必正，非是有意要正。道必明，非是有意要明。功利自是所不論。仁人於此有不能自已者。（同上，第三十一條，頁五二四〇／三二六三）。

道夫③問：或謂此語是有是非，無利害。如何？曰：是不論利害，只論是非。理固然也，要亦當權其輕重方盡善，無此亦不得。只被今人只知計利害，於是非全輕了。（同上，第三十條，頁五二四〇／三二六三）。

在浙中見諸葛誠之千能④云：「仁人正其利，不謀其利。明其道，不計其功」，仲舒說得不是。只怕不是義，是義必有利。只怕不是道，是道必有功。先生謂：才如此，人必求功利而為之，非所以為訓也。固是得道義則功利自至。然有得道義而功利不至者。人將於功利之徇，而不顧道義矣。（同上，第三十二條，頁五二四〇至五二四一／三二六三）。

① 同卷二，第四十條，註①。

② 漢書，卷五十六，董仲舒傳，頁二十一下。此語亦見上面卷二，第四十條。春秋繁露，卷九，對膠西王越大夫不得爲仁，第三十二，頁三下所載，則爲「正其道，不謀其利。修其理，不急其功」。

③ 楊道夫，同卷二，第十二條，註①。

④ 諸葛千能，字誠之。問學于陸象山（一一三九—一一九三）與朱子。嘗爲縣主簿。參看拙著朱子門人，頁三四八至三四九。

8 漢儒如毛萇①董仲舒，最得聖賢之意。然見道不甚分明。下此即至揚雄，規模又窄狹矣。（遺書，卷一，頁五下）。

問：伊川於毛公，不知何所主而取之？朱子曰：程子不知何所見而云然。嘗考之詩傳，其緊要處有數處。如關雎②所謂「夫婦有別，則父子親父子有親則君臣敬。君臣敬則朝廷正。朝廷正則王化成」③。要之，亦不多見。只是其氣象大概好。（語類，卷九十六，第

① 毛萇（壯年紀元前一四五）稱小毛公，以別於毛亨稱大毛公。治詩甚精，爲河間獻王博士。官至北海太守。當時言詩者有齊魯韓三家。後三家皆廢，毛詩大行，以至於今。

② 詩經，國風，周南之首篇。

③ 毛萇關雎傳。

9 林希①謂揚雄爲祿隱。揚雄後人只爲見他著書，便須要做他是。怎生做得是？（遺書，卷十九，頁三下。伊川語）。

葉采曰：祿隱，謂浮沈下位，依祿而隱，卽祿仕之意也。雄失身事莽②，以是祿隱何辭而可？（集解，卷十四，頁四）。

朱子曰：揚子雲為人深沈，會去思索。如陰陽消長之妙，他直是去推求，然而如太玄之類，亦是拙底工夫。道理不是如此。蓋天地間只有箇奇耦。奇是陽，耦是陰。春是少陽，夏是太陽。秋是少陰，冬是太陰。自二而四，自四而八。只恁推去，都走不得。而揚子却添兩作三，謂之天地人③。事事要分三截。又且有氣而無朔，有日星而無月④，恐不是道理。亦如孟子既說性善⑤，荀子既說性惡⑥，他無可得說，只得說箇善惡混⑦。若有箇三底道理，聖人想自說了，不待後人說矣。看他裏面推得辛苦，却就上面說些道理，亦不透徹。看來其學似本於老氏。如「惟清惟靜，惟淵惟默⑧」之語，皆是老子意思。（語類，卷一三七，第二十二條，頁五二三六至五二三七／三二六〇至三二六一）。

① 林希（一〇五七進士），字子中。官至吏部尙書，翰林學士，同知樞密院事。罷黜元祐羣臣，如陳頤等，希皆預其議。傳見宋史，卷三四三，頁一〇九一三至一〇九一四。

② 王莽（紀元前四五－紀元二三）紀元九年篡漢，改國號新。

③ 太玄經，卷八，太玄數第十一；卷十，玄圖第十四，太玄告第十五。

④ 太玄經各卷各節皆以陰陽二氣起論。

⑤ 孟子，公孫丑第二上，第二章；告子第六上，第二章，第六章。

⑥ 荀子，卷十七，性惡論第二十三。

⑦ 法言，卷三，修身，頁一上。

⑧ 漢書，卷八十七下，揚雄傳下，頁九上，揚雄解嘲之語，與朱子所引意義同而詞稍異。

[10] 孔明①有王佐之心，道則未盡。王者如天地之無私心焉。行一不義而得天下不爲。孔明必求有成而取劉璋②。聖人寧無成耳，此不可爲也。若劉表③子琮將爲曹公所幷，取而與劉氏可也④。（遺書，卷二十四，頁二下。伊川語）。

葉采曰：東漢（一一五—二二〇）末，曹操據漢將篡。孔明輔先主（劉備），志欲攘除姦兇。復興漢室。而其規模宏遠，操心公平，有王佐之心，然於王道則有所未盡。蓋聖人之道，如天地發育，無有私意。行一不義，雖可以得天下而不為。先主以詐取劉璋，孔明不得以無責，蓋其志於有成。行不義而不暇顧。若聖人則寧漢無興，不忍為此也。先主依劉表。曹操南侵。會表卒，子琮迎降。孔明說先主取荊州（在今湖北）先主不忍。琮降則地歸曹氏矣。取以興漢，何負於表？較之取劉璋，則曲直有間矣。或謂先主雖得荊州，未必能禦曹操。然此又特以利鈍言者也。（集解，卷十四，頁四）。

朱子曰：忠武侯（孔明）天資高，所為一出於公。若其規模，并寫申子之類，則其學只是伯。程先生云：「孔明有王佐之心，然其道則未盡」。其論極當。（語類，卷一三六，第八條，頁五一九二至五一九三／三二二三五）。

致道⑤問孔明出處。曰：當時只有蜀先主可與有為耳。如劉表劉璋之徒，皆了不得。曹操自是賊。既不可從，孫權又是兩間底人。只有先主名分正，故只得從之。（同上，第九條，頁五一九三／三二二三五）。

器遠⑥問：諸葛武侯殺劉璋是如何？曰：這只是不是。初間教先主殺劉璋，先主不從。到後來先主見事勢迫，也打不過，便從他計。要知不當恁地行計殺了他。若明大義，聲罪致討，不患不服。看劉璋欲從先主之招，傾城人民願留之。那時郡國久長，能得人心如此。（同上，第十一條，頁五一九四／三二二三六）。

① 孔明（一八一—二三四），姓諸葛，名亮，字孔明。漢末，群雄割據。劉備（一六二—二二三）訪孔明於其草廬，請爲軍師。曹操志在簒漢，擧軍東下，與劉備戰於赤壁（在今湖北）（建安十三年，二〇八），操大敗。章武元年（二二一）年劉備稱帝，國號蜀，以孔明爲相。繼續與西北操子曹丕稱帝所立之魏，東南之吳，鬬戰十餘年。是謂三國。三國志演義卽此史事之戲劇化，尤以孔明之六出岐山，七擒孟獲，及八陣圖爲有聲有色。在民間傳統中，孔明乃無上英雄。孔明卒，謚忠武侯。三國志之蜀書卷五有傳。

② 劉璋爲益州（今四川省地）牧，迎先主，先主往會。張松勸先主於會中襲璋，先主不忍，及璋斬松，並諭不得復通先主。先主怒，還兵擊璋。璋降。詳見蜀志，卷一，劉璋傳。

③ 劉表（一四四—二〇八）爲荆州牧卒，子琮擧州降曹操。後漢書卷一〇四下，劉表傳。

④ 此條朱子誤作明道語（語類，卷一三六，第八條，頁五一九三）。

⑤ 趙致道，參看卷二，第四條，註⑨。

⑥ 曹叔遠，字器遠，朱子門人。參看拙著朱子門人，頁一九四。

[11] 諸葛武侯有儒者氣象。（遺書，卷十八，頁三十八上。伊川語）。

問：「諸葛亮有儒者氣象」，如何？朱子曰：孔明學不甚正，但資質好，有正大氣象。問：取劉璋一事，如何？曰：此卻不是。又問：孔明何故不能一天下？曰：人謂曹操父子為漢賊。以某觀之，孫權真漢賊耳。先主孔明正做得好時，被孫權來戰兩陣，到這裏便難向前了。權又結托曹氏父子。權之為人，正如偷去劉氏一物。知劉氏之興，必來取此物。不若結托曹氏，以賊托賊。使曹氏勝，我不害守得一隅。曹氏亡，則吾亦初無利害。（語類，卷九十六，第七十八條，頁三九三二／二四七六）。

12 孔明庶幾禮樂。（遺書，卷二十四，頁三上，伊川語）。

問：孔明興禮樂如何？朱子曰：也不見得孔明都是禮樂中人，也只是粗底禮樂。一錄云：孔明也粗。若興禮樂，也是粗禮樂。又一錄云：孔明是禮樂中人，但做時也粗疏。（語類，卷一三六，第七條，頁五一九二／三二二五）。

簗田勝信曰：禮以序為本，樂以和為本。諸葛孔明執行國政，事事皆正，有序無亂。士民皆心服之，和也。既如是，則近於禮樂之興行。（便蒙詳說，卷十四，頁一〇一九）。

13 文中子①本是一隱君子。世人往往得其議論，附會成書②。其間極有格言，荀揚③道不到處。（遺書，卷十九，頁十一上下。伊川語）。

問：王通病痛如何？朱子曰：這人於作用都曉得，急欲見之於用。故要做周公④底事業，便去上書要興太平。及知時勢之不可為，做周公事業不得，則急退而續詩書，續玄經，又要做孔子底事業。殊不知孔子之時接乎三代⑤，有許多典謨訓誥之文，有許多禮樂法度，名物度數。數聖人之典章皆在於是。取而纘述，方做得這箇家具成。王通之時，有甚麼典謨訓誥？有甚麼禮樂法度？……如中說一書，都是要學孔子。論語說泰伯「三以天下讓⑥」，他便說陳思王善讓⑦。論語說「殷有三仁⑧」，他便說荀氏有二仁⑨。又提幾箇公卿大夫來相答問，便比當時門人弟子。……中說一書，固是後人假託，非王通自著。然畢竟是王通平生好自誇大，續詩續書，紛紛述作，所以起後人假託之故。後世子孫見他學周公孔子學不成，都冷淡了。故又取一時公卿大夫之顯者，纘緝附會以成之。畢竟是王通有這樣意思在。雖非他之過，亦他有以啓之也。……然王通所以如此者，其病亦只在於不曾子細讀書。他只見聖人有箇六經⑩，便欲別做一本六經，將聖人腔子填滿裏面。若是子細讀書，知聖人所說義理之無窮，自然無工夫閑做。他死時極後生，只得三十餘歲。他却火急要做許多事。（語類，卷一三七，第十七條，頁五二二六至五二二九／三二五五至三二五七）。

① 文中子，卽王通。同卷三，第二十八條，註②。
② 指中說。
③ 荀子，揚雄，見第五、六、八、九等條。
④ 同卷十，第七條，註②。
⑤ 夏、商、周。
⑥ 論語，泰伯第八，第一章。
⑦ 中說，卷八，魏相篇，頁一上。

⑧ 論語，微子第十八，第一章。
⑨ 中說，卷四，周公篇，頁五上。
⑩ 詩，書，易，禮，樂，春秋，樂經早佚，宋儒以周禮代之。

14 韓愈①亦近世豪傑之士。如原道②中言語雖有病，然自孟子而後，能將許大見識尋求者，才見此人。至如斷曰：「孟子醇乎醇③。」又曰：「荀與揚，擇焉而不精，語焉而不詳④。」若不是他見得，豈千餘年後，便能斷得如此分明？（遺書，卷一，頁三下至四上）。

朱子曰：自古罕有人說得端的，惟退之原道庶幾近之，却說見大體。程子謂「能作許大識見尋求」，真箇如此。他資才甚高，然那時更無人制服他，便做大了。謂「世無孔子，不當在弟子之列⑤。」（語類，卷九十六，第八十條，頁三九三三／二四七六）。

又曰：如韓退之雖是見得箇道之大用是如此，然却無實用功夫，只是做詩博奕，酣飲取樂而已。觀其詩便可見，都襯貼那原道不起。至其做官臨政，也不是要為國做事，也無甚可稱。其實只是要討官職而已。（同上，卷一三七，第二十一條，頁五二三五至五二三六／三二一六○）。

① 韓愈（七六八—八二四），字退之，諡文，尊稱韓文公，以其爲昌黎（在今之河北）人，其亦稱韓昌黎。歷任監察御史，中書舍人，刑部侍郎。元和十四年（八一九）因諫迎佛骨，貶至潮州（屬今之廣東）。旋召拜國子祭酒，轉兵部侍郎，又轉吏部侍郎。盡通經史百家，行文秀麗，後世宗之，稱爲韓文。由漢至宋，爲最傑出之儒者。詳新唐書卷一七六，頁一上至七下，韓愈傳。

② 韓昌黎全集，卷十一，原道，頁一上至五上。

③ 同上，讀荀，頁十五上。

④ 同上，原道，頁四下。

⑤ 同上，卷十八，答呂毉山人書，頁十上。

15 學本是脩德。有德然後有言。退之却倒學了。因學文日求所未至，遂有所得。如曰「軻之死，不得其傳①。」似此言語，非是蹈襲前人，又非鑿空撰得出。必有所見。若無所見，不知言所傳者何事？（遺書，卷十八，頁二十七上。伊川語）。

朱子曰：韓文公第一義是去學文字，第二義方去窮究道理，所以看得不親切。（語類，卷一三七，第七十一條，頁五二五八／三二七三）。

余隱之②曰：由漢以來，佛老顯行，聖道不絕如綫。韓愈氏斷然號於世曰：「軻之死不得傳。」夫道不可須斯離，而其在於人心者，固常自若。豈真不傳哉？蓋以道之大要，不在乎仁義。自孟子沒，未有唱為仁義之說者，此道所以為不傳也。朱子評之曰：孔子傳之孟軻。軻之死不得其傳。此非深知所傳者何事，則未易言也。夫孟子之所傳者何哉？曰仁義而已矣。（文集，卷七十三，讀余隱之亭孟辨，頁十五上。）

① 韓昌黎全集，卷十一，原道，頁四下。

② 余隱之，名允文。參看宋元學案補遺，卷四十九，頁一四下至一四一上。

16 周茂叔①胸中灑落，如光風霽月。其爲政，精密嚴恕，務盡道理。通書，附錄。（周子全書，卷十九，黃庭堅，濂溪詞并序，頁三七一；卷二十，潘興嗣，濂溪先生墓誌銘，頁三九九）。

朱子曰：嘗愛黃魯直②作濂溪詩序云：「春陵③周茂叔人品甚高。胸中洒落，如光風霽月。」此句形容有道者氣象絕佳。胸中洒落卽作為盡洒落矣。（延平答問，頁十四上）。

又曰：濂溪在當時人見其政事精絕，則以為官業過人。見其存山林之志，則以為襟袖洒落，有仙風道氣。無有知其學者。惟程太中④獨知之，這老子所見如此，宜其生兩程子也。（語類，卷九十三，第五十條，頁三七四二／二三五七）。

陳沆曰：灑落是無欲之驗。人能無欲，自有清明和樂氣象。黃梨洲。（黃宗羲，一六一〇—一六九五）稱劉念臺先生（劉宗周，一五七八—一六四五）「從嚴毅清苦之中，發為光風霽月⑤。」可謂善學周子者矣。（補註，卷十四，頁六下）。

① 周敦頤之字。詳引言，註④。
② 黃庭堅（一〇四五—一一〇五）之字。黃氏之語，原出豫章黃先生文集卷一，頁十四上。
③ 故城在今湖北棗陽縣東。
④ 程顥程頤之父。
⑤ 黃梨洲文集，子劉子行狀，頁三十八。

⑰伊川先生①撰明道先生行狀曰：先生資禀既異，而充養有道。純粹如精金，溫潤如良玉。寬而有制，和而不流②。忠誠貫於金石，孝悌通於神明。視其色，其接物也，如春陽之溫。聽其言，其入人也，如時雨之潤。胸懷洞然，徹視無間。測其蘊，則浩乎若滄溟之無際。極其德，美言蓋不足以形容。先生行己，內主於敬，而行之以恕。見善若出諸己，不欲弗施於人③。居廣居而行大道④，言有物而動有常⑤。先生爲學，自十五六時，聞汝南⑥周茂叔論道，遂厭科舉之業，慨然有求道之志。未知其要，泛濫於諸家，出入於老釋者幾十年。返求諸六經⑦而後得之。明於庶物，察於人倫⑧。知盡性至命⑨，必本於孝悌。窮神知化⑩，由通於禮樂。辨異端似是之非，開百代未明

之惑。秦漢而下，未有臻斯理也。謂孟子沒而聖學不傳，以興起斯文爲己任。其言曰：「道之不明，異端害之也。昔之害近而易知，今之害深而難辨。昔之惑人也乘其迷暗，今之入人也因其高明。自謂之窮神知化，而不足以開物成務。言爲無不周遍，實則外於倫理。窮深極微，而不可以入堯舜之道。天下之學，非淺陋固滯，則必入於此。自道之不明也，邪誕妖異之說競起，塗生民之耳目，溺天下於汚濁。雖高才明智，膠於見聞。醉生夢死，不自覺也。是皆正路之蓁蕪，聖門之蔽塞。闢之而後可以入道。」先生進將覺斯人，退將明之書。不幸早世⑪，皆未及也。其辨析精微，稍見於世者，學者之所傳耳。先生之門，學者多矣。先生之言平易易知。賢愚皆獲其益。如羣飲於河，各充其量，先生教人，自致知至於知止，誠意至於平天下，洒掃應對至於窮理盡性，循循有序。病世之學者，捨近而趨遠，處下而闚高。所以輕自大而卒無得也。先生接物，辨而不間，感而能通。教人而人易從，怒人而人不怨。賢愚善惡，咸得其心。狡僞者獻其誠，暴慢者致其恭。聞風者誠服，覿德者心醉。雖小人以趨向之異，顧於利害，時見排斥。退而省其私，未有不以先生爲君子也。先生爲政，治惡以寬，處煩而裕。當法令繁密之際，未嘗從衆爲應文逃責之事。人皆病於拘礙，而先生處之綽然。衆憂以爲甚難，而先生爲之沛然。雖當倉卒，不動聲色。方監司競爲嚴急之時，其待先生率皆寬厚。設施之際，有所賴焉。先生所爲綱條法度，人可效而爲也。至其道之而從，動之而和。不求物而物應，未施信而民信，則人不可及也。**附錄**。（伊川文集，卷七，頁六上至七上。小學，卷六，善行，頁四上，引其一部份。）

葉采曰：濂溪先生為南安軍⑫司理參軍時，程公珦⑬攝通守事。視其氣貌非常人。與語知其為學知道也，因與為友，且使其二子受學焉。而程氏遺書有言：「再見周茂叔後，吟風弄月以歸，有吾與點也⑭之意⑮」。明道學於濂溪者，雖得其大意，然其博求精察，益充所聞，以抵於成者，尤多自得之功。（集解，卷十四，頁七）。

朱子曰：二程之於濂溪，……如曰：仲尼顏子所樂⑯，吟風弄月以歸⑰，皆是當時口傳心受的當親切處。後來二先生舉似後學，亦不將作第二義看。然則行狀所謂「反求之六經然後得之」者，特語夫功用之大全耳。至其入處則自濂溪，不可誣也。（文集，卷三十，答汪尚書第六書，頁十一下）。

又曰：明道行狀說孝弟禮樂處，上兩句說心，下兩句說用。（語類，卷九十六，第八十一條，頁三九二三／二四七六）。

問：「盡性至命，必本於孝弟。」盡性至命是聖人事，然必從孝弟做起否？曰：固是。**又**

問：伊川說：「就孝弟中，便可盡性至命。今時非無孝弟人，而不能盡性至命者，由之而不知也⑱。」謂卽孝弟便可至命。看來孝弟上面更有幾多事。如何只是孝弟便至命？曰：知得這孝弟之理，便是盡性至命，也只如此。若是做時，須是從孝弟上推將去，方始知得性命。如「孝弟為仁之本⑲」，不成孝弟便是仁了！但是為仁是孝弟始。（同上，第八十二條，頁三九三三至三九三四／二四七七）。

① 同引言，註⑥。
② 中庸，第十章。
③ 論語，顏淵第十二，第二章。
④ 孟子，滕文公第三下，第二章。
⑤ 禮記，緇衣，第十七節。
⑥ 今河南汝南縣。
⑦ 同第十三條，註⑩。
⑧ 孟子，離婁第四下，第十九章。
⑨ 易經，說卦傳，第一章。
⑩ 同上，繫辭下傳，第五章。
⑪ 明道卒時年五十四。
⑫ 故治今江西大庾縣。
⑬ 二程之父。
⑭ 論語，先進第十一，第二十五章。

⑮ 遺書，卷三，頁一下。
⑯ 同上，卷二上，頁二下。
⑰ 同上註⑭。
⑱ 遺書，卷十八，頁三十二上。
⑲ 論語，學而第一，第二章。

[18] 明道先生曰：周茂叔窗前草不除去①。問之，云：「與自家意思一般。」子厚②觀驢鳴，亦謂如此。遺書，下同。（卷三，頁二上）。

茅星來曰：「與自家意思一般」，指生意周流無間而言。子厚「亦謂如此」，蓋取其自得意也。（集註，卷十四，頁十上）。

施璜曰：此言觀物之生意與自家之生意相貫通也。葉氏曰：「天地生意流行發育，惟仁者生生之意，充滿胸中，故觀之有會於心③」。周子所以云「與自家意思一般」也。明道書窗前有草茂覆砌，或觀之芟。明道曰：「不可。欲常見造物生意④」。正與周子窗前草不除之意，同一活潑潑地也。（發明，卷十四，頁十二上）。

問：周子窗前草不除去，云：「與自家意思一般」。此是取其生生自得之意邪？抑於生物中欲觀天理流行處邪？朱子曰：此不要解。得那田地，自理會得。須看自家意思與那草底意思如何是一般。（語類，卷九十六，第八十三條，頁三九三五／二四七七）。

問：周子窗前草不除去，卽是謂「生意與自家一般。」曰：他也只是偶然見與自家意思相契。又問：橫渠驢鳴，是天機自動意思？曰：固是。但也是偶然見他如此。如謂草與自家意思一般，木葉便不與自家意思一般乎？如驢鳴與自家呼喚一般，馬鳴便不與自家一般乎？問：程子「觀天地生物氣象⑤」也是如此？曰：他也只是偶然見如此，便說出示人。而今不成只管去守看生物氣象。問：「觀鷄雛可以觀仁⑥」，此則須有意，謂是生意初發見處？曰：只是他皮殼尚薄，可觀。大雞非不可以觀仁，但為他皮殼粗了。（同上，第八十四條，頁三九三五／二四七七至二四七八）。

① 葉本無「去」字。
② 橫渠之字，自此以下爲遺書本註。
③ 葉采，近思錄集解，卷十四，頁九。
④ 宋元學案，卷十四，明道學案下，頁五下。參看卷四，第二十九條。
⑤ 遺書，卷六，頁三上。
⑥ 同上，卷三，頁一上。

[19] 張子厚①聞生皇子，喜甚。見餓莩者，食便不美。（遺書，卷三，頁二上）。

必大②曰：「子厚聞皇子生，喜甚。見飢殍，食便不美」者，正淳③嘗云：「與人同休戚。」

陸子壽④曰：「此主張題目耳。」先生（朱子）問：曾致思否？對曰：皆是均氣同體。惟在我者至公無私，故能無間斷而與之同休戚也。曰：固是如此。然亦只說得一截。如此說時，真是主張題目，實不曾識得。今土木何嘗有私？然與他物不相管。人則元有此心，故至公無私，便都管攝之無間斷也。（語類，卷九十六，第八十五條，頁三九三五至三九三六／二四七八）。

絅⑤問：明道先生曰：「周茂叔窗前草不除去，子厚觀驢鳴，亦謂如此⑥」。又曰：「子厚聞生皇子」云云。絅謂此卽天地生物之心，而人物所得以為心者，蓋仁之事也⑦。聖賢千言萬句，所謂傳心者，惟此而已。朱子答曰：大槩然矣。但不可只如此說了便休。須是常切玩味涵養也。（文集，卷五十八，答鄧衛老，頁三十六上）。

① 橫渠之字，同引言，註①。
② 吳必大，同卷一，第四十二條，註②。
③ 萬人傑，字正淳。同卷九，第十條，註②。
④ 陸九齡（一一三二—一一八〇），字子壽，陸象山之兄。參看宋元學案，卷五十七，復齋學案。其語不見朱子語類與宋元學案。
⑤ 鄧衛老，名絅。同卷一，第二十八條，註③。
⑥ 見第十八條。
⑦ 參看文集，卷六十七，仁說，頁二十上至二十一下。

20 伯淳①嘗與子厚在興國寺②講論終日，而曰不知舊日曾有甚人於此處講此事。（遺書，卷二上，頁十下）。

呂希哲③曰：往與二程諸公遊。一日會相國寺，論事詳盡。伯淳忽嘆曰：「不知此地自古至今，更曾有人來此地說此話耶？」蓋此處氣象，自有合得如此人說此等話道理也。（伊洛淵源錄，卷七，呂侍講，頁二上）。

張伯行曰：千載上下，皆此心此理，則舊日合有如此人講論，亦合有如此事。當時二先生終日講論，今亦不知其何事。而乃於興國寺中作此疑語者，正以見道脈相續，必得朋友講習之益。但恐自有此寺以來，久為念佛談禪之地，汨沒異教，未審甚人體究此事。惓惓守先待後之意，無在不寓，亦可槩見矣。（集註，卷十四，頁十四下）。

① 程顥之字。
② 興國寺，舊名相國寺。在開封城內。
③ 呂希哲（約一〇三六—約一一一四），字原明，與伊川同在太學，其後師事伊川。嘗至崇政殿說書。宋元學案卷二十三，闢爲滎陽學案。

21 謝顯道①云：明道先生坐如泥塑人，接人則渾是一團和氣。外書，下同。

（卷十二，頁五下）。

葉采曰：所謂「望之儼然，卽之也溫②。」（集解，卷十四，頁十）。

① 謝良佐，同卷二，第二十七條，註④。
② 論語，子張第十九，第九章。

22 侯師聖①云：「朱公掞②見明道于汝③，歸謂人曰：『光庭在春風中坐了一箇月。』」游楊④初見伊川，伊川瞑目而坐。二子侍立。既覺，顧謂曰：「賢輩尚在此乎？日既晚，且休矣。」及出門，門外之雪深一尺。（外書，卷十二，頁七下至八上）。

朱子曰：明道渾然天成，不犯人力。伊川功夫造極，可奪天巧。（文集，卷三十一，答張敬夫第十八書註，頁七上）。

又曰：明道直是渾然天成。伊川直是精細平實。（同上，卷五十四，答孫季和第一書，頁二下）。

又曰：顏子明道是好仁，孟子伊川是惡不仁。（語類，卷二十六，第五十一條，頁一〇四九／六五三）。

問：明道可比顏子⑤，伊川可比孟子否？曰：明道可比顏子。孟子才高，恐伊川未到孟子處。（同上，卷九十三，第六十三條，頁三七四五／二三五九）。

又曰：明道德性寬大，規模廣闊。伊川氣質剛方，文理密察。……明道所處是大賢以上事。學者未至而輕議之，恐失所守。伊川所處雖高，然實中人皆可跂及。學者只當以此為法，則庶乎寡過矣。（文集，卷三十五，答劉子澄第四書，頁十四下）。

又曰：大程子者，當識其明快中和處。小程子者，當識其初年之嚴毅，晚年又齊以寬平處。（語類，卷九十三，第七十五條，頁三七四八／二三六一）。

鄭⑥問：明道到處響應，伊川入朝，成許多事。此亦可見二人用處。曰：明道從容，伊川都挨不行。（同上，第六十五條，頁三七四五／二三五九）。

又曰：明道曾看釋老書，伊川則莊列亦不曾看。（同上，第六十一條，頁三七四五／二三五九）。

又曰：明道說話超邁，不如伊川說得的確。（同上，第五十一條，頁三七四三／二三五八）。

又曰：明道語宏大，伊川語親切。（同上，第五十七條，頁三七四四／二三五八）。

又曰：明道之語，周於事物之理，便恁地圓轉。伊川之語嚴，故截然方正。（同上，卷二十一，第四十九條，頁七九二／四九一）。

又曰：伊川文字段數分明，明道多只成片說將去。（同上，卷九十五，第一〇三條，頁三八七七／二四四一）。

又曰：明道說話，一看便好，轉看轉好。伊川說話，初看未甚好，久看方好。（同上，卷九十三，第五十八條，頁三七四四／二三五八）。

又曰：明道說話亦有說過處，如說「舜有天下不與⑦。」又其說闊，人有難曉處，如說

「鳶飛魚躍⑧，謂心勿忘勿助長⑨處⑩。」伊川較子細，說較無過。然亦有不可理會處。

又曰：明道所見甚俊偉。故說得較快。初看時便好，子細看亦好。伊川說初看時較拙，子細看亦拙。（同上，第五十九條，頁三七四四／二三五九）。

又曰：明道之言，初見便好，轉看轉好。伊川之言，初看似未甚好，久看方好。（同上，）

又曰：明道說道理，一看便好，愈看而愈好。伊川猶不無難明處，然愈看亦愈好。（同上，卷十九，第八十九條，頁七一二／四四二）。

又曰：明道之言，一見便好，久看愈好。所以賢愚皆獲其益。伊川之言，乍見未好，久看方好。故非久於玩索者不能識其味。（同第一項）。

又曰：明道言語儘寬平，伊川言語初難看，細讀有滋味。（語類，卷九十三，第六十條，頁三七四四／二三五九）。

又曰：明道說得來洞洞流轉，若伊川則緩了。（同上，卷六十九，第四十四條，頁二七三六／一七一八）。

又曰：伊川說明來寬，不如明道體當自家之實事。（同上，第四十三條，頁二七三六／一七一八）。

又曰：他（明道）說得響，自是感發人。伊川便不似他。伊川說話方，終是難感動人。（同上，卷九十五，第一七七條，頁三九〇五／二四五九）。

問：學於明道，恐易開發。學於伊川，恐易成就。曰：在人用力。若不用力，恐於伊川無向傍處。明道却有悟人處。（同上，卷九十三，第六十六條，頁二七四六／二三五九至二三六〇）。

又曰：明道之言，發明極致，通透灑落，善開發人。伊川之言，卽事明理，質慤精深，尤耐咀嚼。（同第一項）。

又曰：明道廟象服緋。但伊川不知所服。向來南康只用野服。蓋伊川晚年已休致，可不用朝服也。（文集，別集，卷四，與廖子晦，頁六上）。

明道先生每與人講論有不合者，則曰：「更有商量」。伊川則直曰：「不然」。（外書，卷十一，頁五下。朱子文集，卷三十七，頁十二上，與劉共父第一書引之）。

王蘋（一〇八二—一一五三）曰：明道猶有謔語，伊川則全無。（同上，卷十二，頁十六下）。

陸隴其（一六三〇—一六九三）曰：明道言居敬處多。伊川言窮理處多。（問學錄，卷二，頁十六上）。

佐藤一齋（一七七二—一八五九）曰：邢恕（壯年一一二七）推服明道如此，而於伊川則蓋有所未滿者，故社友多責其叛師耳。然恕不足責。但於此足覘伯叔兩子之優劣（近思錄，欄外書，卷九，「邢和」條）。

① 侯仲良（壯年一一〇〇），字師聖。二程舅氏無可之孫，從學於二程。伊洛淵源錄，卷十二，頁十下至十二上；宋元學案，卷三十，頁二下，有傳。

② 朱光庭（一〇三七—一〇九四），字公掞。初受學於胡瑗（九九三—一〇五九），後又從二程於洛陽。歷任左司諫，給事中，知州，集賢院學士。傳見宋史，卷三三三，頁一〇七一〇至一〇七一一學說見宋元學案卷三十，頁三上至四上。

③ 汝州，今河南臨汝縣。元豐六年（一〇八三）明道以親老，得監汝州酒稅。光庭往見於此。

④ 游酢，參看卷二，第八十九條，註⑱。楊時，卷二，第八十九條，註㉑。

⑤ 同卷一，第三十條，註②。

⑥ 朱子門人姓鄭者十人。此條爲陳淳在漳州所錄，與鄭可學同時。鄭當是鄭可學。詳卷三，第四十七條，註④。

⑦ 遺書，卷一，頁八上。
⑧ 中庸，第十二章，引詩經，大雅，文王之什，旱麓。
⑨ 孟子公孫丑第二上，第二章。
⑩ 遺書，卷三，頁一上。

[23] 劉安禮①云：明道先生德性充完。粹和之氣，盎於面背。樂易多恕，終日怡悅。立之從先生三十年，未嘗見其忿厲之容。**附錄，下同。**（頁二上）。

葉采曰：明道先生質之美，養之厚，德之全，故其粹然發見，從容豈弟如此。百世之下，聞之者，鄙夫寬，薄夫敦。而況於親炙之者乎！（集解，卷十四，頁十）。

① 劉安禮，名立之。同卷十，第五十八條，註①。

[24] 呂與叔①撰明道先生哀詞云：先生負特立之才，知大學②之要。博文強識③，躬行力究。察倫明物，極其所止④。渙然心釋，洞見道體。其造於約也，雖事變之感不一，知應以是心而不窮。雖天下之理至衆，知反之吾身而自足。其致於一也，異端並立而不能移。聖人復起而不與易⑤。其養之成也，和氣充浹，見于聲容。然望之崇深，不可慢也。遇事優爲，從容不迫。然誠心懇惻，

弗之措也。其自任之重也，寧學聖人而未至，不欲以一善成名。寧以一物不被澤爲己病，不欲以一時之利爲己功。其自信之篤也，吾志可行，不苟潔其去就。吾義所安，雖小官有所不屑。（遺書，附錄，頁七上）。

朱子明道先生像贊曰：揚休⑥山立，玉色金聲。元氣之會，渾然天成。瑞日祥雲，和風甘雨。龍德正中，厥施斯普。（文集，卷八十五，頁九上）。

① 呂與叔，名大臨。同卷一，第五十一條，註①。

② 大學只是大的學問。誠如佐藤一齋，近思錄欄外書，卷十四，「呂與叔」條所指出，非國學，亦非書名。中村惕齋，近思錄示蒙句解，卷十四，頁四六二；Graf 神父，Djin-si Lu 第二冊，頁七六一；張伯行，近思錄集註，卷十四，頁十五下，均解作書名。

③ 禮記，曲禮上，第三十二節。

④ 止於至善。

⑤ 孟子，滕文公第三下，第九章。

⑥ 「揚休」，謂盛陽之氣，生養萬物。

[25] 呂與叔撰橫渠先生行狀云：康定用兵時①，先生年十八，慨然以功名自許。上書謁范文正公②。公知其遠器，欲成就之，乃責之曰：「儒者自有名教，何事於兵？」因勸讀中庸。先生讀其書，雖愛之，猶以爲未足。於是又訪諸

釋老之書。累年，盡究其說。知無所得，反而求之六經③。嘉祐④初，見程伯淳正叔于京師，共語道學之要。先生渙然自信，曰：「吾道自足，何事旁求？」於是盡棄異學，淳如也⑤。尹彥明⑥云：橫渠昔在京師，坐虎皮說周易。聽徒甚衆。一夕，二程先生至，論易。次日，橫渠徹去虎皮曰：「吾平日為諸公說者皆亂道。有二程近到，深明易道。吾所弗及。汝輩可師之⑦。晚自崇文⑧移疾西歸。橫渠終日危坐一室，左右簡編，俯而讀，仰而思。有得則識之。或中夜起坐，取燭以書。其志道精思，未始須臾息，亦未嘗須臾忘也。學者有問，多告以知禮成性，變化氣質之道。學必如聖人而後已。聞者莫不動心有進。嘗謂門人曰：「吾學既得於心，則脩其辭。命辭無差，然後斷事。斷事無失，吾乃沛然。精義入神⑨者，豫而已矣。」先生氣質剛毅，德成貌嚴。然與人居久而日親。其治家接物，大要正己以感人。人未之信，反躬自治，不以語人。雖有未諭，安行而無悔。故識與不識，聞風而畏。非其義也，不敢以一毫及之。（張子全書，卷十五，附錄，頁十一上，十二上下）。

朱子曰：橫渠教人道，「夜間自不合睡。只為無可應接，他人皆睡了，己不得不睡」。他做正蒙⑩時，或夜裏默坐徹曉。他直是恁地勇，方做得。（語類，卷九十九，第四條，頁四〇二三至四〇二四／二五三二）。

又曰：橫渠作正蒙時，中夜有得，亦須起寫了，方放下得而睡。不然，放不下，無安著處。（同上，第五條，頁四〇二四／二五三二）。

朱子橫渠先生像贊曰：早悅孫吳⑪，晚逃佛老。勇撤皐比，一變至道。精思力踐。妙契疾書。訂頑⑫之訓，示我廣居。（文集，卷八十五，頁九下）。

① 康定元年（一〇四〇）元兵寇延州，今陝西延安。

② 范仲淹（九八九—一〇五二），謚文正。康定用兵時，爲陝西招討副史。橫渠上書謁之，談兵。因勸讀中庸。

③ 同卷二，第五十七條，註⑩。

④ 嘉祐，一〇五六至一〇六三。

⑤ 據伊洛淵源錄，卷六，頁八下，行狀有兩本，不同處多。一本云：「盡棄其學而學焉」。

⑥ 尹淳，同卷二，第七十五條，註①。

⑦ 自「尹彥明」至「師之」爲從外書，卷十二，頁十三上，轉載爲近思錄本註。

⑧ 崇文，宋藏書館名。橫渠爲崇文院校書。

⑨ 易經，繫辭下傳，第五章。

⑩ 正蒙，十七篇。載張子全書，卷二至卷三。

⑪ 孫武，春科時兵家。吳起，戰國時兵家。

⑫ 訂頑，又稱西銘。參看卷二，第八十九條。

[26] 橫渠先生曰：二程從十四五時，便脫然欲學聖人。語錄。（張子全書，卷六，義理，頁七上）。

朱子曰：伊川好學論①十八時作。明道十四五便學聖人，二十及第，出去做官，一向長進，定性書②是二十二三時作。是時遊山，許多詩，甚好。（語類，卷九十三，第六十二條，頁三七四五／二三五九）。

① 此指其顏子所好何學論，載伊川文集，卷四，頁一上至二上。語類，卷三十，第五十八條，頁一二四五／七七六，朱子又謂二十歲時作。姚名達，程伊川年譜，頁十六，則系於嘉祐元年（一〇五六），是年伊川二十四歲。

② 定性書載明道文集，卷三，頁一上下，題答橫渠先生定性書。

近思錄　後序

淳熙乙未①之夏，東萊②呂伯恭來自東陽③，過予寒泉精舍④，留止旬日⑤。相與讀周子程子張子之書。歎其廣大閎博，若無津涯，而懼夫初學者不知所入也。因共掇取其關於大體而切於日用者，以爲此編，總六百二十二條，分十四卷。蓋凡學者所以求端用力，處己治人之要，與所以夫辨異端，觀聖賢之大略，皆粗見其梗槩。以爲窮鄉晚進有志於學，而無明師良友以先後之者，誠得此而玩心焉，亦足以得其門而入矣。如此然後求諸四君子之全書，沈潛反復，優柔厭飫，以致其博而反諸約焉⑥。則其宗廟之美，百官之富⑦，庶乎其有以盡得之。若憚煩勞，安簡便，以爲取足於此而可，則非今日所以纂集此書之意也。五月五日⑧，新安⑨朱熹謹識。

近思錄　後序

近思錄既成，或疑首卷陰陽變化性命之說，大抵非始學者之事。祖謙竊嘗與聞次緝之意。後出晚進於義理之本原，雖未容驟語。苟茫然不識其梗槩，則亦何所底止？列之篇端，特使之知其名義，有所嚮望而已。至於餘卷所載講學之方，日用躬行之實，具有科級。循是而進，自卑升高，自近及遠，庶幾不失纂集之指。若乃厭卑近而騖高遠，躐等陵節流於空虛，迄無所依據，則豈所謂近思者耶？覽者宜詳之。淳熙三年四月四日⑩東萊呂祖謙謹書。

① 淳熙二年（一一七五）。
② 郡名。
③ 縣名，今之浙江金華縣。
④ 在福建建陽縣天湖之陽。
⑤ 所謂「旬日」，乃約而言之。呂東萊先生文集，頁二上，謂其留止月餘。東萊呂太史文集又謂其四月二十一日前往留止月餘。朱子後序成於五月五日，則留止月餘之說，殊不可能。東萊呂太史文集之第十五

章入閩錄爲呂東萊所自書逐日紀錄，明謂三月二十一日動程，四月一日抵朱子所居之五夫里，館於書室。是則留止月餘，顯然可信。大概記錄者誤三月爲四月耳。

⑥ 孟子，離婁第四下，第十五章。

⑦ 論語，子張第十九，第二十三章。

⑧ 淳熙二年五月五日卽西曆一一七五年五月二十六日。

⑨ 朱子祖居徽州之舊名。新安本漢時丹陽郡地，後改新安。朱子好用舊地名，不忘本也。

⑩ 卽西曆一一七六年五月十四日。

索　引

二　劃

三　劃

四　劃

五　劃

六　劃

七　劃

八　劃

九　劃

十　劃

十一劃

十二劃

十三劃

十四劃

十五劃

十六劃

十七劃

十八劃

十九劃

二十劃

二十一劃

二十三劃

二十四劃

二十五劃

國家圖書館出版品預行編目資料

近思錄詳註集評

陳榮捷著. – 初版. – 臺北市：臺灣學生，1992
面；公分
參考書目：面 – 含索引

ISBN 978-957-15-0404-9(精裝)
ISBN 978-957-15-0405-6(平裝)

1. 理學 – 中國 2. 哲學 – 中國 – 宋(960-1279)

125.5 81003747

近思錄詳註集評

著作者 陳榮捷
出版者 臺灣學生書局有限公司
發行人 楊雲龍
發行所 臺灣學生書局有限公司
地址 臺北市和平東路一段 75 巷 11 號
劃撥帳號 00024668
電話 (02)23928185
傳真 (02)23928105
E-mail student.book@msa.hinet.net
網址 www.studentbook.com.tw
登記證字號 行政院新聞局局版北市業字第玖捌壹號
定價 精裝新臺幣九〇〇元
平裝新臺幣六〇〇元

一九九二年八月初版
二〇二三年八月初版四刷

12513
ISBN 978-957-15-0404-9(精裝)
ISBN 978-957-15-0405-6(平裝)

臺灣學生書局出版

中國哲學叢刊

❶ 孔子未王而王論　羅夢冊著
❷ 管子析論　謝雲飛著
❸ 中國哲學論集　王邦雄著
❹ 王陽明傳習錄詳註集評　陳榮捷著
❺ 江門學記　陳郁夫著
❻ 王陽明與禪　陳榮捷著
❼ 孔孟荀哲學　蔡仁厚著
❽ 生命情調的抉擇　劉述先著
❾ 儒道天論發微　傅佩榮著
❿ 程明道思想研究　張德麟著
⓫ 儒家倫理學析論　王開府著
⓬ 呂氏春秋探微　田鳳台著
⓭ 莊學蠡測　劉光義著
⓮ 三唯論　王止峻著
⓯ 先秦道家與玄學佛學　方穎嫻著
⓰ 韓非子難篇研究　張素貞著
⓱ 商鞅及其學派　鄭良樹著
⓲ 陽明學漢學研究論集　戴瑞坤著
⓳ 墨學之省察　陳問梅著
⓴ 中國哲學史大綱　蔡仁厚著
㉑ 儒家政治思想與民主自由人權　徐復觀著
㉒ 道墨新詮　光　晟著
㉓ 中國心性論　蒙培元著

㉔ 管子思想研究 徐漢昌著
㉕ 譚嗣同變法思想研究 王　樾著
㉖ 明清之際儒家思想的變遷與發展 林聰舜著
㉗ 張載哲學與關學學派 陳俊民著
㉘ 明末清初學術思想研究 何冠彪著
㉙ 道教新論 龔鵬程著
㉚ 儒釋道與中國文豪 王　煜著
㉛ 帛書老子校注析 黃　釗著
㉜ 中國古代崇祖敬天思想 王祥齡著
㉝ 黃老學說與漢初政治平議 司修武著
㉞ 近思錄詳註集評 陳榮捷著
㉟ 老莊研究 胡楚生著
㊱ 莊子氣化論 鄭世根著
㊲ 韓非之著述及思想 鄭良樹著
㊳ 儒家的生命情調 戴朝福著
㊴ 中國文化哲學 馮滬祥著
㊵ 朱子學與明初理學的發展 祝平次著
㊶ 明末清初理學與科學關係再論 張永堂著
㊷ 中華文化的省思 戴朝福著
㊸ 老子新校 鄭良樹著
㊹ 中國管理哲學及其現代應用 馮滬祥著
㊺ 孔子的生命境界——儒學的反思與開展 蔡仁厚著
㊻ 仁學 譚嗣同著，湯志鈞．湯仁澤校注
㊼ 荀子集釋 李滌生著
㊽ 劉宗周及其愼獨哲學 黃敏浩著
㊾ 燕園耕耘錄——朱伯崑學術論集(上冊) 朱伯崑著
㊿ 燕園耕耘錄——朱伯崑學術論集(下冊) 朱伯崑著

㊿ 體用與心性：當代新儒家哲學新論　賴賢宗著
52 哲學史與儒學論評：世紀之交的回顧與前瞻　蔡仁厚著
53 歷代聖哲所講論之心學述要　朱維煥述要
54 老子道德經闡釋　朱維煥著
55 儒學反思錄　龔鵬程著
56 全體大用之學：朱子學論文集　朱榮貴著
57 儒學與儒學史新論　郭齊勇著
58 周易神話與哲學　李霖生著
59 良知學的展開——王龍溪與中晚明的陽明學　彭國翔著
60 道的錯置：中國政治思想的根本困結　林安梧著
61 儒家思想中的具體性思維　林啓屏著
62 張載易學與道學：以《橫渠易說》及《正蒙》爲主之探討　胡元玲著
63 新儒家與新世紀　蔡仁厚著
64 莊子道化的人生哲學　吳順令著
65 儒學轉向：從「新儒學」到「後新儒學」的過渡　林安梧著
66 從逆境中靈修——中西逆境哲學　馮滬祥著
67 中國政治哲學　馮滬祥著
68 方東美先生的哲學典型　馮滬祥著
69 人生哲學名言論集　馮滬祥著
70 中國哲學史　蔡仁厚著
71 王龍溪哲學系統之建構——以「見在良知」說爲中心　高瑋謙著
72 劉宗周愼獨之學闡微　胡元玲著
73 宋代老子學詮解的義理向度　江淑君著
74 名家與名學：先秦詭辯學派研究　陳癸淼著
75 荀子思想理論與實踐　周德良著
76 儒家思想與生態文明　伍鴻宇主編
77 簡明中國哲學史　趙衛民著

⑱ 葛洪《抱朴子內篇》與魏晉玄學 李宗定著

⑲ 儒學反思錄二集 龔鵬程著

⑳ 王船山《讀孟子大全說》研究 蔡家和著

㉑ 荀子再探 何淑靜著

㉒ 全球與本土之間的哲學探索 鄭宗義、林月惠合編

㉓ 爭論中的莊子主體論 詹康著